湖南省"双一流"学科建设资金资助出版

INTERNATIONAL AND
COMPARATIVE LAW REVIEW VOL.25

国际法与比较法论丛

论丛

（第二十五辑）

主　　编　李双元
主编助理　黄文旭
主　　办　湖南师范大学法学院

WUHAN UNIVERSITY PRESS
武汉大学出版社

图书在版编目(CIP)数据

国际法与比较法论丛.第二十五辑/李双元主编.—武汉:武汉大学
出版社,2019.12
ISBN 978-7-307-21359-3

Ⅰ.国… Ⅱ.李… Ⅲ.①国际法—文集 ②比较法—文集
Ⅳ.①D99-53 ②D908-53

中国版本图书馆 CIP 数据核字(2019)第 281558 号

责任编辑:胡 荣   责任校对:李孟潇   版式设计:马 佳

出版发行:**武汉大学出版社** (430072 武昌 珞珈山)
(电子邮箱:cbs22@whu.edu.cn 网址:www.wdp.com.cn)
印刷:广东虎彩云印刷有限公司
开本:720×1000 1/16 印张:23.5 字数:422 千字 插页:2
版次:2019 年 12 月第 1 版 2019 年 12 月第 1 次印刷
ISBN 978-7-307-21359-3 定价:68.00 元

主编简介

　　李双元，湖南师范大学终身教授，全国杰出资深法学家，中国国际私法学会名誉会长，《时代法学》主编，曾任国务院学位委员会（第三届）学科评议组成员，中国法学会理事，全国博士后流动站管委会专家组成员，中国国际经济贸易仲裁委员会委员，中国行为法学会副会长。李双元教授在教育界和法学界耕耘数十年，持续为国际私法学术的繁荣发展做出重大贡献，被誉为新中国国际私法学的奠基人之一。他是最早对国际民事诉讼程序法进行系统研究的学者之一，提出了法律趋同化、国际民商新秩序、国际社会本位理念等具有先进的前瞻性和创新性的观点。如今，李双元先生尽管年逾九旬，却仍深耕在国际私法领域，不断更新完善自己的学术观点。

　　李双元先生出版了《国际私法（冲突法篇）》、《国际民事诉讼法概论》（经教育部审定列入研究生教材）、《中国与国际私法统一化进程》、《市场经济与当代国际私法趋同化问题研究》、《国际民商新秩序的理论建构》、《走向21世纪的国际私法——国际私法与法律趋同化》、《比较民法学》等在法学界享有盛誉的著作10余种。先后受司法部、教育部联合组建的法学教材编辑部、全国高等教育自学考试指导委员会及教育部考试中心等单位的委托，主编出版了全国统编教材《国际私法》《法学概论》《中国国际私法通论》《国际私法学》等10余种。他的这些成果,有多种先后或多次获国家及省部级一、二等奖。他先后在《中国社会科学》(中英文版)、《中国法学》、《中国国际私法与比较法年刊》、《法学研究》、《亚洲法律评论》等刊物发表学术论文，其中最具影响的有《必须重视对冲突法的研究》《论国际私法关系的法律选择方法》《关于中国国际法理论研究和立法工作中的几个问题》《市场经济与中国国际私法的进一步完善与发展》《中国与当代国际社会法律趋同化问题》《21世纪国际社会法律发展基本走势的展望》《法律趋向化问题的哲学考察》《重构国际民商新秩序的法律思考》《中国法理念的现代化的问题》等30余篇。

　　《国际法与比较法论丛》注释规范与每辑目录见李双元国际私法网（ http://lsypil.hunnu.edu.cn ），主编邮箱：gjfybjflc@163.com。

目　　录

国　际　法

新《外商投资法》下对中美投资协定谈判的再审视 ……… 张丽英　林　诚(3)

WTO 争端解决机构在加拿大可再生能源案中对补贴认定的解释

　　述评 ……………………………………………………… 刘　琳(24)

WTO 框架下可再生能源产业补贴的法律规制

　　——以加拿大可再生能源案为中心 ……………………… 朱　丹(43)

美国《1962 年贸易扩展法》232 条款 WTO 合规性研究 ………… 赵旸頔(65)

贸易调整援助立法的法理基础与规范表达 ………………… 张　建(88)

中外 BITs 是否适用于"一国两制"下的澳门特别行政区？

　　——以 Sanum 诉老挝政府案为视角 ……………………… 李妍婷(102)

甘肃企业对南非金属矿产资源投资政策法律风险识别与防范

　　…………………………………………… 王　兰　常玲霞(119)

网络全球治理中的关键信息基础设施保护 ………………… 傅一革(136)

印度国际私法中债权法律选择问题研究 …………………… 吴小平(154)

比　较　法

我国知识产权诉讼证明妨碍规则之不足与完善

　　——基于比较法视角的分析 ……………………………… 崔起凡(171)

不动产交易中法律专业服务的比较研究 …………………… 王葆莳(189)

其　　他

创建中国法学教育三个"世界一流"的实践与愿景 …… 郭玉军　李　伟(207)

国际环境教育立法及我国相关立法的完善 ……… 江　毅　王誉朵(243)

运动员参赛资格法律保护的发展 …………………………… 乔一涓(266)

国际法资料

司法权力裁决未审被拘人员的地位与权利
　　…………………… 乔丹·波斯特 著　杨晓强　黄德明 译(279)
东共体法院，外国仲裁裁决的执行和东共体一体化进程
　　…………………… 奥　鹏 著　朱伟东　王　婷 译(319)
《中国诉美国反补贴措施案(DS437)专家组报告》选译
　　………………………………… 欧福永　宋东华 译(340)
《中国诉美国反补贴措施案(DS437)上诉机构报告》选译
　　………………………………… 欧福永　宋东华 译(350)
关于修订欧盟第1215/2012号条例有关统一专利法院与比荷卢法院
　　规定的第542/2014号(欧盟)条例 ………… 钱振球 译　潘志芳 校(367)

TABLE OF CONTENTS

International Law

A Review of China-US BIT Negotiation from the Perspective of China's New
Foreign Investment Law ························· *ZHANG Liying & LIN Cheng*(3)
A Commentary on the WTO DSB Report of Canada-Renewable Energy
Dispute Concerning the Definition of Subsidy ······················· *LIU Lin*(24)
Disciplines on Renewable Energy Industry Subsidies within the WTO Framework:
Focusing on the Case of Canada Measures Affecting the Renewable Energy
Generation Sector ···································· *ZHU Dan*(43)
Study on WTO Compliance under Section 232 of the U. S. Trade Expansion Act of 1962
···································· *ZHAO Yangdi*(65)
Jurisprudential Basis and Specification Expression of Trade Adjustment Assistance
Legislation ··································· *ZHANG Jian*(88)
Should PRC BITs Be Applied to Macau SAR under the "One Country Two Systems"
Policy: A Case Study of Sanum Investments Limited v. the Laos People's
Democratic Republic ································· *Yanting Lee*(102)
The Identification and Prevention of Political and Legal Risks in Gansu Enterprises'
Investments of Metal Minerals Resources to South Africa
································· *WANG Lan & CHANG Lingxia*(119)
The Critical Information Infrastructure Protection in the Global Internet Governance
································· *FU Yiping*(136)
On the Choice of Law of Debts in Indian Private International Law
································· *WU Xiaoping*(154)

Comparative Law

The Deficiency and Improvement of the Rules on Spoliation of Evidence in

Intellectual Property Litigation in China: a Comparative Perspective
.... CUI Qifan(171)
Comparative Study on the Legal Professional Practice in Real Estate Transaction
.... WANG Baoshi(189)

Others

The Practice and Vision of Creating Three "World-class" of Legal Education in
    China .... GUO Yujun & Li Wei(207)
International Environmental Education Legislation and Improvement of China's
    Relevant Legislation .... JIANG Yi & WANG YuDuo(243)
Developments in the Legal Protection of Athlete's Eligibility
.... QIAO Yijuan(266)

International Law Materials

Judicial Power to Determine the Status and Rights of Persons Detained Without Trial
    ...... Jordan J. Paust, Translated by YANG Xiaoqiang & HUANG Deming(279)
The East African Court of Justice, Enforcement of Foreign Arbitration Awards and
    the East African Community Integration Process
    ...... Richard Frimpong Oppong, Translated by ZHU Weidong & WANG Ting(319)
Selective Translation of Report of the Panel of United States-Countering Duty
    Measures on Certain Products from China
    .... Translated by OU Fuyong & SONG Donghua(340)
Selective Translation of Report of the Appellate Body of United States-Countering
    Duty Measures on Certain Products from China
    .... Translated by OU Fuyong & SONG Donghua(350)
Regulation (EU) No. 542/2014 of the European Parliament and of the Council of 15
    May 2014 amending Regulation (EU) No. 1215/2012 as regards the Rules to Be
    Applied with respect to the Unified Patent Court and the Benelux Court of Justice
    .... Translated by QIAN Zhenqiu, Proofread by PAN Zhifang(367)

国际法

新《外商投资法》下对中美投资协定谈判的再审视*

张丽英　林　诚**

目　次

绪言
一、准入前国民待遇和负面清单模式
二、根本安全例外条款
三、金融审慎例外条款
四、投资争端解决条款
五、结语

绪　　言

中美投资协定谈判发端于 2008 年 6 月的中美第四次战略经济对话。① 历经双方数年的努力和长达 29 轮的艰苦谈判，中美投资协定谈判于 2016 年 9 月取得重大进展，在"准入前国民待遇加负面清单模式"的基础上，双方展开实

* 本文是国家社科基金重点项目"应对国际贸易摩擦和争端的协调机制研究"（项目号：09AZD014）的后期成果。

** 张丽英，中国政法大学国际法学院教授、博士生导师；林诚，英国伦敦大学国王学院法学博士研究生。

① 潘锐、娄亚萍：《中美双边投资保护协定谈判的演进与发展》，载《国际观察》2019年第 1 期。

质性谈判，并三次交换负面清单出价，① 一份备受瞩目的中美投资协定正式文本似乎呼之欲出。然而，国际政治经济局势的变化往往云波诡谲。2016 年底，唐纳德·特朗普成功竞选美国总统，其上任后极力主张减小对华贸易逆差，扩大对华出口，一改先前奥巴马政府加强对华投资的战略。2018 年，特朗普政府对我国发起贸易战，迄今为止已对我国对美出口价值 2500 亿美元的商品征收了 25% 的关税。在中美贸易战的背景下，中美投资协定的谈判被迫停滞。应对单边主义、贸易战争抬头的趋势，我国政府审时度势，一方面对中美贸易纠纷采取据理力争、打谈结合的策略，另一方面积极扩大对外开放，大力推进"一带一路"倡议。2019 年 3 月 15 日，我国通过《外商投资法》，标志着我国对外开放进入新的时代；2019 年 6 月 30 日，我国发改委、商务部联合发布《外商投资准入特别管理措施(负面清单)(2019 年版)》和《自由贸易试验区外商投资准入特别管理措施(负面清单)(2019 年版)》。

上述扩大对外开放的举措具有十分积极的现实意义，但基于以下三个原因，仍有必要强调中美投资协定谈判的必要性：其一，《外商投资法》和负面清单制度只解决了吸引外资"走进来"的问题，并未解决如何促进我国企业赴美投资的问题；其二，中美投资协定所包含的高标准、新议题，在一定时期内仍将是我国对外签订投资协定的最高标准，中美投资协定一旦达成，仍将成为我国对接国际新型投资规则的新突破，并对我国今后对外投资协定产生深远影响；其三，美中作为世界第一和第二大经济体，加强双边投资有助于促进我国经济进一步发展，也将对全球经济发展产生重要影响。有鉴于此，即便在中美政治经贸关系处于低谷的此时，也有必要对中美投资协定保持充分的关注和研究。

中美双边投资协定的谈判，是依据各自的双边投资协定范本来进行的。美国已于 2012 年发布了新版双边投资协定范本(2012 U. S. Model Bilateral Investment Treaty)；中国也在 2010 年由商务部草拟了《中国保护投资协定范本(草案)》，并在学术和实务界得到广为讨论。② 根据双方投资协定范本或范本草案可知，双方将在准入前国民待遇和负面清单、透明度、根本安全例外、主

---

① 《商务部新闻发言人孙继文就中美投资协定谈判取得重大进展发表谈话》，载中华人民共和国商务部：http://www.mofcom.gov.cn/article/ae/ag/201609/20160901384830. shtml，2019 年 6 月 26 日访问。

② 《中国保护投资协定范本(草案)》全文，请参阅温先涛：《中国投资保护协定范本(草案)讨论稿》(一)、(二)、(三)，分别载《国际经济法学刊》2011 年第 4 期、2012 年第 1 期及 2012 年第 2 期。

权财富基金、环境、劳工、知识产权、国有企业、金融审慎例外、投资争端解决等诸多议题上进行谈判,这些议题在今后我国缔结对外投资协定的实践中无一不具有借鉴意义。由于篇幅有限,本文拟选取其中的准入前国民待遇和负面清单模式、根本安全例外、金融审慎例外以及投资争端解决这四个在国际投资实践中较有典型意义的条款,来审视与展望新形势下的中美投资协定谈判。本文认为,2019 年《外商投资法》的核心是对外商投资实行"准入前国民待遇+负面清单"管理制度,① 该管理制度正是中美投资协定谈判的基础,这使得中美投资协定拟采用的"准入前国民待遇和负面清单模式"具有了法律上的支撑,中国多年的自贸区负面清单试验则使该模式有了足够的实践基础。新《外商投资法》对根本安全例外条款的制定提供了有限的立法依据,但未触及金融审慎例外和投资争端解决两大议题。故此,有必要对中美投资协定谈判进行再审视。

一、准入前国民待遇和负面清单模式

(一)我国缔约立场的演变

美国一贯坚持高标准、高水平的投资自由化规则。美国 2012 年双边投资协定范本采用"准入前国民待遇+负面清单模式",即要求缔约方在对外国投资者和外国投资"对于设立、并购、扩大、管理、控制运营、出售和其他涉及投资的处理问题上,每个缔约方对于另一缔约方投资者(或其投资)的待遇,应该不低于其对发生在相似情形下本国投资者和他们的投资的待遇",② 并在特定领域对外商投资实施准入的特别管理措施。国家对负面清单之外的外商投资,一律给予国民待遇。

与美国不同,我国签订双边投资协定的发展经历了显著的变化过程。1982年以后的很长一段时间内,我国与众多亚洲、非洲、拉丁美洲等发展中国家签订的旨在保护我国海外石油、矿产开发利益的投资保护协定中,几无国民待遇的规定。1998 年以后,③ 我国在双边投资协定中逐渐取消了对国民待遇标准

① 孔庆江等:《〈中华人民共和国外商投资法〉解读》,法律出版社 2019 年版,第 32 页。
② 2012 U. S. Model Bilateral Investment Treaty, Article 3.
③ 有学者依据条约保护与促进投资标准、接受 ICSID 管辖程度等因素的不同,以 1998 年为界,将我国对外签订的众多双边投资协定区分为"老一代 BIT"和"新一代 BIT"。Kim M. Rooney, "ICSID and BIT Arbitrations and China", *Journal of International Arbitration*, Vol. 24, No. 6, 2007, p. 690.

的保留，开始规定准入后国民待遇的内容。我国在双边投资协定中的国民待遇条款，可以分为两种样态：其一，有限的国民待遇，即在国民待遇条款中，加入"在不损害有关法律和法规的前提下"等限定语。① 这被一些学者称作"金钟罩条款"，② 能够在很大程度上根据东道国的国内法，对国民待遇标准进行限制；其二，是全面的国民待遇，进一步表现为两种样态：一种是在条文中加入如"尽可能"等词语以表明双方的意愿③；另一种是在协定的议定书中加入"棘轮条款"(rachet wheel clause)，④ 来防止在条约签订后，出现与缔约时的国民待遇措施相比"开倒车"的情况。然而，无论是否含有国民待遇条款，也无论是何种国民待遇标准样态，中国在其双边投资协定中关于"国民待遇"的正面表述，都与 2010 年《中国投资保护协定范本(草案)》相同。"在不损害缔约一方可适用的法律法规的前提下，对在其境内投资的运营、管理、维持、使用、享有、出售或处分，缔约一方确保给予缔约另一方的投资者及其投资的待遇应不低于其在相同情势下给予本国投资者及其投资的待遇。"⑤显然，中国在很长时间内的双边投资协定实践中，仅采用准入后国民待遇标准。

然而，美国在双边投资协定谈判中采取高标准、高水平的立场，坚持宁缺毋滥("all or nothing")。随着中国"走出去"战略的进一步深化，我国正由改革开

---

① 如《中华人民共和国政府和博茨瓦纳共和国政府关于鼓励促进和保护投资协定》(2000 年 6 月签订)第 3 条第 2 款规定："在不损害有关法律法规的前提下，缔约任何一方应给予缔约另一方投资者在其境内的投资及与投资有关活动不低于其给予本国投资者的投资及与投资有关活动的待遇。"

② 温先涛：《中国投资保护协定范本(草案)讨论稿(一)》，载《国际经济法学刊》2011 年第 4 期，第 15 页。

③ 如《中华人民共和国政府和大不列颠及北爱尔兰联合王国政府关于促进和相互保护投资协定》(1986 年 5 月签订)第 3 条第 3 款规定："除本条第 1、2 款的规定外，缔约任何一方应尽量根据其法律和法规的规定给予缔约另一方的国民或公司的投资与其给予本国国民或公司以相同的待遇。"

④ 棘轮条款又称"祖父条款"，要求东道国对于现有的不符国民待遇的措施维持现状，不得增加不符程度。典型的棘轮条款，如《中华人民共和国和德意志联邦共和国关于促进和相互保护投资的协定的议定书》(2003 年 12 月签订)第 3 条规定："中华人民共和国方面，第 2 条第 3 款和第 3 条第 2 款不适用于：
(一)任何现存的在其境内维持的不符措施。
(二)这种不符措施的持续。
(三)任何对这种不符措施的修改，但修改不能增加措施的不符程度。
中华人民共和国将采取所有适当的措施逐渐地撤除这些不符合措施。"

⑤ 《中国投资保护协定范本(草案)》第 3 条。

放初期的资本输入国向资本输出大国转型,越来越多在海外投资的中国企业也开始要求中国政府在投资协定中采用"准入前国民待遇+负面清单"的高自由化水平条款,以满足它们进一步拓宽海外市场、加强境外投资的需求。① 故此,我国在中美投资协定谈判中,决定采用"准入前国民待遇+负面清单模式"。

(二)我国晚近改革举措:自贸试验区制度、《外商投资法》和负面清单制度

中美投资协定谈判确定采用"准入前国民待遇+负面清单模式",对我国对外投资法律实践而言是一个很大的挑战和尝试。正如学者言道:"指望仅通过投资协定(而不借助国内法规)来解决投资政策的问题是不现实的。"②缔结对外投资协定,东道国必然要从国内法开始做起,对其外资管理体制进行大刀阔斧的改革。我国自十八届三中全会以来大力深化改革,推进开放,在国家重大决策的层面决定"建立公平开放透明的市场规则,实行统一的市场准入制度,在制定负面清单基础上,各类市场主体可依法平等进入清单之外领域,探索对外商投资实行准入前国民待遇加负面清单的管理模式"。③ 2013 年 9 月,我国设立中国(上海)自由贸易试验区,在自贸区内试行"准入前国民待遇+负面清单模式";2015 年 4 月,我国在广东、天津、福建设立第二批自由贸易试验区;2017 年 3 月,我国在辽宁、浙江、河南、湖北、重庆、四川、陕西设立第三批自由贸易试验区;2018 年 10 月,我国设立中国(海南)自由贸易试验区。中国自由贸易试验区五年多来共形成 170 余项可复制、可推广的制度创新成果,推动全国形成综合性改革的良好态势。作为对外开放的前沿阵地,自由贸易试验区不断降低外商投资准入门槛,对外商投资的限制措施从 2013 年的 190 多条缩减到 2018 年的 45 条,开放水平不断提升。④ 与此同时,我国于

① 如中远香港集团(COSCO HK)的业界人士表示,以负面清单的方式缔结中美投资协定,能使中国投资者享受到政治上和法律上的双重保护。政治上,这种方式能保证赴美投资者免受歧视和不公平待遇;法律上,投资者能够根据协议内容享受相关程序上和实体上的保护。Zhang Lixing & Li Jun, "China-U. S. Bilateral Investment Promotion and Protection Agreement—The Legal Protection of the Chinese Enterprises Investing in the U. S.", *China Law*, Vol. 6, 2013, p. 99.
② 李玲:《中国双边投资保护协定缔约实践和面临的挑战》,载《国际经济法学刊》2010 年第 4 期。
③ 《中共中央关于全面深化改革若干重大问题的决定》第 9 条。
④ 《中国自贸区已形成 170 余项可复制可推广制度创新成果》,载中国新闻网:http://www.chinanews.com/gn/2019/06-21/8871640.shtml,2019 年 6 月 26 日访问。

2019 年 3 月通过的《外商投资法》第 4 条明确规定"国家对外商投资实行准入前国民待遇负面清单管理制度",从 2020 年 1 月 1 日起,准入前国民待遇和负面清单的模式将推行全国,负面清单将由国务院统一发布。

(三)"准入前国民待遇+负面清单模式"的立法支持与实践基础

"准入前国民待遇+负面清单模式"是中美投资协定力主的投资管理模式,2019 年《外商投资法》全面采用了该管理制度,该管理制度的确立将对相关谈判起到积极的促进作用。该法第 12 条将"国家与其他国家和地区、国际组织建立多双边投资促进合作机制"纳入立法,为此,国家会进一步采取措施推进相关的工作,以实现《外商投资法》相关条款的立法目的。① 《外商投资法》对"准入前国民待遇加负面清单模式"的确立使该管理制度具有了立法的支持。该制度涉及的负面清单考虑到可操作性,需要根据各地、各行业的实际情况,逐年进行审定、修改,因而不适宜直接规定于《外商投资法》中,而是依中国对外作出的承诺发布负面清单。近年来相关部门发布的负面清单也使该模式具有了实践的基础。相关部门发布的负面清单有逐步缩短的倾向。2018 年 12 月发改委、商务部联合印发了《市场准入负面清单(2018 年版)》。该清单包含禁止和许可两类事项。对禁止准入事项,市场主体不得进入,行政机关不予审批、核准,不得办理有关手续;对许可准入事项,包括有关资格的要求和程序、技术标准和许可要求等,由市场主体提出申请,行政机关依法依规作出是否予以准入的决定;对市场准入负面清单以外的行业、领域、业务等,各类市场主体皆可依法平等进入。《市场准入负面清单(2018 年版)》所规定的禁止类事项包括国家产业政策明令淘汰和限制的产品、技术、工艺、设备及行为、禁止违规开展金融相关经营活动、禁止违规开展互联网相关经营活动以及附件 1 所列明的禁止类事项等四大类。附件 1《与市场准入相关的禁止性规定》列明了农林牧渔业、制造业、电力、热力、燃气及水生产和供应业、建筑业、批发和零售业、交通运输、仓储和邮政业、金融业、住宿和餐饮业、信息传输、软件和信息技术服务业、科学研究和技术服务业、水利、环境和公共设施管理业、居民服务、修理和其他服务业、教育、卫生和社会工作、文化、体育和娱乐业等 15 个行业的共计 135 项禁止措施。《市场准入负面清单(2018 年版)》还规定了 151 项许可准入事项,外国投资者可以根据相关程序,提出申请,行政机关

———————

① 孔庆江等:《〈中华人民共和国外商投资法〉解读》,法律出版社 2019 年版,第 62 页。

许可后，即可进入我国市场。除上述禁止性事项和许可性事项之外，外国投资者皆可以依法进入中国市场。《市场准入负面清单（2018 版）》是对各地自贸试验区实行负面清单制度探索的高度总结，要求推进"全国一张清单"管理模式。各地区各部门不得自行发布市场准入性质的负面清单，确保市场准入负面清单制度的统一性、严肃性和权威性，即将涉及行业性、领域性、区域性等方面需要用负面清单管理思路或管理模式出台的相关措施，均纳入全国统一的市场准入负面清单。①

《市场准入负面清单（2018 年版）》适用于中资和外资等市场各个平等主体。在此基础上，我国还积极推进《外商投资准入特别管理措施（负面清单）》的制定。2019 年 6 月 28 日，习近平主席在 G20 峰会上表示，中国即将发布 2019 年版外资准入负面清单，进一步扩大农业、采矿业、制造业、服务业开放，② 并新设 6 个自由贸易试验区，增设上海自由贸易试验区新片区，加快探索建设海南自由贸易港进程。我国将在近期采取措施的基础上，进一步推出若干重大举措，加快形成对外开放新局面，努力实现高质量发展。

2019 年 6 月 30 日，发改委、商务部联合发布《外商投资准入特别管理措施（负面清单）（2019 年版）》和《自由贸易试验区外商投资准入特别管理措施（负面清单）（2019 年版）》。与《外商投资准入特别管理措施（负面清单）（2018 年版）》相比，《外商投资准入特别管理措施（负面清单）（2019 年版）》进一步精简为 40 条，体现了负面清单制度"只减少、不增加"的精神，在交通运输、增值电信、基础设施、文化等服务业领域，以及制造业、采矿业、农业领域均推出了新的开放措施，在更多领域允许外资控股或独资经营。正如我国发改委发言人所指出，全面实行准入前国民待遇加负面清单管理制度，是我国构建开放型经济新体制的重要举措，其具体内容如下：（1）政策透明。外资准入负面清单以统一、透明的方式，列明股权要求、高管要求等与准入前国民待遇不符的特别管理措施。（2）放宽准入。通过制定、修订外资准入负面清单，不断扩大开放，减少外资限制，精简负面清单。（3）平等待遇。负面清单之外的领域不得对外资单独设置准入限制，确保市场准入内外资标准一致。准入后阶段对内外资企业

---

① 《国家发展改革委 商务部关于印发〈市场准入负面清单（2018 年版）〉的通知》，载中华人民共和国商务部：http://tfs.mofcom.gov.cn/article/bc/201812/20181202820405.shtml，2019 年 6 月 28 日访问。

② 《习近平：将全面取消外资准入负面清单之外的限制》，载新浪网：http://finance.sina.com.cn/china/gncj/2019-06-28/doc-ihytcitk8270094.shtml，2019 年 6 月 28 日访问。

一视同仁、平等对待。(4)简化管理。负面清单之外的领域按照内外资一致原则管理,实行以属地化备案为主的管理方式,目前基本实现在线办理。①

由此可见,通过自由贸易试验区制度和《外商投资法》所确立的"准入前国民待遇加负面清单管理制度",中美投资协定采用"准入前国民待遇加负面清单模式"已具备现实基础。可以预见,一俟中美投资协定谈判重启,双方将在此基础上继续进行实质性的负面清单出价。中美投资协定所达成的负面清单,可以依照双方的谈判、出价情况,比照依据《外商投资法》确立的《外资投资准入管理特别措施(负面清单)》来制定。《外商投资法》第4条规定,"中华人民共和国缔结或者参加的国际条约、协定对外国投资者准入待遇有更优惠规定的,可以按照相关规定执行"。故此,中美投资协定所制定的负面清单,可以比《外资投资准入管理特别措施(负面清单)》更为简短。与此同时,《外商投资法》第40条规定,"任何国家或者地区在投资方面对中华人民共和国采取歧视性的禁止、限制或者其他类似措施的,中华人民共和国可以根据实际情况对该国家或者该地区采取相应的措施"。因此我国也可以视谈判情形,在中美投资协定中纳入比《外资投资准入管理特别措施(负面清单)》更长的负面清单。但本文认为,不论是中美投资协定中的负面清单,或是依《外商投资法》逐年修订发布的负面清单,总的趋势必将是不断简化、缩短。可以期待"准入前国民待遇加负面清单模式"能够有效减少国内行政审批与权力寻租、提升行政管理效率、加强市场资源配置作用,能够再次实现如我国加入WTO时"借水冲沙"的效应,② 并对我国企业对美投资产生积极影响。随着外资准入审核权力的弱化,我国政府将进一步缩减宏观调控职能并向服务性政府转型,从而"在更大程度上发挥市场在资源配置中的基础性作用"③,通过外资参与公平竞争,来淘汰那些闲置、落后的国民产业。准入前国民待遇标准的引入,既使得外商投资者能够拥有更加稳定可预期、更具透明度、隐性壁垒大大减少的投资环境。

---

① 《推动各领域全方位扩大对外开放——国家发改委有关负责人回应2019年版外资准入负面清单、鼓励外商投资产业目录热点问题》,https://baijiahao.baidu.com/s? id=1637776089767360 2780&wfr=spider&for=pc,2019年6月30日访问。

② 张相文、向鹏飞:《负面清单:中国对外开放的新挑战》,载《国际贸易》2013年第11期;赵明月、朱梓烨:《中美双边投资协定将成中美TPP谈判出发点》,载《中国经济周刊》,2013年7月8日,第87页。

③ 习近平:《关于〈中共中央关于全面深化改革若干重大问题的决定〉的说明》,载新华网:http://www.xinhuanet.com//politics/2013-11/15/c_118164294.htm,2013年11月15日,2019年6月30日访问。

我国实行负面清单制度的举措，将为中美投资协定谈判采用"准入前国民待遇加负面清单模式"提供坚实的实践基础。

二、根本安全例外条款

(一)中美根本安全例外条款争议的由来

近年来，我国企业在美投资接连受阻。中海油收购优尼科、华为收购3Com 公司、三一重工收购风电等项目相继被美国以国家安全为名进行审查或否决。美方进行国家安全审查的依据，来自美国投资协定范本的根本安全例外条款(Essential Security Clause)。因此，在中美投资协定谈判中，中方对这一条款表示了极大的关切。美国自从 1984 年范本开始创设根本安全例外条款的概念雏形，并于 2004 年范本确定了这一条款。美国 2012 年投资协定范本沿用了 2004 年范本的规定："本条约不得解释为：1. 要求缔约方提供或允许访问其确定如披露将违背其根本安全利益的任何信息；或 2. 阻止缔约方采取其认为对履行其有关维持或者恢复国际和平、安全或保护本国根本安全利益方面的义务所必要的措施。"[1]在执行层面，美国通过其外资审查委员会(CFIUS)在外资准入方面进行此项审查。在上述我国企业在美国并购的三个案件中，当事企业的收购结果各有曲折，但纵使最终或许仍能完成收购，根本安全例外条款都将使得我国企业在美国并购的不确定性大大增加。

根本安全例外条款并不是美国的独创。诸如 GATT、GATS、TRIPS、NAFTA 等多边贸易及投资规则以及约 200 个现行有效的双边投资协定，都规定了根本安全例外条款。投资协定借鉴贸易协定采用根本安全例外条款的原因，在于根本安全例外条款所代表的国家维护本国安全利益的自决权。如果说货物贸易作为有形的载体可能对一国安全利益产生影响，那么也不难理解投资作为无形的经济要素流动过程，而更需要东道国加以重视。目前的国际投资规则实践对于根本安全例外的规定存在两种样态：(1)限定范围的根本安全例外。其以《关税与贸易总协定》(GATT)第 21 条[2]为蓝本，以列举的款项限定

---

① 2012 U. S. Model Bilateral Investment Treaty，Article 18.

② 《关税与贸易总协定》(GAT)第 21 条规定："本协定不得解释为：(a)要求任何缔约方提供其根据国家基本安全利益认为不能公布的资料；(b)阻止任何缔约方为保护国家基本安全利益对有关下列事项采取其认为必须采取的任何行动；或(c)阻止任何缔约方根据联合国宪章为维持国际和平和安全而采取行动。"

了根本安全利益的范围，因此其也被称作"非自行判断"的根本安全例外。（2）不限定范围的根本安全例外，以 2012 年美国投资协定范本为典型，不采取具体列举款项的思路，而是原则性地规定根本安全利益的判断由缔约方自行确定（"it determines"），应对措施是否必要也由缔约方自行考察（"it considers"）。这样的规定方式（也即"自裁定条款"）使得根本安全利益的内涵能根据时代的发展而拓展，却不易用客观的标准所判断，因此，这种规定方式被称为"自行判断"的安全例外。

我国在与新西兰、芬兰（2004 年）、印度（2006 年）等国家缔结的双边投资协定中，对根本安全例外有所体现。在这些投资协定中，我国采取了上述第二种方式，也即不限定范围的根本安全例外。① 然而，值得注意的是，根本安全例外条款在上述协定中的体例安排并不一样：中国与新西兰、印度的协定中，该条款被单列出来，作为整个投资协定的例外规定；而在中国与芬兰的投资协定中，该条款却被置于第 3 条"投资待遇"中。这种渗透于其他条款中的安排反映出对该条款的不重视。在《中国保护投资协定范本（草案）》中，并无根本安全利益条款的规定，仅是在第 6 条"征收"中规定了"公共健康、安全及环境等在内的正当公共福利"。从逻辑上讲，这样意指"公共目的"的规定其内涵要广于根本安全利益，并且在发生投资争端时可否仲裁、可否补偿的问题上，两者有显著的不同。国际晚近的判例和学说揭示，涉及"公共目的"的争端，往往具有可仲裁性，且申诉方可以得到补偿；而涉及"根本安全利益"的争端，假若东道国在其与资本输出国签订的双边投资协定中含有自裁定条款，则此争端不具有可仲裁性和可补偿性。② 与涉及"公共目的"的投资争端通常发生在

---

① 《中华人民共和国政府和新西兰政府关于鼓励和相互保护投资协定》（1988 年 11 月签订）第 11 条规定："本协定的规定不应以任何方式约束缔约任何一方为保护其基本安全利益、保障公共健康或为预防动、植物的病虫害而采取任何禁止或限制措施或作出任何其他行为的权利。"

《中华人民共和国政府和芬兰共和国政府关于鼓励和相互保护投资协定》（2006 年 11 月签订）第 3 条规定："本协定不得解释为阻止缔约一方在战争、武装冲突或其他在国际关系紧急情况下为保护本国基本安全利益所采取的任何必要行动。"

《中华人民共和国政府和印度共和国政府关于促进和保护投资的协定》（2007 年 8 月签订）第 14 条规定："本协定不妨碍东道国缔约方根据其正常、合理和非歧视地适用的法律，采取保护其基本安全利益的措施或极端紧急状况下的措施。"

② 参见韩秀丽：《论国际投资协定中的"根本安全利益"与"公共目的"》，载《现代法学》2010 年第 2 期；刘京莲：《国际投资条约根本安全例外条款研究》，载《国际经济法学刊》2010 年第 1 期。

征收阶段不同，"根本安全例外"条款通常在投资准入阶段就被以美国为典型的东道国加以引用。从中海油收购优尼科案可以看出，我国企业在美国的投资，很可能触动美国相关集团的利益，而遭到反对或阻挠。由于根本安全例外条款的自身性质，其很可能在我国企业赴美投资、并购的过程中被美方滥用，而我国企业难以寻求仲裁或谋求物质补偿，这成为目前我国企业向商务部以及中方谈判人员所广泛反映的问题所在。

（二）根本安全例外条款的可仲裁性和可补偿性

中方在中美双边投资协定谈判中，需要关注的是根本安全例外条款的可仲裁性与可补偿性。在可仲裁性问题上，根据国际法院、国际投资仲裁庭和WTO争端解决机构的判例，其中关于根本安全例外条款争议的案情，可大致分为以下三种：（1）缔约双方在投资协定中未约定该条款；（2）缔约双方约定了非自行判断的根本安全例外条款；（3）缔约双方约定了自行判断的根本安全例外条款。相关国际仲裁庭对这三种情形的判决有着很大的不同。

仲裁庭对情形（1）和（2）的判决区别可以从 2000 年至 2003 年阿根廷经济危机引发的海外投资者投诉潮看出。这段时间内，多家英国和美国企业起诉阿根廷政府，而阿根廷政府均以其所采取的金融措施是出于其根本安全利益所需，来进行管辖权的抗辩。由于在阿根廷—英国 BIT 中，并无根本安全例外条款的规定，因此在英资企业 BG 诉阿根廷案中，仲裁庭以阿—英 BIT 未对根本安全例外条款作规定为由，判定对本案具有管辖权；① 而在阿根廷—美国 BIT 中，双方援引美国 1984 年投资协定范本，作出了非自行判断的根本安全例外条款的规定。② 因此，在美资企业 CMS、Enron、Sempra、LG&E、Continental Casualty 诉阿根廷案中，虽然仲裁庭在大部分判决中认定其具有管辖权，但都表示了对东道国主权和根本安全利益的尊重与肯认。③

---

① Article 381 and 385 of *BG Group Plc v. Argentina*, ad hoc—UNCITRAL Arbitration Rules, final award, 24 December 2007, http：//ita. law. uvic. ca /documents/BG-Award. pdf. , accessed on December 25, 2015.

② 1984 年美国双边投资协定范本第 10 条仅规定："本条约不应阻止任何缔约方为维护公共秩序，履行其在维护或恢复国际和平或安全方面承担的义务，或为保护其本国根本安全利益而在其管辖范围内采取必要的措施。"可见，当时该条款还不是自裁决条款。

③ 如 ICSID 在 LG&E 案中指出：2001 年 12 月阿根廷的情势需要立即采取决定性行动，以恢复国内秩序，停止经济衰退。断定这样严重的经济危机不构成"基本安全利益"，将会给所有居民生活及政府的领导能力带来灾难。当一国的经济基础遭受严重打击时，问题的严重性可以等同于军事入侵的严重性。*LG&E v. the Argentine Republic*，ICSID Case No. ARB /02 /1, Decision on Liability, October 3, 2006, para.238.

目前还没有针对情形(3),也即双边投资协定中自行判断的根本安全例外条款的裁决案例,但从相关国际仲裁庭对 GATT 第 21 条的判例可知,国际法院倾向于认定自行判断的根本安全例外不具有管辖权,① 而 GATT/WTO 争端解决机构(DSB)则选择倾向于让争议双方通过协商自行解决,从而弱化仲裁庭对该条款的管辖。② 有学者认为,仲裁庭有权力根据《维也纳条约法公约》第 26 条的"善意履行原则"③对东道国是否出于诚信和善意适用根本安全例外条款进行考察,④ 但即便仲裁庭在案件中不顾东道国的反对而强行审查此条款,其审查范围也将被东道国在投资协定中明确作出的根本安全例外保留所牢牢限制在适用该条款是否善意这个问题上。因此,美国自 2004 年投资协定范本起始,对 1984 年范本规定的非自行判断的根本安全例外条款做了修正,改之以自行判断的根本安全例外条款,自裁定条款("it determines/considers"),进而排除了仲裁庭的管辖权。因此,中方难以根据该条款,将美方诉至 ICSID 等相关国际仲裁庭。

根本安全例外条款是否具有可仲裁性,决定了其是否具有可补偿性。根据 ICSID 在上述 5 家美资企业诉阿根廷的判决情况,东道国适用非自行判断的根本安全例外条款,很可能被裁定进行补偿,只是补偿的程度会降低而已;而在

---

① 国际法院在"Nicaragua v. United States of America"案中指出,仅根据美国与尼加拉瓜 1956 年《友好通商航海条约》第 21 条(即后来美国 1984 年范本第 10 条)的规定,不能排除国际法院对争端的管辖权。该条款没有采取与 GATT 第 21 条相同的措辞,即条约不得阻止缔约国采取它"认为保护其根本安全利益所必需"的措施,仅仅"必要的"措施不能排除国际法院的管辖权。这暗示了如果采取类似于 GATT 第 21 条的表述,将排除国际法院的管辖权。ICJ, Case Concerning Military and Paramilitary Activities in and Against Nicaragua (Nicaragua v. United States of America) (merits), Judgement of 27 June 1986, para. 282.

② GATT/WTO 争端解决机构虽然通常受理此类案件,但是都倾向于让争议双方通过协商自行解决,于是案件往往不了了之,专家组一直没有机会作出实体上的裁判。United State-Trade Measures Affecting Nicaragua, GATT Document, L/6053(1986); United States-The Cuban Liberty and Democratic Solidarity Act, WT/DS38/1(May 13, 1996); Nicaragua-Measures Affecting Imports from Honduras and Columbia, WT/DS188/2(Mar. 28, 2000).

③ Vienna Convention on the Law of Treaties, Article26: "Every treaty in force is binding upon the parties to it and must be performed by them in good faith."

④ William W. Bruke-White & Andreas Von Staden, "Investment Protection in Extraordinary Times: The Implication and Application of Non-Preclude Measures Provisions in Bilateral Investment Treaties", *Virginia Journal of International Law*, Vol. 48, No. 2, 2008, pp. 377-378.

适用美国 2004 年和 2012 年投资协定范本所规定的自行判断的根本安全例外条款的场合，东道国完全可以提出仲裁庭无管辖权的抗辩，并且可以引用《维也纳条约法公约》关于条约解释的有效性规则①，主张既然在投资协定中单列出根本安全例外这一条款，则它能够使东道国免除补偿责任，否则这个条款就没有存在的意义。并且，在中美投资实践中，美方往往在投资准入阶段而不是在征收问题上适用此条款，这就导致中方企业谋求"期待利益"的物质补偿更无可能。

（三）我国《外商投资法》中国家安全审查条款的作用与局限

《外商投资法》第 35 条确立了国家安全审查制度："国家建立外商投资安全审查制度，对影响或者可能影响国家安全的外商投资进行安全审查。依法作出的安全审查决定为最终决定。"应当承认，《外商投资法》第一次在我国国内立法层面确立了国家安全审查制度，使得我国今后在外资准入过程中进行国家安全审查具有了明确的法律依据。然而，《外商投资法》在立法技术和立法内容上都具有局限性。首先，其未采用"自裁定条款"，也即未明确我国可以自行判断影响国家安全的有关因素；其次，其未对国家安全审查的执行机关作出明确规定；最后，其未规定国家安全审查的程序和考量因素，也没有约定投资者的救济途径。

在此有必要参考 2015 年 1 月商务部发布的《外商投资法（草案）征求意见稿》（以下简称《意见稿》。《意见稿》第四章以专章的形式，对国家安全审查制度进行了规定。《意见稿》明确了由国务院建立外国投资国家安全审查部际联席会议作为国家安全审查的执行机构（第 49 条），国家安全审查可以由投资者申请进行（第 50~54 条）或者由联席会议依职权进行（第 55 条）。《意见稿》第 57 条明确了安全审查的有关因素，并列明了兜底条款"联席会议认为应当考虑的其他因素"。联席会议的安全审查结果包括予以通过、附条件予以通过以及不予通过（第 58 条）。《意见稿》第 68、69 条还规定，国务院外商投资主管部门应当编制和公布国家安全审查指南和国家安全审查年度报告。《意见稿》的上述规定十分细致，与美国 CFIUS 的做法可谓遥相呼应。然而，最终通过的《外商投资法》，却删除了上述具体规定，并取而代之以笼统的规定，即第 34 条。

---

① Vienna Convention on the Law of Treaties, Article31："A special meaning shall be given to a term if it is established that the parties so intended."

　　这样的立法技术也许有立法者的考量，也即先进行原则性的规定，再根据实际情况摸索总结经验，出台配套性的规定。然而，本文认为，《外商投资法》原则性的规定，对中美投资协定的签订帮助有限。我国应当进一步明确、细化国家安全审查制度。以美国为例，美国虽在 2012 年投资协定范本中，仅有第 18 条一条规定国家安全审查制度，但美国在国内法层面，却早已确立十分细致的国家安全审查制度。美国 CFIUS 设立于 1975 年，由美国财政部牵头，还包含国务院、国防部、国土安全部、商务部、能源部、司法部，以及两个白宫办公室(美国贸易代表谈判处、科学与技术政策办公室)八个部门。CFIUS 依据 1950 年《国防生产法》(*Defense Production Act of* 1950)、1988 年《埃克森·弗罗里奥修正案》(*Exon-Florio Amendment of* 1988)以及 2007 年《外国投资与国家安全法》(*Foreign Investment and National Security Act of* 2007，FINSA)，行使对外国投资实施安全审查的职权，并可能向总统提出是否阻止交易的建议。① 我国应当在国内法层面进一步细化国家安全审查制度，从而为中美投资协定的推进提供有力保障。

(四)我国在中美投资协定中纳入根本安全例外条款的展望

　　综上所述，由于美国 2012 年双边投资协定范本采用"自裁定条款"，排除了仲裁庭的管辖权，使美国双边投资协定范本中的"根本安全例外"条款既无可仲裁性，亦不具备可补偿性。因此，"根本安全例外条款"有被东道国滥用的风险，有可能颠覆缔约国在投资协定中的其他一切制度设计。我国在缔结双边投资协定的过程中，也应当纳入根本安全例外条款，并采用自行判断的根本安全例外条款这一形式，以借助条约的对等性对美方行使安全审查权进行制约，并防止外资在我国投资所可能造成的危险。在中美双边投资协定中的根本安全例外条款的拟定过程中，应当注意以下几个方面：第一，明确国家安全的内涵。应当将国家安全描述为包括"国际和平与安全、国内根本安全利益"在内的广义概念，并排除"公共利益"等表述，以避免投资仲裁争端的出现；第二，应当坚持"自裁定条款"，采用自行判断标准，赋予国家安全审查机构充足的自由裁量权；第三，应当扩大根本安全例外条款的适用范围，使之不只适用于准入条款，还应适用于资金转移条款、透明度条款、商务访客入境条款等；第四，应当明确争议解决机制和救济方式，可以约定国内法的复议与救济

---

　　① 梁咏、张一心：《中美 BIT 框架下美国外国投资国家安全审查机制的因应研究》，载《现代法治研究》2017 年第 3 期。

渠道，同时明确限制国际投资仲裁庭的管辖权。

三、金融审慎例外条款

（一）中美关于金融审慎例外条款的制度实践

我国《外商投资法》并未触及关于金融审慎监管的内容。金融审慎例外条款（Prudential Reasons/Prudential Measures Clause），是缔约双方约定东道国在金融监管领域，基于审慎的原因所采取的和投资者相关的合理措施构成投资协定的例外，并免于承担法律责任的条款。NAFTA 和 GATS 最早规定了关于金融服务的相关规则，① 美国和加拿大分别于 2004 年在各自的双边投资协定范本中加入了此项规则，并沿用至今。美国 2012 年投资协定范本第 20 条第 1 款规定："不管本协定其他条款作何规定，均不应阻止缔约方基于审慎原因而采取相应措施，包括为保护投资者、存款人、投保人及其他金融服务消费者，或为确保金融体系的完整和稳定所采取的各项措施。如缔约方所采取的措施与本协议的条款规定有所不符，亦不能视作为它在逃避按本协议的规定应承担的义务或责任。"②

我国在海外投资实践中，亦发生过关于金融审慎措施的投资争端，典型案例为中国平安诉比利时政府的"富通门"案件。2007 年，中国平安斥资 238.74 亿元人民币收购比利时富通银行 4.81%的股权并成为其第一大股东，翌年金融危机爆发，富通银行陷入困境，比利时政府采取救助措施，将其国有化并进行资产变卖，此举使中国平安损失 227.9 亿元，并于 2012 年 9 月向 ICSID 起诉比利时政府。③ 比利时政府以"平安作为投资方应当承担不可预见的商业风险"以及其措施是基于金融审慎原因作出的理由抗辩。然而，中国与比利时在 1984 年签订、2005 年修订的双边投资协定中，皆无金融审慎例外的安排。2015 年 5 月，ICSID 发布了仲裁裁决，认为平安是依据 2009 年中国与比利时

---

① NAFTA 对金融审慎例外的规定不甚全面，其只在章程第十四章"金融服务"中规定此项条款，在逻辑上与第十一章"投资"处于并列关系，即此规定无法适用于投资领域；GATS 在其附件"金融服务"中的规定较为全面，美国和加拿大的双边投资协定范本都以其为基础。

② 2012 U. S. Model Bilateral Investment Treaty，Article 20.

③ PRNewswire，*Belgium Prevails in Landmark ICSID Arbitration Brought by Chinese Insurer Ping An*，http：//www.prnewswire.com/news-releases/belgium-prevails-in-landmark-icsid-arbitration-brought-by-chinese-insurer-ping-an-300077716.html，accessed on December 25，2015.

签订的新 BIT 提起诉讼,而平安与富通的争端是发生在新 BIT 生效以前,也即争端应当依据 1984 年中国与比利时签订的旧 BIT,因此仲裁庭裁决对本案无管辖权。① 本案中,中国平安蒙受了巨大损失,但中国—比利时 BIT 中没有金融审慎例外条款这一漏洞,使得比利时作为东道国在法理上并不占有优势。这也给予中国一个启示,也即作为东道国,假如没有在双边投资协定中规定金融审慎例外条款,将来完全有可能因为相似的问题而被外国投资者起诉。

《中国保护投资协定范本(草案)》并无金融审慎例外条款,在晚近的中国与他国双边投资协定中,我国对此条款的安排也不尽相同:(1)在适用范围方面,中国—哥伦比亚以及中日韩投资协定分别在第 13 条"金融部门的审慎措施"和第 20 条"审慎措施"中将其专章规定,而在中国与加拿大投资协定中,其被规定在第 33 条"一般例外"第 3 款中;(2)在涉及资本汇兑与转移方面,我国在与乌干达的投资协定中,将金融审慎例外的适用范围仅限于防止"严重收支失衡和外部融资困难",而在与韩国的投资协定中,则对其适用范围稍作扩大,规定此条款亦可适用于金融领域"宏观经济管理的严重困难或困难之虞"②。

(二)域外法中金融审慎例外条款的运作方式

美国和加拿大是采用金融审慎例外的两个新型投资规则国家,但两国的规定也有着明显差别:(1)在体例安排上,美国将金融审慎例外单列为第 20 条,而加拿大则将其规定在第 10 条"一般例外"中,并在第 17 条"审慎措施"中详述其操作方式,这表明美国只将金融审慎措施适用于金融领域,而加拿大有可能适用于整个协定中的其他非金融领域。(2)在金融审慎措施是

---

① ICSID, *Ping An Life Insurance Company of China*, *Limited and Ping An Insurance* (*Group*) *Company of China*, *Limited v. Kingdom of Belgium*, ICSID Case No. ARB/12/29, https: //icsid. worldbank. org/apps/ICSIDWEB/cases/Pages/casedetail. aspx? CaseNo = ARB/12/29&tab = DOC, accessed on December 25, 2015.

② 《中华人民共和国政府和乌干达共和国政府关于相互促进和保护投资的协定》(2004 年 5 月签订)第 7 条规定:"一旦发生严重的收支平衡困难或外部融资困难或存在这样的威胁,缔约任何一方可以暂时限制该转移";《中华人民共和国政府和大韩民国政府关于促进和保护投资的协定》(2007 年 12 月签订)第 6 条规定:"尽管存在本协定其他条款,每个缔约方在以下情况下可以根据其法律法规,采取或维持与本条的义务不一致的措施:(一)存在收支平衡和外部财政方面严重的困难或者有上述困难之虞;或者(二)例外情况下,资本转移引起特别是金融和汇率政策方面的宏观经济管理的严重困难或者有上述困难之虞。"

否可以适用于资本汇兑与转移上，美国于范本第 20 条第 2 款明确规定金融
审慎例外不影响其在第 7 条(转移)和第 8 条(履行要求)下的义务，但又在
第 7 条第 4 款保留了一个开口，规定仅在破产、倒闭等危及债权人权利以及
金融管理当局需要相应记录和报告的情形下，可以采取措施限制资本转
移。① 而加拿大在其范本第 14 条第 6 款则赋予了东道国基于"保护金融机构的
安全、稳定、完整和金融责任能力"的原因广泛行使金融监管措施的权力。②
(3)在争端解决程序上，两国的双边投资协定范本都规定若东道国提出金融审
慎例外的抗辩，则争议双方缔约国应当先行进行磋商，并形成书面报告递交给
ICSID 仲裁庭，书面报告对仲裁庭的裁决具有约束力。双方磋商有一定的时间
限制，在期限届至之前，仲裁庭不能对争议事项进行审理。加拿大规定双方磋
商的期限为 70 天，③ 而美国的规定则为 120 天，并且仲裁庭必须在 30 天内对
未决事项进行裁决。④

(三) 中美投资协定纳入金融审慎例外条款的展望

美加两国在金融审慎例外中规定的不同，实际上反映出两国国内在投资条
约利益取向上的不同考量。⑤ 例如，在金融审慎例外是否可以适用于整个资本
汇兑和转移条款的问题上，美国部分政府官员和学者曾建议基于国家金融安全
的原因应当适用，但却因致力于投资自由化的商界利益集团的抗议而作罢;⑥
又如，在金融审慎例外的争端解决程序上，同样源于商界的要求，才促使美国
在范本中加入"120 天+30 天"的仲裁期限，以防止投资争端被长时间拖延。⑦
这样的利益博弈，显示了双边投资协定需要进行的价值平衡，即平衡东道国规
制外国投资、维护国内金融安全的权力与海外投资者的合法利益。

我国在与美国双边投资协定的金融审慎例外条款中，也应当注意上述价值

① 2012 U. S. Model Bilateral Investment Treaty, Article 7(3).
② 2004 Canadian FIPA(BIT) Model, Article 14(6).
③ 2004 Canadian FIPA(BIT) Model, Article 17(3).
④ 2012 U. S. Model Bilateral Investment Treaty, Article 20 (3)(e).
⑤ 参见曾莉:《美国 2012 BIT 范本评析》，载《云南大学学报法学版》2013 年第 1 期。
⑥ Sarah Anderson, *Comments on the U. S. Model Bilateral Investment Treaty*, http://www. ips-dc. org/reports/the _ new _ us _ model _ bilateral _ investment _ treaty _ a _ public _ interest _ critique. , accessed on December 25, 2015.
⑦ Emergency Committee for American Trade, *Proposed Model BIT Substantially Weakens Protections for U. S. Investors*, http://www. ecattrade. com/, accessed on December 25, 2015.

的平衡。未来的中美投资协定很可能在如下方面作出规定：（1）在条约适用范围方面，双方是采取加拿大式范本的方式将金融审慎例外条款规定在一般例外中，还是采取美式范本的规定，将其限制在金融服务领域，并在诸如资本汇兑与转移和征收条款中以例外的方式留下"开口"；（2）双方会在怎样的程度上界定条款中的一系列概念，比如"金融机构""审慎原因""审慎措施"，在判定标准上是否会和诸如巴塞尔委员会在内的国际金融机构制定的技术通则对接，以及更极端地说，是否会在条款中加入自裁定模式（"it considers"），以排除国际仲裁庭的管辖权；（3）在实施程序方面，双方如何规定磋商的期限，是否会规定仲裁庭审理的期限，以及是否会如一些学者所建议，在磋商时间上采取加拿大式较短时间（如 70 天），并辅以美式的仲裁审理时间（如 30 天），以达到对审理质量和审理效率的兼顾。① 未来中美双边投资协定对这些问题的处理，将为日后中国对外签订双边投资条约提供借鉴。

四、投资争端解决条款

（一）投资争端解决条款对缔约国的重要性

《外商投资法》同样未触及投资者与东道国投资争议的解决方式。投资争端解决条款一般包括缔约国之间和投资者—东道国的争端解决方式。缔约国之间的争端解决机制通常规定得较为简单，② 而投资者—缔约国之间的争端解决机制，则一直备受各国的关注。近年来，ICSID 仲裁庭在其判决中暴露了如下问题：（1）对于同样的事实和诉因，仲裁庭在不同案例的判决中往往出现不同的结果，对投资协定文本的解释呈现混乱状态；（2）仲裁庭倾向于利用投资协定中的漏洞，对案件各部分争议的可仲裁性作出扩大解释以扩张自己的管辖权；（3）仲裁庭裁决的结果多对投资者有利，这在投资争端解决机构具有可选择性的背景下，被有些学者认为是仲裁庭偏护投资者以期招徕更多案源的证据。③ 以阿根廷为代表的南美发展中国家于本世纪初遭遇了大量投资者诉东道国案件的困扰，ICSID 屡屡判决东道国败诉。玻利维亚和厄瓜多尔已退出

① 龚柏华：《中美双边投资协定谈判中的金融服务条款》，载《法学》2013 年第 10 期。
② 我国 2010 年投资协定范本草案第 12 条、美国 2012 年投资协定范本第 37 条规定了缔约国间的争端解决机制。
③ Susan D. Franck，"The Liability of International Arbitrators：A Comparative Analysis and Proposal for Qualified Immunity"，20. *N. Y. L. Sch. J. Int'l & Comp. L.* 2000，pp. 11-15.

ICSID 公约，尼加拉瓜和委内瑞拉等国也宣称将退出公约。上述国家退出或扬言退出公约，很大程度上是这些国家投资协定中对投资者—东道国投资争端解决机制规定的漏洞所致。

（二）中美关于投资争端解决条款的制度实践

仲裁庭管辖范围和可否上诉，是投资争端解决条款的两个最重要的问题。其一，国际仲裁庭管辖范围的问题。我国在早期缔结的双边投资协定范本中，往往规定仲裁庭管辖范围仅限于"涉及征收的赔偿数额"上。然而，近年来我国倾向于将适用范围扩大到与投资有关的"任何争议"。① 这样的规定，很可能造成十分危险的结果。例如，在 Salini 诉摩洛哥案中，Salini 利用西班牙—摩洛哥投资协定中的"保护伞条款"，起诉摩洛哥政府违反了商业合同的义务。ICSID 仲裁庭以西班牙—摩洛哥投资协定中的争端解决机制适用于"任何投资争议"的表述，作出对 Salini 的合同请求具有管辖权的解释。② 这样的案例引起了我国的关注，因此《中国保护投资协定范本（草案）》明确规定国际仲裁庭的管辖范围仅限于第 2~9 条和第 14 条（即促进和保护投资、国民待遇、最惠国待遇、公正与公平待遇、征收、损害与损失补偿、转移、代位、其他义务）上，而排除了其对第 10 条（拒绝受惠）和第 11 条（税收）的管辖权。美国也在其 2012 年范本中延续了其在 2004 年范本中的做法，将仲裁庭范围限定在第 3~10 条（即国民待遇、最惠国待遇待遇、最低待遇标准、征收与补偿、转移、业绩要求、高层管理和董事会、有关投资的法律和决定的发布），而排除了仲裁庭对透明度、不符措施、拒绝受惠等传统投资议题以及根本安全例外、投资与环境、投资与劳工等新议题的管辖权。可以预见，中美双方未来的双边投资协定中，也将对国际仲裁庭的管辖范围作出限制，以防止投资者滥用诉权和仲裁庭扩大管辖权的可能，以保护东道国利益。

其二，投资争端仲裁可否上诉的问题。与 WTO 争端解决机制允许当事方上诉不同，ICSID 秉承国际商事仲裁一审终审的特点，只在《关于解决国家和他国国民之间投资争端公约》第 52 条规定了对违反仲裁程序案件的撤销程序。

---

① 如《中华人民共和国和德意志联邦共和国关于促进和相互保护投资的协定》（2005年11月签订）第9条规定："缔约一方与缔约另一方投资者之间就投资产生的任何争议，应尽可能由争议双方当事人友好解决。如争议自其被争议一方提出之日6个月内，未能解决，应缔约另一方的投资者的请求，可以将争议提交仲裁。"

② *Salini Construtorri SpA and Italstrate SpA v. Morocco*，ICSID Case No. ARB/00/4，para. 61.

因此，一旦同意诉至 ICSID 的争端当事方认为案件在事实审理和适用法律上存在问题，则无法寻求救济。美国早已关注这一问题，并在其 2004 年双边投资协定范本的附件 D 中，表达出对"建立双边上诉机制的可能性"的期望。① 然而由于 ICSID 仲裁下投资者易于胜诉的规律，美国国内商界强烈反对美国建立上诉机制，从而导致在美国 2012 年范本中，附件 D 被取消，仅有的与上诉机制有关的条款低调地出现在第 29 条第 10 款，并且该条款并没有标明缔约双方建立双边上诉机制的愿景，而只是规定目前的仲裁案件可以适用于将来有可能出现的双边上诉机制中。②《中国保护投资协定范本（草案）》并无上诉的规定，但对中国而言，由于大量海外投资者的长期存在，为了维护我国作为东道国的合法利益，防止国际仲裁庭的错误判决对我国经济利益造成的损害，应当考虑建立这种上诉机制。事实上，这样的上诉机制，对世界上很多作为资本输入国的发展中国家都会起到一定的保护作用。

（三）中美投资协定纳入投资争端解决条款的展望

投资争端解决条款中的上述问题，实质上是如何平衡海外投资者和东道国利益的考量。对于亚洲、非洲和南美洲的广大发展中国家来说，如何在吸引海外投资发展本国经济的同时，合理规定争端解决机制，以防止如 2001—2003 年阿根廷投资自由化导致的诉讼泛滥的局面再次出现，是十分重要的。而以美国为代表的许多兼具资本输入国身份的发达国家，亦希望通过对国际投资争端规则的良好设计，以保证其个案裁决相对公平的效果。中美双边投资协定中关于国际投资争端相关问题的处理，将反映出中美双方对于这些问题的最新思考，例如限定国际投资仲裁庭的管辖范围、约定双方投资争端的上诉机制等。中美投资协定关于投资争端解决条款的设计，也将为今后中国对外投资协定提供范例。

五、结 语

由于当前中美贸易争端的限制，中美投资协定谈判陷入了停滞。我国为应对当前国际经济贸易形势，进行了大刀阔斧的改革，先后设立了 12 个自由贸易试验区，并通过《外商投资法》，实行《市场准入负面清单（2018 年版）》和《外商投资准入特别管理措施（负面清单）（2019 年版）》，确立了"准入前国民

---

① 2004 U. S. Model Bilateral Investment Treaty, Annex D.

② 2012 U. S. Model Bilateral Investment Treaty, Article 28 (10).

待遇加负面清单管理制度"。这将有助于我国大力吸引外资，并且为我国今后对外签订投资协定实行"准入前国民待遇加负面清单模式"提供了有力的现实基础。然而，仍有许多问题亟待通过对外缔结双边投资协定的方式予以解决，其中最为明显的，便是本文论述的根本安全例外、金融审慎例外和投资争端解决三个议题。中美投资协定的谈判，必将正视这三个问题，并提出创造性、建设性的解决方案。

中美双边投资协定，对双方都将具有重要意义。对美国而言，美国的 BIT 范本，虽然冠以"双边"的字样，作为美国对外投资谈判的蓝本，不仅适用于投资保护协议，也适用于投资开放协议；不仅适用于双边协议，也适用于区域协定，甚至适用于多边协议。① 对中国而言，中美双边投资协定将成为我国新时期对外缔结投资协定的一个高水平、高标准的蓝本。我国应当充分吸收近年来我国企业赴美投资实践的经验和教训，在今后缔结的对外投资协定中，纳入根本安全例外条款，采用自裁定模式以限制仲裁庭管辖权，并与作为国内法的《外商投资法》进行衔接。应当充分设计金融审慎例外条款的适用范围、相关概念和实施程序，才能够防止类似平安诉比利时政府的案件在我国发生，并为遭受金融审慎措施的我国企业提供成文的救济途径。还应当完善投资争端解决条款，限制国际仲裁庭的管辖范围，适当考虑投资仲裁争端的可上诉性。有理由相信，在将来问世的中美投资协定文本中，我国就上述议题作出怎样的安排，将对今后我国缔结的对外投资协定产生重要的影响。

即使在中美政治经济关系处于低谷的此刻，研究并关注中美投资协定仍具有重大意义。美国政党的轮替、国际政治经济局势的变化、我国谈判实力的进一步增强，都有可能给旷日持久的中美贸易争端画上句号。届时，中美投资协定谈判将很有可能重新开启，而我国学界与实务界，都应当为此做好充分的准备。

---

① 崔凡：《美国 2012 年双边投资协定范本与中美双边投资协定谈判》，载《国际贸易问题》2013 年第 2 期。

WTO 争端解决机构在加拿大可再生能源案中对补贴认定的解释述评[*]

刘　琳^{**}

目　　次

一、《补贴与反补贴措施协定》中补贴认定规则概览

二、本案案情简介

三、DSB 对系争措施的属性分析

四、DSB 对系争措施是否构成"授予利益"的分析

五、对上诉机构解释的分析

一、《补贴与反补贴措施协定》中补贴认定规则概览

WTO 的补贴与反补贴规则分布于多项涵盖协定之中，主要有 GATT 1994 第 6 条和第 16 条、《补贴与反补贴措施协定》(以下简称《SCM 协定》)、《农业协定》、《关于争端解决规则与程序谅解》、《服务贸易总协定》第 15 条及《民用航空器协定》第 15 条。在上述法律文件中，GATT 1994 的相关规则规定粗糙，但却是奠基条款；《SCM 协定》中有关补贴的规则最为齐备，也是此方面的"基本法"。《SCM 协定》第 1 条规定了补贴的定义，第 2 条是有关补贴专向性的内容，并依据专向性标准将补贴分为：禁止性补贴、可诉补贴和不可诉补贴。禁

　　* 本文系湖南省社科基金百人工程项目"WTO 框架下可再生能源产业补贴的法律规制"(14BR09)的阶段性成果。

　　** 刘琳，法学博士，湖南师范大学法学院讲师，研究领域为国际经济法，电子邮箱：liulin@ hunnu. edu. cn。

止性补贴包括出口补贴和进口替代补贴；可诉补贴是具有专向性并给国际贸易造成不利影响的补贴；不可诉补贴补贴主要包括对研究工作的援助、对欠发达地区的援助及使现有设备符合新的环保标准而提供的资助，具有专向性的补贴及不具有专向性的补贴。不可诉补贴的规定体现了各方对补贴作用的客观评估，反映了各方在自由市场理念和政府干预市场理念的妥协，使得成员方政府利用补贴实现合理的社会和经济目标方面存有一定的政策空间。不过，《SCM 协定》中有关不可诉补贴的规定已于 2000 年 1 月 1 日起失效。

(一) 构成补贴的主体要件、行为要件和结果要件

《SCM 协定》第 1 条第 1 款规定补贴的构成要件为：存在财政资助这一行为要件；该财政资助由 WTO 成员方境内的政府、公共机构或受两者委托或指示的私营实体，可见，后三者是构成补贴行为的主体要件；另外，财政资助必须授予利益，授予利益是构成补贴的结果要件。《SCM 协定》还规定，GATT 1994 第 16 条所指的收入或价格支持也被视为补贴。

就行为要件而言，《SCM 协定》第 1 条第 1 款 a 项第 1 段列举了财政资助涵盖的四类行为：(1) 政府直接转移资金的行为，例如：拨款、贷款、注入资本；潜在的直接转移资金或债务的行为，例如：贷款担保；(2) 免除或并未收取政府收入，而这些收入在其他情形下应该予以收取，例如：免除关税或其他税收收入；(3) 提供具有经济价值的实物，即政府提供除一般性基础设施以外的商品或服务；(4) 间接性的政府行为。① 依据《SCM 协定》第 1 条，财政资助是否构成补贴还必须考察是否授予利益这一结果要件。不过，《SCM 协定》中却未给出利益的定义，WTO 争端解决机构认为"以接受者所获利益计算补贴金额"的第 14 条有助于确定财政资助行为是否带来授予利益这一结果，认为这些条文在一定程度上解释了第 1 条中所规定的利益是否存在及在多大程度上存在。② 在争端解决实践中，为确定利益是否存在及其准确数额，一般将接受者接受的事实上的经济价值与同等情形下特定市场基准作出比较。③

---

① 即政府向一筹资机制付款、委托或指示以私营机构作出上述的财政资助行为，条件是：这些权力通常情况下是赋予政府的职能，且这些做法与政府的相关实践并无实质上的区别。

② WT/DS70/AB/R，para. 155；WT/DS299/R，para. 7. 173.

③ WT/DS70/AB/R，para. 154.

（二）专向性标准

从《SCM 协定》第 2 条的措辞中可以看出，只有专向性补贴才会受《SCM 协定》第二部分有关禁止性补贴、第三部分有关可诉补贴及第五部分有关反补贴措施规则的约束。另外，只有专向性补贴才受通知义务的约束。相应的，非专向性补贴不受上述纪律的约束。因而，正确理解《SCM 协定》第 2 条是落实补贴认定多边纪律的关键。"专向性"是作为"广泛可得性"的对立术语而出现的，专向性标准的经济学理论依据在于：《SCM 协定》的拟定者的初衷在于约束产生贸易扭曲效应的补贴，并避免约束 WTO 成员出于合理的公共政策目标而实施的补贴项目，而专向性补贴之所以会产生扭曲贸易的效果，原因在于：该类补贴只针对特定生产商，目的在于降低其生产成本，并使这些生产商与国外的同类产品生产商竞争时取得优势。相反，普遍性的补贴并不针对特定生产商实施，如果它对国际贸易产生扭曲效应，其程度也是微乎其微的。专向性标准的重要功能在于减少由于《SCM 协定》第 1 条第 1 款给补贴的宽泛定义带来的混乱：一方面，为规制各国的补贴行为，确有必要对补贴进行宽泛的定义；另一方面，过于宽泛的补贴定义会诱导 WTO 成员方对这种宽泛定义的补贴采取反补贴措施，从而造成贸易保护主义泛滥。如果缺乏这种专向性要求，整个第二次世界大战后的自由贸易的制度会逐渐受到损害，因为各国政府可征收各种反补贴税，而几乎每一种产品都可能从政府的支持措施中获益。采用专向性标准，只规制造成资源分配扭曲和贸易扭曲的补贴，从而间接支持了国家的宏观调控而非微观干预。依据《SCM 协定》第 2 条的规定，专向性有各种表现形式，主要包括：（1）企业的专向性，这种专向性表现为政府为特定一个或多个企业提供补贴；（2）产业上的专向性，这种专向性表现为政府为一个或多个产业部门提供补贴；（3）地区的专向性，这种专向性表现为政府向其管辖区域内一个或多个特定区域提供补贴。此外，依据《SCM 协定》第 2 条第 3 款，被禁止的出口补贴和进口替代补贴，自动被视为具有专向性。

（三）补贴的分类

1. 禁止性补贴

《SCM 协定》第 3 条的内容涉及两种禁止性的红灯补贴：（1）出口补贴，这种补贴是法律上或事实上以出口实绩为条件而授予。《SCM 协定》附件 I《出口补贴例示清单》列举了出口补贴的典型情形。（2）进口替代补贴，或又称为当地成分补贴，这种补贴以使用国产品替代进口品为条件。

2. 可诉补贴

与禁止性补贴不同的是，可诉补贴并非其本身具有违法性，《SCM 协定》有关可诉补贴的内容具有"衡平性"，在补贴政策的目的方面，认可使用可诉补贴达到某种政策目的的必要性，但在政策的效果方面，力图限制可诉补贴可能造成的不利影响，因而，《SCM 协定》有关可诉补贴的规则关注的重点不在于补贴的行为特征，而是其造成的"不利影响"。① 在不可诉补贴规则失效后，除禁止性补贴之外，只要补贴具有专向性并造成不利影响且两者之间具有因果关系，则可被认定是可诉补贴，因而可诉补贴的认定规则的重要性日益凸显。

3. 不可诉补贴

前文已述，不可诉补贴主要包括对研究工作的援助、对欠发达地区的援助及使现有设备符合新的环保标准而提供的资助这类具有专向性的补贴及不具有专向性的补贴。依据《SCM 协定》第 31 条，有关不可诉补贴的条文与第 6 条和第 9 条的适用期只有 5 年，自《WTO 协议》于 1995 年 1 月 1 日生效时起算。同时，该条规定，在临时适用期终止前 180 天内，补贴与反补贴措施委员会应该对第 8 条的运作情况进行复核，以确定是否对该内容的有效期展期，还是将它修改后展期，如果无法对该内容的展期达成一致意见，第 8 条将于 1999 年 12 月 31 日后失效。1999 年 11 月 1 日至 2 日，为此举行的规则谈判小组的会议，这次会商表明无法弥合各方对有关不可诉补贴规则存废的分歧。② 由于各方未能达成一致意见，《SCM 协定》中有关不可诉补贴的内容自 2000 年 1 月 1 日起失效。

二、本案案情简介

2009 年，加拿大安大略省通过《绿色能源与绿色经济法案》（*Green Energy and Green Economy Act*），依据该法授权，安大略省电力局（Ontario Power Authority，以下简称 OPA）推出上网电价计划（Feed-in Tariff Program，以下简称 FIT 计划），该计划针对以太阳能、水力、风力等以可再生能源发电的厂商，而此类厂商又分为 FIT 和 micro-FIT 两类，前者通常情形下适用于发电量超过 10 千瓦的厂商，但如果是太阳能发电厂商则指其发电量在 10 千瓦至 10 兆瓦之间，如果是水力发电厂商则其发电量在 10 千瓦至 50 兆瓦之间，micro-FIT 计划适用于发电量低于 10 千瓦的利用可再生能源发电的厂商。利用可再生能

① 彭岳：《贸易补贴的法律规制》，法律出版社 2007 年版，第 142 页。
② G/SCM/M/24.

27

源发电的厂商可以选择与本地电力分销公司电网（Local Distribution Company）联网，也可选择与安大略省独立电网运营公司（Independent Electricity System Operator，简称 IESO）的电网联网。该计划的目的一方面在于通过引进可再生能源发电，逐步淘汰传统的以煤为原料的火力发电，借以改善空气质量；另一方面在于促进当地可再生能源发电技术的发展。上述计划要求参与计划的太阳能发电厂商投资中的 50% 须用以购买安大略省本省的商品或服务，2011 年该比率进一步上升至 60%，与此类似，风力发电厂商投资中的 25% 用于购买本省商品或服务，2012 年这一比率提高至 50%。在满足上述条件的前提下，OPA 与可再生能源发电商签订 20~40 年的合同，在合同有效期内，OPA 以高于传统方式供电的费率收购可再生能源供应的电力。

日本和欧盟认为上述两个计划有违背世界贸易组织相关规范的嫌疑，于2010 年 9 月提出磋商申请，由于磋商无果，日本和欧盟之后请求成立专家组，2012 年 12 月，专家组裁定 FIT 计划违反 GATT 1994 第 3 条第 4 款、《与贸易有关的投资措施协定》（以下简称《TRIMs 协定》）第 2 条第 1 款，但专家组认为无法证明系争措施是否符合《SCM 协定》第 1 条第 1 款 b 项有关"利益"的规定，因而无法认定系争措施是否构成《SCM 协定》第 3 条所指的禁止性补贴。争议各方均对专家组报告存有异议，于是提出上诉，2013 年 5 月 6 日，上诉机构合并公布两案的裁决报告①，上诉机构维持专家组 FIT 计划违反 GATT 1994 第3 条第 4 款、《与贸易有关的投资措施协定》第 2 条第 1 款的裁定。上诉机构以事实不足为由，认为无法断定系争措施是否构成"利益"，进而无法确定系争措施是否构成禁止性补贴。以下将集中探究专家组和上诉机构在该案中对《SCM 协定》中的补贴认定规则的发展并分析其不足。

本案中，作为申诉方之一的日本认为系争措施构成《SCM 协定》中的进口替代补贴，因而属于禁止性补贴。各方对牵头实施 FIT 计划的安大略省电力局（OPA）、安大略省独立电网运营公司（IESO）等是《SCM 协定》中所指的"公共机构"，从而符合补贴构成的主体要件这一问题并无争议；但对系争措施是否符合补贴构成的财政资助这一行为要件及授予利益这一结果要件存在争议。事实上，只要 FIT 项目被认为符合补贴的定义，而该项目明确存在视使用国产货物而非进口货物为条件而给予这一特点，那 FIT 项目很可能被认为是进口替代

① 上诉机构裁决报告的名称为：Canada-Certain Measures Affecting the Renewable Energy Generation Sector, Canada-Measures Relating to the Feed-in Tariff Program，索引号分别为：WT/DS412/AB/R，WT/DS426/AB/R。

补贴。依据《SCM 协定》第 4 条，该项目应该被立即撤销，也就意味着该项目之下的合同、投资等均失去法律依据，其对安大略省地方经济的冲击可想而知。

三、DSB 对系争措施的属性分析

（一）专家组将系争措施认定为"政府购买商品"的行为

在专家组程序中，日本认为 FIT 项目和之下的合同是《SCM 协定》第 1 条第 1 款（a）项第（1）段（ⅰ）小段中"直接转移资金"和"潜在的直接转移资金"的行为。日本进一步主张，如果上述意见不被专家组认可，那么这类行为也可以被认定为"收入或价格支持"行为。加拿大反对日本的这一看法，认为系争措施可以被认定为第 1 条第 1 款（a）项第（1）段（ⅲ）小段中的"政府购买商品"的行为。

专家组将系争措施认定为"财政资助"中的"政府购买商品"的行为，上述结论的依据在于：首先，专家组注意到 OPA 向 FIT 计划下的供电商支付一笔款项，由后者向安大略省电网供电，这些电力的价格已在合同中加以约定，相关当局采取这一措施的目的在于吸引投资者对这一新的能源供应领域予以投资，同时确保安大略省电力供应来源的多元化。因而，专家组认为上述支付行为并不属于拨款性质，专家组强调，虽然 FIT 计划和 micro-FIT 计划为投资者的项目融资提供便利条件，将项目融资方面的便利条件与合同项下的支付行为混为一谈是错误的。其次，专家组发现安大略省政府对电力这一商品行使了占有权，因而购买了这些电力商品。专家组认为，《SCM 协定》第 1 条第 1 款（a）项第（1）段（ⅲ）小段有关政府购买商品的内容应该涵盖这一情形，即政府或公共机构通过支付金钱或类似物已取得一商品的所有权或所有权资格，由于电力的特殊性，专家组将购买电力的行为视为取得电力产品所有权资格，而不是有形地占有电力产品。欧盟认为，《SCM 协定》中政府"购买产品"这一措辞的言下之意是购买行为的目的在于供政府自身使用，专家组否定了这一观点。专家组接着阐述道，政府购买商品的行为应该涉及"政府"或"公共机构"，专家组认为 FIT 计划及其相关的合同涉及三个"公共机构"的协同行为，即 OPA、HydroOne Inc. 和 IESO。专家组考察了 FIT 计划下的合同及相关的法律、法规后认为，安大略省政府及其他当事方均认为系争措施是一种购买电力的政府行为。

虽然日本认为系争措施显示"资金的直接转移"的某些特点，例如：其中涉及权利义务的对应及互换关系，而其中就涉及金钱的支付，但专家组并不认为这就构成《SCM 协定》中所指的资金的直接转移。专家组认为将政府购买商品的行为也认定为资金的直接转移，这会危及条约的有效解释原则，原因在于将上述两者混为一谈将使《SCM 协定》第 1 条第 1 款(a)项第(1)段(ⅲ)小段的内容变得多余。日本曾援引美国大型民用航空器案中上诉机构的报告认为：第 1 条第 1 款(a)项第(1)段的措辞并未明确排除某一交易同时受一个或多个条款约束。专家组并未认可日本的这一观点。此外，专家组也认为系争措施也不属于潜在的资金直接转移的情形。①

(二)上诉阶段控辩双方的观点及上诉机构对专家组结论的分析

1. 控辩双方关于系争措施属何种形式的"财政资助"的观点

日本向上诉机构辩称，专家组有关第 1 条第 1 款(a)项第(1)段(ⅰ)小段和(ⅲ)小段中规定的内容互相排斥的看法有误。日本认为，专家组在将系争措施认定为政府购买商品的行为之后，未对系争措施也有可能被归为资金的直接转移或潜在的资金转移的可能性进行探讨，专家组的做法其实质在于认为上述情形对应的条文存在排斥关系。日本也注意到，专家组报告中也有如下措辞，即从第 1 条第 1 款(a)项第(1)段(ⅰ)小段和(ⅲ)小段的措辞中无法断定可将政府购买商品的行为同时归为直接转移资金的行为。日本认为，假如专家组能对相关事实作出客观评估，且能把握系争措施的核心特质，则不能排除将一系争措施认定同时符合第 1 条第 1 款(a)项第(1)段中所规定的多种情形，日本进而援引美国大型民用飞机案中上诉机构报告中的相关阐述，该报告阐述道：第 1 条第 1 款(a)项第(1)段并未明文排除出现一特定的系争措施可以同时受其中若干小段内容规制的情形。加拿大则认为专家组将 FIT 计划及相关的合同认定为政府购买商品的行为，且未同时将该措施认定为资金的直接转移，不作并列认定的这一做法是正确的。加拿大认为，虽然《SCM 协定》第 1 条第 1 款(a)项第(1)段中并未明确排除一特定的措施可以属于多个条款涵盖的范围，但从特定角度来观察一系争措施，则不能同时被认定为政府购买商品和资金直接转移的行为。②

2. 上诉机构认为"财政资助"涵盖的四种类型间不存在相互排斥的关系

上诉机构并不认同专家组有关《SCM 协定》第 1 条第 1 款(a)项第(1)段

① WT/DS412/AB/R，WT/DS426/AB/R，paras. 5. 109-115.

② WT/DS412/AB/R，WT/DS426/AB/R，paras. 5. 116-117.

（ⅰ）和（ⅲ）小段中的内容互相排斥的结论，上诉机构援引其在美国大型民用飞机案报告中的结论认为：第 1 条第 1 款（a）项第（1）段并未规定其之下的几个小段之间的关系，该条款的结构并未明确排除一交易可以同时受若干小段涵盖的情形出现。在该份报告中，上诉机构也认为，资金的直接转移可以包括相互间负有权利、义务的情形，其中包括财政资助的接受者为接受政府所提供的资金而向政府承担义务的情形，例如：政府提供贷款或注入资本，上诉机构在该份报告中也认为，（ⅲ）小段中"购买"一词表明提供商品的人或实体会接受相应的对价。上诉机构认为，本案的专家组应该考察系争措施的目的及其在现实中的具体运作，从而确定该系争措施的主要性质。之后，系争措施应该能自然归入第 1 条第 1 款（a）项第（1）段中所规定的各类财政资助措施中的一种。然而，现实生活的交易可能是复杂的，且是多面向的，这意味着，同一措施的不同方面可以被归为不同的财政资助形式。但是，同一交易可能被归为不同的财政资助形式并不意味着第 1 条第 1 款（a）项第（1）段中不同类型的财政资助形式的性质相同，或如同专家组所言，其中的部分法律概念是多余的。上诉机构进一步观察到，在美国大型民用飞机案的报告中并未涉及出现上述情形时，专家组是否有义务去确定一特定交易是否属于第 1 条第 1 款（a）项第（1）段下多个小段的涵盖范围。有鉴于此，上诉机构认为专家组有关（ⅰ）小段和（ⅲ）小段相互排斥的结论并不符合上诉机构在美国大型民用飞机案报告中的论断，因而，上诉机构认为专家组的上述结论无拘束力。①

3. 上诉机构支持专家组将系争措施认定为"政府购买商品"行为的结论

上诉机构注意到，专家组认为政府购买商品的行为涉及政府或公共机构以支付金钱或其他类似物的方式取得对一商品的所有权或这种权利资格。在口头听审期间，日本作出澄清解释，其并不对专家组的这一解释提出异议，也不反对专家组的以下结论：（1）OPA 为所输送的电力支付了款项；（2）安大略省通过 HydroOne 公司取得对电力的所有权并供应给最终的消费者；（3）FIT 计划涉及的法律、法规及合同中均将该措施认定为政府采购或购买电力的行为。日本坚持认为，专家组未能分析系争措施的主要特性，因而未能对其作出适当的认定，日本还认为专家组错误地将系争措施认定为政府购买商品的行为，原因在于：首先，OPA 在一系列的交易中处于中心地位，OPA 支付款项以购买电力，之后由另一政府性实体 HydroOne 接受并传输这些电力。依据日本的观点，OPA 是一融资机构，而不是购买电力的机构，原因在于其并不取得对电力的

---

① WT/DS412/AB/R，WT/DS426/AB/R，paras. 5. 119-121.

所有权。

　　上诉机构并不认为这一论证有说服力，原因在于：虽然安大略省政府决定扩大电力供应的来源渠道，并给不同的政府性实体分派了不同职责，但安大略省政府通过 FIT 计划及相关的合同购买电力这一结论不容动摇。虽然 OPA 确实向电力供应商支付了款项，而 HydroOne 只是负责输送电力的实体，但上述两个实体均被专家组认定为属于《SCM 协定》第 1 条第 1 款（a）项第（1）段中所指的公共机构。在本案中，既然所涉实体均被认定为公共机构，因而所涉实体的行为均可归咎于政府，在此情形下，安大略省政府是通过一个还是多个实体实施其行为就变得无关紧要了。事实上，上述几个公共机构的一系列行为，使得安大略省政府完成了购买和输送电力的全过程。上诉机构还认为，除了向参与 FIT 和 micro-FIT 计划的电力企业支付购买电力所需的款项之外，OPA 并未向后者支付其他名目的资金。

　　日本方面认为，安大略省已有私营实体向用户提供电力，因而，该省政府通过自身购买电力来促使电力供应多元化的购买行为实际上是不必要的。上诉机构认为这一观点与依《SCM 协定》对 FIT 计划及相关合同定性并没有关联。对系争措施的定性并不要求就政府有无必要购买电力作出评估，也无必要根据私营实体是否向消费者供应电力作出结论。本案的重心在于 FIT 计划及相关合同是否属于《SCM 协定》中的财政资助行为。专家组已经认定 OPA、HydroOne 和 IESO 的一系列关联行为构成政府购买商品的行为，日本的主张无法动摇专家组的上述结论。

　　日本还认为专家组的结论是依据加拿大的国内法作出的。上诉机构认为，国内法对一系争措施的定性并不会影响该措施在 WTO 涵盖协定下的定性，专家组有必要去审视一成员方的国内法，其目的在于查实该成员方的立法是否符合 WTO 涵盖协定所规定的义务。成员方的国内法对一特定系争措施的定性并不会影响专家组对该措施的分析。上诉机构认为，本案的专家组对系争措施的定性结论并非完全依据安大略省的法律作出，专家组依据以下三个理由作出 FIT 计划及其项下的合同是政府购买商品行为的结论：第一，OPA 为输往安大略省电网的电力支付了价金；第二，安大略省政府行使了对电力的占有权，从而完成购买行为；第三，作为相关因素之一，专家组考虑了加拿大《1998 年电力法》、加拿大部长会议的指令及 FIT 和 micro-FIT 计划相关的合同及其他文件，专家组是在上述分析的基础上得出结论认为这是一种政府行为，其中涉及政府采购电力或购买电力的行为。因而，上诉机构并不赞同日本提出的专家组是依据加拿大国内法对系争措施作出法律定性的分析的观点。上诉机构支持专家组作出的 FIT 计划及其相关合同是《SCM 协定》第 1 条第 1 款（a）项第（1）段（ⅲ）小段中所指的政府购买商品行为的结论。①

四、DSB 对系争措施是否构成"授予利益"的分析

（一）专家组认为因证据不足而无法认定系争措施是否构成授予利益

1. 专家组认为由各种发电技术供电的混合电力市场是本案中的"相关市场"

一项财政资助在予以接受者以优势的情况下才构成授予利益，这种优势是否存在，需要比较接受者在有无这种财政资助的情况下的市场地位。专家组指出，《SCM 协定》第 14 条 d 款虽未明确政府购买商品从而授予利益的具体情形，但为确定补贴利益的存在与否提供了参照。加拿大曾主张，进行补贴利益的分析时，相关的市场应该指的是由太阳能和风力发电技术所供电力构成的市场，专家组认为，安大略省电力用户并不以发电技术为基础区分电力的来源，争议各方也没有认为发电技术的不同会导致所供应的电力在性质上会存在不同。基于上述理由，专家组认为源于各种发电技术的电力构成统一的市场。

2. 专家组认为安大略省混合电力供应市场中的价格不适合作为比较基准

根据当事各方提交的证据，专家组发现安大略省当前混合电力供应批发市场并不存在有效的竞争，而是由安大略省政府通过决定和规章加以约束，这些决定和规章的目的在于确保电力供应来源的多元化，保证该省安全、可靠和长期的电力供应，同时确保回收电力系统的建设成本。安大略省的电力价格虽然主要由供求关系确定，但政府也干预了该价格的形成过程，因而不适合作为比较的基准。专家组特别指出，在由 IESO 管制的市场中，供电商的价格并非以弥补电力产品的边际成本为依据，而是以政府的合约价或受管制的价格为依据，因而，HOEP 并非完全由市场供求关系达至平衡时所确定的价格，因而不适合作为比较基准。②

3. 专家组认为安大略省省外的电力市场价格也不适合作为比较的基准

专家组也拒绝以安大略省以外的电力市场价格作为比较的基准，主要有：加拿大阿尔伯塔省、美国纽约州、美国新英格兰地区及中大西洋地区的电力价格作为比较的基准。专家组认为阿尔伯塔省推行的以市场定价的方法在安大略

---

① WT/DS412/AB/R，WT/DS426/AB/R，paras. 5. 123-128.

② WT/DS412/AB/R，WT/DS426/AB/R，paras. 5. 148-150.

省无法复制，安大略省电力供应中的可再生能源和不可再生能源发电的比例与前者存在不同，并且安大略省已有明确计划规定至 2030 年，将可再生能源发电的比例提高到一特定的百分比。此外，专家组认为另外三个市场中的供电商的价格无法弥补其成本，无法代表充分竞争条件下形成的市场价格。①

(二)上诉机构有关系争措施是否授予利益的分析

1. 上诉机构认同专家组的整体思路

上诉机构注意到：专家组认为《SCM 协定》第 1 条第 1 款 b 项中所指的利益其实是一种优势，这种优势是否存在通过比较财政资助的接受者在接受财政资助的前后的市场地位可以作出评判。专家组进一步注意到《SCM 协定》第 14 条 d 款的规定，为本案中确定是否存在利益提供很好的指引。依据专家组的意见，确定利益是否存在的方法之一在于依据第 14 条 d 款提供的指导，调查风力及太阳能供电商所得到的补偿是否高于适当水平，而是否高于适当水平，要将供电商依据通行市场条件获得的回报为参照比较加以确定。上诉机构认为，专家组已注意到相关市场一定程度上会受到政府干预，不过，专家组也指出如果政府在一市场上占据绝对的支配地位，并且政府可以有效地确定商品的价格，则无法区分在缺乏财政资助的情形下，该资助的接受者的境遇是否会更好一些，这种受干预的市场无法作为适当的比较基准。日本认为专家组错误地解读第 14 条 d 款，认为专家组未能以第 14 条 d 款以外的视角来看待利益授予的问题。日本指出，第 14 条 d 款的作用在于征收反补贴税时用以计算反补贴税的金额，但第 3 条第 1 款规定的禁止性补贴并不需要对财政资助授予的利益加以量化，申诉方只需证明存在利益即可。欧盟虽未质疑专家组对第 1 条第 1 款 b 项的解释，不过，欧盟也认为，在禁止性补贴的情形下，补贴金额的多少是无关紧要的。

上诉机构认为日本和欧盟的说法不具有说服力，上诉机构注意到，专家组在报告的开始部分就阐述到：第 14 条 d 款只是为第 1 条第 1 款 b 项中的利益分析提供一种有用的语境(context)，专家组还澄清，第 14 条 d 款也仅仅是验证系争措施是否授予利益的多种方式之一。上诉机构结合以往的争端解决实践认为，专家组对第 1 条第 1 款 b 项和第 14 条 d 款的关系作出了正确的阐述。上诉机构认为，在禁止性补贴的情形下，不应该将是否存在补贴利益与量化利益数额对立起来考虑。市场基准可以用来确定补贴利益是否存在及其金额，但

---

① WT/DS412/AB/R，WT/DS426/AB/R，para. 5. 152.

是，在缺乏可以比较的市场基准时，根本无法确定利益是否存在，换言之，不能以绝对化的方式来考量一项财政资助是否授予利益，而需要与市场基准加以比较。这一结论与是否精确地计算出这种优势的数量无关。①

2. 上诉机构认为"若非"测试无法确定本案中的系争措施是否"授予利益"

此前，欧盟认为专家组错误适用了第 1 条第 1 款 b 项，专家组不应该对市场上的相关事实作出反向推定，并从中找出比较基准，从而确定 FIT 计划中供电商所获补偿是否合理。欧盟认为，这种对事实的反向推定是不必要的，因为各方已经同意这一事实，即依据市场上的通行价格，FIT 计划中的供电商根本无法获得任何回报，欧盟因而认为，根本无须对事实作出反向推定，就可以毫不困难地得出财政资助授予利益的结论。日本认为，在没有 FIT 计划的支持下，风力和太阳能发电商根本无法在安大略省生存，这一事实足以证明存在《SCM 协定》第 1 条第 1 款 b 项所指的"利益"。②

上诉机构注意到欧盟、日本之所以认为专家组错误地解释了第 1 条第 1 款 b 项，原因在于专家组未采用已被争端解决实践证实的"若非"（but for）测试。依据"若非"测试，结合 FIT 计划的历史、结构、目标及各方认可的事实，在缺乏 FIT 计划支持的情况下，太阳能和风力发电商根本无法在安大略省运营这一事实本身足以显示存在利益。上诉机构认为，此案中只进行"若非"测试并不足以确定存在利益这一事实。这一方法，依据其字面意义，并不能衡量财政资助的接受者究竟能在市场上获得何种补偿，用"若非"的方法对市场上的事实加以反向推定，并不能确定财政资助是否会授予补贴利益，这一测试的前提是相关市场是以各种发电方式所供应电力这一市场的整体，而前文已述，上诉机构认定的相关市场是由政府的政策单独创设，即该市场是由风力和太阳能发电所构成的单独的一个电力市场。假设利益可以借由 FIT 计划的存废来决定风力和太阳能发电能否进入市场，那么其基本问题是何种市场能够提供适当的比较基准。在回答风力和太阳能发电商能否进入市场这一问题之前，应该对它们能够在其中运行的市场加以界定，只有在这个市场中才能找出合适的比较基准。③

上诉机构进一步观察到：加拿大在专家组程序中接受的结论是 HOEP 及由其衍生的价格不足以吸引投资者对新能源发电技术的投资，而如果不存在

① WT/DS412/AB/R，WT/DS426/AB/R，paras. 5. 159-166.

② WT/DS412/AB/R，WT/DS426/AB/R，paras. 5. 194-195.

③ WT/DS412/AB/R，WT/DS426/AB/R，paras. 5. 196-197.

FIT 计划，潜在的风力和太阳能发电商最有可能采取的措施是与安大略省政府谈判后得到一价格，这一结论不同于日本和欧盟所主张的在缺乏 FIT 计划的情形下，市场上不会出现风力和太阳能发电商的结论。加拿大辩称，本案中与利益分析相关的市场应该是指通过太阳能和风力技术发电所形成的电力供应市场，虽然专家组似乎不认同加拿大的上述结论，专家组似乎又同意加拿大的这一主张，即如果不存在 FIT 计划，风力和太阳能发电商又必须进入竞争性的电力发电市场，这些供电商也会与政府就供电的费率展开谈判。上诉机构认为，结合以上原因，风力和太阳能发电市场之所以存在，完全是因为政府干预的结果，因而，上诉机构认为应该加以考虑的问题是，假如没有 FIT 计划，风力和太阳能发电商是否会进入以可再生能源发电的单独市场，而不是进入有各种发电方式存在的混合电力批发市场。①

3. 上诉机构认为《TRIMs 协定》无法为确定系争措施是否"授予利益"提供参考

日本和欧盟认为专家组在解释《SCM 协定》第 1 条第 1 款 b 项时的错误也可以由下述事实加以佐证，即专家组依据《TRIMs 协定》例示清单的前言部分，依据 FIT 计划的目标、设计及其运作，认为参与 FIT 计划这一事实本身就可以断定给参与企业授予"优势"，而基于同样的事实，专家组却未依据《SCM 协定》第 1 条第 1 款 b 项认定系争措施授予了"利益"。日本认为这说明专家组未能全面、客观地评估相关事实。上诉机构认为，《SCM 协定》第 1 条第 1 款 b 项的措辞用的是"利益"，而不是"优势"，但是，上诉机构在加拿大飞机案中认为，在字典中，"利益"可以指"优势"，更为广泛的意义是指"一种有利的或有助益的因素或情形"。上诉机构进一步认为，"利益"的通常含义包括某些形式的优势。在加拿大飞机案及其后的案例中，上诉机构并没有将"利益"和"优势"的含义等同，上诉机构对《SCM 协定》第 1 条第 1 款 b 项中的"利益"的解释表明，虽然利益包括某些形式的优势，但前者在《SCM 协定》中有更为特定的含义，"利益"与"财政资助"和"收入或价格支持"的含义相联，利益是否存在需要在市场中加以比较，而《TRIMs 协定》中的"优势"也应该在该协定的语境中加以解释，《TRIMs 协定》中的"优势"无须与相关市场中的基准加以比较，而《SCM 协定》中的利益分析却需要这种比较。上诉机构进而认为，虽然并不排除依据《TRIMs 协定》例示清单第 1 段的内容，提供优势的措施可能构成《SCM 协定》第 1 条第 1 款 b 项中所指的"利益"，但也可能不构成《SCM 协定》

① WT/DS412/AB/R，WT/DS426/AB/R，para. 5. 198.

中所指的"利益"。上诉机构认为专家组的结论并不矛盾，并认为由日本和欧盟提出的补贴利益的衡量方法并不能确定 FIT 计划下风力和太阳能供电商是否被授予了利益。①

4. 上组机构认为本案的"相关市场"是由风力和太阳能发电构成的单独市场

上诉机构解释到，依据《SCM 协定》第 1 条第 1 款 b 项，对相关市场进行界定是利益分析的前提，也是利益分析的中心议题。只有对相关市场中的商品或服务价格加以对比，才能确定是否存在利益。上诉机构进而认为，在确定本案中合适的"相关市场"时，除了考虑需求方面的因素，也应考察供应方面的因素。上诉机构认为：电力在物理性质上具有同一性，而无论其产生的方式。从需求者角度而言，各种发电方式所产生的电力相互间具有替代性。另一方面，也应对供应商方面的因素加以考虑，但专家组却忽略了此方面的因素。例如：供电合同的类型、用户规模、电力产生的方式均可使相关市场进一步细化。上诉机构进一步解释到，部分电力用户，由于其运作及规模方面的特点，可能只在白天或夜间的特定时间段要求供电，从而增加供电低峰或高峰时的用电量，另外，工业用电客户显然较之家庭用电客户能够与供电企业订立更为有利的合同条款。上诉机构回顾到，在欧盟及部分成员的大型民用飞机案中，在论及《SCM 协定》第 6 条第 3 款 a 项和第 6 条第 3 款 b 项中的"市场"定义时，上诉机构认为应该对供求两个方面的因素加以考虑。上诉机构认为，需求方面的可替代性，即消费者认为两个产品相互间具有可替代性是不可或缺的标准，但不是唯一标准；也应该对供应方面的可替代性进行分析。例如：以供应商能否以较低的成本从一种产品短期内转而生产另一种产品，也能为判定两种产品是否处于同一市场提供证据。上诉机构认为，假如专家组对本案中需求和供应方面，特别是供应方面的因素加以详细分析，就会发现政府对电力市场的干预与相关市场的界定存在明显的关联，这一分析可以使专家组得出完全不同的结论。

上诉机构认为，本案中，供应方面的因素暗示：由于在成本结构、运营成本及产品特性方面，风力和太阳能所产生的电力无法与其他来源的电力展开竞争。风力和太阳能发电需要许多的前期资本投入，却需要很少的运营成本，而且难以产生经济上的规模效应。另外，风力及太阳能发电不能以连续方式产生电力，主要原因在于这需要取决于风力及太阳能的供应状况。风力和太阳能发

---

① WT/DS412/AB/R，WT/DS426/AB/R，paras. 5. 205-210.

电的上述特征使之很难对其他方式发电的价格产生抑制效应。相反，传统的发电方式产生的电力能很好地对用电高峰或低谷时作出调整，可以形成规模效应，并对风力和太阳能的发电价格产生抑制效应。虽然需求方面的因素会促使专家组将各种发电技术所产生的电力构成一个单一市场的结论，但是，供应商方面的因素却可能促使得出如下结论，即由于成本结构和运营成本方面存在区别，在缺乏政府政策干预的条件下，全部由风力和太阳能所产生的电力构成的单一市场无从产生，而这些因素又会促使得出与专家组相同的结论，即为确定是否"授予利益"而进行的比较不应在整个电力批发市场进行，而应在由政府政策所产生的风力和太阳能的单独市场内进行。上诉机构也注意到专家组对相关市场的界定分析主要集中于最终用户的选择倾向性而忽略了这一事实，即安大略省政府以批发方式购买电力，再以零售的方式转售给最终用户，零售层面的最终消费者可能并不以发电技术为基础对所提供的电力加以区分，原因在于，输入到电网的电力已经混合了各种来源的电力。但是，在以批发方式采购电力时，政府的采购决定却是以对电力来源多元化为基础而作出的，由于政府已经规定来自风力和太阳能所产生电力的比例，在批发层面上，各种来源的电力之间相互并不具有可替代性，如果专家组能够从批发和零售角度对供求关系作出区分，在确定相关市场时，也应该考虑到安大略省政府实现电力来源多元化的政策，从而将由政府政策所产生的风力和太阳能的单独市场作为比较的"相关市场"。①

5. 上诉机构对本案适当比较基准的分析

上诉机构认为，安大略省政府为风力和太阳能发电创设市场这一行为本身不能被视为授予利益的行为，相应的，安大略省风力和太阳能发电恰当的比较基准应该是：在安大略省政府为能源供应多元化而设定的各种指标内，基于价格决定机制能为风力和太阳能发电所能产生的价格。另外，依据《SCM 协定》第 14 条 d 款及争端解决实践，首先应该在安大略省的风力和太阳能发电市场中找出相关的比较基准，如果安大略省省内没有这种基准，可以考虑采用安大略省以外的其他基准。上诉机构认为，政府定价可能或不能反映出一个市场内的真实价格水平，因而，政府定价这一行为本身不能确定存在利益，申诉方只能在证明这种价格不能反映市场竞争的结果时，才能断定利益的存在。另外，对政府确定管制价格的方法进行分析，也可能为该价格是否适当提供线索。例如：可以从诸如竞争性的招投标价格或经谈判而得到的价格等价格发现机制中

① WT/DS412/AB/R，WT/DS426/AB/R，paras. 5. 170-178.

找出上述比较基准。①

上诉机构注意到，在专家组程序中，欧盟适时地提出安大略省在 FIT 计划之前已存在的可再生能源计划（RES）Ⅰ、Ⅱ、Ⅲ期和魁北克省可再生能源发电的电力价格。欧盟认为，可以将 FIT 项目的价格与可再生能源计划（RES）Ⅰ、Ⅱ、Ⅲ的条款或魁北克省 2005 年和 2008 年风力发电厂竞争性合同的规定价格进行比较。② 上诉机构确认 RES 计划的价格是由竞争性投标的结果，这种价格虽然可能代表可再生能源发电的市场价格，但为了将 FIT 计划下的价格与 RES 项目下的价格进行有意义的比较，这种比较的前提条件是同时期、同种发电技术、同等的供电量、同等或相当规模并且供电合同的延续时间相同。如果上述条件存在些许不同，应该允许作出适当调整。上诉机构相信，以此方法为基础，有可能确定 RES 计划的价格是否为合适的比较基准，进而确定 FIT 价格是否构成《SCM 协定》第 1 条第 1 款 b 项所指的利益。上诉机构注意到：虽然 RES 计划也对太阳能发电商开放，但专家组报告中却没有证据表明太阳能发电商在 RES 计划三个阶段中获得任何供电合同。相反，有证据表明，太阳能发电根本无法与其他费用相对低廉的可再生能源发电技术相匹敌，为吸引太阳能发电商，OPA 才以成本为基础设定了太阳能发电技术的供电价格，OPA 有关 2010 年第四季度一份电力供应进展的报告表明，截至当时，还没有太阳能发电商获得 RES 计划下的合同。从这一角度观察，FIT 计划下对太阳能发电商的补偿无法与 RES 计划进行比较，就本案中的太阳能发电商而言，就无法判定 FIT 计划授予其利益。③ 而就风力发电商而言，RES 计划三个阶段中有多份风力发电合同，不过，加拿大提供的证据表明，参与 RES 计划的供电商的产能要低于 FIT 计划下的风力发电商，RES 和 FIT 在 500 千瓦至 200 兆瓦间所涵盖的供电商有所交集，不过 FIT 计划下的也包括发电能力低于 500 千瓦和高于 200 兆瓦的发电商。RES 计划和 FIT 计划下的合同有效期均为 20 年，因而，RES 计划下的合同与 FIT 计划下的合同在存续期方面也有交集。上诉机构认为，原则上可以将 FIT 计划中风力发电商所取得的回报与 RES 计划中风力发电商所取得的回报进行比较来确定前者是否授予利益，不过，上诉机构发现专家组的报告中并无相关的调查结果来帮助上诉机构完成对风力发电商是否受有利益的分析。此外，专家组并未得出 RES 计划下的价格是否为合适的比

① WT/DS412/AB/R，WT/DS426/AB/R，paras. 5. 226-228.
② WT/DS412/AB/R，WT/DS426/AB/R，paras. 5. 216.
③ WT/DS412/AB/R，WT/DS426/AB/R，paras. 5. 235-236.

较基准的结论，也没有进一步作出这类比较。专家组有关 RES 计划下的价格的唯一结论是其价格的形成机制是基于竞争性的市场招投标所形成。上诉机构也发现，争端各方在上诉程序中并未就比较基准展开过多的讨论，未能给上诉机构提供进一步的线索来完成分析。① 上诉机构也注意到，专家组试图将 FIT 计划下供电商的回报率与同期具有类似风险水平项目的回报率进行比较，结果发现没有足够多的证据来进行上述比较。②

6. 上诉机构认为依据已有事实无法确定系争措施授予了利益

上诉机构回忆到此前的争端中，鉴于所涉事项的复杂程度，专家组未对相关事项进行完全的探究等情形，基于对当事方正当程序权利方面的考量，上诉机构曾经未完成法律分析。上诉机构认为本案中也存在类似的情形：在考虑政府促进能源供应多元化的基础上选择利益的比较基准，又要考虑政府的政策创设了风力和太阳能发电的供电市场，这些事项均非常复杂，加之专家组未能评估为风力和太阳能发电所提出的比较基准恰当与否，综合上述因素，如果上诉机构坚持完成法律分析，将会引发对当事方程序性权利方面的担忧。上诉机构虽然认为 RES 项目中有关风能发电合同中价格的内容可以作为本案中 FIT 计划下风能发电价格的比较基准，进而判断 FIT 计划是否授予风能发电商以利益，但上诉机构注意到这些证据各方均未加以深入探究，专家组也未对上述证据仔细质证。因而，上诉机构无法确定系争措施是否构成《SCM 协定》第 1 条第 1 款 b 项中所指的"利益"，也无法断定系争措施是否构成第 3 条第 1 款 b 项和第 3 条第 2 款中所定义的禁止性补贴。

五、对上诉机构解释的分析

上诉机构在本案中未明确认定政府出于环保的目的，通过采购合同鼓励可再生能源发电并培育相关市场的行为是一种补贴行为，其目的在于给成员方政府的此类鼓励措施留下一定的政策空间。这是由于《SCM 协定》中有关不可诉补贴的规则已失去效力，成员方出于维护社会公共利益而提供补贴的政策空间大大缩小的情况下而采取的权宜之计。前文已述，乌拉圭回合谈判达成的《SCM 协定》在对补贴作出定义的基础上，依据专向性标准将补贴分为禁止性补贴、可诉补贴和不可诉补贴，这一分类在禁止出口补贴方面是对以往规则的继承，《SCM 协定》除了将国内补贴中的进口替代补贴纳入禁止性补贴之外，

---

① WT/DS412/AB/R，WT/DS426/AB/R，paras. 5. 238-243.

② WT/DS412/AB/R，WT/DS426/AB/R，paras. 5. 217.

以可诉补贴这一新类型约束可能对国际贸易具有扭曲效果的其他类型的国内补贴，相较于以往规则，其约束力更强。作为一种平衡，《SCM 协定》中规定部分虽具有专向性的国内补贴由于其目标上的合理性被纳入不可诉补贴，从而给成员方采用补贴以实现合理的社会和经济目标，消除市场失灵留下了政策空间。不可诉补贴作为自由市场与政府管制的平衡器，其不仅具有经济上的合理性，也在一定程度上推动了多边贸易自由化的进程，但是，《SCM 协定》有关不可诉补贴的失效打破了原有的平衡，一定程度上剥夺了成员方利用补贴纠正"市场失灵"的权力。市场失灵的常见形式是市场价格不能反映社会的成本，以本案为例，假设一风力发电商以与传统发电方式同样的价格向电网供电，而传统发电方式形成的价格并不能反映出对环境造成损害而给全社会带来的成本，以这一价格支付风能发电商，也不能反映出其避免环境污染而给社会带来的整体利益。由于风能发电等可再生能源发电的前期投入均高于传统的发电方式，因而，从纯粹的自由市场角度而言，风力发电是一种次优选择，这一结论明显不利于社会的整体利益。政府以高于传统发电方式的电力价格支付可再生能源发电商，从而吸引更多发电商采用可再生能源发电，这种上网电价中的较高价格反映出可再生能源发电带给全社会的整体利益，有利于纠正前述的市场失灵现象。加拿大可再生能源案中的上网电价计划，其目标在于减少传统发电方式对环境造成的污染这一显然的市场失灵状况，该市场失灵表现为以传统发电方式形成的价格无从体现其对环境造成损害而给社会带来的成本，无论是其目标还是其效果，该计划均不能被称为贸易保护主义的做法。

但由于不可诉补贴规则的临时适用性质，其失效后使得在多边规则框架下成员方利用国内补贴实现合理的社会和经济目标的政策空间缩小。不可诉补贴规则失效后，《SCM 协定》的现有条文只是实现了在通常情况下限制对贸易具有扭曲作用的补贴，但忽略了市场失灵下应由政府进行干预的特殊要求。因而，现有的规则并未完全达到保护正当有益的补贴行为，又避免补贴成为一种不公平的贸易竞争手段和非关税壁垒的目的。在加拿大可再生能源案中，争端解决机构意识到现有规则的缺陷，在无力改变已有规则的情形下，作为退而求其次的选择，专家组和上诉机构采取种种方法，避免将出于环保目的而推出的上网电价计划认定为补贴，从而为安大略省政府维护公共利益而提供资助留有一定的政策空间。

另外，有学者指出，上诉机构的解释路径存在一个硬伤：为确定合适的比较基准所在的市场，上诉机构考虑了供应方面的因素，并以上诉机构在欧盟及部分成员国的大型民用飞机案中的报告做参考，不过在该案中，上诉机构是在考察可诉补贴"不利影响"中的"市场"时,考虑了供应方面的因素,本案(加拿大可再生能源案)中的"市场"与上述案例中的"市场"不同之处在于本案的"市场"与确定是否存在补贴利益有关,置言之,用考察补贴"不利影响"中"市场"的方法不一定适用于确定是否存在补贴利益时用以参照的"市场"。这一裁决可能给之后的争端解决实践带来不利影响,假设甲国生产商生产一产品 A,乙国生产商生产可以替代 A 的产品 B,但由于成本和其他方面的原因,B 产品相较 A 产品并无竞争力,但上诉机构在本案中的裁决使乙国补贴其无竞争力的产品 B 具有正当性,因为依据上诉机构的逻辑,乙国生产商与甲国生产商并不处于同一市场,因而乙国予以生产商的资助因为不能找到比较基准而不能被认定为补贴,而事实是 B 产品和 A 产品存在竞争关系,相互间可以替代。这一裁决为 WTO 成员方制定工业政策打开方便之门,GATT 1994 第 18 条 c 项虽然有保护幼稚工业的条文,但该条文内容只适用于发展中国家,而本案中上诉机构的这一裁决,似乎扩大了可以提供保护幼稚工业主体的范围。① 但上诉机构又表示,应将政府创建市场的行为与支持已有市场中特定生产商的行为相区分,似乎又将上面大开的大门微微关上一点。此外,对政府创建市场的行为和政府干预已有市场中竞争的区分并无法律条文作为支撑,《SCM 协定》第 1 条和第 2 条中也不包含能产生这种效果的措辞。上诉机构在本案中也没有提供如何区分新市场和已存在市场的指导性意见。

总体而言,依赖争端解决机构的个案解决的权宜之计不是解决问题的根本方法,实有必要对现有规则进行完善。从本案的裁决报告中也可以看出,专家组和上诉机构小心翼翼地采取种种平衡术,免于使该上网电价计划被认定为补贴,这一做法本身也意味着必须对现有法律制度作出改革。

---

① Aaron Cosbey, Petros C. Mavroidis, "A Turquoise Mess: Green Subsidies, Blue Industrial Policy and Renewable Energy: The Case for Redrafting the Subsidies Agreement of the WTO", *Journal of International Economic Law*, Volume 17, Issue 1, March 2014, pp. 25-28.

WTO 框架下可再生能源产业补贴的法律规制

——以加拿大可再生能源案为中心[*]

朱 丹^{**}

目 次

一、研究背景和意义
二、可再生能源补贴的正当性
三、WTO 补贴规则与可再生能源产业补贴
四、WTO 可再生能源补贴规制制度的不确定性和完善
五、结语

一、研究背景和意义

出于促进经济发展、保护环境、增加就业、能源独立等原因，政府补贴可再生能源产业已成为一种全球趋势，其中部分可再生能源产业政策因违反了 WTO 规则，引发了一波有关可再生能源产业的申诉，由此使得对可再生能源产业的补贴成为了学界讨论的焦点。2014 年 4 月初，联合国贸易与发展委员会召开"绿色经济与贸易"的专题会议。会议发布的《可再生能源贸易救济报告》指出，2008 年至今，全世界总共有 41 起针对可再生能源的反倾销案和反

　＊ 本文是湖南省哲学社会科学基金百人工程项目"WTO 框架下可再生能源产业补贴的法律规制"(14BR09)和湖南省教育厅科研项目"气候变化补贴政策在 WTO 框架下的合规性研究"(15B143)的成果。
　＊＊ 朱丹，武汉大学法学院博士研究生。

补贴案,其中一半案件涉及太阳能产品。① 2012—2013 年,主要可再生能源生产国(澳大利亚、中国、欧盟、印度和美国)适用贸易救济措施呈加速态势。彼得堡国际经济研究所的一项全球经济调查表明这些可再生能源贸易争端中有16 个涉及生物质能、18 个涉及太阳能、7 个涉及风能,涉案金额达 319.65 亿美元。频发的可再生能源贸易争端造成了全球每年约 140 亿美元的损失,5 年使得全球损失 680 亿美元。② 上述表明,近年来针对可再生能源产业的反倾销和反补贴调查暴增,并且给全球经济带来了巨大的损失,且这种现象在今后将持续很长一段时间。

在此背景下,审查相应的国际制度(尤其是法律制度)并分析各种可再生能源支持措施的合规性显得尤为重要。只有一个稳定的制度,才能给各方提供稳定合理的预期,从而降低贸易风险、减少合作的不稳定性。

二、可再生能源补贴的正当性

市场竞争与补贴是使市场发挥有效作用的两驾马车。对于可再生能源而言,实行补贴政策不仅没有违背市场规律,而且有助于避免市场失灵,从而实现经济目标。

首先,发展可再生能源产业有利于保护环境。发展可再生能源可以有效减少环境污染、应对气候变化,研究表明实施可再生能源电价补贴政策对改善大气环境具有积极作用。③ 其次,发展可再生能源有利于节约能源、维护能源安全。就我国来说,能源供需矛盾日益突出。据统计,我国目前已经探明的可直接开采的煤炭储量为 1886 亿吨,人均探明煤炭储量仅 145 吨,而且我国能源结构依旧是"煤老大"。④ 目前人类还无法改变能源在国民经济发展中的重要地位,而我国在能源对外依存度上居高不下。面对严峻的形势,发展可再生能源将成为我国能源独立的重要手段。最后,可再生能源产业有利于就业。2016

---

① 陈建:《联合国贸发会议:对绿色产品应慎用贸易救济》,载《经济日报》2014 年 4 月 4 日,第 4 版。

② Cathleen Cimino, *Gary Hufbauer*, *Trade Remedies in Renewable Energy*: *A Global Survey*, http://unctad.org/meetings/en/Presentation/1_ditc_ted_3_4_12_Hufbauer_PI.pdf, 2014-4-4.

③ 魏巍贤、赵玉荣:《可再生能源电价补贴的大气环境效益分析》,载《中国人口·资源与环境》2017 年第 10 期。

④ 王再岚、智颖飙、张东海、邱爱军、韩雪、李静敏:《我国煤炭资源禀赋与国际储量格局分析》,载《中国人口·资源与环境》2010 年第 1 期。

年国际可再生能源机构(International Renewable Energy Agency)发布的年度报告指出,在 2017 年可再生能源创造了 980 万个的工作机会,最大的雇主依次序排列是,中国(44%)、巴西、美国、印度。同时,可再生能源机构认为,政策环境对可再生能源创造就业机会至关重要,稳定和可预测的政策有助于可再生能源产业就业率的稳步增长,值得一提的是,报告中还指出 2016 年化石能源的就业率在下降。①

三、WTO 补贴规则与可再生能源产业补贴

可再生能源补贴的存在十分庞杂。固定电价计划被《全球可再生能源状态报告》(2010)认定为 10 类可再生能源支持措施之一,报告中指出中国运用了上述可再生能源支持措施中的 8 种,而美国则实施了全部 10 种②。固定电价计划(以下简称 FIT)是可再生能源补贴中使用最为广泛的一个。FIT 是促进可再生能源投资以及为购买可再生能源电力设定固定价格的一项政策,具有三个关键特征:保证电力的采购价格、保证电网接入和长期的契约合同。它是政府或非政府机构所采取的政策,用来保证可再生能源生产商在满足一些条件的前提下,可以在协定的期限内享有一个固定的转卖价格。这种可再生能源支持政策一直受到各国欢迎。截至 2018 年底,全球实行固定电价计划的国家为 111 个。③ FIT 项目成为针对可再生能源支持措施中最为有效之一,例如英国劳动局于 2010 年 4 月颁发了固定电价方案,以至于国内太阳板使用率翻了 41 倍而成本价下降了 45%。④

现今全球可再生能源的贸易争端中很大部分涉及固定电价、太阳能以及风能。至今,被提交至 WTO 争端机构的可再生能源案件有 7 例,分别为:美国和印度可再生能源案(DS510)、中美可再生能源案(DS563)、欧盟可再生能源措施案(DS452)、加拿大可再生能源案(DS426)与加拿大可再生能源固定电价案(DS412)、印度太阳能电池和太阳能模块案(DS456)以及中国影响风能措施

① IRENA:*Renewable Energy and Jobs*,http://www.irena.org/menu/index.aspx?mnu=Subcat&PriMenuID=36&CatID=141&SubcatID=3866.2017-9/2017-10-16。

② REN21:《可再生能源 2010 全球现状报告》,http://www.ren21.net/Portals/0/documents/activities/gsr/REN21_GSR_2010_full_revised%20Sept2010.pdf,2010-4/2015-1-20。

③ REN21:《可再生能源 2019 全球现状报告》,https://www.ren21.net/gsr-2019/chapters/chapter_02/chapter_02,2019-5/2019-7-1。

④ REN21:《可再生能源 2014 全球现状报告》,http://www.ren21.net/Portals/0/documents/Resources/GSR/2014/GSR2014CN.pdf,2014-4/2015-1-20。

案(DS419),这些案件中过半涉及固定电价制度(DS452、DS426、DS412)。加拿大可再生能源案①是至今 WTO 上诉专家组唯一作出裁决的可再生能源措施案。这对研究 WTO 框架下可再生能源产业补贴的规制有着深远意义。

因此,下文将主要以加拿大可再生能源措施案(又称加拿大可再生能源固定电价案)为分析的重心,同时参考中美风能案以及中欧光伏案,对可再生能源补贴措施进行属性认定。

(一)WTO 补贴规则概述

截至目前,现有 WTO 框架下关于补贴的规定还停留在《SCM 协议》的范围里。一旦某个世贸组织成员认为另一个成员实行或引导的补贴违背了《SCM 协议》的规定,他们有可能会和其他成员进行磋商,从而达到一个双方可以接受的解决方案。如果没有达成互相接受的方案,成员将争端提交 WTO 争端解决机构,由专家小组来裁决这起纠纷。如果该成员在专家组前成功证实另一成员采用了"禁止性补贴",专家小组可以要求其取消这一补贴。如若专家组的决定没被遵从,申诉国可能有权采取适当的反击措施。如果专家组根据《SCM 协议》第三章认定补贴为造成负面影响的"可诉补贴",被申诉方须采取措施消除该补贴的负面影响,或者彻底取消这一补贴。如被申诉方没有遵照裁决采取有效措施,申诉方可以采取对抗措施。以上两种情况下成员都可以提出上诉,由上诉专家组作出最后裁决。

WTO 框架下对补贴认定的法律分析方法遵循着一定逻辑步骤。法律分析的第一步是需要确定这个措施是不是一项《SCM 协议》下的补贴。一个措施是否构成补贴必须符合《SCM 协议》中第 1 条和第 2 条规定的三个条件:措施(1)构成财政资助;(2)授予了接受者利益;(3)具有专向性。

其次,一个被认定为《SCM 协议》下补贴的措施并不必然违反 WTO 规则。实际上,《SCM 协议》只是监管那些对其他成员方产生负面影响的补贴即"禁止性补贴"(依赖于出口实绩或当地含量要求)或"可诉补贴"(对其他市场有明确、直接的不利影响),因此还需要认定补贴是否具有专向性以及其产生的影响。下文将按照这个逻辑顺序来进行认定。

---

① 专家组把加拿大可再生能源固定电价案与加拿大可再生能源案合并审理并合并裁决,因此本文也把加拿大可再生能源案称做加拿大可再生能源固定电价案。美印可再生能源案中专家组出于司法经济原则并未对相关措施是否构成补贴作出裁决,中美可再生能源案正在磋商中。

(二) 财政资助之分析

为了认定可再生能源支持措施是否为《SCM 协议》上定义的补贴，首先需要认定此措施是否构成"财政资助"。"财政资助"是补贴的重要表现形式，《SCM 协议》第 1.1(a)(1) 条列举了财政资助的四种情况：(1) 资金的直接转移、潜在的资金或债务的直接转移；(2) 放弃或未征收在其他情况下本应该征收的政府税收；(3) 购买货物或服务；(4) 通过筹资机构或私营机构进行上述行为。虽然该规定较为详细，但在实践中各 WTO 成员对此的理解仍存在争议。例如加拿大可再生能源固定电价(FIT)案件中就涉案的 FIT 计划属于"直接资金转移"还是"政府购买货物"存在争议。

1. 购买货物

可再生能源补贴中属于最典型的"购买货物"形式之一的补贴是 FIT 项目。安大略省的 FIT 项目，更是加拿大可再生能源案的核心。该计划由安大略省在 2004 年建立的电力局所主导实施。安大略固定电价计划规定，符合条件的私营能源商只要拥有合格的可再生能源燃料来源，他们就可以订立 FIT 合同或 FIT 微型合同(micro-FIT contract)，可以在 20 年以内以固定价格将能源回卖给安大略电网。其中合格的可再生能源燃料来源包括太阳能、水力、风力和生物能源。基于这个合同，可再生能源电力的购价可以达到成本价的 1.5~9 倍，而且某些合格项目的购价还能逐年增长。①

在加拿大可再生能源措施案中，对 FIT 项目是否构成"财政资助"并无异议，争议只在于"财政资助"的特定表现方式。这是因为《SCM 协议》第 14 条对不同形式的财政资助规定了不同的补贴计算方式，如果 FIT 被视作一个"直接资金转移"的行为，申诉方证明"授予利益"将会更加容易。因此案件中的申诉方日本和欧盟将涉案的 FIT 项目认定为以"资金的直接转移"、"潜在的资金转移"或"收入、价格支持"形式出现的财政资助。而加拿大则认为 FIT 是一种"政府购买"形式的财政资助。专家组和上诉专家组都支持了加拿大的观点。②

专家组达成这一结论主要基于三个原因。首先，专家组注意到安大略政府向 FIT 合同中的发电方支付金钱，后者则向安大略省电网"交付电力"。FIT 项

---

① 杨淑君：《可再生能源固定电价制度的补贴属性认定——浅析加拿大可再生能源案》，载《南京工业大学学报(社会科学版)》2014 年第 1 期。

② Appellate Body Report, *Canada-Certain Measures Affecting the Renewable Energy Generating Sector*, WT/DS412/AB/R, WT/DS426/AB/R, para. 5.

目基本目的之一是保证投资收益、促使加拿大电力供应多样化，从而帮助弥补加拿大煤炭发电所造成的供应缺口。尽管安大略省通过提供合同价款来帮助建立可再生能源发电也是这些措施的目标之一，但是在 FIT 和 micro-FIT 的合同条款之中明确表明了资金转移给有资质的可再生能源发电供应商，是为了支付供给安大略电网的电力。合同价格的设立也是为了给予整个项目投资回报。因此，专家组认为在 FIT 项目的设计以及构架中并没有任何成分。同时，安大略省电力局(OPA)也并未提货款给可再生能源的设备设施。OPA 也并未有提前预付价款的行为，只有在电力已经生产并且输入电网之后才会依照 FIT 和 micro-FIT 合同给予价款。专家组强调，尽管 FIT 合同帮助供应商获得了项目资金，但是不能就此把合同价款定义为给生产商的"资金转移"。

其次，专家组认为，安大略省政府获得了(takes possession over)电力所有权，因此构成"购买电力"。专家组认为只有政府或者公共机构通过支付价款获得商品所有权的时候才构成《SCM 协议》下的"购买商品"。专家组认为，正确的有关"政府购买货物"中的"购买"的解释应该符合牛津字典中有关"购买"的两个基本含义：(1)获取；获得所有权；(2)支付价款或对价取得；买。依据这两个定义，购买货物的行为应该被描述为占有获得、买一个商品。并且在日本和加拿大的词典中，有关购买的定义也是类似的。① 因此，"购买"的普遍含义即为以一些报酬(金钱或其他)交换从而获得占有了商品。

在 FIT 和 micro-FIT 合同中明确阐述了政府和有资质的供应商之间的资金转移是为了支付进入安大略电网的电力。一旦供应商将电力传输入电网，它就失去了有关此电力的所有权。依据日本和欧盟的说法，OPA 没有以任何形式占有电力。但是，加拿大辩称依照 FIT 项目，加拿大政府通过安大略省第一电力公司(Hydro One)以及网络客户管理系统之间的运行和分配实际占有了电力。

考虑到电力的特殊点，专家组认为获得电力的所有权可以表现为一种对电力权利的转移，而不是必须对电力的实质占有。例如买主指示网络店家将购买的书籍直接邮寄给朋友，海运中的提单交货这些例子中，买卖双方都只完成了支付以及权利的交付，而不是实体的交付。因此，专家组没有采纳欧盟的观点即"政府购买"意味着政府必须占有商品自用。"政府购买货物"指的是"政府或者公共机构通过支付对价取得货物(包括以所有权形式的取得)"，而 FIT 项目

---

① Canada's second written submission, para. 93; and opening statement at the second meeting of the Panel, paras. 22-23.

以及相关 FIT 和 micro-FIT 合同正是属于此种形式。

最后，专家组认为"购买商品"的主体须是"政府"或是"公共机构"。实际上在专家组报告出来之前，FIT 项目实施主体是否属于"政府"和"公共机构"也一直是学者们讨论的焦点。① 在 US—Anti-Dumping and Countervailing Duties（China）案件中，上诉专家组曾明确："政府"应被定义为"持续地对主体行使权力以及拥有权威的调控和指导能力"。"公共机构"则被上诉机构定义为"一个被政府当局授权的实体"②。

专家组认为加拿大第一电力公司（OPA）是安大略政府控制下的一个公共机构。因此，基于以下两方面分析，专家组认定安大略第一电力公司符合《SCM 协议》下第 1.1（a）（1）条下的"公共机构"的定义，理由如下：

第一，安大略政府对第一电力公司具备"有效的控制"。首先，《1998 年电力法案》（*Electricity Act of* 1998）中安大略政府不仅仅赋予了第一电力公司发电和配电的义务，同时也授予了其决定怎样发电和分配电力的广泛权利，该法案规定：第一电力公司可以通过一个或更多的子公司或符合条件的其他团体来运行发电和配电系统。其次，安大略政府有权规定第一电力公司的公司章程。尽管第一电力公司表面上如同一个商业组织拥有独立董事会，实际上第一电力公司必须遵循安大略政府的指示来运行。安大略政府要求第一电力公司必须制定一个 3~5 年的新项目投资计划并提交能源部和财政部审批同意，同时其公司股份的变动以及财产的变动都需要财政部和能源部的批准。最后，"实际控制"也体现在人事上。第一电力公司的董事长、经理以及首席执行官都必须满足能源部的规章要求。高级管理人员也需要符合能源部以及财政部对于高级官员的规定。

第二，专家组认为 FIT 项目的运行制度和法律框架都体现了安大略政府或其余团体采购电力的行为是一项政府行为。专家组认为 FIT 合同中的特殊条款都表明这是一项安大略政府行为。

综上所述，尽管这些措施也体现出一些"资金直接转移"的特点，但是基于以上原因，专家组审查了 FIT 项目以及 FIT 合同以及 FIT 微型合同之后，涉

---

① Marie Wilke, *The Feed-in Taris for Renewable Energy and WTO Subsidy Rules*，http://www.ictsd.org/sites/default/files/research/2011/11/feed-in-tariffs-for-renewable-energy-and-wto-subsidy-rules.pdf，2011-10/2015-1-30. 文中作者使用大篇幅对比了加拿大、英国以及德国的 FIT 计划，认为识别"公共机构"是案件的核心。

② Appellate Body Report，US—Anti-Dumping and Countervailing Duties（China），WT/DS379/AB/R，para. 290.

案措施被认定为《SCM 协议》下第 1.1（a）（1）（iii）条的"政府购买货物"。

从专家组的分析可知，可再生能源固定电价措施被认定为"政府购买货物"的形式需要符合以下情况：首先，政府需要支付一定对价；其次，政府需要获得货物的所有权，这种占有并不以实际占有为条件，它也可以是指示占有；最后，购买货物的主体需是"公共机构"或"政府"。如何将一个实体辨别为"公共机构"也是问题的关键。可以从政府的授权性法律文件、政府对实体人事、财政控制等方面考察，同时实体所做的行为必须是属于政府职能。

2. 放弃或未征收在其他情况下本应征收的政府税收

对此类财政资助的理解，关键在于对"本应当征收"的理解。依照《SCM 协议》第 1.1（a）（1）（ii）条的文本，一个税收措施是否构成财政资助取决于此措施涉及的政府税收（收入）是否其他情况下应收的。但是"其他情况下本应征收"这种表述给财政资助的认定带来了不稳定性。事实是确定什么是"本应征收"需要一个复杂的事实分析，即在相对于通常情况下的税收规则即"规范基准"下，是否存在税收的减损。① 分析这个问题需要有两个步骤：首先必须确定规范基准（normative benchmark），这是问题的关键所在；其次，把税收政策放在这一基准下进行比较。这样就能比较实际征收的税款与规范基准下所征收的税款，从而决定是否存在财政资助。

问题是在可再生能源领域我们怎样去选择或创建一个相关的规范基准？如何分辨规则是通常情况下的税收规则还是特定情况下的税收规则？

在 US-FSC 案中专家组曾运用了"若无"（but for）的标准，专家组将"本应征收"解释为"若无"涉案的措施应当存在的情况。也就是专家组将审查如果没有涉案措施原本存在的情况。然而上诉机构并不完全同意专家组的做法，因为"若无"代表着政府放弃了这项税收，但是"本应征收"应该是在"本来应该征收"与"实际所应征收"之间的差异。② 所以上诉机构认为"若无"的标准在特定的案件中可用，但是并不能推广到所有其他案件中，况且税收一直是一种非常有针对性且变化很快的措施，去寻找一般的税收规则基准十分困难。

Luca Rubini 教授认为在考量可再生能源税收措施时，可以运用措施的"宗旨"（substance）来认定是否构成"财政资助"，即是要考虑到规则的目标。如果一项税收激励措施的实际实施情况与其宗旨是一致的，没有超出宗旨的范围，

---

① 单一：《WTO 框架下补贴与反补贴法律制度与实务》，法律出版社 2009 年版，第 93 页。

② Appellate Body，US-FSC，WT/DS108/R，para. 91.

并且没有另外的可以替代的措施，那么就不能把它视作财政资助。① 在 Japan-Alcohol II 和 Chile-Alcohol 案件中，上诉机构曾提出类似观点。②

由于反补贴法自身与经济的相关性，在补贴的认定过程中大多十分注重具体条文而忽视了像环境保护这类的非经济效益。如果把潜在的整个社会团体所追求的环境保护等目标纳入考虑范围，会更加有利于利益的平衡，使得在考量可再生能源产业补贴时更加合理。

这种判定的方式可以参考欧盟和美国的案例。在欧盟，国家补助（State aid）与 WTO 中的补贴是（subsidy）同样的意思。一方面，欧盟一直强调国家补助的概念是客观的，界定国家补助只需要关注其后果而不需要关注税收法令的宗旨；另一方面，他们的分析过程却好像更偏重于主观，在分析合法性的时候充分关注了措施的宗旨。在欧盟的判例中，其认定税收的逻辑体系有两个突出点：第一，关注措施的内在目标。任何有关能源税收的"差别待遇"只有基于以环保为目标时，才有合法的可能；第二，是考察宗旨与目标之前的联系，这意味着一个有着"差别待遇"的措施只有合理的目标是不足够的。措施与目标的关系首先就会反映在其措施的覆盖面上。这需要十分详细地审查税收措施的结构，例如一个只适用于制造业而排除服务业的可再生能源税是不合理的。因为如果是以保护环境为目的，那么区分制造业与服务业是无意义的，无论是制造业还是服务业的能源消耗都同样对环境造成损害。

以美国黑水税收抵免措施为例（lack liquor tax credit），美国设立了一个燃料税收抵免法案即《高速公路法案》，用以鼓励在交通工具中使用乙醇和另外的生物燃料，如果生产商在汽油或者柴油中混合了供选择的燃料，公司可以得到每加仑 0.05 美元的税收抵免。在 2007 年这项税收抵免扩张到了替代燃料的液体上。仅 2009 年，美国造纸业就从此税收抵免中获取了数十亿美元的税收优惠。③ 然而从税收征收的目的和宗旨来看，这是一个反面例子。造纸厂在此税收抵免出台前已经使用"黑水"为燃料几十年，它们并不需要这个措施来激励他们放弃化石能源。并且这个措施反而刺激了化石能源的使用，为了获得税

① Luca Rubini, "The Subsidization of Renewable Energy in the WTO: Issues and Perspectives", *NCCR TRADE Working Papers*, Birmingham Law School, 2011.

② Appellate Body, Japan-Alcohol II, WT/DS8/R, page 29; Appellate Body, Chile-Alcohol, WT/DS110/R, para. 50.

③ Steven Mufson, *Paper Industry Pushed Further into the Black by "Black Liquor" Tax Credits*, http://www.washingtonpost.com/business/economy/paper-industry-pushed-further-into-the-black-by-black-liquor-tax-credits/2011/04/19/AFdkrMtE_story.html, 2011-4-26/2014-5-30.

收抵免，造纸厂在他们的"黑水"燃料中混入化石能源。因此，《高速公路法案》的扩张适用不仅没有达到环保的目的却带来了更多的污染，这项税收抵免的扩展适用明显违背了环保目的。因此它构成上文所分析的《SCM 协议》中第1.1.（a）（1）条下本"应该征收"的税款。

3. 直接或间接的资金转移

简单地说就是指政府进行直接或潜在的资金或债务转移。《SCM 协议》第 1条（a）（1）（i）列举了"直接转移资金"和"潜在直接转移资金"几种方式，如赠与（grants）、贷款（loans）、入股（equity infusion）。这种非穷尽的列举方式为我们提供了参考。从 Brazil-Aircraft 案以及 Japan-DRAMs（Korea）案来看，对"资金"的理解不能过于拘泥。在 Brazil-Aircraft 案中，专家组将"资金"宽泛地定义为"金钱的来源、或附属物、或相关物"。① 在 Japan-DRAMs 案中，专家组与上诉机构也认为"资金的定义或许可以更宽泛"，对"资金转移"的理解不能过于拘泥，不然就"无法涵盖那些通过改变义务使财物资源得以积聚的交易"。②

在加拿大可再生能源固定电价案件中，专家组已分析了 FIT 构成"政府购买货物"而非"直接或间接资金转移"的原因。值得注意的是，专家组认为一项措施一旦构成了"购买货物"就不能再认定为"资金转移"，但是上诉机构推翻了这个观点。上诉机构认为，一项措施并不是只可能构成一项"财政资助"。但是并不是说《SCM 协议》第 1 条列出的财政资助形式是同一性质或是重叠的。可以使一项措施归于不同财政资助的形式应该是不同的。

分析得知，在"直接资金转移"与"购买货物"中存在两个主要区别。第一是"直接资金转移"需要政府转移一定的财政资源，但是"政府购买"则是使用金钱或者对价购买货物；第二，"政府购买货物"的目的必须是购买商品，而"资金转移"的目的则可以多种多样。

4. 委托或指示筹资机构或私营机构的上述行为

《SCM 协议》第 1.1（a）（1）（iv）条实质上是一个防规避条款，目的是保证成员无法利用非政府或非公共机构采取那些如果由政府本身采取就会符合之前列举范围内的措施，因此对此条文理解的关键是辨别何种政府行为可以构成对私营机构或筹资机构的委托或指示，在认定时不能一概而论，必须根据个案的

① Panel Report, Brazil-Export Financing Programme for Aircraft, WT/DS46/R, adopted as modified by Appellate Body 20 August 1999, para. 7. 72.

② Panel Report, Japan-Countervailing Duties on Dynamic Random Access Memories from Korea, WT/DS336/R, adopted as modified by Appellate Body 17 December 2007, para. 7. 440.

情况具体问题具体分析。

从《SCM 协议》的条文来看，并不是所有政府委托或者命令的行为都构成财政资助，该政府行为还需属于政府职能(function)与政府通常(normal)做法无实质差别的时候，才可能被认定为补贴。从表现形式上来看"委托"和"指示"不一定是明示也可能是默示。① 例如我国光伏产业的保险费率优惠、出口信用保险公司给予高尖技术企业的优惠、贷款担保优惠以及进出口银行给予企业对外担保的优惠信贷利率等，都曾被卷入他国"反补贴"之中，并被认定为"委托或指示"。

(三)利益之分析

《SCM 协议》下认定一项补贴措施除了需要构成"财政资助"的形式要求外还需授予接受者"利益"。但是，《SCM 协议》中并未有对可再生能源补贴措施中的"利益"认定有明确规定，这就导致在实践中难以判断"利益"是否存在。在加拿大航空器案中专家组认为，"利益"是指相对于市场条件下的情形，财政资助的接受者获得了更有利的地位。因此，在认定"利益"是否存在时，主要看某项财政资助的措施是否使接受者在竞争市场上拥有了更有利的优势，如果某项措施并不影响市场竞争，或者本身是市场竞争的结果，则不存在"利益"②。

认定利益在一些情况下比较容易，如果政府放弃了收入，就可以认定存在利益。但在其他情况下，例如政府作为市场主体在市场中购买产品或者服务，认定是否授予利益则比较困难。在许多案件中，上诉机构认为，应以市场条件作为比较基准。但是，就可再生能源而言，Howse 教授表示"合适"市场基准难以认定，因为从历史上来看，能源市场已经被政府对化石燃料的干预严重干扰。③ 这种困难在加拿大可再生能源案中得到体现，并且成为该案件的中心问题。

在加拿大可再生能源案中对"利益"的分析是整个专家组以及上诉专家组认定过程中最重要的部分。上诉机构和专家组都认为"财政资助"接受方是否

---

① Panel Report, Korea-Measures Affecting Trade in Commercial Vessels, WT/DS273/R, para. 7.

② Brazi-Export Financing Programme for Aircraft, WT/DS46/AB/R.

③ Howse, *Climate Mitigation Subsidies and the WTO Legal Framework: A Policy Analysis*, http://www.iisd.org/pdf/2009/bali_2_copenhagen_subsidies_legal.pdf, 2010-6/2015-1-20.

因此获得利益是认定补贴的重要环节。利益的认定围绕着"市场基准"和"可比价格"而展开，专家组认为应当以充分竞争的电力批发价格市场为基准，但是申诉方没有足够的证据证明"利益"存在，因此不能认定 FIT 项目"授予了利益"。上诉机构部分推翻了专家组的结论，上诉机构认为充分竞争的太阳能和风能发电市场才是更合适的"市场基准"，并给出了认定"市场基准"和"可比价格"的一些可选方式，但是依据记录在案的信息和证据，上诉机构也不能得出"授予利益"的结论。因此有关可再生能源的 FIT 项目是否授予接受者利益是存疑的，但是专家组推导合适的"市场基准"以及"可比价格"的方式对今后的案件有着重要的意义。

"获得补贴利益"可以被理解为，与未接受财政资助的一方相比，财政资助接受方在相关市场获得了有利条件。在这个案件中，问题变成合同是否给予了电力生产者多于正常价格的补偿。尽管安大略政府设计了一个普遍适用的 FIT 项目，但欧盟和日本认为，若无（but for）FIT 合同，相关供应商不可能参与到安大略电力批发市场中，因此这种丰厚的报酬明显意味着安大略政府授予了生产商利益。

上诉机构直接拒绝采纳这种用"若无"（but for）方式得出的结论。基于大量的对合适法律基准的分析，上诉机构推翻了专家组的结论。① 上诉机构认为专家组错误地把整个电力批发市场视作相关市场。② 上诉机构认为太阳能和风能的电力市场才是相关市场，而不是整个电力批发市场。上诉机构称专家组在分析市场基准时没有充分考虑供应（supply-side）和需求（demand-side）双方面。③ 无论是对消费者还是生产者，可再生能源与传统能源都是不同的。

首先，对需求方面的分析就是看两种产品对于消费者而言可相互替代的程度。在电力的零售环节，可再生能源与常规能源所发电力有较高的可替代性。这是因为处在零售链上的消费者作为电力的最终用户，面对的是不同方式生产的电力的混合供应，不会对可再生能源电力和常规能源电力作出区分。但是这些电力是由安大略政府购买后转售给消费者的，处在批发链上的安大略政府是

① Appellate Body Report, Canada-Certain Measures Affecting the Renewable Energy Generating Sector, para. 5. 219.

② Panel Reports, Canada-Renewable Energy/Canada-Feed-In Tariff Program, para. 7. 318. 专家组认为安大略消费者不能分清楚基于不同发电技术而产生的电力，电力的物理特性也不因发电技术的不同而不同，因此拒绝假设可再生能源电力市场的存在。

③ Appellate Body Reports, Canada-Renewable Energy/Canada-Feed-In Tariff Program, para. 5. 214.

电力的最初也是直接购买者，政府对能源混合供应的战略选择决定了其会对不同发电方式生产的电力作出区分，对政府而言，以风能和光伏太阳能生产的电力与常规能源生产的电力之间不存在替代性。基于上述考虑，因政府实施的混合电力供应战略而产生的风能和太阳能电力市场应当是认定补贴是否存在的相关市场。

其次，供给替代分析即考察供给方在短时间内是否能以高成本调整变更自己提供的产品。常规能源发电与可再生能源发电之间存在着明显的成本和技术差别，且政府有权选择不同能源发电的混合供应战略。因此上诉专家组认为存在两个不同的市场即整个电力批发市场与可再生能源市场，不能以整个电力批发市场作为可再生能源案件的"市场基准"。

依照上诉机构的观点，可再生能源电力市场只有在政府支持的情况下才可能存在，没有政府的支持就不可能存在可再生能源的电力市场。① 上诉机构认为是政府通过价格控制、对经销商甚至是其自己购买特定电力等要求创造了一个混合供电市场(supply mix)。于是上诉机构把政府干预市场的行为分成了两种：一种是"政府创造新市场"行为，即如果没有政府的这种干预，相关可再生能源市场根本不会存在；另一种是"政府扭曲旧市场"的行为，即补贴已存在市场中特定接受者的行为，上诉专家组认为"政府创造市场"不能当然地被认定为补贴，因为无政府行为就无可再生能源新市场的存在。而第二种"政府扭曲市场"的行为则可以被认定为受《SCM 协议》规制的补贴。②

总结上诉机构的结论，确定可再生能源电力市场基准需从政策对市场存在的必要性开始。基于这些信息定义政府补贴可再生能源电力市场的行为是"创造新市场"还是"扭曲旧市场"。注意到此种观点与之前选择基准的差异性，上诉机构也强调"政府创造市场"的方法与以往的"以市场为基础"(market-based)方法并不矛盾。③

因此，认定 FIT 合同是否授予了利益，上诉机构解释用于比较的基准应当是基于市场且考虑到政府在混合供电系统的创建地位的基准。一旦可再生能源

---

① Appellate Body Reports, Canada-Renewable Energy/Canada-Feed-In Tariff Program, para. 5. 175.

② Appellate Body Reports, Canada-Renewable Energy/Canada-Feed-In Tariff Program, paras. 5. 175, 5. 227, 5. 190.

③ Panel Reports, Canada-Renewable Energy/Canada-Feed-In Tariff Program, WT/DS412/AB/R, paras. 7. 320, 7. 312, 7. 313(c).

支持措施被认定为"创建新市场",其"可比价格"就会自可再生能源市场中选择,这意味着作为基准的"可比价格"将会比从传统能源市场中选择的"可比价格"要高。但是这也意味着相比从现存的如安大略批发市场中寻找"可比价格",从可再生能源市场寻找"可比价格"更加困难。

尽管上诉机构没有反对专家组认定的申诉方不能证明补贴存在的结论,但是它却推翻了专家组关于"利益"的分析。① 上诉专家组认为专家组有义务去寻找可以作为利益分析的正确"市场基准"。② 并且,上诉机构似乎一直在强调"市场基准"也可以在其他并不是由申诉方提供的方法中选择。

推翻专家组关于申诉方没能证明 FIT 授予了利益的结论后,上诉机构认为没有足够的记录在案的事实来完成对"基准"选择的分析,但是同时也给出了一些选择思路。上诉机构认为首先应该考虑的是适用安大略风能和太阳能电力的"市场基准"。如果需要,可以在安大略区域外寻求合适的基准。上诉机构更进一步地说政府设定价格的行为并不一定就构成利益的存在,申诉方必须证明此价格没有反映正常的市场上的价格补偿(adequate remuneration)才能认定措施构成补贴。申诉方可以参考认定价格管制(administered prices)的方法来分析。如果以上方式都不行,可以选择在本国或者其他国家基于定价机制(price-setting mechanism)构建一个基准。上诉机构指出价格发现机制(price discovery mechanism)例如竞标、协议价格可以用以确定政府支付的价格是供应商所愿意给出的最低价格。③ 上诉机构还暗示,与安大略省风力发电合同的竞争性标价(competitive bidding)比较,FIT 合同具备授予了"利益"的可能。④

现把上诉机构给出的未来 FIT 案件中应当如何进行利益分析的方法总结如下表。这个思路对如何选择合适的可再生能源"市场基准"具有一定指导意义。

---

① Appellate Body Reports, Canada-Renewable Energy/Canada-Feed-In Tariff Program, WT/DS412/AB/R, para. 5. 219.

② Appellate Body Reports, Canada-Renewable Energy / Canada-Feed-In Tariff Program, paras. 5. 215, 5. 219.

③ Appellate Body Reports, Canada-Renewable Energy/Canada-Feed-In Tariff Program, para. 5. 288, 5. 233.

④ Panel Reports, Canada-Renewable Energy/Canada-Feed-In Tariff Program, WT/DS412/AB/R, para. 9. 23.

表 1

基准选择	可比较价格
1. 国内基准	1. 市场价格 2. 基于定价机制的管制价格 3. 价格发现机制如竞争性标价或协商价格
2. 国外基准	与国内基准基本一样 与被申诉国当时的条件相符合
3. 构建基准	上诉机构没有详细说明，大致从利润成本方面着手

从上文专家组的分析可以看出，WTO 专家组以及上诉专家组对可再生能源补贴的态度是十分谨慎的，在其分析过程中考虑到了能源市场本身的特殊性以及传统能源市场和可再生能源市场的区别。上诉专家组把可再生能源市场与能源市场分开对待的方式意味着他们也意识到可再生能源产业的特殊性，寻求一种"贸易"与"环保"的平衡。这种分析会加大认定可再生能源产业支持措施授予利益的困难。同时由于缺乏更多确切的有指导性的案例，新的分析思路和观点也会给 WTO 框架下可再生能源补贴的规制带来不确定性。

(四) 专向性之分析

即使如上文所描述，一项可再生能源补贴措施被认定为"由政府或公共机构授予的财政资助"，也并不意味着它就是违反《SCM 协议》的。实际上《SCM 协议》并不反对那些无歧视的不会对市场以及资源分布造成扭曲的补贴。因此，这项措施同时需要符合《SCM 协议》第 2 条的规定，即具备有"专向性"且造成不利后果才会受到《SCM 协议》的规制。

"专向性"指的是当一个措施，基于地理位置或其他特征，被局限于某特定的企业类型、某个特定的产业或地区。有一个特例是，一旦此项措施符合《SCM 协议》第 3 条"禁止性补贴"的规定，则该措施被自动认为具有专向性。据此，补贴又可被分为"可诉补贴"与"禁止性补贴"。

1. 可再生能源补贴与可诉补贴

依照《SCM 协议》第 2.1(a)条和第 2.1(b)条，认定一个措施具有专向性可以从立法以及事实两方面出发。立法上政府将补贴明确授予了特定企业，即具有法律上的"专向性"，亦或法律上无法体现，但事实上补贴流向特定企业或主要由特定企业支配或向特定企业提供比例过分大的补贴时，也被认定为实际上具有"专向性"。

实际上大部分学者认为可再生能源补贴措施的"专向性"是毋庸置疑的。因为"专项性"的认定不仅仅依据涉案的"规则"，它也是一种事实认定。许多可再生能源补贴措施为了实施效果都非常具有针对性。例如，截至 2016 年，中国能源消耗中可再生能源和核能仅占总消费量的 13.3%，澳大利亚和巴西的可再生能源的发电量分别只占总发电量的 11% 和 13%，欧盟的 28 个成员国为 18%。① 并且依据 US-upland 案件中的意见，即使一项技术涉及多个产业，依然可能被认为具有专向性。② 因此，即使一项可再生能源补贴其不仅有利于能源产业，还有利于食品业、种植业，也依旧有可能被认定具有"专向性"。

一项补贴对另一成员造成不利影响表现为三种情况：(1)对他国成员国内产业造成损害；(2)对他国造成直接或间接的利益损失；(3)严重妨碍他国的利益或对他国造成威胁。这种"不利影响"需与涉案措施有因果关系。例如美国钢铁工人联合会向美国贸易代表提出的报告中仅仅列举了中国相关可再生能源产业支持措施以及美国对中国以及第三国出口的减少、国内市场份额的减少等后果。③ 杜康平教授就认为，美国虽然列出了一系列的不利后果，但是并没有给出中国可再生能源支持措施与这些后果之间存在因果关系的证明，并且美国在没有以"若无"的思路分析因果关系就对中国发起反补贴调查并征收反补贴税是违反 WTO 规则的。④

2. 可再生能源补贴与禁止性补贴

依据《SCM 协议》第 3 条，出口补贴或进口替代补贴则是 WTO 下的禁止性补贴，并且这种补贴是不需证明具有专向性的。也就是说 WTO 成员一旦授予禁止性补贴，那么它们的唯一的选择是撤销这个补贴。

中国在 2009 年之前实行的《关于风电建设管理要求的通知》中要求风电设备国产化率必须达到 70% 以上就是一个典型的"本地成分"的要求。然而，在中美风能案中 USW 依旧对这项措施提出控诉是不成立的，因为中国早在 2009

---

① IRENA. *Global Status Report*，http：//www. ren21. net/status-of-renewables/global-status-report/2017-9/2017-10-16.

② Appellate Body，United States-Final Countervailing Duty Determination with Respect to Certain Softwood Lumber from Canada，WT/DS257/R，17 February 2004，para. 4. 97.

③ United Steelworkes，*China's Policies Affecting Trade and Investment in Green Technology*，https：//ustr. gov/node/6227.

④ 杜康平：《中国清洁能源国内规范不构成"可诉补贴"析——以中美风能争议为例》，载《西部法学评论》2012 年第 3 期。

年就已经取消了这一规定。另一个有关中国风能涉嫌"进口替代性补贴"的是《风力发电设备产业化专项资金管理暂行办法》中规定只有具备中资因素的制造条件才可能取得政府资金。沈大勇、龚柏华教授就认为从措辞上看《风力发电设备产业化专项资金管理暂行办法》中并不具有"法律上"的进口替代补贴。而《风力发电设备产业化专项资金管理暂行办法》是否符合"事实上"的进口替代补贴需要结合实际情况来具体分析。① 但是许多学者，例如黄志雄以及罗嫣在其《中美可再生能源贸易争端的法律问题》中就认为《风力发电设备产业化专项资金管理暂行办法》中涉及专项资金的补贴明显构成进口替代性补贴，然而他们并没有考虑到"事实上"的情况。② 实际上从《风力发电设备产业化专项资金管理暂行办法》的用词来看，其确实有资金"本地化"要求，而《SCM 协议》第 3.1(b) 条规定进口替代补贴是指"以使用国产而非进口产品作为唯一或多种条件之一而提供的补贴"，因此《风力发电设备产业化专项资金管理暂行办法》确实构成禁止性补贴。

实际上 FIT 项目也往往带有"本地成分"的要求，假设 FIT 项目中有关"市场基准"的难题得以解决，而"利益"的存在也被证明，那么 FIT 被认定为禁止性补贴的可能性是很大的。

四、WTO 可再生能源补贴规制制度的不确定性和完善

如同上文分析，现今唯一裁决的加拿大可再生能源案件很大程度上依靠法官所解释的"市场基准"得出结论，正是因为现有制度不健全和立法的不完善才导致这种结果。而可再生能源产业的发展需要得到政府的支持，现有的补贴规则仅能为可再生能源补贴提供的保护十分有限，而真正能够对可再生能源补贴产生深远作用的还是制度和法律。

（一）WTO 可再生能源补贴规制制度的不确定性

尽管在此案件中加拿大 FIT 项目并没有被认定为补贴，但是政府不应该太过信赖这个案件中的结论进而过于乐观。"政府创造市场"以及"法官造法"的

---

① 沈大勇、龚柏华：《中美清洁能源产业争端的解决路径——中美风能设备补贴争端案的思考》，载《世界经济研究》2011 年第 7 期。

② 黄志雄、罗嫣：《中美可再生能源贸易争端的法律问题——兼论 WTO 绿色补贴规则的完善》，载《法商研究》2011 年第 5 期。

方法也有许多弊病和不稳定性，① FIT 项目并不是完全安全的。

第一，如何区分可再生能源新市场以及旧市场的界限缺少明确的法律支撑和方法指导，就算新旧市场的区别已经理清楚，相关市场也已经被认定，作为判定"利益"的关键，缺乏新、旧市场的界限会使得可再生能源补贴的属性愈加不确定。考虑到上诉机构已经在案件中阐述过的需要认定"授予利益"的信息，后继的申诉者可能从这些给出的指导中找到恰当合适的市场基准。以后的专家组想要用缺乏数据作为不能进行利益分析的理由会更加困难。当确立了"可比较的市场"，FIT 项目就可能被认定为授予了接受者利益，相当多的 FIT 项目都将会被认定为补贴，而且是禁止性补贴。

第二，难以适用 GATT 第 20 条例外条款。长期以来，GATT 第 20 条在有关贸易措施的环境调控和有关环境措施的贸易调控中都起到了重要的作用。该规定认为，如果某些非歧视措施没有违反 WTO 规定，且对于实现公共政策目标是必要的，那么它们应该是合理的。最有名的"例外"就是"保护人类，动物或植物的生命或健康"的措施和"有关可耗竭自然资源的保护"措施。但 GATT 第 20 条能否适用于非 GATT 协议，仍是一个有争议的问题。

在 2009 年的中国音像制品案中，上诉机构首次含蓄地对该问题进行了裁决。上诉机构认为尽管缺乏对 GATT 第 20 条适用的明确参照，它仍然可用于某些违反入世协议的情况。然而，该案是在涉及《中国入世协议》的特定条款下作出的。② 另一方面，有关中国原材料出口限制措施案中上诉状特别否认了 GATT 第 20 条可以适用于任何 WTO 协议的说法。③

一些人将《SCM 协议》和其他协议视为 GATT 特别法，因而假设 GATT 的一般规定与《SCM 协议》并不相悖，仍然是适用的。这种说法很大程度上是因为《SCM 协议》源于 GATT 第 16 条。此外，《马拉喀什协议》第 2 条也规定，"各协议及其法律文件……均是本协议的组成部分，并约束所有成员"。因此有专家认为，在《SCM 协议》需要的情况下可以使用 GATT 第 20 条。但是，在《实

---

① 朱雅妮：《清洁能源补贴问题研究》，载《时代法学》2014 年第 6 期。

② China-Measures related to the Exportation of Various Raw Materials (China-Raw Materials)，Panel Report，WT/DS394/P/R；WT/DS395/P/R；WT/DS398/P/R. 该案件中上诉机构对《中国入世协定书》第 5.1 条的解释是，该表述表明其将 GATT 第 20 条纳入该条中，从而 GATT 第 20 条成为这一特殊承诺的组成部分。因此，上诉机构认为中国有权援引 GATT 第 20 条来对《中国加入议定书》第 5.1 条进行抗辩。

③ 彭德雷、龚柏华：《WTO 专家组有关中国原材料出口限制措施案中 GATT 第 20 条例外援引评析》，载《国际商务研究》2011 年第 5 期。

施动植物卫生检疫措施的协议》(《SPS 协议》)中特别涉及 GATT 第 20 条，并阐明了它与非 GATT 之间的关系。① 这样的事实似乎支持了相反的观点。同时，《SCM 协议》第 8 条中最初包括一系列的"不可诉"补贴的临时性条款。这个与 GATT 第 20 条类似但专门针对《SCM 协议》设计的"不可诉"条款可能表明，成员们设计出这种特殊的免责条款而不是在《SCM 协议》中插入类似于《SPS 协议》有关 GATT 第 20 条的说明，恰恰说明他们认为 GATT 第 20 条不适用《SCM 协议》。

（二）WTO 可再生能源补贴规制制度的完善

1. 重启《SCM 协议》规定的不可诉补贴

《SCM 协定》在定义之初曾引入了过渡性条款即《SCM 协议》第 8 条关于"不可诉补贴"。但是根据《SCM 协议》第 31 条规定，不可诉条款在 WTO 协议生效之日起 5 年内适用，其后由委员会审查是否继续适用。由于各方并未就"不可诉补贴"达成一致意见，绝大部分学者认为《SCM 协议》的不可诉条款实际已经失效。② 2001 年启动的多哈谈判中，美国在其众多提案中几乎没有涉及不可诉补贴，学者以此认为美国事实上"反对恢复不可诉补贴"。③ 美国曾表示"不可诉补贴"具有很强的危害性，补贴不仅降低了国内产业竞争力，还影响了政府财政收入，并提出对基础设施的投资和建设远比直接补贴厂商更为有效。④

但是，不可诉补贴的重要性依旧得到各方重视。多哈回合中曾提出："发展中国家为实现区域开发、技术研究补助、环境友好型生产方式的开发与实施等合理的发展目标而实施的补贴措施与《SCM 协议》第 8 条的三种补贴大致对应，建议在此基础上，再增加一类生产多元化补贴，作为不可诉补贴。"⑤欧盟

---

① 《实施动植物卫生检疫措施的协议》中前言规定，"期望因此对如何实施 1994 年关贸总协定中与动植物检疫措施有关的条款，特别是第 20 条(b)款的实施具体规则"。

② 李本：《WTO 环境补贴政策发展与 PPP 原则关系索引》，北京大学出版社 2008 年版，第 50 页。

③ 林惠玲、卢蓉蓉：《WTO 新一轮谈判中美国在补贴与反补贴规则修改上的立场和建议》，载《国际商务研究》2010 年第 2 期。

④ 单一：《WTO 框架下补贴与反补贴法律制度与实务》，法律出版社 2009 年版，第 218 页。

⑤ 朱庆华：《〈SCM 协议〉不可诉补贴条款简析》，载《世界贸易组织动态与研究》2007 年第 2 期。

和加拿大也意识到了不可诉补贴的重要性，认为特定的补贴有其积极效果，有关环境方面的补贴需要得到重视，人们应当思考如何处理针对环境保护的补贴。

在 GATT 第 20 条是否可适用于《SCM 协议》未知的情况下，《SCM 协议》第 8 条对气候与环境以及环保研发的作用十分重要。对处于环境与经济发展尴尬地位的发展中国家尤其是中国，恢复不可诉条款显得更加具有意义。

2. 创建一个新的补贴规则

在 WTO 框架下，可再生能源并没有被视为一种广泛的特殊的商品类别。多哈回合的谈判内容虽然涉及了消除可再生能源产品和服务的关税以及非关税壁垒，但是由于多哈回合的停滞，可再生能源依旧不是 WTO 框架下一个特殊的例外。在一个单独的针对可再生能源的协议达成之前，可再生能源补贴依旧受到《SCM 协议》的规制，考虑到能源对于国际环境以及国际政治的重要性，国内外许多学者都建议建立一套有关可再生能源的补贴协议。

Luca Rubini 教授认为可以借鉴欧盟的国家补助制度，建立 WTO 的可再生能源补贴制度。首先需要重视有关透明度的设置。在对"不可诉补贴"的规定中，设定预先通知和报告的义务，被诉方一旦违反预先通知的义务，就需要由被诉方来证明此项行为不构成补贴、不具有专向性以及是否会产生负面效果。例如，欧盟的国家补助制度规定在一项措施被广泛通知之前，它就是被禁止且不合法的。教授还认为可以创建一个论坛来便利各成员交流他们的信息，并创建另一套配套的机构，这种机构应该类似于秘书处或者专家组，为保证机构的独立和有效运行，可以给予此机构收集和评估信息的权利。另外，教授还参考了 2008 年欧盟的 GBER（*General Block Exemption Regulation*）和《国家环保补助指导方针》，它们都规定了在符合一定的条件下，可再生能源补贴将自动被允许。①

比起以环保为目的，各国实施可再生能源实际上更关注的是它的能源效益。Virginia R. Hildreth 教授同样认为不能依靠 GATT 第 20 条来实施可再生能源的支持措施。由于可再生能源产业与农业都是需要十分特殊的保护才能繁荣的产业，出于此种相似性，可以参照《农产品协议》中的做法，对各项措施的分类反映了对农产品不同类别的支持，并且考虑发达国家和发展中国家的差异而给予他们不同的待遇。

---

① Luca Rubini, *Feed-in Taris for Renewable Energy and WTO Subsidy Rules: Issues and Perspectives*, NCCR TRADE Working Papers, Birmingham Law School , 2011.

因此，教授建议参照《农产品协议》建立一套《可再生能源协议》，依据措施对市场的扭曲程度和环保的作用，把可再生能源措施依次分类为黄箱、绿箱和蓝箱措施。由于蓝箱是最不受限制的类别，包含的是 WTO 最鼓励国家采取的可再生能源产业政策，应当给予这些措施最少的限制。设定蓝箱补贴的时候既要关注环境同时也要注意到经济影响。考虑到发展中国家对于低消耗能源的高需求和能源基础设施的缺乏，应当给予发展中国家更多的优待。这种区别也更符合发展中国家自身独特的需求并鼓励它们遵守《可再生能源协议》的规定。绿箱补贴的范围可以包括对环境保护有极大益处但也是寻求产业发展的措施。有教授认为，中国的风能项目是以发展产业为目的，所以它不符合《农产品协议》中绿箱的条件，但是，它可能会适用于《可再生能源协议》的绿箱。这类设定是十分具有意义的，因为尽管环保也许并不是此项补贴的主要目的，但是鼓励实施可再生能源产业措施的同时在客观上也可能十分有益于环保。出于经济等因素考虑，这种规定也能鼓励发展中国家加大可再生能源产业投资。可再生能源的黄箱补贴需要包括与保护环境无关并对贸易产生极大负影响的不成比例的措施。如果一个补贴大幅度地扭曲了贸易，负面影响大大超过了可再生能源产业发展所带来的利益，这种项目是需要被禁止的。这种区分可以防止成员方为提高产业竞争力而排除他国的竞争、破坏世界市场，在可再生能源补贴的掩饰下实行禁止性的补贴。①

但是，创建一个新协议要克服众多的困难，成员国们需要提交大量的信息给 WTO 研究，需要讨论众多的构架。《农产品协议》也是经过了旷日持久的谈判和妥协才达成，多哈回合至今也未重启，因此创建一个新的补贴规则也许只是学者对未来一个美好的希望。

五、结语

可再生能源激励措施可有效促进可再生能源技术的成熟与产业的壮大，从而降低对化石能源的依赖，进而有助于环境与气候的改善。可再生能源激励措施在 WTO 框架下具有引发贸易争端的高度可能性，各国的决策者在出台相关政策时应作出谨慎、全面的考虑，以避免发生国际冲突。研究 WTO 下可再生能源产业补贴的相关案例可知，WTO 专家组以及上诉专家组对可再生能源补贴的态度是十分谨慎的。上诉专家组把可再生能源市场与能源市场分开对待的

---

① Virginia R . Hildreth. Cass, *Renewable Energy Subsidies and the GATT Law*, Chicago Journal of International Law, 2014, Winter.

方式意味着他们也意识到可再生能源产业的特殊性，探索寻求一种"贸易"与"环保"的平衡。这种分析会加大认定可再生能源补贴措施为《SCM 协议》下补贴的困难。但是由于缺乏更多确切的有指导性的案例，新的分析思路和观点也会给 WTO 框架下可再生能源补贴的规制带来不确定性。由于不可诉补贴在《SCM 协议》中已失效，而 GATT 第 20 条又难以适用于可再生能源产业补贴措施，许多可再生能源产业补贴即使有利于环境，也很可能因无法援引例外条款而无法得到豁免。为了使部分或许具有正当性的补贴措施可免受质疑，在现行条件下有必要在修改完善的基础上恢复"不可诉补贴"，也可参考欧盟的补贴制度以及《农产品协议》创建一个新的补贴规则。

美国《1962 年贸易扩展法》232 条款 WTO 合规性研究*

赵旸頔**

目　　次

一、美国 232 条款及措施概述
二、各国诉诸 WTO 的法律依据与主张
三、WTO 视阈下美国 232 措施的合规性分析
四、美国 232 措施的经济影响
五、中国如何应对美国 232 措施
六、结语

一、美国 232 条款及措施概述

美国 232 条款即《1962 年贸易扩展法》第 232 条款(为便于行文，以下简称 232 条款)，全文共分六个部分。其中(a)款规定禁止减少或取消关税或其他进口限制，如果这种减少或取消会威胁到国家安全，如总统认为任何物品的减征或取消关税或其他进口限制会威胁到国家安全，则不得根据第 1821(a)条或第 1351 条采取行动，以减少或取消该等物品的关税或其他进口限制。(b)款规定了商务部长为确定进口物品对国家安全的影响而进行的调查、与国防部长和其他官员磋商、举行听证会、国防需求评估、向总统报告、在《联邦公报》上发

---

* 本文是"湖南省教育厅资助科研项目(编号：15B143)"的成果。
** 赵旸頔，上海交通大学国际法学专业博士研究生。

表及最终颁布规定的具体程序。(c)款规定总统有权判断必须采取的行动的性质和期限,以调整物品的进口,使此类进口不会威胁到国家安全,同时总统应当向国会提交一份书面声明说明总统决定采取行动或拒绝采取行动的具体原因。(d)款规定了供应国防的国内产品及国外竞争对国内产业经济福利的影响,考虑到国内产业满足国防需求的能力,国家经济福利与国家安全的密切关系,并须考虑外国竞争对国内个别行业经济福利的影响。在确定国内经济的这种削弱是否可能损害国家安全时,应考虑到由于过度进口而取代国内产品所造成的任何重大失业、政府收入减少、技能或投资的丧失或其他严重影响。(e)款规定国会有权作出决议反对总统据《1962 年贸易扩展法》232 条款调整石油或石油产品进口的行动。①

从程序上看,232 条款规定商务部(DOC)有权进行调查,以确定任何进口物品对美国国家安全的影响,调查所涉物品的进口数量或情况是否足以威胁到国家安全。根据美国 232 条款作出的调查(以下简称 232 调查)可根据利害关系方的申请、部门或机构负责人的要求展开,或由商务部自行展开。根据美国 232 条款要求的调查程序(以下简称 232 程序),商务部还必须就调查中提出的方法和政策问题与国防部(DOD)进行磋商,并向其他有关官员寻求信息和建议,"在适当的情况下,在合理的通知下"举行公开听证会,或向有关各方收集与调查有关的信息和建议。② 商务部有 270 天的时间向总统提交一份调查结果和建议的报告,总统有 90 天的时间来决定他是否同意部长的调查结果,并决定是否使用他的法定权力来调整进口,并由总统作出决定之日起 30 日内向国会提交书面声明,以确定进口对国家安全的影响。③

232 调查要求必须以书面作出,在进行 232 调查考虑到的一些具体因素包括:对国内产业所受影响的描述,预计国防需要的国内生产,国内工业满足这些要求的能力,有关公司和工厂信息、位置、数量和产品价值,进口和国内生产的统计数字,进口商品的性质、来源、数量、用途和竞争程度,特定进口产品对国家安全的影响,国家经济福利与国家安全的密切关系,以及在国家紧急

---

① 胡加祥:《美国贸易保护主义国内法源流评析——兼评 232 条款和 301 条款》,载《经贸法律评论》2019 年 1 月。

② 19 U. S. C. § 1862(b)2A(iii), at https://www. gpo. gov/fdsys/pkg/USCODE-2011-title19/pdf/USCODE-2011-title19-chap7-subchapII-partIV-sec1862. pdf., March 12th, 2019.

③ Rachel F. Fefer, Vivian C. Jones, Section 232 of the Trade Expansion Act of 1962, at https://fas. org/sgp/crs/misc/IF10667. pdf., March 12th, 2019.

情况下，进口该物品对恢复国内生产能力可能产生的影响，还必须包括关于经济、就业、投资、专门技能和生产能力受到或将受到不利影响的程度，联邦、州或地方政府的收入受到或可能受到的不利影响。① 2018 年美国根据 232 条款对大多数 WTO 成员国部分的钢铁产品和铝产品征收了 25%和 10%的额外从价关税。

2018 年 12 月起 WTO 对美国进行了第 14 次贸易政策审议，报告对美国 232 措施(根据 232 条款所采取的措施，以下简称 232 措施)在内的贸易政策进行审议并发布了贸易政策审议报告。② WTO 秘书处认为，特朗普执政后，美国贸易政策的重点已转变为采取政策支持其国家安全并强化其经济。③ 由于国家安全、外交政策考量、不扩散核材料及其他临时性目标等原因，美国对各种出口和再出口产品实施了出口限制，具体包括禁令、许可要求或额外管制等手段。美国还根据 232 条款发起了"安全货运倡议"(SFI)，以在选定港口对等待运往美国的货物进行 100%扫描测试的可行性。

WTO 秘书处对 232 措施的审议结果显示，1980 年以后，美国政府在历史上发起过 16 次 232 调查，其中 14 次在 2001 年以前，仅有 3 次美国总统决定采取行动。④ 除 2018 年对钢铝产品提高关税外，美国曾于 1982 年对利比亚原油采取禁运措施。此次，美国企图通过恢复 232 调查，以确定任何进口物品对国家安全的影响，并对特定产品采取包括提高关税在内的反措施。2018 年，美国对钢铁、铝、汽车、铀等 4 项产品启动新调查，2019 年美国对钛海绵启动 232 调查。截至 2018 年 9 月，前 2 项调查已宣布征收进口附加税。这一决

---

① Section 232 Investigations Program Guide：the effect of imports on the national security-investigations conducted under the trade expansion act of 1962 as amended(BIS)；And Section 705 of the Code of Federal Regulations，Effect of Imported Articles on the National Security (15 CFR 705)，at https：//www. gpo. gov/fdsys/pkg/CFR-2001-ti-tle15-vol2/pdf/CFR-2001-title15-vol2-part705. pdf.，May 12th，2019.

② WT/TPR/S/382，pp. 74-80.

③ WT/TPR/S/382 · United States.

④ 美国发起的历次 232 调查：钢(2018)；铝(2018)；铁矿石和半成品钢(2001)；原油进口对国家安全的影响(1999)；原油和石油产品(1994)；陶瓷半导体封装(1993)；齿轮及传动装置产品(1992)；原油和石油产品(1989)；塑料注塑(1989)；铀(1989)；滚动轴承(1988)；利比亚原油(1982)；铬、锰、硅铁合金及相关材料(1981)；进口螺母、螺栓和大螺钉(1983)；金属切削与金属成形机床(1983)；玻璃内衬化学加工设备(1981)，信息来源：美国工业与安全局(BIS)。

定自宣布之后，中国、日本、俄罗斯、土耳其、印度在内的美国贸易伙伴纷纷采取了反制措施。

（一）钢铁

2017 年 4 月 21 日，美国政府根据经修正的《1962 年贸易扩展法》第 232 条款，为确定进口钢材对国家安全的影响发布了启动调查的通知。2017 年 5 月 31 日公众评论期结束后，美国商务部收到了 201 份关于此次调查的书面公众意见。美国商务部根据此次调查确定，第 232 条所指的"国家安全"包括"某些行业的一般安全和福利，超出了满足国防需求的必要范围，而国防需求对经济和政府的基本运行至关重要"①。

商务部向总统提交报告结果显示：美国是世界上最大的钢铁进口国，进口几乎是出口的 4 倍。自 1998 年以来，全美已关闭 6 座氧气炉和 4 座电炉，钢铁行业就业率下降了 35%。世界钢铁产能为 24 亿吨，较 2000 年增长 127%，而钢铁需求增长较慢，最近的全球产能过剩 7 亿吨，是美国钢铁年度消费总额的近 7 倍。中国被认为是最大的钢铁生产国和出口国，也是全球最大的钢铁产能过剩国。对于某些类型的钢材，例如变压器，美国只剩下一家生产商。

在商务部的建议下，美国总统根据《1962 年贸易扩展法》第 232 条款和《1974 年贸易法 604 条款》宣布从 2018 年 3 月 23 日对除加拿大和墨西哥以外的所有国家进口钢铁征收额外 25% 的从价税。特朗普认为这项关税是必要和适当的，以解决钢铁制品进口对国家安全构成的威胁，美国愿意与某些国家讨论解决对国家安全威胁的手段，这可能导致取消或修改对从该国进口钢铁制品的限制。2018 年 3 月 22 日，特朗普将对澳大利亚、阿根廷、朝鲜、巴西以及欧盟的措施生效日推迟至 2018 年 5 月 1 日。2018 年 4 月 30 日，特朗普声称美国与韩国就钢铁配额达成一致，美国与阿根廷、澳大利亚和巴西通过"令人满意的替代手段"解决对其钢铁进口对国家安全构成的威胁，征税措施推迟至 2018 年 6 月 1 日适用于加拿大、墨西哥和欧盟。

（二）铝业

2017 年 4 月 26 日，美国商务部根据《1962 年贸易扩展法》第 232 条发起对进口铝的国家安全调查。2017 年 6 月 23 日公众评议期结束后，美国商务部收

---

①　BIS report, The effect of imports of steel on national security. An investigation conducted under section 232 of the trade expansion act of 1962, as amended, January 11, 2018, p. 26.

到 91 份关于此次调查的书面意见书。美国商务部认为，铝对美国的国家安全至关重要，影响电力传输、运输系统、制造业、建筑业和其他部门。2016 年，美国进口的原铝吨数是其产量的 5 倍，进口率为 90% 左右。2013 年至 2016 年，铝行业就业率下降了 58%（从约 1.3 万名员工降至 5000 名员工）。2016 年铝类进口 590 万吨，较 2013 年的 440 万吨增长 34%，进口铝占铝消费总量的 64%。2016 年美国铝产品贸易逆差为 72 亿美元，全球铝产能过剩导致美国铝业和美国经济疲软。① 根据商务部的建议，美国总统决定从 2018 年 3 月 23 日起，对除加拿大和墨西哥外的所有国家进口的部分铝制品加征 10% 的从价关税。2018 年 3 月 22 日，特朗普豁免澳大利亚、阿根廷、朝鲜、巴西，将欧盟生效措施调整至 2018 年 5 月 1 日。2018 年 4 月 30 日，特朗普与阿根廷、澳大利亚、巴西等国就解决从这些国家进口铝制品对美国国家安全构成威胁的替代办法达成共识，美国还宣布将加拿大、墨西哥和欧盟成员国的豁免延长至 2018 年 6 月 1 日。

表 1 　　　　　　　　　　　**美国钢铝 232 措施一览**②

涉及钢铁产品 HTS 编码	额外关税	约束税率	最惠国适用税率
7206. 10-7216. 50	25%	0%	0%
7216. 99-7301. 10	25%	0%	0%
7302. 10	25%	0%	0%
7302. 40-7302. 90	25%	0%	0%
7304. 10-7306. 90	25%	0%	0%
涉及的铝产品 HTS 编码	额外关税	约束税率	最惠国适用税率
7601（未锻轧铝）	10%	2.6%	2.6%
7604（铝条、杆、型材及异型材）	10%	1.5%~5%	1.5%~5%
7605（铝丝）	10%	2.6%~4.2%	2.6%~4.2%
7606（铝板、片及带）和 7607（铝箔）	10%	3%~6.5%	3%~6.5%
7608（铝管）和 7609（铝制管子附件）	10%	3%~6.5%	3%~6.5%
7616. 99. 51. 60（铝铸件）和 7616. 99. 51. 70（铝锻件）	10%	5.7%	5.7%

---

① BIS report, The effect of imports of aluminum on the national security. An investigation conducted under section 232 of the trade expansion act of 1962, as amended, January 11th, 2018, p. 23.

② Gustavo Adolfo Guarin Duque. Interpreting WTO Rules in Times of Contestation (Part 1）: Trump Tariffs on Imported Steel and Aluminum in the Light of the GATT 1994.

（三）汽车

2018 年 5 月 23 日，美国商务部对进口汽车启动 232 调查。调查包括 SUV、面包车和轻型卡车在内的汽车以及汽车零部件进口到美国是否会威胁到第 232 条规定的国家安全。调查发现在过去 20 年里，在美国销售的乘用车进口份额从 32% 增加到 48%。1990 年至 2017 年，机动车辆制造业就业率下降 22%，汽车零部件制造商只占行业的 7%。调查包括国内汽车和汽车零部件生产的下降是否会威胁到美国的国内经济，包括可能减少尖端技术领域的研发和熟练工人的就业。① 2018 年 7 月，美国商务部就此案举行公开听证会。2019 年 5 月 17 日，美国公布了汽车及零部件 232 调查公告，美国认为进口汽车及零部件危害了国家安全，并与欧盟、日本等国就汽车关税展开磋商。

（四）铀矿石及铀产品

2018 年 1 月 17 日，美国两家铀矿公司要求商务部根据第 232 条对进口铀矿和产品展开调查。2018 年 7 月 18 日，美国商务部宣布对目前美国进口铀矿石和产品的数量和情况是否构成国家安全威胁展开调查。调查涵盖了整个铀行业，从采矿业到铀浓缩、国防和工业消费。调查发现铀是美国核武库的必要组成部分，为商用核反应堆提供动力，这些反应堆为电网提供 20% 的电力，用于为美国海军核潜艇和航空母舰舰队提供动力。从 1987 年到 2017 年美国的铀产量从 49% 下降到 5%。三家从事铀矿开采业务的美国公司近年来一直闲置，根据目前的环境许可条例，关闭的矿场需要数年才能重新开放。②

（五）钛海绵

美国生产商 Titanium Metals 于 2018 年 9 月 27 日向商务部提交 232 请愿书（根据美国 232 条款作出的请愿书，以下简称 232 请愿书），申请对进口

---

① https：//www. commerce. gov/files/section-232-national-security-investigation-imports-auto-mobiles-and-automotive-parts-hearing. ，March 12th，2019.

② https：//www. commerce. gov/news/press-releases/2018/07/usdepartment-commerce-initiates-section-232-investigation-uranium. ，March 12th，2019.

美国的海绵钛的数量和情况是否威胁到国家安全展开调查。海绵钛是钛金属的主要形式，几乎所有其他钛产品都是用海绵钛制成的。钛用于生产战略物品，如军用飞机、航天飞机、卫星、海军舰艇、导弹和弹药。它还广泛应用于民用飞机、化工厂、石油天然气厂、电力和海水淡化厂、建筑结构、汽车产品和生物医疗设备等关键基础设施和商业应用。目前钛进口占美国海绵钛消费的 60% 以上。目前，美国只有一家工厂有能力将钛矿加工成用于制造的海绵。①

二、各国诉诸 WTO 的法律依据与主张

2018 年 4 月 5 日，中国就美国对钢铁和铝制品进口征收关税措施向 DSB 提请磋商请求，并于 2018 年 10 月 18 日要求成立专家组。2018 年 5 月 18 日，印度也就美国依据 232 条款的调查结果对其进口钢铁产品和铝产品征收额外关税的做法提起 DSU 磋商请求。印度认为美国采取的 232 措施属于保障措施，其中美国要求一些成员限制对美出口钢铁等产品数量以换取豁免额外关税的做法违反了《保障措施协定》。

2018 年 6 月 6 日，欧盟和加拿大要求与美国就美国对部分进口钢铁和铝产品征收关税一事进行世贸组织争端磋商，其他成员也要求与美国进行争端解决磋商。2018 年 7 月 16 日，美国要求与加拿大、中国、欧盟、墨西哥和土耳其就这些成员国针对美国对钢铁和铝产品加征关税问题进行磋商。

目前，关于美国 232 措施在 WTO 的案号分别是中国、印度、欧盟、加拿大、墨西哥、挪威、俄罗斯、瑞士和土耳其起诉美国的 DS544、DS47、DS548、DS550、DS551、DS552、DS554、DS556、DS564 和美国针对加拿大、中国、欧盟、墨西哥、土耳其、俄罗斯、印度提起反诉的 DS557、DS558、DS559、DS560、DS561、DS566、DS585。

2019 年 5 月 23 日和 28 日，加拿大、墨西哥和美国通知 WTO 争端解决机构，它们已经达成了一个双方同意的解决方案，其中包括美国正式取消对加拿大和墨西哥钢铁和铝产品的关税。

---

① 参见 https：//www. commerce. gov/news/press-releases/2019/03/us-department-commerce-initiates-section-232-investigation-titanium，March 12th，2019。

表 2　　　　　　　　　成员方申请成立专家组依据的 WTO 条款①

条款	争端案号								
	DS544	DS547	DS548	DS550	DS551	DS552	DS554	DS556	DS564
成员方申诉依据的 WTO 条款	中国	印度	欧盟	加拿大	墨西哥	挪威	俄罗斯	瑞士	土耳其
《建立世界贸易组织协定》第16条第4款	*	*	✓	✓	*	*	*	✓	*
《关贸总协定》第1条1款	✓	✓	✓	✓	✓	✓	✓	✓	✓
《关贸总协定》第2条1款(a)项和(b)项	✓	✓	✓	✓	✓	✓	✓	✓	✓
《关贸总协定》第10条3款(a)项	✓	✓	✓	✓	*	✓	✓	✓	✓
《关贸总协定》第11条1款	*	✓	✓	✓	✓	✓	✓	✓	✓
《关贸总协定》第13条第1款	*	*	*	*	*	*	*	*	✓
《关贸总协定》第19条第1款(a)项	✓	✓	✓	✓	✓	✓	✓	✓	✓
《关贸总协定》第19条第2款	✓	✓	✓	✓	✓	✓	✓	*	✓
《关贸总协定》第22条	✓	✓	✓	✓	✓	✓	✓	✓	✓
《关贸总协定》第23条	✓	✓	✓	✓	✓	✓	✓	✓	✓
《保障措施协定》第2条第1款	✓	✓	✓	✓	✓	✓	✓	✓	✓
《保障措施协定》第2条第2款	*	*	✓	✓	✓	✓	✓	✓	✓
《保障措施协定》第3条第1款	*	✓	✓	✓	✓	*	✓	✓	✓

① WT/DS544/8，WT/DS547/8，WT/DS548/14，WT/DS550/11，WT/DS551/11，WT/DS552/10，WT/DS554/17，WT/DS556/15，WT/DS564/9.（其中 DS550、DS551、DS557、DS560 已经达成和解）

续表

条款	争端案号								
	DS544	DS547	DS548	DS550	DS551	DS552	DS554	DS556	DS564
《保障措施协定》第 4 条第 1 款	✓	✓	✓	✓	✓	*	✓	✓	✓
《保障措施协定》第 4 条第 2 款	✓	✓	✓	✓	✓	*	✓	✓	✓
《保障措施协定》第 5 条第 1 款	✓	✓	✓	✓	✓	✓	✓	✓	✓
《保障措施协定》第 7 条	✓	✓	✓	✓	✓	*	✓	✓	✓
《保障措施协定》第 8 条第 1 款	*	*	*	✓	✓	*	✓	*	✓
《保障措施协定》第 9 条第 1 款	*	✓	✓	*	✓	*	*	*	✓
《保障措施协定》第 11 条第 1 款(a)项	✓	✓	✓	✓	✓	*	✓	✓	✓
《保障措施协定》第 11 条第 1 款(b)项	*	✓	✓	✓	✓	✓	✓	✓	✓
《保障措施协定》第 12 条第 1 款和第 2 款	✓	✓	✓	✓	✓	✓	✓	✓	✓
《保障措施协定》第 12 条第 3 款	✓	✓	✓	✓	✓	*	✓	✓	✓
《保障措施协定》第 12 条第 5 款	*	*	*	✓	✓	*	*	*	*
《保障措施协定》第 14 条	✓	✓	✓	✓	✓	✓	✓	✓	✓
《关于争端解决规则与程序的谅解》第 1 条	*	*	✓	✓	✓	✓	✓	✓	✓
《关于争端解决规则与程序的谅解》第 4 条	✓	✓	✓	✓	✓	✓	✓		✓
《关于争端解决规则与程序的谅解》第 6 条	✓	✓	✓	✓	✓	✓	✓	✓	✓
《关于争端解决规则与程序的谅解》第 7 条	✓	✓	✓	✓	✓	✓	✓	✓	✓

三、WTO 视阈下 232 措施的合规性分析

《马拉喀什建立世界贸易组织协定》第 16 条第 4 款规定："每一成员应保证其法律、法规和行政程序与所附各协定对其规定的义务相一致。"欧盟、加拿大、瑞士等国认为美国 232 措施本身(as such)违反了成员国国内法与 WTO 规则相符义务。根据《维也纳条约法》第 27 条"一当事国不得以援引其国内法为理由而不履行条约",故而美国有义务遵守 WTO 协定下的义务,包括 GATT1994 和《保障措施协定》,接下来本文梳理了美国 232 措施与 WTO 规则的不相符之处。

(一)232 措施不符合保障措施程序和实体要件

针对 232 措施是否在本质上构成保障措施存在广泛的争议。对于各国对 232 措施违反保障措施协定的指控,美国辩称征收关税依照《1962 年贸易扩展法》第 232 条款而非《1974 年贸易法》第 201 条款,后者才是针对公平贸易商品进口激增采取临时保障措施条款。第 201 条款不是以国家安全为目的,而是在进口产品造成了国内产品的严重损害时帮助美国工业恢复健康,第 201 条款规定的进口救助随时间递减,最长可以达到 8 年。① 在 GATT 时期,钢铁产品一直是美国采取保障措施的主要涉诉对象,本次美国绕开 201 条款增加关税,正是由于美国钢铁保障措施案的败诉,使得美国克制适用保障措施或以 232 措施作为替代。② 在《保障措施协定》视阈下,只有当"数量和国内生产相比绝对或相对增加"和"对国内产业造成或威胁造成严重损害"并且二者存在"因果关系"时,才可以对该产品实施保障措施。从本次 232 措施施行的程序来看,美国没有遵守保障措施的适当程序,包括通知和磋商程序,且未能以适当的方式实施措施违反了《保障措施协定》第 3.1 条和第 12 条。歧视性地施行 232 措施,违反了《保障措施协定》第 11 条的规定。美国未能证明存在"突然、猛烈、显著"的进口增加与严重损害或其威胁之间存在因果关系,未将进口增加以外的因素造成的损害归为原因,违反《保障措施协定》第 4 条的规定。此外,美国没有公布 232 措施的日落条款,违反保障措施协定第 7 条"不论来源如何,只在必

---

① CRS. Section 232 of the Trade Expansion Act of 1962, 2018(06), at https://fas.org/sgp/crs/misc/IF10667.pdf., March 12th, 2019.

② 参见王军、郭策、张红:《WTO 保障措施成案研究(1995—2005 年)》,北京大学出版社 2008 年版,第 15 页。

要的一段时间内实施"。《保障措施协定》第 9.1 条规定"对于来自发展中国家成员,只要其进口份额在进口成员中不超过 3%,即不得对该产品实施保障措施"。根据 232 条款施行的钢铝关税措施几乎覆盖大大小小所有贸易伙伴,主要的受害方包括中国、加拿大、墨西哥和欧盟,随后这些国家都进行了报复。然而容易忽视的是 232 措施对于发展中小国和贫穷国家出口钢铝产品造成的不成比例的伤害。232 措施以国家安全为名发起,但从孟加拉、危地马拉和秘鲁等发展中国家的小型钢铁生产商进口钢材不应被视为危害国家安全。美国 232 措施违反了 WTO 保护贫穷和发展中国家的宗旨,并在没有明确目标的情况下打击了经济实力更脆弱的国家。①

虽然 WTO 案例不具有先例作用,但 WTO 近期发布的上诉机构报告对保障措施的判定可能产生影响。在美国钢铁保障措施案(DS252)中,专家组和上诉机构审查了未预见的发展、进口增加、因果关系、对等性等因素,并最终判定美国根据 201 条款采取的措施不符合《WTO 协定》。② 在中国台北诉印尼特定钢铁产品保障措施案(DS490)和越南诉印尼特定钢铁产品保障措施案(DS496)中,专家组认为印尼实施的措施不符合 GATT 第 19 条第 1 款规定的紧急措施,印尼对进口特定钢铁产品额外征收的关税也不属于《保障措施协定》中规定的保障措施。上诉机构认为满足 GATT 第 19 条保障措施的前提是该措施必须"对该产品全部或部分终止义务或撤销、修改减让"且该措施是为了防止或救济国内生产者出现的"严重损害或严重损害威胁"。此外,在判断一项措施是否符合保障措施时,应当关注成员国内法中的该措施的特征,采取该措施的程序,向 WTO 保障措施委员会作出的通报,这些都是裁定一措施是否满足保障措施要件的核心要素。③

综上,本文认为 232 措施不构成保障措施。首先,美国报告中并未显示美国钢铝行业面临公平贸易下进口钢铝产品数量激增,国内钢铝行业同样没有面临进口带来的严重损害或严重损害威胁,致使国家在紧急状态下无法生产满足国防和关键需求的钢铁产品,也没有证明进口变化和造成损害之间的因果关系。其次,美国对包括发展中和最不发达国家在内的出口商分别征收 25% 和

---

① Chad P. Bown (PIIE). Trump's Steel Tariffs Have HitSmaller and Poorer Countries the Hardest, at https://www.piie.com/blogs/trade-investment-policy-watch/trumps-steel-tariffs-have-hit-smaller-and-poorer-countries., March 12th, 2019.

② WT/DS252/R and WT/DS252/AB/R.

③ 管健:《再评美国 232 措施的 WTO 合规性》,载《国际贸易法评论》2018 年第 8 期。

10%关税，违反了 GATT1994 货物贸易承诺表下的义务，且没有豁免发展中国家，或给与其差别和特殊待遇。最后美国发起 232 措施没有履行《保障措施协定》下的调查和审议程序，没有履行通报、磋商等程序性义务，且没有规定逐渐放宽该措施，不满足保障措施的实体和程序要件，本质上不构成保障措施。

（二）232 措施无法援引 GATT 第 21 条例外

美国在贸易和投资领域中将钢铝产业进口过量纳入"国家经济安全"的范畴，将原本与国家安全完全无涉的经济利益与国家安全的概念相混同，构成对 GATT1994 第 21 条国家安全条款的滥用。"国家经济安全"成为谋取不正当经济利益和迫使其他国家在签署贸易协定中让步的筹码。

在钢铁报告中，美国商务部将第 232 条所指的"国家安全"定义为包括"除了满足国防需求的必要条件之外，对经济和政府的最低限度运作至关重要的某些行业的一般安全和福利"。① 由于安全例外条款的特殊性，WTO 中被诉方援引安全例外的案例屈指可数，且几乎没有成功援引的先例。在 GATT 时期涉及安全例外的案件如"尼加拉瓜诉美国贸易措施案"和"前南斯拉夫诉欧共体经济制裁案"就专家组对 GATT1994 第 21 条的可裁性存在争议；以及 WTO 时期的"欧共体诉美国的'赫尔姆斯-伯顿法案'"，"尼加拉瓜诉洪都拉斯、哥伦比亚案"均未进入专家组审理阶段；近期的卡塔尔诉阿联酋、巴林和沙特阿拉伯（DS526、DS527、DS528）也还在专家组审理中。专家组普遍认为一项措施能否适用 GATT1994 第 21 条主要取决于对条款中其认为（it considers）、基本安全利益（essential security interests）、所必需（necessary）三个关键词的解释。一方面，安全例外不能限制纯粹出于安全考虑的国家措施，也不能成为一国用以实施商业目的的借口；另一方面，还需要考虑该措施是否保护国家安全利益"绝对不可缺少或必需的"，只有在没有可替代的措施时，为了实现所追求的目标，才被认为是"所必需的"，即综合评价美国的措施对其保障的"国家安全"的贡献度和重要性，有无可替代措施及对国际贸易影响等。② 在乌克兰诉俄罗斯运输限制措施案（DS512）中，专家组正式解释了第 21 条的例外情况，

---

① U. S. Department of Commerce Bureau of Industry and Security Office of Technology Evaluation. The Effect of Imports of Steel on the National Security, 2018（11）, at https：//www. commerce. gov/section-232-investigation-effect-imports-steel-us-national-security. , March 12th, 2019.

② 彭德雷、周围欢、杨国华：《国际贸易中的"国家安全"审视——基于美国"232 调查"的考察》，载《国际经贸探索》2018 年第 5 期。

以界定其范围。专家组认为 GATT1994 第 21 条(b)款(iii)项规定的"战争或国际关系中的紧急情况下采取的行动"应进行客观事实审查,将安全例外的宗旨归纳为"提升多边贸易互惠安排以及实质关税和贸易壁垒减让的安全和可预见性"。专家组认为各成员方有权自行判断其"基本国家安全利益"以及相关措施是否保护该利益"所必需的",但行使该自判权应基于"善意原则"(good faith)。① WTO 应确保成员方适用该规则基于诚实信用原则,援引该例外规则应附有举证责任并承担相应法律后果。也就是说,美国必须证明其出于国家安全的考虑,善意地采取了 232 措施,而不是为了规避贸易义务和保护国内产业。然而,美国钢铝产品既不属于 GATT1994 第 21 条(b)款(i)项所规定的"与裂变和聚变物质或衍生这些物质的物质",也不属于(ii)项规定的"与武器、弹药和作战物资的贸易有关……供应军事机关的其他货物",更不存在"战争或紧急情况",不满足援引 GATT 安全例外的条件。

从经济学的角度来看,进口商品、服务或资本不会直接破坏国家安全,进口有助于补充国内生产能力,为政府和私营部门提供更多选择。对外国进口的依赖可能因为外国禁运而出现短缺的风险,在这种情况下应当采取的措施是防止供应国禁止向美国出售这种战略物资,比如稀土案(DS431、DS432、DS433)中对中国提起 WTO 诉讼反对中国对稀土的出口管制。对于钢铁行业而言,由于全球性钢铁过剩,即使美国只有 71% 的产能在运转即可满足国内需要,钢铁行业因为外国禁运而面临短缺的可能性几乎为零,故而不存在依赖外国进口钢铁而存在的安全风险。从另一个角度来说,232 条款要求调查外国竞争是否会影响国内产业的经济福利,从而导致国内经济衰弱可能损害国家安全。美国国内产能闲置,外国商品供过于求,进口钢铝产品在美国军用产品所占份额几乎可以忽略不计,并没有出现威胁国家经济安全的情况。

综上,本文认为 232 条款所描述的"国家安全"并不满足 GATT 第 21 条所列举的国家安全例外的情况。作为 WTO 规则的最大受益者,美国通过破坏 WTO 规则而谋取不正当利益,这样的做法只能损害自身国民经济。而调整钢铁进口的措施极易引起贸易伙伴的报复,破坏双边经贸关系,从而引发真正的国家安全威胁。② 维护"国家经济安全"的需要不能成为反对贸易、投资开放、

---

① WT/DS512/R.

② Comments of Steve Charnovitz to the Section 232 Steel, Investigation, at https://worldtradelaw. typepad. com/ielpblog/2017/04/comments-of-steve-charnovitz-to-the-section-232-steel-investigation. html. , March 12th, 2019.

主张贸易保护和产业保护的重要理由。① 美国加征 232 关税做法严重违反了世贸组织规则，尽管"国家安全"是每个国家最基本的价值追求，但不能肆意扩大"国家经济安全"的外延，危害自由贸易，使贸易保护主义在"国家安全"之名下大行其道。

(三) 232 措施明显违反最惠国待遇和 GATT1994 有关规则

美国总统 2018 年 4 月 30 日发布的声明(9740 号声明)和 2018 年 5 月 31 日发布的声明(9758 号声明和 9759 号声明)描述了美国与某些其他国家之间达成的令人满意的替代解决方式。鉴于这种替代解决方式，总统认定来自这些国家的进口不再对美国国家安全构成威胁。美国就其施加于钢铁产品和某些铝产品的额外进口关税措施为某些 WTO 成员国如阿根廷、澳大利亚和巴西提供了永久性豁免，近期又与加拿大和墨西哥达成免征关税的协议。② 美国采取"灰色区域措施"(Grey Area Measures)秘密地与被豁免钢铝 232 关税(根据美国 232 条款采取的关税措施，以下简称 232 关税)的各个世贸成员之间达成的"令人满意的替代方式"以解决贸易冲突。从表面上看，各国同美国达成的进口限制措施是"自愿的"，但是实际上受到美国采取更严重的贸易保护措施的威胁。

美国对个别世贸成员豁免 232 关税的做法，严重违反 GATT1994 第 1.1 条关于最惠国待遇的规定。③《1994 年关税与贸易总协定》第 1 条第 1 款规定："任何缔约方给与来自或运往任何其他国家任何产品的利益、优惠、特权或豁免应立即无条件地给予来自或运往所有其他缔约方领土的同类产品。"在日本、欧盟诉加拿大汽车案(DS139，DS142)中，上诉机构认为最惠国待遇是 GATT1994 和 WTO 协定的基石。④ 同时上诉机构将最惠国待遇原则解释为：一是需要确认该项措施是否为 GATT1994 第 1 条第 1 款所规定的"利益"；二是各方争议的标的物是否为相似产品；三是该法案是否实际上造成对各成员方的歧视待遇；四是该措施是否属于最惠国待遇原则的例外。⑤ 由于美国选择性地对

---

① 孔庆江：《国际经济法律规范的可移植性与国家经济安全的相关性研究——以 WTO 法为例》，武汉大学出版社 2016 年版，第 135 页。

② 参见 https：//www. whitehouse. gov/ and https：//www. federalregister. gov/.，March 12th，2019。

③ 谭观福：《论美国 232 措施的 WTO 规则依据》，载《中国物价》2018 年第 9 期。

④ WT/ DS139/AB/ R and WT/DS142/AB/R.

⑤ 黄东黎、凌忠果：《加拿大汽车案与最惠国待遇》，载《中国法院报》2002 年 6 月 10 日，第 B03 版。

源自不同成员国的某些钢铁和铝产品征收额外的进口关税，包括提供豁免或采用其他办法，未能立即无条件地向中国及其他国家提供任何"优势、优惠、特权或豁免权"，未能满足"进口产品来自其他成员的领土的""对任何形式的关税和费用征收"以及以同等待遇履行"征收这样的税和费用的方法"和"与进口有关的规定和手续"，且该额外征收的关税并未对所有 WTO 成员"立即无条件地"适用，明显违反了最惠国待遇原则。

《1994 年关税与贸易总协定》第 2 条 1 款（a）项规定"每一缔约方对其他缔约方的贸易所给与待遇不得低于本协定所附减让表中有关部分规定的待遇"，美国对钢铝产品分别征收 25% 和 10% 关税明显超出美国减让和承诺表所规定关税。《1994 年关税与贸易总协定》第 X 条第 3 款（a）项规定，"每一缔约方应以统一、公正和合理的方式管理第 1 款所述所有的法律、法规、判决和裁决"，同时美国未能以"统一、公正和合理的方式管理其关于所涉措施的法律、条例、决定和裁决"涉嫌违反 GATT1994 第 X 条第 3 款（a）项。《1994 年关税与贸易总协定》第 11 条 1 款规定，"任何缔约方不得对其他缔约方领土产品的进口……设立或维持除关税、国内税或其他费用外的禁止或限制，无论此类禁止或限制通过配额、进出口许可证或其他措施实施"，因此，美国对钢铝产品实施歧视性关税或配额违反 GATT1994 第 11 条。

《1994 年关税与贸易总协定》第 19 条 1 款（a）项规定："如因不能预见的情况……进口至该缔约方领土的产品数量增加如此之大且情况如此严重（serious），以至于对该领土内同类产品或直接竞争产品的国内生产者造成严重损害或严重损害威胁，则该缔约方有权在防止或补救此种损害所必须的限度和时间内……全部或部分终止义务"；第 2 款规定"应尽可能提前书面通知缔约方全体，并应给与缔约方全体和对有关产品的有实质利害关系的出口缔约方……进行磋商的机会"。GATT1994 第 19 条要求成员方提高关税前应与其他成员方进行磋商，并对某受损害的成员方给与一定程度的补偿。① GATT1994 第 19 条与《保障措施协定》共同组成多边保障体制的法律基础，只有在同时满足 GATT1994 第 19 条和《保障措施协定》的要求下，才能实施保障措施。② 由于 GATT1994 第 19 条限制性较大，以至于很少被援引。美国在报告中没有证明"全球钢铁产能过剩"是一种导致进口增加的"不可预见的情况"，并因为"进口产品数量过大"致使钢铁受到"严重损害"，"无时间和限度"采取加征关税措

① 严建苗：《WTO 框架下保障措施经济学》，浙江大学出版社 2006 年版，第 56 页。
② 龙永图、张汉林：《保障措施争端案例》，经济日报出版社 2003 年版，第 64 页。

施，且没有履行"提前通知缔约方"义务，明显违反 GATT1994 第 19 条规定的对"进口产品的紧急贸易措施"。

（四）232 措施与美国宪法精神存在冲突

美国国内一直对总统发起 232 措施存在制衡力量，质疑 232 措施违宪之声不绝于耳。2018 年 3 月 8 日，美国宣布 232 国家安全调查结果及关税措施后，瑞士钢铁公司 Severstal Export GmbH（SSE）及其迈阿密子公司在美国国际贸易法院提及诉讼（CIT）。① 本案虽以原告请求被驳回告终，但本案显示美国国际贸易法院有权裁决总统是否存在滥用自由裁量权的行为或根据 232 措施管理贸易是否存在超出国会授权的行为。② 例如，根据 1980 年 Indep Gasoline Marketers Council, Inc. vs Duncan 案的先例，美国总统根据 232 条 b 款征收汽油税就构成非法授权。③

2018 年 6 月 27 日，美国国际钢铁协会（AIIS）起诉 232 措施违宪构成对于总统的不当授权。钢铁协会认为国会的不明确授权导致总统有权立法和执法，涉嫌侵犯国会权力超出职权范围，征收与国家安全无关的额外关税，缺乏立法机关和司法机关的制衡，从而违反三权分立的宪法原则。同样地，本案显示法院有权审查 232 条款的合宪性并有权审查总统是否滥用权力。④ 美国钢铁协会主张根据美国《行政程序法》（APA）对总统行为进行审查。此外，国防部（DOD）认为总统在美国钢铁产量足以满足国家安全需求的情况下执意发起征税措施。

2018 年 6 月，美国参议员 Bob Corker 提交立法草案要求国会审议总统根据 232 条款调整进口的措施。Bob Corker 认为国会应当对总统进行更清晰明确的授权，促使 232 措施得到充分辩论及投票。⑤ 2019 年 8 月 1 日，美国钢铁进口商请求美国国际法院（CIT）认定美国 232 措施判处程序违法《行政程序

---

① 参见 https：//www.courthousenews/wp-content/upload/2018/03/steel.pdf.，March 12th，2019。

② 参见 https：//www.cit.uscourts.gov/sites/cit/files/18-341.pdf.，March 12th，2019。

③ 参见 https：//constitutioncenter.org/debate/podcasts/trump-tariffs-and-trade.，March 12th，2019。

④ 参见 https：//www.cit.uscourts.gov/sites/cit/files/19-37.pdf.，March 12th，2019。

⑤ 参见 https：//www.foreign .senate.gov/press/chair/release/senators-instroduce-legislation-to-require-congressional-approval-national-security-designated-tariffs.，March 12th，2019。

法》。① 就 232 条款是否违宪的问题，Timothy Meyer 和 Jeffrey Rosen 认为宪法赋予国会一切与贸易监管有关的权力，包括征收关税和关税，而行政部门只有国会授予的那些权力。特朗普政府启动 232 措施涉嫌超越贸易政策的行政权范围、违反三权分立和非授权原则，以及宪法保护的制衡机制。②

四、美国 232 措施的经济影响

（一）232 措施的滥用引起各国担忧

2018 年 2 月 16 日美国商务部的调查细节首次公开以来，特朗普政府对被调查对象的描述发生了变化，这反映出它们对政策的滥用，该法赋予总统任意增加或减少贸易伙伴、提高或降低关税或改变目标产品范围的权力。特朗普还可以重组他认为合适的贸易限制。对于最终取消强加的贸易限制，既没有时间表，也没有明确的标准。而且，特朗普曾多次表示，豁免将基于国家安全以及合作伙伴对抗中国的意愿。对于加拿大和墨西哥，他分别表示，排除协定可能取决于他对《北美自由贸易协定》（USMCA）谈判是否成功的评估，关税措施成为谈判和交易筹码。自由裁量权和不透明的程序也引起了各国对 232 措施可能被滥用、任意决策和腐败的担忧。

从贸易数据来看，美国 232 措施对中国的影响有限。以钢铁产品为例，2017 年加拿大是美国钢材的主要进口国，占美国钢材进口总量的 16%；其后，巴西占 13%、韩国占 10%、墨西哥占 9%、俄罗斯占 9%、土耳其占 7%、日本占 5%、德国占 3%；中国并不在美国前十大钢材进口来源地区之列，位列第 11 位。

从钢铝产品得到关税豁免的情况来看，以 2017 年进口额计算，美国豁免钢铝产品包括从加拿大及墨西哥进口 153 亿美元（其中从加拿大进口的 124 亿美元，从墨西哥进口 29 亿美元）。2015 年 1 月前获得豁免的从欧盟、韩国、巴西、阿根廷、澳大利亚进口约 148 亿美元，没有得到豁免的包括从俄罗斯、中国、印度、阿拉伯、越南和其他国家进口约 179 亿美元。美国的单边措施加剧了与贸易伙伴之间的紧张关系，并给更广泛的国际合作带来风险。

① 5 U. S. C. § 701 et seq.

② 参见 https：//worldtradelaw. typepad. com/ielpblog/2019/03/the-cit-opinion-in-section232. html. ，March 12th，2019。

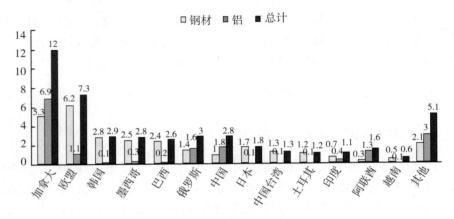

图 1　2017 年美国钢铝进口情况（单位：10 亿美元）①

（二）232 措施伤害美国消费者和最不发达国家

美国国际贸易委员会（USITC）数据显示，自 2018 年 3 月钢铝产品征税半年以来，美国钢铁进口总额实际上增长了 2.2%。进口钢材价格同比上涨 14.7%，同期外国钢铁出口商的价格只上涨了 2.4%。关税在美国消费者（进口商）支付的价格和外国生产者（出口商）接受的价格之间造成了相当大的差距，消费者被迫购买高价低质的国内产品，从而伤害了美国消费者的利益。②

美国彼得森智库数据显示，美国钢铝关税伤害了发展中国家和贫穷国家和地区，致使这些小国和贫穷国家和地区对美国的出口量减少 12.1%；较贫穷国家和地区的出口商向美国出口产品的价格下降了 3.9%；价格下跌和出口量下降共同导致钢铁出口收入较前 6 个月减少了 15.5%，即 1 亿美元（如孟加拉国、危地马拉或秘鲁），而根据美国保障措施第 201 条款一般应排除从最不发达国家和地区供应商进口的产品。③

---

①　数据来源：美国海关总署。

②　USITC：The Effect of Imports of Aluminum on the National Security：An Investigation Conducted under Section 232 of the Trade Expansion Act of 1962, as Amended, p. 50.

③　参见 https://piie. com/blogs/trade-investment-policy-watch/trumps-steel-tariffs-have-hit-smaller-and-poorer-Countries. , March 12th, 2019。

表 3   受美国钢铝关税影响国家和地区①

小国和贫穷国家和地区		中型或更富裕的国家和地区		短期或长期豁免国家和地区
2017 年美国进口额占比		2017 年美国进口额占比		2017 年美国进口额占比
4.1%		28.9%		67%
孟加拉*	约旦	阿塞拜疆	俄罗斯	阿根廷***
白俄罗斯	哈萨克斯坦	巴哈马群岛	沙特阿拉伯	澳大利亚**
缅甸	马来西亚	智利*	塞舌尔*	巴西***
柬埔寨*	摩洛哥	中国	新加坡	加拿大**
哥斯达黎加	巴基斯坦	中国香港	瑞士	欧盟
多明尼加共和国	秘鲁	印度	中国台湾	墨西哥**
厄瓜多尔	菲律宾	以色列	特立尼达和多巴哥	韩国***
埃及	塞尔维亚	日本	土耳其	
萨尔瓦多	南非	列支敦士登*	乌克兰	
格鲁吉亚	斯里兰卡*	新西兰	阿拉伯联合酋长国	
危地马拉	泰国*	挪威	乌拉圭*	
洪都拉斯	突尼斯	阿曼	越南	
印度尼西亚	委内瑞拉	巴拿马		
牙买加*		卡塔尔*		

---

①　＊表示 2018 年对美钢铁出口额为 0 的国家和地区，2017 年出口额为正；＊＊表示被持续豁免的国家和地区；＊＊＊表示接受对其钢铁关税配额从而得到豁免的国家和地区。

五、中国如何应对美国 232 措施

(一) 正确认识美国 232 措施

美国对进口钢铝产品发起的调查基于"国家经济安全"，试图排除 WTO 管辖强硬推行单边主义贸易政策，凸显了特朗普政府"美国优先"的宗旨。从美国发布的《2017 年度中国履行 WTO 承诺情况的报告》中不难看出，美国对"中国 2025"政策深感忧虑。① 中国作为世界钢铝产品生产第一大国，美国针对钢铁铝行业的 232 措施与其说是出于对美国国家安全的忧虑，不如说更是出于遏制中国的整体考量。中国应从美国发起的贸易保护措施中看出其背后的政治倾向，并在此基础上积极作出应对。中国应该坚持美国所涉措施的内容和实质并非因为进口的钢铁产品和铝产品被认为数量增加，并在对这些产品的国内生产者造成或威胁损害的条件下采取的。而中国暂停有关的义务或撤销或修改有关措施所涉及的特许权，是为了减轻这类损害或威胁，以确保有关的国内工业在经济上是可行的，即美国的单边措施构成违反 WTO《保障措施协定》并且争取 WTO 协定下 GATT1994 第 23 条"利益的丧失或减损"规则的适用。这样即使美国成功援引 GATT1994 第 21 条安全例外条款，也可以根据 GATT1994 第 23 条非违约之诉承担责任。② 而中国采取反制措施也正是出于对美国实施贸易保护的一种合理的国际反应，即使专家组裁定美国 232 措施不构成保障措施，中国等国无法证明依照《保障措施协定》第 8 条实施的反制措施符合 WTO 规则，也可以通过援引《维也纳条约法》第 60 条"重大违约"等 WTO 外部条款证明中国反制措施的合法性。③

(二) 积极运用 WTO 争端解决机制

在政府层面 WTO 法律武器是应对美国 232 条款滥用最有力的举措。正如中国在中美钢铁保障措施案(DS252)中将美国有关措施诉诸 WTO 一样，中国也将此次美国 232 措施诉诸 WTO 争端解决机制提请成立专家组，WTO 是双方未来从

---

① USTR: 2017 Report to Congress on China's WTO Compliance, p. 15.

② 参见郭其毓、丁培喆：《论安全例外的不确定性对 WTO 稳定性的影响》，载《中国集体经济》2016 年第 22 期。

③ 参见陈敏佳、刘滢泉：《中国针对美国 232 调查进行反制的合法性分析》，载《河北科技大学学报(社会科学版)》2019 年第 1 期。

法律角度相互博弈的主要场所。如果专家组认定"国家安全"的理由是没有根据的，各国可以根据 WTO 协定采取贸易报复，报复性补偿限额是根据出口国贸易损失的价值所设定。如果美国被判定钢铁和铝进口关税违反 WTO 协定，贸易伙伴将被允许每年进行总计 142 亿美元的报复。① WTO 争端解决往往需要 2～3 年的较长时间，应充分考虑其不确定性。而且由于美国拒绝提名上诉机构成员，将导致 WTO 上诉机构面临停摆的危机，其审判功能岌岌可危。虽然中国和其他 WTO 成员已经将美国的 232 措施告到 WTO，将来可能也面临没有上诉机构法官审案的尴尬境地。此外，WTO 的体制框架本身并不能保证自由和公平的贸易环境，由于特朗普政府一直对 WTO 争端解决机制特别是上诉机构施加各种压力，并以退出 WTO 相威胁试图倒逼 WTO 改革。但从总体来看，起诉至 WTO 是中国应对美国贸易保护主义的必经之路，同时对美国的贸易保护主义有一定的威慑作用，且能够体现出中国对多边贸易体制的维护。

（三）外交层面保持积极沟通

2018 年 12 月 1 日，中国国家主席习近平同美国总统特朗普在布宜诺斯艾利斯共进晚餐并举行会晤，2019 年 5 月 10 日，美国总统特朗普在白宫椭圆形办公室会见国务院副总理刘鹤。在中美高层互动的引领下，中美进行了 11 轮关税会谈，试图达成合意缓解关税升级的紧张局势。2019 年 7 月中美元首在 G20 峰会举行进一步磋商，虽然本次会晤没有直接提及钢铝产品的税率问题，但是中美双方首脑的直接会晤有助于双边经贸关系尽快回到正常轨道，实现合作共赢。当前，钢铁领域已成为美国、欧盟贸易政策的重大关切问题，加强与美国的贸易磋商和对话，推动产业深度合作，充分发挥"中美战略与经济对话""中美产业和竞争力对话""中美商贸联委会"等经贸领域的高层对话作用，在中美各类双边自由贸易和投资协定谈判中，建立专门机制深入讨论钢铁贸易问题。通过继续加强与美国的磋商谈判，争取获得美国商务部关税豁免。中美虽然存在经贸摩擦，但两国作为全球最大的两个经济体，合作交流是维护世界和平的主要手段，其间的经贸对话也没有中断。

（四）完善钢铝产业供给侧改革

目前，钢铁产品占美国对外货物进口 1.66%，中国对外出口钢铁占总出

---

① 参见 https：//piie. com/blogs/trade-investment-policy-watch/trumps-steel-and-aluminum-tariffs-how-wto-retaliation-typically，March 12th，2019。

口 2.69%，占总出口比重 1.19%。① 在企业层面，美国钢铝 232 措施在客观上也将倒逼中国产能过剩的钢铝行业进一步去产能、去库存，继续推动行业升级，向产业高端领域延伸，进一步做强中国钢铁，实现高端钢材自主供应。从国际贸易理论来看，美国实施贸易保护主义并不一定能够削弱国外厂商的竞争优势，提高国内厂商的竞争力。美国以牺牲消费者和造成市场扭曲为代价采取 232 措施，即使本国的钢铝产业得到的潜在利益也会小于由于他国贸易报复带来的净损失。美国钢铁产业的弱势正是由于长期施行贸易保护措施带来的价格竞争劣势。事实证明，正是反复对钢铁产业实施贸易保护使得美国钢铁产业工资成本直线上升，产业队伍急速扩大，由于不公平的竞争环境从而失去产业自我革新的机会。此外，对钢铝产业的保护也将对使用钢铝为主要原料的下游产业如汽车、啤酒等产业造成不利影响。同时，中国有关部门应该警惕美国限制钢铝进口之后，其他钢铝原产国对美出口的产品会涌入中国市场，导致供过于求的可能性，在必要情况下应该主动发起钢铝保障措施调查。

（五）合纵连横争取国际支持

中国还应当保持和其他受美国单边贸易措施影响的 WTO 成员进行沟通和合作，共同应对美国贸易保护主义，同时吸取俄罗斯、日本等国遭受美国贸易制裁的经验与手段，积极跨越"修昔底德陷阱"。中国企业可以应用原产地规则规避美国 232 调查，在如泰国等生产成本较低的东南亚国家投资建厂进行转口贸易，或者使用超过 30% 的进口原材料或者零部件，通过改变出口产品原产地的方式规避美国 232 调查，同时警惕转口国对钢铝产品发起反倾销调查的有关措施。② 目前，美墨加贸易协定（USMCA）正式签署，美国钢铝 232 措施已将加拿大和墨西哥暂时排除，并且还在公告中声称"任何与美国有安全关系的国家，都可以与美国讨论解决该国进口所导致的国家安全问题的替代方法，包括取消或修改限制措施"以引诱其他盟友国家与其谈判以修改或取消针对该国的 232 措施。美国一方面是要瓦解全球对 232 措施的声讨与指控的联盟，另一方面也希望通过双边而非多边的谈判来最大化其贸易利益。

---

① 数据来源：美国海关总署。

② 2019 年 7 月，美国对韩国和台湾转口越南的钢铁产品征收 456% 的关税，中国应当谨慎运用原产地规则。

六、结 语

针对钢铝产品的 232 措施是特朗普政府上台后出台的规模最大的贸易保护举措之一。根据美国国会研究中心（CRS）报道，自 2018 年 3 月 23 日到 7 月 16 日，美国政府从对外国钢铁和铝产品的征税中分别获得了 11 亿美元和 3.44 亿美元的收入。美国国会研究中心（CRS）预计，根据上一年的进口规模计算（2017 年美国进口了价值 290 亿美元的钢铁产品和价值 174 亿美元的铝产品），新关税措施将为美国政府带来大约 75 亿美元的收入，其中 58 亿美元来自钢铁关税，17 亿美元来自铝制品关税,[1] 这一数字远小于美国受到的贸易报复。[2] 美国以"国家安全"为由征收不合理关税降低财政赤字，将对全球经济、多边贸易体制产生负面冲击，是不符合世界贸易发展潮流的举措。一旦各国采取集体性报复措施，将形成以关税为主要措施的贸易战，各国都将无法从中获益。除全球经济外，全球多边贸易体系也将成为贸易战的另一大受害者。美国在明显违反 WTO 规则的情况下贸然提起 232 措施，试图非法援引 GATT1994 第 21 条"安全例外"的举措必将冲击世贸组织（WTO）。如果中加俄等九国向世贸组织提诉且获胜，可能导致美国钢铁保障措施案（DS252）的重演；如果世贸组织裁定美国胜诉，尽管此种情况的可能性非常小，则其他国家将纷纷效仿美国做法以"安全例外"为名规避世贸组织（WTO）管辖，多边体制的权威将由于"安全例外"导致的"木桶效应"受到削减，无论何种结果都不利于国际多边贸易体制的稳定和发展。

---

① 参见 https：//www. msn. com/en-us/news/other/us-reaps-more-than-dollar14-billion-from-steel-and-aluminum-tariffs-report-finds/ar-BBLTdif. ，May 12th，2019。

② 根据美国国会研究中心（CRS）报告显示，2018 年美国出口总额约为 232 亿美元的产品被征收报复性关税。CRS：Section 232 Investigations：Overview and Issues for Congress，Apr. 22，2019.

贸易调整援助立法的法理基础与规范表达[*]

张　建[**]

目　　次

一、贸易调整援助在 WTO 框架内的法理基础

二、贸易调整援助在我国法律体系内的规范表达

三、我国贸易调整援助立法的整体考量

四、我国贸易调整援助立法的制度衔接

五、结语

自美国总统特朗普上台之后，美国在对外贸易政策上的单边主义倾向日趋严重，而中美贸易摩擦的升级也使国际社会重新反思国际贸易法与全球治理之间的内在关联。[①] 尽管中美之间一直存在贸易摩擦，但对巨额进出口产品加征高额关税的情况却极为罕见。中美贸易战的展开，彰显了国际贸易法的重要性，而国际贸易法也在不断发展以适应社会发展的现实需要。[②] 从微观角度探讨，关税的加重以及国际贸易争端的产生不仅会对两国在贸易领域的友好合作产生消极影响，也会对两国的进出口企业产生深远的影响。作为贸易自由化体系下对外开放的补偿机制，贸易调整援助制度（Trade Adjustment Assistance，简

---

　　* 基金项目：国家社科基金专项课题"创新'一带一路'国际争端解决机制问题研究"的阶段性成果，项目批准号：18VSJ049。

　　** 张建，法学博士，首都经济贸易大学法学院讲师，研究方向为国际商法。

　　① 管健：《中国贸易争端中的焦点法律问题评析》，载《武大国际法评论》2018 年第 3 期。

　　② 杨国华：《中美贸易战中的国际法》，载《武大国际法评论》2018 年第 3 期。

称 TAA)为因进口增加、生产转移而遭受竞争损害的国内企业提供了救济工具。① 在当前中美贸易争端愈演愈烈的情势下，我国正在积极着手准备起草贸易调整援助立法。在立法过程中，首先要从法理上分析 TAA 制度在 WTO 法律框架内的合规性基础，继而要借鉴域外其他国家立法中对类似制度的具体规范设计。在立足中国国情的基础上，我国于 2008 年制定了《贸易调整援助暂行办法(草案)》，并于 2017 年开始在上海自贸试验区内开展试点工作。通过对比两项草案，本文试图探析 TAA 制度在中国发展的趋势以及中国 TAA 立法的方向。

一、贸易调整援助在 WTO 框架内的法理基础

GATT 自 20 世纪 80 年代开始关注结构调整与贸易政策的关系，并在 1980 年设立了"结构调整与贸易政策"工作组，该工作组分别于 1981 年和 1983 年作出两份报告，分析二者的关系。但迄今为止，WTO 规则中并没有专门的贸易调整援助制度。WTO《保障措施协定》序言部分提到了结构调整的重要性，且在第 7 条第 2 款和第 7 条第 4 款明确规定在进行调整的情况下可以延长有关措施，为促进产业结构调整创造了环境。但是，《保障措施协定》并没有要求强制的产业调整计划，因此有学者建议 GATT 第 19 条的紧急保护有必要附带一个动态的调整援助计划。② 鉴于 WTO 没有针对贸易调整援助设置统一的多边规则，理论上主要从 WTO《反补贴协定》入手分析 TAA 的合规性。

根据 WTO《反补贴协定》第 1 条，补贴是指一成员国政府或任何公共机构向产业或企业提供的财政资助，或对企业收入和价格的支持。据此，补贴的成立需要同时满足三方面要件：主体方面，必须是政府或公共机构提供的补贴；对象方面，补贴的受益者是产业或企业，且它们通过补贴获得了正常商业条件下无法获得的优惠与利益；形式方面，补贴具体表现为财政资助、收入或价格支持。③ 根据前述要求，美国《1962 年贸易拓展法》中的税收援助、《1974 年贸易法》中的财政援助(贷款、付款担保等)均属于 WTO《反补贴协定》第 1.1 条 a 款第 1 项和第 2 项中的财政资助，鉴于美国国会已经在 1986 年取消了财

① 张建：《中国贸易调整援助立法：路径选择与方案设计》，载《深圳社会科学》2019 年第 3 期。

② Samuel M. Rosenblatt, "Trade Adjustment Assistance Programs: Crossroads or Dead End", *Law & Policy in International Business*, Vol. 9, 1977, p. 1902.

③ 王红艳：《WTO 补贴制度下美国贸易调整援助制度研究——兼论对我国的启示》，西南财经大学 2014 年硕士学位论文。

政援助和税收援助，因此对其进行讨论已无现实意义。① 但对于美国迄今仍然保留的技术援助，对其是否构成 WTO 中的补贴，则存在争论。根据美国《1974 年贸易法》第 2343 条 a 款，技术援助主要包括三个主要方面：协助企业准备认证申请；协助企业制定经营调整方案；协助合格企业实施调整方案。在技术援助的过程中，实施主体主要是经济发展局（EDA）和贸易调整援助中心（TAAC），由 TAAC 与申请企业共同聘用专家顾问，在分析企业优势的前提下定制个性化的经营调整方案并付诸实施，以刺激企业复苏和发展。在技术费用承担方面，政府负责 75%，其余部分由企业负担，但援助资金并不直接向企业提供，而是由 EDA 发放给 TAAC，再由 TAAC 按比例支付给商业顾问。事实上，尽管技术援助不是直接的财政资助，但可能构成《WTO 反补贴协定》第 1.1 条 a 款第 4 项的补贴，即政府向一筹资机构付款、委托或指示私营机构履行政府职能，且其做法与政府通常采用的做法并无实质差别。② 需要明确的是，认定 TAA 属于 WTO 所规制的补贴措施，只表明此类 TAA 受 WTO 约束，但并不表明 TAA 与 WTO 法律规则的相容性。那么，应进一步追问的是，采取有关的 TAA 措施，是否会构成对 WTO《反补贴协定》中补贴纪律的违反？对此，有必要进一步考察 WTO 中采取反补贴措施的各项要件。

根据 WTO《反补贴协定》，只有对违规的补贴才可以采取反补贴措施，对于合法的补贴则可以容忍其存在，可见应首先对补贴本身进行具体分类。相比之下，GATT 于 1947 年和 1979 年制定的旧版《补贴与反补贴守则》采用经济政策标准将补贴分为出口补贴与生产补贴，前者被列为法律禁止的对象，而 WTO《反补贴协定》则采取了全新的分类方法，将补贴分为禁止性补贴（无条件禁止的红灯补贴）、可诉补贴（有条件禁止的黄灯补贴）、不可诉补贴（不禁止的绿灯补贴）。所谓禁止性补贴，即与出口实绩或使用进口替代相联系的补贴，具体分为法律上或事实上的出口补贴、进口替代补贴，《反补贴协定》附件一列举了 12 种可归于出口补贴的具体情况。③ 在贸易调整援助的申请与实施过程中，负责资格审查的机构在判定申请人是否符合条件时，并不必然为其

---

① 　陈利强、屠新泉：《WTO 体制下美国贸易调整援助制度合法性探析》，载《国际经贸探索》2011 年第 2 期。

② 　王传丽主编：《国际经济法》（第六版），中国政法大学出版社 2018 年版，第 190 页。

③ 　张丽英：《世界贸易组织法律制度与实践》，高等教育出版社 2012 年版，第 330 页。

提供海外拓展方面的援助，而是需要结合企业的具体情况并在听取所聘专家顾问的意见基础上才作出个性化的安排。① 因此，TAA 的援助计划并不以产品出口或使用本国替代产品作为前提条件，不属于禁止性补贴。那么，TAA 属于可诉补贴抑或不可诉补贴？对这一问题的判断，首先要对补贴的专项性进行分析。根据《反补贴协定》第 2.1 条 b 款，WTO 的反补贴纪律与规则仅约束具有专项性的补贴，不具有专项性的补贴则不受协定约束。所谓专项性，特指补贴仅授予部分特定的企业、产业、地区，因专项性补贴对适用范围以外的企业构成歧视性的不公平待遇，需要国际规制以避免对自由贸易造成消极损害。在 TAA 认定过程中，负责机构仅审查申请人的产品生产与销售量、员工失业情况、前两者与进口增加之间的因果关系，并不设置额外的特别条件。鉴于 TAA 普遍适用于所有企业，没有对行业、地域设置限定，因此很难被归入专项性补贴的范畴。总体来看，TAA 应被认定为《反补贴协定》第 2.1 条 b 款中规定的非专项性补贴，即法律法规或官方文件中只要列明了获得此类补贴资格和补贴数量的客观标准，且此类标准得到严格遵守，即可排除法律上的专项性认定。而在事实专项性层面，尽管最终实际获得 TAA 援助的企业仅是某些企业而并非全部企业，通过主体资格认证的申请者和获得批准的援助方案在地区和行业占比上也存在差异，但美国的 11 个贸易调整援助中心在全国范围内都有分布，因此很难认定 TAA 具有事实上的专项性。

总之，美国立法者关于 TAA 的制度设计较好地规避了对 WTO《反补贴协定》的违反，不存在明显的合规性问题。这也从侧面表明，相比于"两反一保"措施，可将 TAA 制度定位为对其他国际贸易参与方影响不大的贸易救济措施。而事实上，美国也并没有因为 TAA 制度的实施而在 WTO 体系内遭遇反补贴案件，这从侧面反映出 TAA 制度的可行性，这对我国开展 TAA 立法提供了一定的借鉴。总体来看，TAA 项目在 WTO 法律体系下是合法可行的，但由于 WTO 尚未将 TAA 纳入谈判的范围，在未来尚不确定是否会就结构调整与贸易政策的关系给出进一步的讨论。

---

① Economic Development Administration, *Notice of Petitions by Firms for Determination of Eligibility to Apply for Trade Adjustment Assistance*, available at: https://www. federalregister. gov/documents/2019/04/29/2019-08550/notice-of-petitions-by-firms-for-determination-of-eligibility-to-apply-for-trade-adjustment，last visited on June 5th 2019.

二、贸易调整援助在我国法律体系内的规范表达

(一)我国现有的关于贸易调整援助的法律规范文本

贸易调整援助作为与贸易自由化、开放化相辅相成的贸易补偿机制，其本身即具有普惠性、福利性特征。[①] 具言之，对遭受进口贸易损害的国内企业提供援助，可以促使企业尽可能地扭转亏损，有效扩大经营规模，从而保障劳工拥有稳定的就业岗位，避免工人失业。尽管我国目前已经构建了某些企业援助法律体系，如 2017 年修订的《中小企业促进法》允许政府为促进中小企业的发展采取相应的措施，包括缓解融资困难、加大财税扶持、加速技术进步和结构调整、支持企业开拓市场、改进企业服务、提高经营管理水平等，但是现有的规则没有专门针对因国际贸易而受损的企业。基于贸易调整援助具有独特的制度功能，其与"两反一保"及《中小企业促进法》等国内规则构成互补关系，在中美贸易摩擦的背景下，我国亟待出台有关立法，构建有关规则。为了使我国的贸易调整援助立法具备充分的合法性基础，需要审视这一制度在我国现有法律体系内的具体呈现方式和规范表达，使未来的规则构建与现有的制度体系相互契合，共同发挥制度功能。基于此，笔者通过列表的方式将涉及贸易调整援助的国内规范进行了整合与梳理。

表 1　　　　　　我国现有法律规范体系中对贸易调整援助的规定

法规名称	相关条款规定	条款解读
2016 年最新修订的《对外贸易法》第 44 条	因进口产品数量大量增加，对生产同类产品或者与其直接竞争的产品的国内产业造成严重损害或者严重损害威胁的，国家可以采取必要的保障措施，消除或者减轻这种损害或者损害的威胁，并可以对该产业提供必要的支持。	本条可解读为在我国开展贸易调整援助的立法授权，由于该条款重点针对的是保障措施的法定要件，因此仅针对我国产业遭受的进口损害救济和支持，没有提及工人、农民及出口企业。

---

① Rickard, "Compensating the Losers: An Examination of Congressional Votes on Trade Adjustment Assistance", *International Interactions*, Vol. 41, Issue 1, 2015, pp. 46-60.

法规名称	相关条款规定	条款解读
2015 年国务院《关于加快实施自由贸易区战略的若干意见》第 19 条	在减少政策扭曲、规范产业支持政策的基础上，借鉴有关国家实践经验，研究建立符合世界组织规则和我国国情的贸易调整援助机制，对因关税减让而受到冲击的产业、企业和个人提供援助，提升其竞争力，促进产业调整。	本条系中国首次在官方文件中正式提出研究构建中国的贸易调整制度。尽管该条款没有明确限定援助对象，但通过措辞可以解读出其旨在对关税减让后大量进口产品涌入而给国内企业造成的损失提供救济。
2008 年《贸易调整援助暂行办法(草案)》	本草案共六章 22 条，除总则与附则外，专章规定了企业贸易调整援助的资格申请与认定、企业贸易调整援助计划的提出和批准、贸易调整援助的方式与资金来源、对贸易调整援助计划实施的监督与评估。	这部草案是在商务部《国外贸易调整援助制度及其对我国的启示》课题研究报告的基础上起草的，可视为我国系统引入 TAA 的首部法规文本，虽未获批准，但具有较强参考价值与借鉴意义。
2017 年上海市商委会、上海自贸区管委会联合发布《中国(上海)自由贸易试验区贸易调整援助试点办法》	该办法共计五章 18 条，有效期 2 年，自 2017 年 7 月 15 日至 2019 年 7 月 14 日。除总则与附则外，该办法专章规定了安全预警、调整援助、实施评估，并规定出口型贸易企业的出口产品在目标国家受到贸易摩擦及其他壁垒影响时，也可申请援助。	该办法是在上海自贸试验区法制"先行先试"的背景下结合我国参与国际贸易的实践而制定的。作为亮点，该办法确立的援助对象不仅适用于受到进口冲击的企业，还适用于出口受到阻碍的企业，涵盖范围更为完整。

(二)《贸易调整援助暂行办法(草案)》与《中国(上海)自由贸易试验区贸易调整援助试点办法》的对比分析

由上文的讨论可知，我国的贸易调整援助不仅在理论研究方面不断取得新的突破，而且在立法层面也在逐步深入推进。相比之下，《对外贸易法》只是对因进口增加而遭受损害的企业提供了一般性的规定，2008 年《贸易调整援助暂行办法(草案)》(以下简称《商务部暂行办法草案》)与 2017 年《中国(上海)自由贸易试验区贸易调整援助试点办法》(以下简称《上海自贸区试点办法》)则相对较为系统且完整。从法律条款的文本表达来看，尽管这两份文件都是我国引入贸易调整援助制度的立法尝试，但二者在适用范围、制度设计、程序安排、具体细节方面存在不少区别。

表 2   《商务部暂行办法草案》与《上海自贸区试点办法》关键条款对照

对比要点	2008 年《商务部暂行办法草案》	2017 年《上海自贸区试点办法》
适用范围	援助因进口产品竞争而受到不利影响的企业或产业，促使其自我调整，恢复竞争力，重新参与市场竞争。	对因受国际贸易环境变化影响而造成竞争力下降、员工流失的企业，通过社会机构提供公共服务的方式给予技术、资金等援助，帮助其恢复进出口竞争力。（涵盖进出口）
实施机关	商务部为负责机关，省级地方商务主管部门具体实施有关工作。	由上海市商务委员会同市发改委、经济信息化委、财政局、社保局进行试点协调，自贸区管委会具体实施，可委托第三方机构开展服务并进行评估。
资格审查	企业内相当数量或比例的工人已经失业或面临失业危险；企业的生产或销售额显著下降，最近 6 个月相比前一年同期减少 25% 以上；企业有关经济因素和指标存在实际或潜在的下降；同类或直接竞争产品进口的显著增加是重要原因。	在上海自贸试验区内，工商注册登记满 3 年以上的企业，因其国内销售产品受到同类或直接竞争产品进口冲击，或其出口产品在主要目标国家或地区受到贸易摩擦及其他贸易壁垒影响，导致下列情形之一，可以提出援助申请：企业一年内 20% 以上，或连续两年每年 10% 以上的员工出现离职；企业主要产品产量或销售量较上一年度下降 30% 以上。
调整计划	取得援助资格的企业，在取得资格一年内，可向省级地方商务主管部门提交贸易调整援助计划，受理部门初步审查后可以针对企业提交的计划提出修改建议和补充信息。	援助范围内的企业，应向自贸区管委会提出援助申请，并提交经营调整计划。管委会应结合本市制造业转型升级相关规划要求，通过组织开展专家评审等方式对经营调整计划书予以审核。
审查重点	援助计划是否经过充分合理的调查分析并能实质促进企业经济调整、援助计划是否适当考虑工人利益、企业是否充分利用自有资源促进企业发展等。	重点审查申请人的产品是否受同类或直接竞争产品影响或受贸易摩擦冲击、是否存在进出口数量下降的状况、企业是否受到贸易损害、因果关系等。优先考虑所在产业已有相关行业组织或企业向商务部提出贸易救济申请并获立案的企业；所在产业经本市产业安全预警体系连续 2 次发布安全预警的企业。

对比要点	2008 年《商务部暂行办法草案》	2017 年《上海自贸区试点办法》
援助方式	援助计划获批后，企业可聘请非政府机构提供以下援助：生产制造中的认证、工艺改进、技术方法及标准咨询；营销环节的市场调查、营销策略、客户服务分析、出口咨询；办公自动化、电子商务、制造系统、客户程序、电子数据交换等科技援助；工人转岗和再就业培训；贸易救济法律咨询。	经营调整计划书审核通过的，上海自贸区管委会应当会同有关部门通过购买公共服务，向符合认证资格的企业提供援助，援助方式包括在市场推广、检测认证、国际市场营销、产品设计研发、信息化水平提升、风险管理咨询及培训、出口信用保险、供应链管理及融资、人员培训等方面的协助。
费用承担	商务部承担援助费用的 50%，但对每个企业的援助不超过 50 万元人民币；援助费用在 20 万元以下的，商务部承担 75%。	上海自贸区管委会负责制定援助细则，设立专项资金，开展援助试点的实施；自贸区管委会可委托第三方中介机构，开展相关的服务工作；由于援助措施以技术援助为主，因此未对费用分担进行规定。
监督评估	受助企业应按援助计划使用资金，接受商务部和省级商务主管部门对实施情况与调整效果的监督检查和评估，在援助计划获批之日起半年内提交履行报告，按期提交完成报告。	援助计划的实施期为 2 年，自贸区管委会在 TAA 试点推进过程中及时对受援助企业的竞争力恢复情况开展跟踪报告，上海市商务委结合 TAA 对贸易结构和产业发展的影响，按年度组织开展上海市全口径和重点产业国际竞争力评估，发布上海产业国际竞争力指数。

如表 2 所示，《商务部暂行办法草案》与《上海自贸区试点办法》在多个方面存在差别。首先，就适用范围而言，《商务部暂行办法草案》仅适用于受到进口产品竞争损害的国内企业或国内产业，而《上海自贸区试点办法》立足于上海自贸试验区构建国际化、法治化、市场化营商环境的需要，援助制度不仅适用于遭遇进口损害的国内企业，还可适用于出口遭遇贸易壁垒或其他不当冲击的出口企业。其次，就制度设计而言，《商务部暂行办法草案》实际上将商务部与省级地方商务主管部门共同作为 TAA 的审查机关，二者相互配合、通力合作，而《上海自贸区试点办法》则强调自贸区管委会与上海市商务委、市

发改委、经济信息化委、财政局、社保局的协调配合。再次，在程序安排方面，《商务部暂行办法草案》明确地区分为资格审查、援助计划的制订与实施两个阶段，只有申请者先获批援助资格后，才可以制订贸易调整援助计划，且援助计划仍然需要省级地方商务主管部门及商务部的双重审查，这意味着两个阶段存在两次审查，以此保障 TAA 仅提供给有资格的企业和安排稳妥的援助计划。相比之下，《上海自贸区试点办法》在 TAA 试点与产业安全预警机制之间试图构建联动效应，其没有明确地区分资格审查与援助计划这两个先后阶段，这在客观上可以对其他国家的贸易保护主义形成反制效果。① 第 10 条规定："援助范围内的企业，应向上海自贸试验区管委会提出贸易调整援助申请，并提交经营调整计划。上海自贸试验区管委会应结合本市制造业转型升级相关规划要求，通过组织开展专家评审等方式对经营调整计划书予以审核。"这意味着，企业在申请 TAA 时即应当提交调整计划，而不是在获批援助资格认定后再制订调整计划，由此将调整计划本身的审核与申请人的主体资格审查结合起来，有助于从整体上提升工作效率。

三、我国贸易调整援助立法的整体考量

从整体上考虑，构建我国的贸易调整援助立法，应充分遵循"申请自愿、退出有序、审批迅速"的原则。就申请而言，"两反一保"与贸易调整援助的负责机构之间需要构建必要的信息联动机制，即当某一产业被认定为遭受严重损害或严重损害威胁时，或者某一国内产业因为进口激增而遭受不利影响时，有关部门应当迅速、及时地将此类消息传递给贸易调整援助的相关机构（如商务部贸易救济调查局），继而通过与受损行业相关的行业协会或社会团体传递至有关企业，告知其有申请援助的权利。就退出而言，可能导致援助程序终结的情形有三类：（1）通过实施援助调整方案，有关企业恢复国际竞争力，援助期限终止后，受助企业正常退出援助程序；（2）在援助实施的过程中，受助企业的经营状况明显好转，援助目标达到，无须再进行援助，受助企业提前退出援助程序；（3）经过实施机关的定期监督与评价，发现申请者在接受援助后并不能避免亏损，援助不具有现实意义，受助企业提前退出援助程序。当出现以上情形时，援助中心应及时向商务部进行汇报，由商务部决定是否有必要继续援助抑或适时终止援助，以避免浪费国家财产。就审批而言，贸易调整援助要解

---

① 胡语宸：《贸易调整援助制度的实施路径探析——兼评上海自贸试验区试点办法》，载《海关与经贸研究》2019 年第 2 期。

决好与 WTO 协定及其他国内贸易立法之间的衔接关系。借鉴美国 TAA 立法演进的经验，为了尽可能减少对自由贸易的不当冲击和扭曲效果，在审批时需要把握获益主体的范围，以免形成 WTO 体系下的专项性。与此同时，批准的援助措施应避免直接的财政补贴，而是采取更为缓和的技术援助措施。

在确定援助主体、援助对象、援助资格的认定标准、援助方式与措施之后，我国贸易调整援助制度的实施还需要一整套完整的程序规则，由此将申请者、审批者、实施者、监督者联结起来，并贯通各项制度内核以实现整个援助机制的有序展开。为了避免因申请步骤或审批程序过于繁冗复杂而导致有切实需求的企业望而退步，整个程序的设计需要尽可能清晰且连贯。基于此，笔者设计了如下援助步骤：

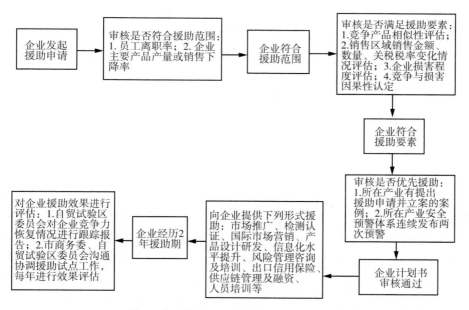

图 1　中国贸易调整援助的整体程序设计

为了保证上述援助程序的高效运行，需要针对每个阶段设置时限要求，通过限制各项工作的时间节点，使整个流程在紧密且妥当的秩序下合理展开。例如，2008 年《贸易调整援助暂行办法（草案）》第 6 条、第 7 条即对资格审查设定了时限要求：省级地方商务主管部门应当在收到申请人的援助申请之日起 15 个工作日内对资格申请进行初步审查，认定企业是否具备援助资格，并决定是否将初审意见提交至商务部进行资格认定；商务部应当自收到省级地方商务主管部门的初审意见及援助申请之日起 30 个工作日内作出最终决定，并对合格的受助企业进行公示。为了避免不合格的企业重复提交无效的援助申请而带来的工作负担，应限制相同申请的提出间隔。具言之，当商务部决定某申请企业不具备援助资格的，则其在一年内不得再提出相同申请。与此同时，由于贸易调整援助制度的宗旨在于协助企业进行生产调整和产业升级，因此在援助程序的各个阶段，均应强调政府部门与申请企业的通力配合。具言之，在援助程序进行中，须充分调动企业的积极性，激发企业的自主性，避免对政府形成过多的依赖，这着重体现在调整方案制定、专家顾问选聘、援助费用分摊三方面。

图 2　政府与受助企业共同参与的援助阶段

为了切实执行贸易调整援助的各项措施，立法者要从整体上考虑哪些类型的主体有资格申请援助的问题。① 以美国为例，不仅受损的企业可以申请援助，产业也可以申请援助，除此之外，因贸易冲击遭受不利影响的工人、农民也有权申请援助。对此，需要区别不同的情况予以对待，对企业及产业而言，援助的目标是使其通过调整而恢复对外贸易竞争力，对工人及农民而言，援助的目标是使其实现再就业。② 由前述两份中国文本可知，我国在构建 TAA 立法的进程中，主要是立足于企业的援助。笔者认为，之所以不在 TAA 立法中专门调整农民援助问题，是考虑到我国的农业生产与美国式的农业生产存在本质的差异，美国的农业基本实现的是产业化与规模化经营，农产品生产者（包

① Joon-Heon Song, Finding Beneficiaries: Trade Adjustment Assistance System in South Korea, *Journal of International Trade Law and Policy*, Vol. 12, Issue 2, 2017, pp. 92-105.
② 于洋:《美国对企业贸易调整援助的效果分析及启示》，载《中国经贸导刊（理论版）》2018 年第 5 期。

98

括农场主、牧场主、养殖者、渔民)亦具有企业家的特征,在国际农产品贸易中发挥重要角色。① 相比之下,我国的农业问题较为复杂。而对于工人而言,其职业发展与所属的企业紧密相关,对其援助通常采取再就业培训或者发放求职津贴的方式进行,但从美国的实践来看,只有很少一部分下岗职工在获得援助津贴后实现了再就业,可见这一制度的实效并不十分理想。② 在我国,以保障劳工最低生活水平的社会救助立法可以在一定程度上实现这一目标。鉴于此,我国的贸易调整援助立法的确应当以企业作为主要受助对象。

四、我国贸易调整援助立法的制度衔接

制定我国的贸易调整援助立法,除了从法理基础上分析这一制度在 WTO 体系内的合规性并对现有国内法律规范在这方面的文本进行梳理与整合外,还要冷静思考该制度与国内其他对外贸易立法的衔接问题。

当前,我国的贸易救济立法体系由《对外贸易法》、《反倾销条例》、《反补贴条例》、《保障措施条例》("两反一保")等行政法规、商务部颁布的有关部门规章、最高人民法院颁布的关于国际贸易行政案件的司法解释等文件共同组成。③ 为了维护产业安全,我国目前形成了以商务部为主体,地方商务主管部门、商协会、中介组织作为协助的工作体系,创建了我国产业损害预警机制、对外贸易壁垒调查机制、国际竞争力评价机制,在产业损害调查、缓解贸易摩擦、促进产业机构升级方面积累了丰富的经验。在现有的贸易救济制度基础上构建中国的贸易调整援助制度,需要探索二者之间的衔接和联动机制。事实上,"两反一保"与 TAA 具有共同的目标,即在统一、协调、科学的贸易调整政策框架内,最大限度地维护公平贸易,共同应对贸易自由化造成的产业损害,通过结构升级和产业调整达到恢复并提升国际竞争力的目的。④ 事实上,作为在我国开展 TAA 的立法授权,《对外贸易法》第 44 条确立的进口激增造成的同类竞争产品的损害,既是保障措施的条件,也是调整援助的条件,两类审

① 佟占军:《美国农业贸易调整援助法律制度及其启示》,载《法商研究》2009 年第 6 期。

② James N. Giordano, "Job Training Subsidies, Reemployment and Earnings in the Trade Adjustment Assistance Program", *International Advances in Economic Research*, Vol. 23, Issue 3, 2017, pp. 283-293.

③ 宋和平:《自贸区建设的重要法律保障——贸易救济法律与贸易调整援助》,载《智慧中国》2018 年第 12 期。

④ 陈利强:《美国贸易调整援助制度研究》,人民出版社 2010 年版,第 180 页。

查可以通过信息共享而实现高效协作。此外，构建中国特色的专项性补贴管理制度，有助于使贸易调整援助行之有效、发挥持久的制度功能。

在上述基本思路的指导下，借鉴域外 TAA 立法的合理元素，结合前述《商务部暂行办法草案》与《上海自贸区试点办法》的已有立法经验，笔者认为，我国未来的 TAA 立法是一项系统且复杂的工程，必须依赖于广泛而深入的调研。就具体文本而言，TAA 规则应充分涵盖以下几项重要内容：在总则部分，应制定专门条款确定立法目的、制度定义、适用范围、实施机关；在资格审查环节，须明确申请者的主体资格、应向什么机关提交哪些申请材料、审查机关是否分为初审与复核、审查重点围绕哪些方面具体展开；在援助计划的制订与批准环节，须澄清援助计划的制作要点、援助计划的审查与修改、援助项目的批准需考虑的因素等；在贸易调整援助的实施阶段，应解决资金来源、具体援助方式、援助项目的监督、评价与终止等内容。简言之，贸易调整援助立法是将这一制度纳入法律化实现的过程，既要采取法律手段规范审批机关的权力运行，又要使提出申请的企业在援助项目获批后能够按照既定计划有效运用援助资金，从而保障立法初衷的真正实现，并服务于对外贸易开放的国家实践。从

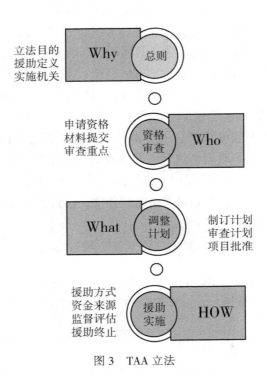

图 3　TAA 立法

立法思路来看，各章节的安排紧密围绕贸易调整援助这一中心，逐条回应为什么确立这一制度、这一制度是什么、谁来实施这一制度、这一制度可援助哪些主体、这一制度的运行程序如何、资格审查如何进行、什么是较好的援助调整计划、援助制度如何实施以及怎样开展监督及评价等。

五、结语

WTO 多边体制之下的单边措施，包括自我调整援助的自助措施，也包括对其他成员方实施的贸易报复措施，这些措施均系各成员为应对国际贸易摩擦或为实现特定的贸易政策目标而采取的单边制裁行为。这是"单边主义"（unilateralism）的集中体现，与 WTO 奉行的多边主义（multilateralism）存在天然冲突。为此，《WTO 争端解决规则与程序的谅解》第 23 条首先确立了禁止单边报复、独尊多边解决的基本原则（第 23.1 条），进而明令禁止三类未经 WTO 争端解决机构授权的具体单边措施（第 23.2 条）。不过，WTO 的多边解决主要适用于争端一方寻求纠正另一方的 WTO 违规行为，但不包括一缔约方为了弥补或消减某一成员在涉嫌 WTO 违规中对其他成员的内部主体（actors）造成的损害（harm）所采取的举措。[1] 在实施贸易调整援助项目的过程中，相关缔约方的目的是为帮助受影响的企业或职工转入其他经济活动，因而被认定为可能用于应付"内部主体"受损问题的缓冲性举措，不构成"寻求纠正"的情形。基于此，贸易调整援助措施在 WTO 法律制度体系内能够实现逻辑自洽。对中国而言，中美贸易摩擦的不断升级加剧了在中国构建贸易调整援助制度现实必要性。2008 年《商务部暂行办法草案》与 2017 年《上海自贸区试点办法》均是旨在适应中国国情的基础上作出的制度选择和文本表达，但二者存在不少差异。尤其是在援助对象能否涵盖出口受阻的我国企业方面，2008 年《商务部暂行办法草案》持保守立场，《上海自贸区试点办法》则将其囊括在内。事实上，在中美经贸摩擦中，因加征关税而导致利益受损的企业多是出口导向型企业，如果不将这部分主体纳入援助范畴，将使这一制度的功能有所减损。但是，立法者在援助资格的认定、援助方式的采取、援助效果的评估等细节方面，又需进一步论证其与 WTO 体系是否吻合，以此来保证这一制度在合乎规范的基础上实现其特定功能。

中外 BITs 是否适用于"一国两制"
下的澳门特别行政区？
——以 Sanum 诉老挝政府案为视角

李妍婷*

目　　次

一、问题的缘起
二、案件概况
三、对案件裁决的审视
四、对中外 BITs 是否适用于澳门特别行政区的分析
五、结语

一、问题的缘起

　　双边投资协定（Bilateral Investment Treaty，以下简称"BIT"）作为保护海外投资的法律利器，在保护中国企业和个人对外投资的过程中具有不可替代的重要作用。截至 2015 年 7 月 1 日，中国签署并已生效的 BIT 共有 104 个。① 从 BIT 的一般特征及国际法的一般原理来讲，中国与其他国家签署的 BIT 意在为缔约国双方的投资者及其投资提供互惠性质的保护，而 BIT 的效力范围及于缔约国的全部领土范围。

---

　　* 李妍婷，澳门科技大学法学院博士研究生。
　　① 参见《我国对外签订双边投资协定一览表》，载中华人民共和国商务部网站：http：//tfs. mofcom. gov. cn/article/Nocategory/201111/20111107819474. shtml，2019 年 5 月 11 日访问。

在"一国两制"伟大政治构想下根据《中华人民共和国宪法》与《澳门特别行政区基本法》（以下简称《澳门基本法》）设立的澳门特别行政区，因其特殊的历史原因和社会制度，在中国"一元制"中央集权的政治体制下作为直辖于中央人民政府且被授予高度自治权的地方行政区域，享有独立的行政管理权、立法权、司法权与终审权，除外交事务和国防事务外，中央人民政府授权澳门特别行政区依照《澳门基本法》自行处理有关的对外事务，其中包括以"中国澳门"的名义缔结有关国际条约的权力。由此带来一个极富挑战性的问题：由中央人民政府代表中华人民共和国对外签署的条约，是否应当自动地适用于澳门特别行政区？具体到 BIT，问题则是：由中央人民政府代表中华人民共和国与其他国家签署的 BITs 是否适用于澳门特别行政区？这关系到澳门投资者在对外投资过程中是否可以享受根据有关中外 BITs 为其对外投资提供的保护，亦关系到外国投资者在澳门的投资是否可以享受根据有关中外 BITs 为其提供的保护。

此前发生的"香港居民谢业深诉秘鲁政府案"直接关涉中外 BITs 在香港特别行政区的适用问题，而新近发生的 Sanum 投资有限公司诉老挝政府案，其实体纠纷直指中外 BITs 在澳门特别行政区的适用问题。在该案之前，没有一起实体纠纷直指中外 BITs 在澳门特别行政区的适用问题的投资者——东道国纠纷在东道国法院被起诉，抑或在国际仲裁机构被申请。解决该案实体纠纷的重要前提是需要判断中外 BITs 是否适用于澳门特别行政区，本文将针对该问题，梳理该案历经的一波三折的裁决结果及其理由，提出自己对该问题的分析并得出结论。

二、案件概况

（一）案件背景

美国商人 John Baldwin 先生在荷兰属地安的列斯群岛投资设立 Laos Holdings N. V. 有限公司并依据中国澳门特别行政区法律在澳门投资设立子公司 Sanum Investments Ltd. （世能投资有限公司）。通过这两家公司，John Baldwin 先生在老挝投资和运营价值约 4 亿美元的酒店赌场综合娱乐城项目，后因老挝政府吊销经营许可证并征收"歧视性"税款而与老挝政府发生纠纷。

2012 年，由 Sanum Investments Ltd. 依据 1993 年《中华人民共和国政府与老挝人民民主共和国政府关于鼓励和相互保护投资协定》（以下简称"《中老

BIT》"），以老挝政府为被申请人发起仲裁。荷兰海牙常设仲裁院（Permanent Court of Arbitration，英文缩写"PCA"）根据《UNCITRAL 仲裁规则》在新加坡组成临时仲裁庭（以下简称"UNCITRAL 仲裁庭"）。UNCITRAL 仲裁庭于 2013 年 12 月 13 日在新加坡作出管辖权仲裁裁决认定《中老 BIT》适用于澳门特别行政区，且澳门世能属于合格投资者可以援引《中老 BIT》主张部分权利。2014 年 1 月 10 日，老挝政府就本案依据 2002 年新加坡《国际仲裁法》（Cap 143A）第 10（3）（a）条向新加坡最高法院高等法庭（"High Court"，以下简称"高等法庭"）请求司法审查并撤销 UNCITRAL 仲裁庭的上述管辖权仲裁裁决。2015 年 1 月，高等法庭在进行司法复审后认定《中老 BIT》不适用于澳门特别行政区，决定撤销 UNCITRAL 仲裁庭的管辖权仲裁裁决。Sanum 不服高等法庭的决定，向新加坡最高法院上诉庭（"Court of Appeal"，以下简称"上诉庭"）申请撤销高等法庭的裁决。2016 年 9 月 29 日，上诉庭认定《中老 BIT》适用于澳门特别行政区，决定撤销高等法庭的裁决。该案历经三个回合得出反复无常的结论，使得本文所探讨之问题显得更加扑朔迷离。

（二）UNCITRAL 仲裁庭的裁决理由

UNCITRAL 仲裁庭认定《中老 BIT》适用于澳门特别行政区，且澳门世能属于合格投资者可以援引《中老 BIT》主张部分权利。主要理由和思路如下：

认定 1969 年《维也纳条约法公约》第 29 条和 1978 年《关于国家在条约方面继承的维也纳公约》第 15 条，均系国际习惯法而且彼此相通并和本案直接相关。首先求证是否适用 1978 年《关于国家在条约方面继承的维也纳公约》第 15 条的但书，即从条约可知或另经确定该条约对该新领土的适用不合条约的目的和宗旨或者根本改变实施条约的条件。如果不适用，则适用第 15 条的通则部分，即缔约国的新领土或者在无国家继承的情况下适用于所有领土。在求证第 15 条的但书是否适用时，UNCITRAL 仲裁庭分别从（1）是否从"条约可知"若将《中老 BIT》适用于澳门不合该 BIT 的目的和宗旨，因而该 BIT 不适用于澳门；（2）是否可在中国对澳门恢复行使主权那一刻"另经确定"如果《中老 BIT》适用于澳门将根本改变该 BIT 的适用条件，因而该 BIT 不适用于澳门；（3）《中老 BIT》是否从"条约可知"不适用于中国全境，从而为其不适用于澳门找到可能性；（4）《中老 BIT》是否"另经确定"其不适用于中国全境，从而为其不适用于澳门找到可能性。

在求证上述第(1)个问题时，UNCITRAL 仲裁庭认为《中老 BIT》的前言①明示了其目的是保护中老两国的投资者并且促进经济合作，因此在澳门特别行政区与老挝政府之间没有类似的单独的 BIT 存在时，将《中老 BIT》适用于澳门特别行政区，毫无疑问将更好地达成该前言中的目的。在求证上述第(2)个问题时，UNCITRAL 仲裁庭认为必须慎重考虑中国"一国两制"方针中反映出的中国内地与澳门特别行政区迥然不同的经济。② 仲裁庭进一步论证将《中老 BIT》适用于澳门不会使该 BIT 的适用条件发生根本性的改变。因为不适用于澳门特别行政区的中华人民共和国的法律除非是会危害到澳门特别行政区的社会制度及自由方式的法律,③ 虽然中国内地与澳门特别行政区的社会制度迥然不同，但将《中老 BIT》的适用从实行社会主义制度的中国内地延伸到实行资本主义制度的澳门，不会危害澳门特别行政区范围内的资本主义制度和自由的生活方式。并且如果比较目前澳门特别行政区仅有的两个回归后缔结的与荷兰、与葡萄牙的 BIT④ 以及中华人民共和国中央政府与荷兰、葡萄牙的 BIT 文本，会发现其内容的极大相似性。这进一步证明了在澳门适用中华人民共和国同他国缔结的 BIT 不会与澳门的社会制度相冲突，反而是有利于澳门现有社会制度基础上的经济发展的，有利于保护澳门投资者利益的，不会从根本上改变条约的适用条件。在求证上述第(3)个问题时，UNCITRAL 仲裁庭认为《中老 BIT》

---

① 《中老 BIT》前言如下："中华人民共和国政府和老挝人民民主共和国政府(以下称"缔约国双方")，为发展两国的经济合作，愿在相互尊重主权和平等互利的基础上，鼓励和保护缔约国一方的投资者在缔约国另一方领土内的投资，并为之创造良好的条件，达成协议如下。"

② 笔者以为，UNCITRAL 仲裁庭裁决书中此处用语"economic philosophy"有不妥，直译为中文是"经济哲学(原理)"之义。而"一国两制"的制度设计显然不仅是基于中国内地与澳门特别行政区的经济有所不同，而是基于不同的社会制度，中国内地为社会主义制度，澳门特别行政区为资本主义制度，两种不同的社会制度包含了若干个不同的方面，涉及政治体制、经济体制、文化体制、法律体系等，经济的不同仅是其中一方面。

③ 这在《中葡联合声明》和《澳门基本法》中可以找到支撑的论据，《中葡联合声明》的相关表述为："澳门现行的社会、经济制度不变；生活方式不变；法律基本不变"。《澳门基本法》的相关部分见序言："……在对澳门恢复行使主权时，根据中华人民共和国宪法第三十一条的规定，设立澳门特别行政区，并按照'一个国家，两种制度'的方针，不在澳门实行社会主义的制度和政策。"

④ 《中华人民共和国澳门特别行政区与荷兰王国关于相互鼓励和保护投资的协议》《中华人民共和国澳门特别行政区和葡萄牙共和国关于相互鼓励和保护投资的协议》。

既没有明文规定其适用于包括澳门特别行政区在内的中国全境，也没有明确排除其适用于包括澳门特别行政区在内的中国全境，与此形成对比的是《中俄BIT》在文本中明确排除了在香港和澳门特别行政区的适用。① 《中老BIT》的签署日期为 1993 年 1 月 31 日，此时中葡两国已经就澳门问题达成《中葡联合声明》，澳门已于 1988 年进入过渡期，因此没有理由认为中老两国在签署《中老BIT》时无法预计澳门将在 1999 年回归中国而无法对该 BIT 是否适用于澳门作出安排。因此，UNCITRAL 仲裁庭无法就这个问题得出明确的结论。在求证上述第（4）个问题时，仲裁庭认为中国中央政府授权澳门特别行政区对外签署条约（包括双边投资协定）的权力并不意味着中央政府签署的条约（包括双边投资协定）就一定不再适用于澳门。对比《中荷BIT》与《澳荷BIT》、《中葡BIT》与《澳葡BIT》，会发现没有证据表明中国认为其与澳门特别行政区分别同第三国缔结的双边投资协定是相互矛盾和排斥的；相反，澳门与已经同中国中央政府签署过 BIT 的第三国单独签署 BIT 将为澳门投资者提供更好的保护，在面对投资争议时，为其投资者提供更多的可供选择的争议解决方式。②

---

① 《中华人民共和国政府和俄罗斯联邦政府关于促进和相互保护投资协定议定书》第 1 条规定："除非缔约双方另行商定，本协定不适用于中华人民共和国香港特别行政区和中华人民共和国澳门特别行政区。"

② UNCITRAL 仲裁庭以《中葡BIT》第 9 条和《澳葡BIT》第 8 条进行对比，认为这两个条文非常相似，唯一的区别在于《中葡BIT》给予了投资者除了向内国法院起诉或者根据《UNCITRAL 仲裁规则》申请临时仲裁之外，多提供了一种可供选择的争议解决途径——申请 ICSID 仲裁。

《中华人民共和国和葡萄牙共和国关于促进和相互保护投资的协定》第 9 条规定："投资者与一方争议解决。一、一方与另一方投资者之间就投资产生的任何争议，应尽可能由争议双方当事人友好解决。二、如争议自其被争议一方提出之日六个月内，未能解决，应另一方的投资者的请求和选择，该争议可提交：（一）作为争议一方的一方国内有管辖权的法院；（二）依据 1965 年 3 月 18 日《解决国家和他国国民之间投资争端公约》设立的'解决投资争端国际中心'仲裁；或（三）根据联合国国际贸易法委员会仲裁规则或者其他仲裁规则设立的专设仲裁庭。三、投资者将争议递交给上述三种机构的决定是终局的。四、专设仲裁庭作出的任何裁决都应是终局的，具有约束力。依据本条第二款第（二）项所述公约的程序作出的裁决应是具有约束力的且只受公约规定的上诉或补救措施的影响。裁决应根据国内法执行。"

《中华人民共和国澳门特别行政区和葡萄牙共和国关于相互鼓励和保护投资的协议》第 8 条规定："缔约一方与缔约另一方投资者之间的争端。1)缔约一方的投资者与缔约另一方就有关其在该缔约另一方的投资所发生的争端应以友好方式协商解决。2)倘有关的争端由综上主要理由，UNCITRAL 仲裁庭在完成对 1978 年《关于国家在条约方面继承的维也纳公约》第 15 条的但书是否适用的分析后，得出了但书不适用的结论，进而得出就《中老 BIT》是否适用于澳门的问题应该直接适用 1969 年《维也纳条约法公约》第 29 条和 1978 年《关于国家在条约方面继承的维也纳公约》第 15 条的通则部分，最终得出《中老 BIT》适用于澳门的结论。

（三）新加坡最高法院高等法庭的裁决理由

高等法庭认为双方当事人的主张都主要集中在 1969 年《维也纳条约法公约》第 29 条和 1978 年《关于国家在条约方面继承的维也纳公约》第 15 条规定的但书是否适用的问题上，并且同意 UNCITRAL 仲裁庭在求证上述第(3)个问题中所采用的方法和所持的立场，即无法从《中老 BIT》文本既无明确排除将其适用于澳门，亦无明确将其适用于澳门的状况中就《中老 BIT》是否适用于澳门得出明确的结论。

高等法庭在其决定中，全文引用了老挝在举证中提交的 2014 年 1 月 9 日中国驻万象大使馆致老挝外交部的回函原文(实际上是"照会")，① 大意如下：根据《澳门特别行政区基本法》，澳门特别行政区可以根据中央人民政府授权而单独同其他国家和地区签订和履行投资协定；原则上中央人民政府缔结的双边投资协定不适用于澳门，除非在征询澳门特别行政区政府的意见后及与其他缔约方磋商后另有安排。鉴于如上所述，1993 年 1 月 31 日签订于万象的《中

（接上注)任一缔约争议方提出书面日起计六个月内仍未能按上款之规定解决时，投资者得选择将争端提交予下列任一机构处理：a)有关投资所在地之缔约方的有权限法院；b)根据联合国商贸及发展法委员会所订且在当时仍然生效之仲裁规则而设立之临时仲裁庭。3)将争端以上款所指之任一机构处理的决定不得有变。4)根据有关投资所在地之缔约方的域内法的规定，判决或仲裁裁判对缔约双方均有约束力，而双方亦不得就此判决或仲裁裁判提起上诉，但第二款 a)项所指情况之域内法例或有关仲裁规则另有订明者则除外。"

① 老挝在向新加坡司法机关提出仲裁裁决撤销申请时首次以誓章附件的方式呈交注明日期为 2014 年 1 月 7 日，老挝外交部致中国驻老挝首都万象大使馆的函件和注明日期为 2014 年 1 月 9 日，中国驻万象大使馆的回函，合称《两封函件》("Two Letters")。

老 BIT》不适用于澳门，除非中国与老挝在未来对此另有安排。① 高等法庭认为《两封函件》表明中国与老挝已于嗣后就《中老 BIT》是否适用于澳门达成了进一步的协定，这完全符合 1969 年《维也纳条约法公约》第 31(3)(a)条所规定的"当事国嗣后有权就所订条约之解释或其规定之适用达成进一步协定"这一国际习惯法。② 并认为《两封函件》所表达的当事国立场是自《中老 BIT》签订伊始达成的共识，清楚地表达了双方当事国排除将《中老 BIT》适用于澳门的立场。同时，高等法庭认可老挝援引《中葡联合声明》第 2 条确立的"一国两制"基本方针与该条第(7)款澳门可以"中国澳门"的名义对外签订协议③来支持其认为的在《两封函件》中中国中央政府认为《中老 BIT》不适用于澳门的立场。因此，高等法庭就此得出结论：《中老 BIT》不适用于澳门特别行政区。

　　同时，高等法庭认真考察了当事人双方以香港作为参照判断本案中中国政府的立场的举证。通过对比《中英联合声明》和《中葡联合声明》，认为中国政府采用了极其类似的措辞，规定了"中国缔结的国际协定，中央人民政府可根据香港特别行政区的情况和需要，在征询香港特别行政区政府的意见后，决定是否适用于香港特别行政区"，④ 可见中国政府对待其缔结的国际协定在港澳两个特别行政区的适用问题秉持一贯的立场：根据香港/澳门的需要，在征询

---

① 该回函原文如下："In accordance with the 'Basic Law of Macau', the Government of Macau may, with the authorisation of the Central People's Government conclude and implement investment agreements on its own with foreign states and regions; in principle the bilateral investment agreements concluded by the Central People's Government are not applicable to Macau, unless the opinion of the Special Administrative Region Government has been sought, and separate arrangements have been made after consultation with the contracting party. In view of the foregoing, the 'PRC-Laos BIT' concluded in Vientiane on 31 January 1993 is not applicable to Macau unless both China and Laos make separate arrangements in the future." See Government of the Lao People's Democratic Republic v. Sanum Investments Ltd., [2015] SGHC 15, para. 40, available at http://www.singaporelaw.sg/sglaw/laws-of-singapore/case-law/free-law/high-court-judgments/15860-government-of-the-lao-people-rsquo-s-democratic-republic-v-sanum-investments-ltd-2015-sghc-15, visited on October 9, 2017.

② 《维也纳条约法公约》第 31 条"解释之通则"："三、应与上下文一并考虑者尚有：(甲)当事国嗣后所订关于条约之解释或其规定之适用之任何协定。"

③ 《中葡联合声明》第 2 条规定："中华人民共和国政府声明，中华人民共和国根据'一个国家，两种制度'的方针，对澳门执行如下的基本政策：……(七)澳门特别行政区可以'中国澳门'的名义单独同各国、各地区及有关国际组织保持和发展经济、文化关系，并签订有关协议。"

④ 《中华人民共和国政府和大不列颠及北爱尔兰联合王国政府关于香港问题的联合声明》附件一，第 11 条。

特区政府的意见后,方能决定适用。通过查证在香港回归之前的过渡期内由中英联络小组代表香港谈判和缔结若干投资协定,推断出正是由于中国缔结的国际协定不能自动适用于香港才作出这样的安排。综合考虑《香港基本法》与《澳门基本法》内容的极大相似性,《中英联合声明》与《中葡联合声明》反映出的中国政府在对待香港、澳门问题上一贯的立场,进而得出结论:中国缔结的国际协定不能在澳门特别行政区自动适用。

针对双方当事人在本阶段提及的另一项新证据——世界贸易组织在 2001 年签发的关于澳门特别行政区的贸易政策评审报告(以下简称"《2001 年报告》"),这份报告大体上指出了截至 2001 年(即澳门回归两周年之后),澳门除与葡萄牙签署了 BIT 以外,没有其他的 BIT。① 尽管老挝与 Sanum 就此持有不同的观点,分别指向支持各自的立场,高等法庭还是将其理解为这份报告在一定程度上印证了《中老 BIT》不适用于澳门,因为如果是适用于澳门的,那么截至 2001 年,在澳门适用的 BIT 应该包括当时中国已经签署的 BIT 中除明确排除适用于澳门的其他所有 BIT,而不应当仅有《澳葡 BIT》。

综上主要理由,高等法庭得出了与 UNCITRAL 仲裁庭相反的结论:《中老 BIT》不适用于澳门特别行政区。

(四)新加坡最高法院上诉庭的裁决理由

上诉庭解决该问题的逻辑起点仍然是 1969 年《维也纳条约法公约》第 29 条和 1978 年《关于国家在条约方面继承的维也纳公约》第 15 条,认为澳门 1999 年的回归是"领土的继承",中华人民共和国作为继承国,其签订的国际条约应在澳门回归时自动适用于澳门这一"新的"领土②除非 1978 年《关于国

---

① 原文如下:"In 1999, Macau signed a double taxation agreement with Portugal…Macau also signed a bilateral agreement on investment protection with Portugal … Macau has no other bilateral investment treaties or bilateral tax treaties. " See Government of the Lao People's Democratic Republic v. Sanum Investments Ltd. , [2015] SGHC 15, para 107, available at http: //www. singaporelaw. sg/sglaw/laws-of-singapore/case-law/free-law/high-court-judgments/15860-government-of-the-lao-people-rsquo-s-democratic-republic-v-sanum-investments-ltd-2015-sghc-15, visited on October 9, 2017.

② "In the Court of Appeal of the Republic of Singapore [2016]SGCA 57, Civil Appeals No. 139 and 167 of 2015 between Sanum Investments Limited and the Government of the Lao People's Democratic Republic, Summons No. 2 of 2016 between the Government of the Lao People's Democratic Republic and Sanum Investments Limited ", para. 49, available at http: //www. italaw. com/sites/default/files/case-documents/italaw7600. pdf, visited on May 11, 2019.

家在条约方面继承的维也纳公约》第 15 条的"但书"部分得以适用。为求证这个但书是否适用，上诉庭认为从《中老 BIT》的上下文、目的和宗旨、缔约时的情形来看，该协定本身并没有排除在澳门的适用，进而转向求证有无"另经确定"可以排除将该协定适用于澳门。

通过重点对澳门回归之前的《中葡联合声明》、2014 年中老《两封函件》的分析，上诉庭认为这些证据都不能视为是"另经确定"可以排除将该协定适用于澳门，其思路如下：(1)关于《中葡联合声明》，上诉庭认为该声明仅是在中葡双方之间生效的条约，仅能为中葡双方缔约国创设权利和义务，不能为包括老挝在内的非缔约国创设权利和义务。《中葡联合声明》可以作为中国在与其他国家缔约的过程中协商是否适用于澳门的基础，但不能直接替代中国与他国就所缔结之条约是否适用于澳门的双边安排。本案中，《中葡联合声明》不能直接作为中老排除将《中老 BIT》适用于澳门的合意安排，老挝也未能证明其构成了双方签订 BIT 时的共识性基础，即不能从《中葡联合声明》推断出老挝在签署《中老 BIT》时就其是否适用于澳门的问题与中方在《中葡联合声明》中所持的立场一致。(2)关于中老 2014 年的《两封函件》，上诉庭提出了"临界日原理"。① 临界日即争端产生之日。按照 Robert Pietrowsk 在其文章"Evidence in International Arbitration"中所言，"临界日"将阻止争端产生之日之后产生的、被证据提交方用来增强其在仲裁中的地位的"自私"的证据的证明力，或者是这种证据仅具有很低的证明力。② 上诉庭考虑到《两封函件》是在本案争端产生之后产生的，因而认为其证明力很低，甚至没有任何证明力。继而又假定，即使是《两封函件》应该纳入具有证明力的证据，然而由于中方照会中声明《中老 BIT》不适用于澳门的依据是作为中国国内法的《澳门基本法》，其不与本案所涉的国际问题直接相关，不能作为国际仲裁所依据的法律。

综上主要理由，上诉庭得出《中老 BIT》适用于澳门特别行政区的结论，决定撤销高等法庭的裁决。

三、对案件裁决的审视

上述 UNCITRAL 仲裁庭、高等法庭、上诉庭的主要裁决理由和说理过程为我们提供了如下两个主要思考维度：(1)作为国际仲裁机构和具有对国际仲裁机构之裁决具有管辖权的第三国国内的审判机构，一般地，如何解读"一国两制"下特别行政区的缔约权；(2)通过中国的国内法和《中葡联合声

---

① Supra note 14, para. 64.

② Supra note 14, para. 65.

明》确立的"一国两制"的具体制度安排在涉及国际法层面的问题时会面临怎样的挑战。

从 UNCITRAL 仲裁庭、高等法庭、上诉庭的裁决理由来看，涉及的主要问题是：在《中老 BIT》没有明文排除或不排除在澳门适用的情况下，如何判断该 BIT 是否适用于澳门特区。三个裁决都选择将其逻辑起点建立在依据国际法上的"条约边界移动规则"（"moving treaty frontiers"），即 1969 年《维也纳条约法公约》第 29 条和 1978 年《关于国家在条约方面的继承的维也纳公约》第 15 条之上。在确立这个逻辑起点之上，要豁免适用该条款，除非证明该条的"但书"部分成立。

在老挝和 Sanum 的举证中，几乎一直沿着证明上述"但书"成立或不成立的路径展开，为证明该"但书"成立与否而提交的主要证据有：（1）澳门回归之前的证据，主要是《中葡联合声明》；（2）从澳门回归到"临界日"之间的证据，主要是《中老 BIT》《澳门基本法》《1999 年通知》①《2001 年报告》；（3）"临界日"之后的证据，主要是 2014 年中老之间往来的《两份函件》。证明过程中还对《中俄 BIT》与《中老 BIT》进行了文本比照，对《中荷 BIT》与《澳荷 BIT》、《中葡 BIT》与《澳葡 BIT》进行了内容对比，还通过《中英联合声明》及中英联合联络小组反映出的香港的情形与澳门进行了比照。UNCITRAL 仲裁庭、高等法庭、上诉庭的裁决依据基本没有超出上述双方当事人的举证范围。

笔者以为，其一，将《关于国家在条约方面的继承的维也纳公约》第 15 条作为判断《中老 BIT》是否适用于澳门特区的逻辑起点，是错误和不恰当的，因为该条的适用前提是通则部分，即只有在发生"领土继承"的前提下，该条款才能被适用。然而自 1152 年设置香山县，后又设守澳官、河泊所以来，中国一直在澳门实施有效管理达四百余年，完全符合近代国际法上领土取得的条件，澳门属于中国的领土，中国对澳门始终拥有主权。即使是葡萄牙在事实上管理澳门的时期，葡国仅享有管理权和居住权，中国对澳门依然拥有主权。《中葡联合声明》也印证了这一点。② 此外，1976 年葡萄牙宪法规定，澳门是葡萄牙管辖下的特殊区域，不再被视为葡萄牙的领土。1999 年澳门的回归是中国恢复对澳门"行使"主权，确切地讲，是恢复行使对澳门的管理权，而非

---

① 中国政府于 1999 年通知联合国秘书长在联合国登记存档的适用于澳门特别行政区的多边国际条约（简称"《1999 年通知》"），其中不包括《中老 BIT》。

② 《中葡联合声明》第 1 条规定："中华人民共和国政府和葡萄牙共和国政府声明：澳门地区（包括澳门半岛、氹仔岛和路环岛，以下称澳门）是中国领土……"

对澳门的领土继承。

其二，在《中老 BIT》没有明文排除或不排除将其适用于澳门的情况下，判断该 BIT 是否适用于澳门特别行政区，以及由此引申开来，探讨中外 BITs 是否适用于澳门特别行政区，是一个国内法与国际法交织的问题。(1)从 BIT 本身的层面来看，不仅《中老 BIT》没有明示其适用或不适用于澳门特别行政区，目前中国已签署的所有 BITs 中，除《中俄 BIT》明示不适用于香港、澳门特别行政区，其他 BIT 均无明示。所以无法仅根据 BIT 本身来判断其是否适用于澳门特别行政区。(2)从国内法的层面来看，《澳门特别行政区基本法》赋予了澳门特别行政区高度自治权，其中一个重要的方面就是澳门特别行政区有权自行处理外交和国防事务以外的对外事务，① 因此，澳门特别行政区享有独立的缔约权，可以自己的名义对外缔结国际条约。② 中国签署的国际条约并不自动适用于澳门特别行政区，而是需要中央人民政府在征询澳门特别行政区的意见后，决定是否适用于澳门。③ 可见，国内法是采取不将中国缔结的国际条约自动适用于澳门特别行政区作为立场的。(3)从国际法的层面来看，1987 年中葡两国为解决澳门问题而达成的《中葡联合声明》确立了澳门回归后中国中央政府在澳门实施管制的基本原则、澳门在国际上的地位以及法律适用的基本原则。其中规定澳门特别行政区可以"中国澳门"的名义单独同各国、各地区及有关国际组织保持和发展经济、文化关系，并签订有关协议。附件一第八节规定："中华人民共和国缔结的国际协议，中央人民政府可根据情况和澳门特别行政区的需要，在征询澳门特别行政区政府的意见后，决定是否适用于澳门特别行政区。中华人民共和国尚未参加，但已适用于澳门的国际协议仍可继续适用。中央人民政府根据情况和需要授权或协助澳门特别行政区政府作出适当安排，使其他与其有关的国际协议适用于澳门特别行政区。"这与《澳门基本法》中的规定一致。事实上，《澳门基本法》第 138 条是与《中葡联合声明》附件一

---

① 《澳门特别行政区基本法》第 13 条规定："中央人民政府负责管理与澳门特别行政区有关的外交事务。……中央人民政府授权澳门特别行政区依照本法自行处理有关的对外事务。"

② 《澳门特别行政区基本法》第 136 条规定："澳门特别行政区可在经济、贸易、金融、航运、通讯、旅游、文化、科技、体育等适当领域以'中国澳门'的名义，单独地同世界各国、各地区及有关国际组织保持和发展关系，签订和履行有关协议。"

③ 《澳门特别行政区基本法》第 138 条规定："中华人民共和国缔结的国际协议，中央人民政府可根据情况和澳门特别行政区的需要，在征询澳门特别行政区政府的意见后，决定是否适用于澳门特别行政区。"

第八节的规定一脉相承的。中国中央政府并未将《中老 BIT》及其他 BITs 通过该程序扩展适用到澳门特别行政区。问题是：如果把《中葡联合声明》认为是中葡两国之间缔结的国际条约，那么其当然对中葡两国产生拘束力。但对中葡两国以外的其他国家是否产生拘束力？换言之，中葡两国以外的国家是否接受这种非经特定程序则排除中国中央政府对外签署的国际条约在澳门特别行政区的适用的安排？如果仅就《中葡 BIT》而言，问题简单许多，可以认为《中葡联合声明》的有关规定是中葡两国就中国中央政府对外签署的国际条约不自动适用于澳门达成的合意，故在中葡两国间签署的 BIT，即使其本身文本没有明示排除在澳门的适用，也可以由《中葡联合声明》得出《中葡 BIT》不自动适用于澳门特别行政区的结论。但是，就中国与葡国以外的国家签订的 BITs，如果从国际法的层面无法回答《中葡联合声明》是否对当事国以外的第三国产生拘束力，那么就不能直接依据《中葡联合声明》的有关规定判断中外 BITs 是否适用于澳门特区。

四、对中外 BITs 是否适用于澳门特别行政区的分析

要对中外 BITs 是否适用于澳门特别行政区这一问题得出较为合理的结论，笔者以为关键在于把握以下两个方面：其一，深刻理解"一国两制"下澳门特别行政区享有的包括缔约权在内的高度自治权，尤其是澳门特别行政区可以自行处理有关对外事务的含义，以及澳门自回归以来在法律上和事实上的国际法主体(外交、国防除外)地位；其二，客观理性地对待授予澳门特别行政区高度自治权的国内法与国际法，以及二者之间衔接的问题。

(一)澳门特区是享有缔约权的国际法主体(外交、国防除外)——法律与事实

在中国对澳门恢复行使主权之前，葡国基于其"永居管理权"对澳门实施管理。葡国与第三国签署的国际条约在澳门被适用，而中国法律在澳门不被适用。中华人民共和国成立以来，与葡萄牙建立了外交关系。为妥善解决澳门问题，中葡两国通过谈判达成共识，形成了《中葡联合声明》，确立了澳门回归后的地位、政策、法律适用原则等问题。主要体现在：(1)"一个国家，两种制度"的方针在文本中得以明确；(2)根据《中华人民共和国宪法》，中华人民共和国对澳门恢复行使主权时，设立中华人民共和国澳门特别行政区。(3)澳门特别行政区直辖于中华人民共和国中央人民政府，除外交和国防事务属中央人民政府管理外，享有高度的自治权，享有行政管理权、立法权、独立的司法权和终审权。(4)澳门现行的社会、经济制度不变；生活方式不变；法律基本

不变。(5)澳门特别行政区可以"中国澳门"的名义单独同各国、各地区及有关国际组织保持和发展经济、文化关系,并签订有关协议。① 进而又在附件一中明确中央人民政府授权澳门特别行政区自行处理该附件第八节所规定的各项涉外事务。这些涉外事务包括:"以'中国澳门'的名义,在经济、贸易、金融、航运、通信、旅游、文化、科技、体育等适当领域单独同世界各国、各地区及有关国际性或地区性组织保持和发展关系,并签订和履行协议……又在该第八节中明确了中华人民共和国缔结的国际协议,中央人民政府可根据情况和澳门特别行政区的需要,在征询澳门特别行政区政府的意见后,决定是否适用于澳门特别行政区。"②

此后,根据《中华人民共和国宪法》制定的《澳门基本法》沿袭了《中葡联合声明》的基本精神,规定:(1)澳门特别行政区是中华人民共和国不可分离的部分。③ (2)中华人民共和国全国人民代表大会授权澳门特别行政区依照本法的规定实行高度自治,享有行政管理权、立法权、独立的司法权和终审权。④ (3)澳门特别行政区是中华人民共和国的一个享有高度自治权的地方行政区域,直辖于中央人民政府。⑤ (4)中央人民政府负责管理与澳门特别行政区有关的外交事务。中央人民政府授权澳门特别行政区依照本法自行处理有关的对外事务。⑥ (5)澳门特别行政区可在经济、贸易、金融、航运、通信、旅游、文化、科技、体育等适当领域以"中国澳门"的名义,单独地同世界各国、各地区及有关国际组织保持和发展关系,签订和履行有关协议。⑦ (6)中华人民共和国缔结的国际协议,中央人民政府可根据情况和澳门特别行政区的需要,在征询澳门特别行政区政府的意见后,决定是否适用于澳门特别行政区。⑧

可见,澳门特别行政区享有高度自治权,这种高度自治权的权力来源是中华人民共和国全国人民代表大会的授权,而授权的依据,首先是处于第一位阶的《中华人民共和国宪法》,其次是处于第二位阶的作为中国国内法的《澳门基

---

① 《中葡联合声明》第 2 条。
② 《中葡联合声明》附件一。
③ 《澳门基本法》第 1 条。
④ 《澳门基本法》第 2 条。
⑤ 《澳门基本法》第 12 条。
⑥ 《澳门基本法》第 13 条。
⑦ 《澳门基本法》第 136 条。
⑧ 《澳门基本法》第 138 条。

本法》和作为国际法的《中葡联合声明》。① 包括对外缔结国际条约在内的处理对外事务的权利包含于这种高度自治权中。基于对澳门因历史原因形成的与中国内地在社会制度、生活习惯、经济制度、法律适用状况、国际交往等方面的差异,中央对其予以充分的尊重并给予必要的保留。

"一国两制"的方针开创了在国际与国内两个层面的制度创新。在国际层面上,一个单一制的国家之内同时存在三个可以开展对外事务的主体——中华人民共和国(除香港、澳门)、香港特别行政区、澳门特别行政区。这三个主体,除香港、澳门特区在外交、国防领域不能完全自主之外,在缔结国际条约、参加国际组织(非主权国家身份参加的国际组织)、开展对外交流与合作方面的权利几乎是一样的。而现实的状况也证明了"一国两制"方针之下这种对外事务高度自治权的安排是完全可行也被认可的。澳门特别行政区目前以"中国澳门"的名义参加了包括联合国教科文组织、国际劳工组织、国际货币基金组织、世界银行、国际刑警组织、世界贸易组织、亚太经合组织、世界海关组织、世界旅游组织在内各类国际组织。同时,澳门加入了包括《禁奴公约》《统一国际航空运输某些规则的公约》《世界版权公约》在内的各类国际公约,并自主对外签署了包括《澳荷 BIT》《澳葡 BIT》《中华人民共和国澳门特别行政区政府和捷克共和国政府航班协议》《中华人民共和国澳门特别行政区与东帝汶民主共和国法律及司法互助协定》《中华人民共和国澳门特别行政区与葡萄牙共和国法律及司法协助协定》等各类双边协定。这些国际组织和国家都在实践中反映出对于澳门对外事务的高度自治权的接受和认可,因此,澳门特区在事实上是国际法主体(外交、国防除外),享有缔约权。

从国际法理论来讲,"传统国际法认为,主权是缔约权的唯一依据,即只有主权国家才是条约的缔约主体。然而,在现代国际实践中,越来越多的非主权实体参与缔结条约,并且为国际社会所承认。一些实例表明,条约的缔结主体除主权国家外,还有国际组织、联邦制国家的成员、交战团体和区域性实体等。上述非主权实体签订条约的法律依据各不相同:一般而言,国际组织,是基于条约法和国际组织的基本文件;联邦制国家的成员,是基于联邦制国家宪法和国际社会的承认;交战团体,是基于条约或国际惯例;区域性实体,是基于主权国家授予的自治权和国际社会的承认。"②澳门特别行政区属于区域性实体,是一个新型的国际法主体,其缔约权基于中华人民共和国的授权和国际社

---

① 曾华群:《论香港双边投资条约实践》,载《国际经济法学刊》2012 年第 3 期。
② 曾华群:《论香港双边投资条约实践》,载《国际经济法学刊》2012 年第 3 期。

会的承认。通过上述分析可见，澳门特别行政区的缔约权包含于其高度自治权之中，由中华人民共和国依据《宪法》授予，同时受到《澳门基本法》和《中葡联合声明》的共同保障。在实践中，澳门特别行政区的缔约权亦得到了国际社会的广泛承认。因此，澳门特别行政区的缔约权具有在法律上（de jure）和事实上（de facto）的确认与保障，澳门特别行政区是享有缔约权的新型国际法主体。

（二）《澳门基本法》《中葡联合声明》及澳门的国际法实践共同构成缔约国的"默示意思"

《澳门基本法》与《中葡联合声明》对于澳门特别行政区高度自治权的规定能否直接看作是 1969 年《维也纳条约法公约》第 29 条中的"另经确定"，从而在中外 BITs 文本本身没有明确排除适用于澳门的情况下得出对第 29 条确立的条约拘束力及于当事国全部领土的排除呢？就《澳门基本法》而言，其作为中国国内法，而中外 BITs 作为国际条约，根据"条约须信守"的习惯国际法，当事国不能以援引其国内法为理由豁免其基于国际条约的国际法上的义务之履行。① 从而不能依据《澳门基本法》当然排除中外 BITs 在澳门特别行政区的适用。就《中葡联合声明》而言，因其是缔结于中葡两国之间的，严格来说，在我国没有以外交照会等国际法上的程序通知 BITs 的另一当事国，且这些 BITs 的当事国没有以书面形式表示接受《中葡联合声明》中所作的关于中国中央政府对外签署的条约适用于澳门特别行政区的程序安排的情况下，②《中葡联合声明》的拘束力只能在中葡两国之间而不能扩展其拘束力于中葡以外的第三个

---

① 1969 年《维也纳条约法公约》第 27 条规定："一当事国不得援引其国内法规定为理由而不履行条约。"

② 高成栋：《中外 BITs 对香港特区的适用争议及其解决》，载《国际经济法学刊》2010 年第 1 期。针对中外 BITs 在香港特区的适用问题，作者在文中提出从国际法层面的解决方案，包括：（1）以外交照会的形式提醒其他缔约国这些中外 BITs 并不自动适用于香港特区，并告知《中英联合声明》和《香港特别行政区基本法》的相关规定，从而使我国"一国两制"下条约适用的特殊程序获得缔约对方的理解、认可和支持；（2）启动条约修订程序明确中外 BITs 不自动适用于香港特区，可考虑作"投资者"和"领土适用范围"两方面的修订；（3）通过向《维也纳条约法公约》的缔约国发出外交照会告知其《中英联合声明》关于香港特区高度自治权的有关规定，使《中英联合声明》扩展适用至《维也纳条约法公约》的缔约国，从而明确中外 BITs 不在这些缔约国与中国缔结的 BITs 中自动适用；（4）依据《解决国家与他国国民间投资争端公约》第 25 条第 4 款有关"授权缔约国自行决定提交 ICSID 仲裁的争端类型"的规定，通知 ICSID 秘书处，中国 BITs 不自动适用于香港"投资者"和香港特别行政区。

与中国签署 BIT 的国家，因而不能当然排除中外 BITs 在澳门特别行政区的适用。综上，无论直接援引《澳门基本法》抑或《中葡联合声明》，在国际法层面都无法直接证成未有明文排除适用于澳门的中外 BITs 自动适用或不适用于澳门特别行政区的结论。

李浩培先生认为：《维也纳条约法公约》第 29 条的规定是必要的，因为由于有些国家是联邦国，各邦也有缔约权；即使在单一国，有些国家的个别地区也有高度的自治权；所以，如果没有这个规则，一个条约究竟是否适用于这些国家的全部领土就有疑问，容易发生争论。他认为一个条约究竟是否适用于各该当事国的全部领土的问题，是各该当事国可以依据意思自治原则协议决定的问题；但是，如果当事国没有明示或默示的相反意思，应该认为条约适用于各该当事国的全部领土。而缔约国的默示意思，可以从例如条约的前文或其他词语、条约的区域性质，以及条约的准备资料等，探索而得。① 有学者进一步提出，缔约国的"默示意思"应当涵盖当事国的惯常做法。②

笔者以为，虽然根据《澳门基本法》和《中葡联合声明》不能直接在国际法层面证成适用与否的结论，但如前文所述，二者都反映出中葡两国对待这一问题的一贯立场，即力图保持澳门独特的国际交往地位，授予澳门开展对外事务的高度自治权，除非经特殊的程序征询澳门特别行政区的意见方可决定中国中央人民政府对外签署的国际条约适用于澳门特别行政区。加之澳门特别行政区自回归以来一贯具有的以国际法主体身份参加国际组织、缔结国际条约、开展对外交往的事实，以及中国政府对此采取的支持的态度，可以认为是以当事国惯常的做法构成了默示的对中外 BITs 在澳门自动适用的排除意思，进而构成 1969 年《维也纳条约法公约》第 29 条中的"另经确定"。

五、结语

综上所述，笔者以为，中外 BITs 是否适用于"一国两制"下的澳门特别行政区的问题涉及国内法与国际法两个层面的交织，从澳门回归并没有发生"领土继承"这一逻辑起点出发，1978 年《关于国家在条约方面继承的维也纳公约》第 15 条不应当被适用。鉴于《澳门基本法》和《中葡联合声明》反映出的中葡两国就中国中央政府对外签署的国际条约是否自动适用于澳门特别行政区的立

① 李浩培：《条约法概论》，法律出版社 1988 年版，第 373～375 页。
② 王海浪、程变兰：《中外 BITs 对香港的适用问题初探》，载《时代法学》2009 年第 1 期。

场；"一国两制"方针背后蕴含的深刻历史原因、政治考量和制度安排；澳门特别行政区在法律上具有的包括缔约权在内的高度自治权以及澳门特别行政区自回归以来始终以"中国澳门"名义参加国际组织、缔结国际条约、开展对外交往并得到国际社会广泛承认的事实，均表明澳门特别行政区具有国际法主体地位，共同构成了中外 BITs 中的当事国——中国的"惯常做法"。这种"惯常做法"属于当事国的默示意思，构成《维也纳条约法公约》第 29 条所言之"另经确定"。因此，在中外 BITs 文本中没有明确排除其在澳门特别行政区自动适用的情况下，经由"另经确定"可以得出结论：中外 BITs 不能自动适用于中华人民共和国的全部领土范围，中外 BITs 不能自动适用于澳门特别行政区，本案所涉之《中老 BIT》不能自动适用于澳门特别行政区。

甘肃企业对南非金属矿产资源投资政策法律风险识别与防范[*]

王 兰 常玲霞[**]

目 次

一、甘肃企业对南非金属矿产资源投资的必要性与可行性
二、甘肃企业对南非金属矿产资源投资的现状与特点
三、甘肃企业对南非金属矿产资源投资的政策法律风险识别
四、甘肃企业对南非金属矿产资源投资的政策法律风险防范

一、甘肃企业对南非金属矿产资源投资的必要性与可行性

(一)甘肃省矿产资源供需矛盾突出,后备资源不足

甘肃省矿产资源供需矛盾突出,后备资源不足。甘肃省资源储量与经济社会发展的需求量差距较大:具有明显优势的镍、金、钨、铅、锌及部分非金属矿产,保有储量锐减,难以满足长远发展需求;一些大宗矿产如石油、天然气、硫、磷等总量不足,保障程度较低;铜资源以共伴生矿为主,缺少独立大型富铜产地;富铁矿、铝土矿紧缺,所需资源依赖调入或进口,外购比例逐年提高;煤炭资源储量丰富,但缺少焦煤、无烟煤,存在结构性短缺,开发利用

---

* 本文系作者主持的 2018 年甘肃省如何融入“一带一路”研究一般项目“甘肃企业‘走出去’的政策法律风险研究”的阶段性成果。

** 王兰,法学博士,西北师范大学云亭青年教授;常玲霞,西北师范大学法学院 2018 级硕士研究生。

程度满足不了省内需求。此外，受矿业市场行情影响，省内勘查投入呈下行趋势，加大了甘肃省矿产资源保障风险。① 以酒泉钢铁（集团）有限责任公司（以下简称"酒钢集团"）为例，钢铁和铝是酒钢集团两大支柱业务，其中铝产业规模在全国名列前茅。然而，近年来，铝土矿和氧化铝资源保障不足，严重制约了酒钢集团铝产业的发展。

近年来，我国采矿业对外直接投资流量虽然逐年下降，但存量仍然稳步增加。矿产资源对外投资可带动矿产品进口（详见图1）。可见，甘肃省企业对外矿产资源尤其是金属矿产资源投资，可增加矿产品进口，缓解甘肃省矿产资源供需矛盾。

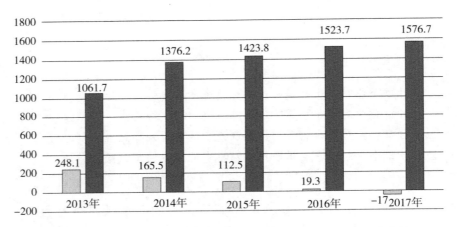

图1　2013—2017 年中国采矿业对外直接投资流量和存量对比图

（二）南非金属矿产资源丰富，开发空间较大

南非是世界第五大矿产资源国，蕴藏矿产 60 多种，储量约占非洲的 50%。南非很多矿产资源储量都位居世界前列，其中，金、铂族金属储量居世界第一，锰、铬、钛、萤石、蛭石和锆石等矿产资源储量排名世界第二，另外有大量的磷酸盐、煤炭、铁矿、铅矿、铀、锑和镍等矿产资源（详见表1）。

---

①　参见甘肃省人民政府办公厅 2017 年 9 月 13 日印发的《甘肃省矿产资源总体规划（2016—2020 年）》。

表1	南非主要金属资源			（单位：千吨）
	矿产量	矿产量占比	储量	储量占比
铂族金属	147,790(铂金)	76.97%	63,000,000	95.30%
	82,222(钯金)	40.70%		
铬	11,000	45.83%	200,000	41.67%
锰	3,400	24.29%	250,000	23.81%
钒	20	33.33%	3,500	25.00%
锆	380	26.95%	14,000	26.92%
镍	42	2.00%	3,700	4.93%

全球储量较大且基础设施比较完善的矿区，早已被世界矿业巨头瓜分完毕：全球排名前十的跨国矿业公司占据全球铁、铜、铝和锌50%以上的储量和产量(详见图2)。南非政局复杂、基础设施欠佳，很多矿业还未得以开采，仍有较大开发空间，这为甘肃省企业提供了以相对较低的价格获取较高质量的矿产资源的可能。①

（三）非洲能矿大国谋求开发主体多元化

西方石油和矿产公司凭借雄厚资本和尖端技术，长期垄断非洲能源和矿产资源市场，将非洲石油和矿产资源的勘探权、开发权和定价权牢牢掌控在手中，严重损害了非洲能矿大国的利益，因此，非洲能矿大国谋求开发主体多元化，这意味着中非能矿合作潜力很大。

（四）南非外国投资软硬环境比较好

南非是非洲经济最发达的国家，拥有较好的软硬件投资环境。南非通信、交通和能源等基础设施良好，期货、证券市场繁荣，管理水平先进，科技水平在某些领域处于国际领先地位。

尤其需要强调的是，与其他非洲资源大国相比，南非外商投资法律体系相对完善。南非十分重视外国投资，制定了一系列促进和保护外国投资的法律法规。南非外国投资法具有立法目标明确、优惠政策明显、强调区域和国际投资合作等特点。②

---

① 张旭、段文奇：《当前形势下中国与南非投资合作路径探析》，载《海外投资与出口信贷》2017年第4期。
② 郭彤荔：《南非矿业投资法律制度浅析》，载《矿产勘查》2013年第5期。

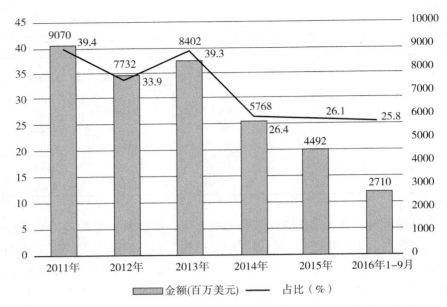

图 2　2011—2016 年南非出口中国矿产品的总量及占比图

此外，南非是解决国际投资争端中心（International Center for Settlement of Investment Disputes，简称 ICSID）成员国，中国和南非签订的《关于相互鼓励和保护投资协定》和《关于对所得避免双重征税和防止偷漏税的协定》分别于 1998 年 4 月 1 日和 2002 年 1 月 1 日生效，所有这些都为包括甘肃企业在内的我国企业对南非投资促进和保护提供了国际法律保障。

（五）"一带一路"倡议为中南合作提供了新契机

南非是 21 世纪海上丝绸之路的另一个端点。"一带一路"倡议为中国和南非在各个领域开展合作、携手构建更加紧密的中非命运共同体提供了新的契机。

二、甘肃企业对南非金属矿产资源投资的现状与特点

（一）甘肃企业对南非金属矿产资源投资的现状

随着一批国际产能合作项目顺利推进，甘肃省已初步形成"企业主导、政府推动、优势互补、打捆投资"的国际产能合作机制。① 甘肃省对南非金属矿产资源投资以酒钢集团、金川集团股份有限公司（以下简称"金川集团"）和白

---

① 陈发明：《甘肃有色企业形成海外多点布局》，载《经济日报》2017 年 2 月 21 日，第 8 版。

银有色集团股份有限公司(以下简称"白银有色集团公司")这三家企业为主。

2004年6月,酒钢集团与川斯瓦尔铬铁公司签订了"酒钢集团投资南非铬铁项目框架协议",酒钢占26.1%股份,为最大单个股东。2011年,酒钢与南非、澳大利亚的合作伙伴在南非共同开发的铬铁合金公司在南非建成投产。根据协议,酒钢每年将把部分利润交给当地社区发展经济,直接为当地创造就业岗位1000多个;该公司产品由酒钢集团在亚洲市场包销50%,其余50%由美国工商五金公司在欧美市场销售。①

南非是金川集团海外资源开发的重要平台。2011年金川集团与中非发展基金合作,共同出资2.27亿美元取得南非贵金属生产商维西兹维铂业公司(Wesizwe Platinum Limited)45%的股权,同时承诺为该公司旗下Frischgewaagd-Ledig矿山筹集6.5亿美元开发资金,以获得该矿山的经营权,由此取得该矿山生产的全部铂金。这是迄今为止中国对南非铂金矿业的最大一笔投资。

2012年1月,金川集团完成对南非梅特瑞斯公司全部股权的收购,梅特瑞斯公司在中非铜钴成矿带拥有5个铜钴矿项目;2016年12月,该公司奇布鲁马矿齐福普项目提前投产;2017年10月,齐福普项目已收回投资且略有盈利。

白银有色集团公司是甘肃省另一家在南非从事金属矿产资源投资的世界500强企业。白银有色集团公司全资子公司——白银贵金属投资有限公司持有第一黄金集团有限公司(Gold One Group Limited)59.21%的股权,而第一黄金公司持有南非斯班一黄金有限公司19.46%的股份,也就是说白银有色集团公司通过间接控制第一黄金公司成为斯班一公司最大的股东。2017年5月,斯班一公司收购美国静水矿业公司100%的股权,由此成为南非第一大、全球第九大黄金公司以及全球第四大铂系金属生产商。②

(二)甘肃企业对南非金属矿产资源投资的特点

综观甘肃省企业对南非金属矿产资源的投资,可以发现以下四个特点:

1. 投资主体以大型国有企业为主

① 《酒泉钢铁(集团)有限公司在南非投资扩建铬铁合金项目获国家发展改革委核准》,载甘肃省发展和改革委员会网站:http://www.gsdrc.gov.cn/content/2007-09/19628.html,2019年7月15日访问。

② 白银有色集团公司控股的第一黄金公司贡献利润2.4亿元,成为企业整体效益的重要支撑。陈发明:《甘肃有色企业形成海外多点布局》,载《经济日报》2017年2月21日,第8版。

资源驱动型投资对资金需求量比较大，因此我国从事对外能矿投资的企业多为大型国有企业。对南非金属矿产资源投资的金川集团、酒钢集团和白银有色集团公司是甘肃省入围世界 500 强的五家企业中的三家。这三家企业在 2018 年世界五百强企业排名中分别居于第 87、189、287 位。

2. 投资形式多元化、新兴化

传统的对外投资形式主要是绿地投资、合资企业和并购，新兴的战略联盟形式则包括双胞胎、交叉持股、第三方市场合作和三方合资企业/联合体等。甘肃省企业对南非金属矿产资源投资已不限于在东道国独资办厂和合资企业这两种传统的对外投资形式，而是采取了多元化的、新兴的投资形式。

酒钢集团与南非、澳大利亚的合作伙伴在南非共同开发铬铁合金项目，具有第三方市场合作的性质；金川集团通过并购的方式取得南非梅特瑞斯公司全部股权，又与中国第一支专注于对非投资的股权基金——中非发展基金合作并购，抱团出海；白银有色集团公司通过与中非发展基金、长信基金建立的中国企业联合体，间接成为斯班一公司的第一大股东，再通过斯班一公司收购美国静水矿业公司。这些多元化的、新兴的对外投资形式极大地增强了甘肃省企业对外投资政策法律风险抵抗和防范能力。

3. 投资规模比较大

甘肃企业对南非金属矿产资源的投资基于投资主体和投资形式的原因，投资规模相对较大。比如，金川集团和中非发展基金对南非维西兹维铂业公司的总投资达 8.77 亿美元。再如，白银有色集团公司对第一黄金公司的收购斥资约 4.7 亿美元，该项目荣获 2013 年"第十五届中国国际矿业大会最佳开发奖"。

4. 投资利润汇回较少，投资收益率较低

2008 年以来，金川集团、酒钢集团和白银有色集团公司这三家对外投资支柱企业累计汇出对外投资资金 29.69 亿美元，然而只有金川集团汇回利润 431.81 万美元，其他两家公司还没有利润汇回。利润汇回较少的主要原因在于：一方面，近年来甘肃省企业并购的境外矿产大多还处于在建阶段，没有产出，因此暂无收益；另一方面，我国与部分国家尚未签订避免双重征税协定，为避免汇回的利润在国内被重复征税，企业选择把利润留存在境外。

截至 2016 年底，甘肃省参加存量权益登记的境外投资企业中，盈利企业有 22 家，合计盈利 1.9 亿美元，亏损企业有 26 家，累计亏损 2.1 亿美元。比如，酒钢集团在南非投资的铬铁合金项目，受较高的采矿成本、南非"黑人经济振兴法案"以及劳工和环境保护风险影响,项目经营不顺,目前该项目已处于受集团公司援助状态。又如金川集团,除一家公司外,其参股的境外矿山经营状况均不太理想,金川集团已计划寻机变现,退出境外参股项目的投资。①2018年2月,白银有色集团公司授权第一黄金公司适时减持南非斯班一公司4.44%的股份。②

三、甘肃企业对南非金属矿产资源投资的政策法律风险识别

对外投资的最终目的是取得利润并将利润分配给投资人。甘肃省企业对南非金属矿产资源投资利润汇回较少、投资收益率较低的特点与甘肃省企业对海外投资风险尤其是政策法律风险的认识不清、不全和不足有重要的关系。

本文从最广义上理解法律风险,即凡与法律相关的或者可通过法律方法防范的风险,都属于法律风险。比如,自然风险本不是法律风险,但可通过购买保险这种法律方法防范,因此也属于法律风险。

与其他省份企业相比,甘肃企业对南非金属矿产资源投资的政策法律风险及其防范策略和措施既有一般性,也有特殊性。

(一)甘肃企业对南非金属矿产资源投资的一般政策法律风险

对外直接投资风险分为外源性风险和内源性风险。③ 外源性风险包括政治风险(东道国政局不稳,政权更迭,宗教、民族、种族冲突,恐怖活动,内乱,战争,国有化,征收,间接征收,政府违约等)、法律风险(市场准入、资源和环境保护、劳工保护、社会责任、知识产权保护、法治不健全等)、商业风险、自然风险以及文化风险等;内源性风险包括企业产权不明,治理结构不健全,对外投资风险管控意识不强、方法不当,风险管理人才匮乏,社会责任意识淡泊,涉外争端解决能力不强等。④

1. 政治风险

---

① 陈全:《甘肃省境外投资面临的挑战及相关建议》,载《甘肃金融》2018年第3期。

② 《白银有色拟减持南非斯班一黄金4.44%股份》,载东方财富网:http://finance.eastmoney.com/news/1354,20180209833386089.html,2019年7月15日访问。

③ 王兰、王若晨:《中国企业对外直接投资风险及其防范》,载《国际法评论(第七卷)》,清华大学出版社2016年版。

④ 王兰、杨向荣:《中国企业对哈萨克斯坦农业投资法律风险识别》,载《国际法评论(第八卷)》,清华大学出版社2017年版。

南非自 1994 年结束种族隔离制度以来，在短短二十多年的时间里，从昔日的彩虹之国变成了社会最不稳定的国家之一：不平等和不公正造成的社会动荡、政治暗杀和警察暴力愈演愈烈；政府腐败、政商勾结和种族情绪的对立正将南非拖入一种极不稳定的状态。① 2016 年祖马政府频频曝出挪用公款和政商勾结等丑闻。2017 年 3 月强行改组内阁后，标普、穆迪和惠誉三大评级机构纷纷下调南非主权债信评级。2018 年 2 月 14 日，时任南非总统祖马在非国大的"召回"决议压力下被迫辞去职务；次日，非国大主席拉马福萨经议会选举，正式成为南非新一任总统。权力的迅速更替不仅折射出南非非洲人国民大会（以下简称"非国大"）近年来的执政危机，而且也彰显了南非政治、经济和社会等制度的结构性缺陷。

2. 汇率风险

自 1994 年结束种族隔离制度以来，南非货币兰特的走势变得不可预期。2018 年 8 月，激进的土地改革政策使南非兰特一度出现了 10% 的大幅下跌。过快的货币贬值速度，使对南非投资企业蒙受重大损失。

3. 黑人经济振兴法案的影响

为提高黑人等弱势群体在社会经济中的实力和地位，非国大在 1994 年执政初期即提出了黑人经济振兴法案（Black Economic Empowerment Act，简称 BEE），2003 年南非政府又颁布了广义的 BEE 以及严格的 BEE 评级体系。BEE 战略支持黑人和黑人企业的要求大幅提高，对甘肃省对南非金属矿产资源投资企业落实本地化政策、解决东道国就业问题和履行社会责任产生深刻的影响。比如，甘肃省某企业在南非的投资，被当地社区以履行社会责任为名"强行"索要干股。②

4. 安全风险

据国际刑警组织统计，南非是世界上高犯罪率的国家之一，各种刑事犯罪频发成为该国最突出的社会问题。2016—2017 年，南非暴力犯罪呈上升趋势，特别是谋杀和抢劫案明显增加，恶性犯罪共达 210 万起。

南非针对中国企业和公民的盗窃、抢劫以及人身伤害事件也时有发生。2014 年有 16 名华人被害。2015 年，共发生涉华案件 200 余起，16 名华人华侨遇害；4 月，德班和约翰内斯堡等地市区中心连续多日发生暴乱，中国侨民商

---

① 蒋晖：《马里卡纳没有来临的春天》，载《读书》2017 年第 6 期。
② 干股即无偿赠送的股份。

铺遭洗劫，损失重大。2016 年又有 12 名中国公民遭抢遇害。①

5. 宗教风险

南非宗教信仰多元化，世界主要宗教在南非都有影响，宗教活动较为普遍。全国 73.52% 的人口信奉基督教，其他主要宗教是印度教、伊斯兰教、犹太教和佛教。

我国劳动法规对有宗教信仰的劳动者并无特别规定，实践中企业也不会对宗教信仰者给予特殊照顾，但在南非，劳动者因宗教信仰产生的每日礼拜、周日礼拜的需求受法律保护，由此可能导致无法遵循一般的工时和休息休假惯例。②

6. 电力短缺

随着南非经济的快速发展，南非电力公司已经不能满足国内不断增长的电力需求。近年来南非政府疏于对电力系统的维护和发展，引发了大规模的电力危机。虽然政府紧急出台了扩容计划，但是南非电力短缺状况在短期内难以解决。2012 年电力短缺，导致铬铁厂大规模降低产能甚至停工。

（二）甘肃企业对南非金属矿产资源投资的特殊政策法律风险

与甘肃企业对南非金属矿产资源投资的特点相对应，除上述一般风险外，甘肃企业对南非金属矿产资源投资还会面临一些特殊风险，或者上述一般风险在甘肃企业南非金属矿产资源投资过程中表现出一定的特殊性。

1. 金属矿产资源产品价格波动风险

2008 年金融危机以来，全球经济走势疲软，降低了包括金属矿产资源产品在内的大宗商品需求。近年来，虽然主要经济体逐渐恢复经济增长，但经济增长率依然较低，大宗商品价格整体下行趋势未改，这增加了对金属矿产资源投资的商品价格风险。

2. 经济、资源民族主义风险

近年来，经济民族主义尤其是资源民族主义大行其道，使矿产资源对外投资风险骤增。南非非洲人国民大会青年联盟坚决主张矿业国有化。目前，南非

---

① 这里及以下未注明出处的南非相关数据、资料均参见《对外投资合作国别（地区）指南——南非（2018 年版）》，载"走出去"公共服务平台：http://fec.mofcom.gov.cn/article/gbdqzn/#，2019 年 7 月 15 日访问。

② 参见杨颖南：《中国企业在南部非洲投资的劳动法律风险防范——以南非、赞比亚、津巴布韦的劳工标准为视角》，北京外国语大学 2017 年硕士学位论文。

政府虽然不会选择彻底国有化,但却会考虑以其他方式分享资源收益:一是,对矿产资源征收重税。比如,对高于正常收益(目前约 15%)的所有矿业公司征收 50%资源租赁税(Resource Rent tax);对出售未经开采的矿产资源征收 50%的资本利得税(Capital Gains Tax);对来自"避税天堂"的外国矿业投资增加税收等,有专家认为,如此高的矿业税与国有化并无太大差别。二是,加大政府对矿产资源的管理及战略性资源的控制。①

3. "中国新殖民主义论"的威胁

非洲矿产资源丰富,西方发达国家为了维护其对非洲矿产资源垄断地位和既得利益,排挤中国,提出所谓"中国新殖民主义论"。他们认为,中国通过"一带一路"倡议与非洲国家的产能合作是通过"债务陷阱"推行新殖民主义。

4. 矿业政策法律不稳定

受经济、资源民族主义和黑人经济振兴法案的影响,南非矿业政策法律不稳定。南非政府虽然不会选择彻底国有化,但为了"最大限度地利用蕴含在矿产资源行业中的增长、发展和就业潜力",会通过其他方式分享资源收益,然而这些方式目前并未明确。黑人经济振兴法案规定在南非从事矿产资源投资的企业 2009 年和 2014 年分别将 15%和 26%的股份转让给黑人企业,但到目前为止,这一政策如何实施仍没有任何的具体细则。

5. 劳工保护风险

南非劳工保护法规严格,工会势力强大,劳资关系紧张,罢工频发。南非工会每年都会组织各种规模的罢工和游行示威,要求雇主涨薪。罢工和游行示威已成为南非社会的普遍现象和妨碍正常生产秩序的主要问题,在矿业和制造业尤为普遍。2012 年 8 月,南非西北省隆明公司铂矿矿工要求将月薪从 495 欧元增加至 1250 欧元(约合人民币 9428 元)的罢工最终演化为警察射杀 34 名矿工的"马里卡纳惨案",而此前已有包括 2 名警察、2 名保安在内的 10 人被杀害。南非劳工部发布的 2017 年劳工行动报告指出,2017 年南非罢工规模再创新高。2017 年罢工次数为 132 次,较 2016 年的 122 次增长 8%。罢工人数为 125125,较 2016 年增长 38.6%,罢工次数和人数均创历史新高。2018 年 11 月,南非最大黄金矿企斯班一公司表示,由于前不久发生的罢工运动演变成暴力冲突,公司决定暂停南非境内所有金矿作业,而白银有色集团公司正是该公

---

① 李红岩:《南非矿业政策再次走到十字路口》,载中国网:http://finance. china. com. cn/news/cjpl/20120213/529385. shtml,2019 年 7 月 15 日访问。

司的最大股东。

此外，为了保护当地劳工，近年来南非内政部收紧多项签证政策，一些企业反映获取工作签证比以往更加困难，这加剧了南非本就严重的专业技术人员短缺的问题。

6. 环境保护风险

英国智库E3G2019年4月发布的一份民意调查显示，80%的南非民众更希望外国投资者投资可再生能源行业以帮助南非实现长远可持续发展，仅有16%的南非民众希望投资者继续投资煤炭等传统资源行业。

四、甘肃企业对南非金属矿产资源投资的政策法律风险防范

结合甘肃省企业对南非金属矿产资源投资的现状、特点和政策法律风险的类型，可以从政府、企业和其他组织三个层面采取相应的风险防范策略和措施。

（一）政府层面

1. 强化市场意识和效益意识

针对甘肃省对南非金属矿产资源投资的企业以大型国有企业为主体以及投资利润汇回较少、投资收益率较低的特点，相关政府主管部门和领导首先应当强化市场意识和效益意识。对外投资本质上是市场主体基于市场规律的市场行为，对外投资的最终目的是取得利润并将取得的利润分配给投资者。因此政府应督促企业做好投资的必要性和可行性调研，防止纯粹基于政策驱动的对外投资。

2. 开展对外投资风险防范辅导与培训

通过政府购买服务形式，面向对外投资企业开展"走出去"政策法律、跨国经营、对外投资风险防范等辅导和培训，指引企业采取各种措施防范各种外源性和内源性风险。比如，指引企业合法经营，尊重当地风俗习惯、文化传统和宗教信仰，实施本地化经营策略，购买政策性和商业性保险，履行社会责任，通过新兴战略联盟形式"走出去"，到境外经贸合作区投资，去发达国家进行市场驱动和技术驱动型投资，防范各种外源性风险。

又比如，指引企业明晰产权，完善治理结构，培养对外投资风险管理人才，建立事前、事中和事后风险防范机制，提高对外投资风险管控意识、能力和水平，防范各种内源性风险。

3. 效仿浙江省,建立"甘肃省'走出去'服务联盟"

甘肃省可效仿"浙江省境外投资企业服务联盟",① 建立"甘肃省'走出去'服务联盟",联合政府主管部门、企业和为企业对外投资提供服务的其他组织,如银行,保险公司,律师、会计师和税务师事务所等国际投资咨询服务机构,海外安保公司,商会、协会、学会,政府、高校和社会智库等,为甘肃省企业对外投资提供全方位服务。

4. 整合信息资源,建设综合性的"甘肃省'走出去'信息服务平台"

以"甘肃省'走出去'服务联盟"为依托,通过市场化运作和政府购买服务形式,建设综合性的"甘肃省'走出去'信息服务平台",为甘肃省企业对外投资、对外贸易提供一站式信息服务。必要时可借鉴上海和广东经验,② 开通与"甘肃省'走出去'信息服务平台"对接的微信公众号。

5. 推行强制性事前尽职调查与中介组织及其从业人员黑名单制度

尽职调查概念来源于英美法,其理念是把专业的事交给专业的人去做。根据美国 1933 年证券法关于尽职调查的规定,如果当事人没有进行尽职调查,则有可能要对第三人(投资者)承担损害赔偿责任。③

具体到甘肃省,可采取政府购买服务的形式,推行强制性的对外直接投资事前尽职调查制度,通过律师、会计师和税务师事务所等中介组织事前调查与对外投资风险防范相关的所有事项;企业对外投资成功并取得利润后,全部或者部分返还政府购买服务支出的费用。

为确保政府购买服务的质量,对于在尽职调查过程中存在故意或重大过失行为的中介组织及其从业人员,可将其列入"政府购买服务黑名单"。

6. 实行"对外直接投资备案审查制"

针对甘肃省对南非金属矿产资源投资利润汇回较少、投资收益率较低的特点,应加大对南非金属矿产资源投资的真实性、合理性和合规性审查,平衡好备案与审查、便利化与防风险的关系。

7. 完善对外直接投资项目全过程管理机制

按照"事后控制不如事中控制,事中控制不如事前控制,事前控制不如全过程控制"的对外投资风险管控原则,甘肃省主管部门可建立和完善对外金属

---

① 陈佳莹:《浙企"走出去"有了智囊团——浙江省境外投资企业服务联盟昨成立》,载《浙江日报》2017 年 9 月 20 日,第 6 版。

② 商务部:《中国对外投资发展报告 2018》,第 133、141 页。

③ 许德风:《并购交易中的尽职调查》,载《法学杂志》2006 年第 4 期。

矿产资源投资项目的全过程管理机制。

8. 推动设立中国出口信用保险公司甘肃分公司

为了顺应近年来中国企业"走出去"的潮流，国有政策性保险公司——中国出口信用保险公司推出了海外投资保险业务，承保汇兑限制、征收、战争及政治暴乱、经营中断和违约等五种政治风险，赔偿比例在 90%~95%。然而，中信保在甘肃省未设立分公司，难免造成甘肃省企业投保海外投资保险不便。

2017 年年末，甘肃省对外直接投资存量比厦门、陕西、江西、黑龙江、广西和山西六省市都大，流量比山西省多，① 而中信保在这些省市均设立了分公司。因此，可由甘肃省政府推动设立中国出口信用保险公司甘肃分公司，助力甘肃省对外金属矿产资源投资企业通过中信保的海外投资保险，防范对南非金属矿产资源投资可能产生的上述政治风险。

9. 把利润指标作为省属国有企业考核的首要和主要标准

取得利润并将取得的利润分配给股东等出资人是企业作为营利性法人的本质特征。现阶段，国有企业仍然是甘肃省对外金属矿产资源投资的主导力量。因此，政府在制定和落实对甘肃省国有企业的考核标准时，应当把利润指标作为国有企业及其领导人考核首要和主要标准，防范因考核指标多元化导致的舍本逐末现象。②

10. 建立省属国有企业对外投资决策机制和重大对外投资决策失误的问责机制

国有企业对外投资失败的案例中，有很大一部分是源于对权力缺乏制约，以至于权力滥用，盲目投资，损公肥私。因此，政府作为国有企业的出资人或者股东应当建立国有企业对外投资决策机制。比如，在强制性尽职调查制度的基础上，邀请政府官员、专家、股东等组成一个专门委员会，通过投票的方式决定是否进行一项对外投资，防止"一言堂"。

此外，与民营企业不同，国有企业决策主体和决策风险的承担主体不完全相同，因此，还应当建立国有企业重大对外投资决策失误的问责机制，惩罚措施要能够起到震慑作用。

---

① 2017 年年末，甘肃省对外非金融类直接投资存量 471826 万美元，流量为 48403 万美元。参见商务部等：《2017 年度中国对外直接投资统计公报》，中国统计出版社 2018 年版，第 58 页。

② 据作者了解，甘肃省有的国企考核指标除利润外，还包括市场开拓和干群关系等。于是，企业领导为了满足市场开拓指标，非理性竞标，哪怕工程一中标就意味着亏损。

11. 加强与非政府组织和个人的交流，化解负面影响

对于因外国投资引起的经济、资源民族主义情绪和国家安全忧虑以及新殖民主义威胁论，甘肃省政府和外事办可加强与南非政治精英、媒体、智库和非政府组织的交流，化解和抵消负面影响，防范对非洲投资的舆论风险。

(二) 企业层面

1. 通过明晰产权、完善治理结构等措施防范内源性风险

内源性风险和外源性风险的关系好比内因和外因的关系。事物的发展是内因和外因共同作用的结果，内因是事物发展的根据，外因是事物发展的条件，外因通过内因起作用。可见，如果企业内源性风险管控的好，可以减少或者减轻外源性风险的发生或者造成的损失。

企业应通过明晰产权，完善法人治理结构，培养对外投资风险管理人才，建立事前、事中和事后风险防范机制，提高对外投资风险管控意识、能力和水平。我国国有企业普遍存在产权不清、治理结构现代化程度不高的问题。针对甘肃省对南非金属矿产资源投资以大型国有企业为主的特点，以下仅从三个方面展开论述。

(1) 明晰产权，权利、义务和责任相统一

我国国有企业对外投资失败率居高不下与国有企业的决策者往往不用对决策失误买单有着密切的关系。因此，国有企业应进一步明晰产权，把权利、义务和责任统一起来，在国有企业内部也应当建立重大对外投资决策失误的问责机制，惩罚措施应足以起到威慑作用。

(2) 完善企业治理结构

现代公司制度的核心是相互制衡的法人治理结构。我国国有企业对外投资失败的案例中，很大一部分是源于对权力缺乏制约，以至于权力滥用，盲目投资。因此，国有企业内部也应当建立对外投资决策机制，对外投资项目不能由"一把手"一个人说了算。

(3) 建立健全对外投资风险防范机制

企业内部应建立对外投资事前、事中和事后的风险防范机制。比如，在强制性尽职调查的基础上，建立投资前的风险评估机制；以会计监管为核心，建立投资中的风险预警机制；以争议解决为中心，建立风险发生后的风险处置机制。

2. 实施本地化经营策略

对外投资有独资、合资、合作等形式，不能认为股权比例越高越好，特别

是对于政治动荡、民族、宗教矛盾尖锐的国家。实践证明"本土化"策略是防范对外投资风险的有效措施。本土化经营策略即"市场本地化、用人本地化、企业文化本地化",此外,还可扩大从东道国、当地银行、消费者方面的融资力度,除了分散筹资风险外,还将对东道国政府采取的任何干预行为产生制约作用,应对经济、资源民族主义情绪。

3. 通过新兴战略联盟形式"走出去"

对外直接投资的传统方式主要有绿地投资(即在东道国独资办厂)、合资企业和并购三种。近年来出现了"双胞胎"企业、交叉持股、第三方市场合作和三方合资企业/联合体等新兴战略联盟形式。

"双胞胎"企业是一种特殊类型的中外合资企业。它具有以下特征:一是,中外投资者是两个相同的企业或其全资子公司;二是,中外投资者同时在中国和外国投资者所在国成立两家合资企业;三是,出资比例相同或对称;四是,两家合资企业的核心业务相同。"双胞胎"企业不仅可巩固和扩大合资企业的优势,还能够避免其劣势,是"走出去"和"引进来"的有机结合。交叉持股是股权式战略联盟的一种形式,与单向持股相对而言,其特点是你中有我,我中有你。第三方市场合作是指我国企业与相关发达国家企业联合开发作为第三方的发展中国家市场。三方合资企业/联合体是指我国企业与相关发达国家企业和作为发展中国家的投资东道国企业三方建立合资企业或联合体。第三方市场合作和三方合资企业/联合体不仅是战略联盟的创新方式,而且是"一带一路"建设中最合适的国际合作方式,[①] 另外,选择与东道国关系友好的第三方国家企业合作,也是"国际化"策略的一种,可以极大地降低对外直接投资风险。

甘肃省企业对南非金属矿产资源投资已经采取了一些战略联盟形式,但还不够彻底。比如,白银有色集团公司通过与中非发展基金、长信基金建立的三方合资企业/联合体,间接成为斯班一公司的第一大股东,然而该联合体属于中国企业联合体,而不是真正意义上的国际企业联合体。

4. 善用各种政策性和商业性对外投资保险

甘肃省企业对南非金属矿产资源投资规模一般较大,如果发生风险,损失也较大。因此,企业应善用各种政策性和商业性对外投资保险,减少投资失败造成的损失。

(1)政策性海外投资保险

---

① 柯银斌:《战略联盟:中国企业共建"一带一路"的主导方式》,载《中国对外投资发展报告 2018》,第 197~199 页。

中国出口信用保险公司开发了海外投资保险业务，承保风险包括汇兑限制、征收、战争及政治暴乱、经营中断和违约等五种政治风险；赔偿比例在90%～95%。可见，基于主要政治风险导致的对外投资损失可通过政策性海外投资保险来防范。

（2）商业性对外投资保险

国内一些商业性保险公司也开发了一些与对外直接投资相关的保险。如人员和财产安全险、营业中断险和第三者责任险等。与中信保的营业中断险不同，商业性营业中断险一般作为财产险的附加险，赔偿因物质财产遭受损失导致投资者的营业受到干扰或暂时中断而遭受的损失，如因供电中断造成的营业中断损失。甘肃省企业对南非金属矿产资源投资的安全风险、电力短缺等风险可以通过各种商业性对外投资保险来防范。

5. 利用期货市场防范价格、汇率风险

南非期货市场比较发达。针对金属矿产资源产品价格波动大、南非兰特汇率不稳定等风险，甘肃省对南非金属矿产资源投资企业可通过国际黄金期货市场、南非铬铁和外汇期货市场，进行期货套期保值交易，防范上述风险。

6. 通过产品出口、转移定价等方式防范价格、汇率和汇兑限制等风险

甘肃省企业对南非金属资源投资属于资源驱动型投资，目的不仅仅是取得利润，还包括取得原材料。因此，对于投资企业生产出来的产品可通过直接出口到甘肃省的方式，防范价格风险。另外，可通过向设立在第三方市场的关联企业转移定价的方式，转移利润，防范汇兑限制风险。

7. 遵守东道国与金属矿产资源投资相关的法律法规

合法合规经营是任何东道国对外国投资的最基本的要求。甘肃省对南非投资的企业应遵守该国与金属矿产资源投资相关的法律法规，比如黑人经济振兴法案中关于向黑人企业转让股权的规定、吸纳黑人进入公司中高级管理层的规定；又如政府为分享资源收益对矿产资源准入和征税收费的规定；再如关于市场准入、税务、劳工和环境保护等的规定。

8. 尊重当地风俗习惯、文化传统和宗教信仰

对外投资企业应尊重当地风俗习惯、文化传统和宗教信仰，防范文化和宗教风险。

9. 积极履行社会责任

甘肃省某企业在南非的投资，被当地社区"强行"索要干股。与其如此，不如效仿紫金矿业旗下的奥同克公司，主动承担社会责任。该公司与吉尔吉斯斯坦楚河州克明区政府共同成立了"克明发展基金"，用于克明区和周边村镇

的扶贫助困。

10. 及时止损

当海外投资风险已经发生时，要有壮士断腕的勇气，及时止损。或者撤退，或者将成品、半成品以低于成本的价格反销给国内公司或在第三方市场设立的关联企业，用转移定价的方式补偿投资损失。

11. 提高涉外争端解决意识和能力

我国法治不完善，企业维权意愿本就不强。进入海外后，一是对当地政治环境、法律法规、语言文化等不熟悉，导致不懂如何维权；二是维权的人力成本、时间成本太高，更容易选择放弃维权。事实上，对外投资企业应当善用多边和双边投资保护条约以及东道国国内法律提供的仲裁、诉讼等争端解决方式，维护自身的合法权益。

（三）其他组织层面

为企业对外投资提供服务的其他组织主要有：银行，保险公司，律师、会计师和税务师事务所等国际投资咨询机构，海外安保公司，商会、协会，政府，高校和社会智库等。

其他组织为更好地服务于甘肃省企业对外投资，一方面，应积极参与"甘肃省'走出去'服务联盟"建设，并以联盟为依托，积极参与为甘肃省企业"走出去"提供综合信息服务的"甘肃省'走出去'信息服务平台"建设；另一方面，应与政府、政府外事部门协同合作，与南非政治精英、媒体、智库和非政府组织的交流，化解和抵消资源民族主义情绪、资源安全忧虑和新殖民主义威胁论的负面影响。

网络全球治理中的关键信息基础设施保护[*]

傅一苹[**]

目　　次

一、关键信息基础设施含义与保护的国内法
二、网络全球治理的理念与路径
三、关键信息基础设施保护领域的全球治理
　　——以信息技术产品供应链风险控制为例
四、中国的关键信息基础设施保护制度在国际层面的协调

信息技术发展背景下，网络安全是国家安全的形式之一，[①] 乃各国关注的焦点，而关键信息基础设施[②]保护又是网络安全的重点。目前各国主要依据国内法规制关键信息基础设施保护，并不适应网络发展的现状。网络具有内在联系的特征，它联系一国境内各行业、各地区，联系不同国家，并凭借"物联"的特征联系关键信息基础设施与物理形式的基础设施，世界范围内相互联系的网络之安全为整个国际社会带来利好，而无论何处的网络一旦遭遇风险，则跨越行业、地区、国境、虚拟与现实世界迅速扩散蔓延，没有任何国家能够独善

　　* 本文系作者主持的湖南省研究生科研创新项目"信息技术发展背景下国际文化贸易管理法律问题研究"（项目号 CX2013B167）的成果。
　　** 傅一苹，湖南师范大学法学院国际法学专业博士研究生。
　　① 参见孙南翔：《国家安全例外在互联网贸易中的适用及展开》，载《河北法学》2017年第 6 期。
　　② 目前各国谓之"关键信息基础设施"，或者将其与物理形式的基础设施一并谓之"关键基础设施"的皆有之。但在信息技术发展的影响日益广泛和深刻的前提下，判断后一种表述也会充分考虑其所处的信息化背景是合理的。

其身。在此情形下，网络安全，尤其是作为其重点的关键信息基础设施保护是各国共同面临的问题，需要其共同解决，并依靠网络全球治理来调整参与国际合作的各主体之间的关系。

一、关键信息基础设施含义与保护的国内法

2017 年 6 月 1 日起实施的我国《网络安全法》第三章第二节规定了关键信息基础设施的运行安全。依据该法第 31 条，关键信息基础设施是指公共通信和信息服务、能源、交通、水利、金融、公共服务、电子政务等重要行业和领域，以及其他一旦遭到破坏、丧失功能或者数据泄露，可能严重危害国家安全、国计民生、公共安全的信息基础设施。国家在网络安全等级保护制度的基础上，对关键信息基础设施实行重点保护，关键信息基础设施具体范围和安全保护办法由国务院制定。① 《网络安全法》从以下几个方面来保护关键信息基础设施：第 32 条规定，相关部门按照国务院规定的职责分工分别进行本行业、本领域的关键信息基础设施保护。第 34 条规定，关键信息基础设施的运营者在第 21 条之外还应履行额外的安全保护义务。第 35~38 条依次规定了关键信息基础设施的运营者供应链风险控制的义务，个人信息和重要数据境内存储的义务，网络安全性和可能存在的风险检测评估的义务。第 39 条规定了国家网信部门应当统筹协调有关部门采取的措施。

对于与信息技术有关的基础设施在整个关键基础设施中的重要地位，美国很早就有认识。② 但即便在美国，至今仍未形成系统的网络安全制度，如何定义、保护关键基础设施，以及如何分配各部门权限等成为显著阻碍。③ 2012年，分别受民主党、共和党支持的关于网络安全的法案在国会均未获通过之

① 网络安全等级保护制度规定在《网络安全法》第 21 条。

② 例如，克林顿签署的第 63 号总统令将关键基础设施定义为经济和政府最低限度的运行必不可少的物理和基于网络的系统。Presidential Decision Directive 63, Critical Infrastructure Protection, May 22, 1998, http：//www. fas. org/irp/offdocs/pdd/pdd-63. htm, visited on June 10, 2016. 2001 年《关键基础设施保护法案》进一步将关键基础设施定义为物理的(physical)或虚拟的(virtual)系统或资产，对美国具有重要性，以至于该等系统或资产如果不能正常运作或损毁会影响安全、国家经济安全、国家公共健康或生命安全这些安全事项中的一项或几项的结合。Critical Infrastructure Protection Act of 2001, 42 U. S. C. § 5195 (c)(2012).

③ Lieberman, Collins, Carper Statement on Cybersecurity, Sen. Comm. Homeland Sec. & Gov. Aff., http：//www. hsgac. senate. gov/media/majority-mediallieberman-collins-rockefeller-feinsteincarper offer-revised-legislation-to-improve-security-of-our-most-critical-private-sector-cyber-systems-, visited on Mar. 10, 2019.

后，时任总统奥巴马于次年签署了第 21 号总统令①以提升关键基础设施网络安全，提出建立自愿的"网络安全框架"，其中确定了化工、商业设施、通信、关键制造等 16 类关键基础设施部门。2015 年 12 月，《网络安全信息共享法案》②作为年度《综合拨款法案》附加内容签署生效，该法规定了私营机构与联邦政府之间、联邦政府各机构之间共享网络威胁信息，确认了国土安全部在信息共享中的枢纽地位。相对而言，美国在关键基础设施的识别和保护上有着比较先进的制度，能够将设施定位至大的领域之下的子领域支撑关键功能和业务所需的系统或资产，并且分层级建立了各州政府、各行业主管部门及至国家的关键基础设施清单。③ 在该等设施的保护上，基于风险进行制度设计，要求提高对关键基础设施的态势感知能力，且以美国国家标准和技术研究院（下称"NIST"）等专业机构制定的一系列标准为指导。

2008 年，欧盟理事会《关于识别和认定欧洲关键基础设施的指令》④确定了 8 类关键基础设施。欧盟的关键信息基础设施保护主要在"关键基础设施保护欧洲计划"⑤和"关键信息基础设施保护行动计划"⑥下实施。2013 年以前，欧盟尚停留在就成员国各自的关键信息基础设施保护作出规定，但自当年起，《关于确保欧盟网络和信息安全共同高水平的措施的建议》⑦《关于欧盟网络安

① Presidential Decision Directive 21, Critical Infrastructure Security and Resilience, Feb. 19, 2013, http：//www.fasorg/irp/offdocs/ppd/ppd-21, pdf, visited on Mar. 10, 2019.

② Cybersecurity Information Sharing Act of 2015, http：//www.congress.gov/bill/114th-congress/senate-bill/754, visited on Mar. 10, 2019.

③ 参见闫晓丽，孟洪杰：《美欧关键信息基础设施识别认定的做法及对我国的启示》，载《信息安全研究》2017 年第 10 期。

④ Council of the European Union, Council Directive 2008/114/EC of 8 December 2008 on the Identification and Designation of European Critical Infrastructures and the Assessment of the Need to Improve Their Protection.

⑤ Communication from the Commission on a European Programme for Critical Infrastructure Protection, COM (2006) 786 final (Dec. 12, 2006).

⑥ Communication from the Commission to the European Parliament, the Council, the European Economic and Social Committee and the Committee of the Regions on Critical Information Infrastructure Protection—Protecting Europe from Large Scale Cyber-Attacks and Disruptions：Enhancing Preparedness, Security and Resilience, COM 0149 final (Mar. 3, 2009).

⑦ Commission Proposal for a Directive of the European Parliament and of the Council Concerning Measures to Ensure a High Common Level of Network and Information Security Across the Union, COM (2013) 48 final (Feb. 7, 2013).

全战略的通讯》①相继提出成员国之间以及公私部门之间在网络安全、保护关键网络资产上的合作，体现治理思路的重大转折，但欧盟并不主张将管理权集中在其手中，而是建议成员国政府在预防和应对网络袭击等事项上发挥主要作用。

二、网络全球治理的理念与路径

(一) 网络全球治理的理念

关键信息基础设施保护也见于国际法。国际电信联盟（International Telecommunication Union，下称"ITU"）在2007年召开了一个网络安全工作交流会，召集西非的利益攸关方讨论、共享信息，围绕制定、实施网络安全和关键信息基础设施保护的国内政策、法规和执行框架开展合作。② 由此形成的并非传统公法视角下正式的程序和制度，而是非正式的程序和制度，即所谓"软法"。③ 例如：政府间国际组织召开会议形成的共识、发布的宣言或倡议、发表的研究报告，非政府间国家组织、国内民间组织、企业推动形成的标准。

自1998年起，网络由美国国内及技术层面拓展至全球及跨界④层面后，ITU就一直置身其中。近年来比较重要的举措，例如，ITU召集了2012年国际通信世界会议（World Conference on International Telecommunications，下称"WCIT-12"）。会议的成果之一是89个国家签署了一项拥护多利益攸关方治理的决议，但同时决定所有政府在网络全球治理，以及确保现有网络的稳

---

① Joint Communication to the European Parliament, the Council, the European Economic and Social Committee and the Committee of the Regions: Cybersecurity Strategy of the European Union: An Open, Safe and Secure Cyberspace, JOIN (2013) 1 final (Feb. 7, 2013).

② ITU, ITU West Africa Workshop on Policy and Regulatory Frameworks for Cybersecurity and Critical Information Infrastructure Protection (CIIP), http://www.itu.int/ITU-D/cyb/events/2007/praia/, visited on May 10, 2016.

③ 正式或非正式的程序和制度分别对应硬法和软法。参见张庆麟、刘天姿：《论全球金融治理中的软法》，载《国际经济法学刊》2011年第1期。

④ 跨界是目前互联网领域非常重要的特点，互联网治理包括政府、技术社群、学术界、民间社团和企业界五个利益相关方，互联网治理的很多争论都是由于跨界所致。参见李晓东：《互联网全球治理的趋势和挑战》，载《全球传媒学刊》2017年第2期。

定、安全和存续上具有同样的角色和负有同样的责任。① 有观点认为，虽然该决议是非强制性的，但它预示着网络空间不断增长的国家中心（State-centric）倾向。②

从中国的立场来讲，作为决议签署国之一，其态度并非绝对的"国家中心"。客观地说，在网络安全日益成为各国公私各部门共同的重大关切、任何一方均无法靠一己之力维护安全的时代背景下，以及面对网络从技术层面"自下而上"发展至今、已然容纳了公私各部门广泛参与的现状，中国秉持的是一种兼顾安全与自由的治理理念，③ 针对 WCIT-12 上中国所在阵营"保守的""以国家为中心的"④理念的指责并不确切。反观之，虽然以美国为代表的阵营自我标榜奉行网络自由，但其实它们也制定规则管理网络，⑤ 且美国坐拥相当规模的监听设备。⑥ 鉴于网络安全问题的重要性和迫切性，此问题关涉的国家之间会相互学习和模仿对方的行为、言论和政策，⑦ 分别以中、美为代表的群体在治理理念上的调和、路径上的趋同才是相互之间关系的主要方面。

---

① ITU, Resolution Plen/3（Dubai 2012）: To Foster an Enabling Environment for the Greater Growth of the Internet, in Final Acts of the World Conference on International Telecommunications（WCIT-12）, http: //www. itu. int/en/wcit-12/Pages/default. aspx, visited on Mar. 10, 2019.

② Scott J. Shackelford & Amanda N. Craig, "Beyond the New 'Digital Divide': Analyzing the Evolving Role of National Governments in Internet Governance and Enhancing Cybersecurity", *Stan. J. Int'l L.*, Vol. 50（2014）, p. 143.

③ 第二届世界互联网大会上，习近平总书记的五项主张并不是试图以一种传统的主权观念去限制现代互联网的发展，而是在安全、自由、繁荣并重的基础上提出与时俱进的互联网全球治理思路。参见储殷：《网络全球治理正在进入中国时代》，载《中国信息安全》2016 年第 1 期。

④ Larry Downes, Requiem for Failed UN Telecom Treaty: No One Mourns the WCIT, FORBES, http: //www. forbes. com/sites/larrydownes/2012/12/17/no-one-mourns-the-wcit/, visited on Mar. 10, 2019.

⑤ Charlie Savage, Officials Push to Bolster Law on Wiretapping, N. Y. TIMES, http: //www. nytimes. com/2010/10/19/us/19wiretap. html? pagewanted=all, visited on Mar. 10, 2019.

⑥ Charles Arthur, NSA Scandal: What Data is Being Monitored and How Does it Work?, GUARDIAN, http: //www. theguardian. com/world/2013/jun/07/nsa-prism-records- surveillance-questions, visited on Mar. 10, 2019.

⑦ Ronald J. Deibert & Masachi Crete-Nishihata, "Global Governance and the Spread of Cyberspace Controls", *Global Governance*, Vol. 18（2012）, p. 350.

(二) 网络全球治理的路径

兼顾安全与自由的治理理念下，关键信息基础设施保护作为网络安全的重点，该领域的治理应该走一条怎样的道路？有观点指出，关键信息基础设施保护领域出现了一个治理光谱，两端分别是以美国为代表的基于市场的自由化路径和以中国为代表的国家更多参与的路径，中间路径则以欧盟为代表。① 尽管多中心治理(polycentric governance)路径理论的创立者认为该路径偏向基于市场的自由化路径，是一条"更自愿(more voluntary)"的路径，② 但同为多中心治理的支持者，却有其他论者明确指出，尽管国家在网络治理中不享有"普遍的规制垄断(general regulatory monopoly)"，但国内法的规制是多中心治理的重要组成部分。③ 由此看来，该路径一方面"更自愿"，另一方面强调主权国家的地位与作用，适合被理解为介于多利益攸关方治理与多边治理路径之间。笔者认为，多中心治理的路径④至少包括三层含义：

一是，诸如新兴市场国家的崛起与私人部门的崛起类似，并非仅仅强调私人部门的作用才可谓"多中心"，世界政治多极化也是"多中心"的一种表现形式，多中心治理路径包含私人部门和更多国家的共同参与，是一条并没有明显偏倚的中间路径。

二是，虽然主权国家和政府间国际组织是传统的国际法主体，条约、惯例这类国际规则是规制国际事务的依据，但由于政治多极化，国情各异、利益诉求不同的国家或国家集团大量涌现，一蹴而就通过国与国之间制定约束力较强的国际规则、建立类似联合国或 WTO 那样的政府间国际组织来统驭治理已不

---

① Scott J. Shackelford & Amanda N. Craig, "Beyond the New 'Digital Divide': Analyzing the Evolving Role of National Governments in Internet Governance and Enhancing Cybersecurity", *Stan. J. Int'l L.*, Vol. 50 (2014), p. 177.

② Elinor Ostrom, "A Polycentric Approach for Coping with Climate Change", World Bank, Policy Research Working Paper No. 5095, 2009. 该理论的创立者 Ostrom 是首位女性诺贝尔经济学奖得主。她提出所谓善治(good governance)，局部的参与(local participation)是关键，灵活的自我规制相比集中规制对于适应技术进步的作用更大且更有效率。Elinor Ostrom, "Polycentric Systems as One Approach for Solving Collective-Action Problems", Vincent & Elinor Ostrom Workshop in Political Theory & Policy Analysis, Ind. Univ., Working Paper No. 08-6, 2008.

③ Andrew W. Murray, *The Regulation of Cyberspace: Control in the Online Environ-ment*, London: Routledge-Cavendish Publishing, 2006, p. 47.

④ 或者，因为该术语已经被赋予了特定含义，此处可以另行创设一个概念。

可能，需要考虑首先依据约束力不那么强的规范①来进行治理。

三是，传统上，私人部门通过国家间接参与国际事务，相应地，由于其并非国际法主体，因此，国际法也只是通过主权国家间接规制国际事务牵涉的各国自然人或法人。然而，当今的私人部门广泛、深入、最主要是直接地参与国际事务，尤其是其中的网络事项，与之相适应，国际法需要对其进行直接规制。例如，关键信息基础设施保护涉及国家、运营者、使用者三类主体，现有的国内法、国际规则多规制前两类主体，较少规制使用者，② 但事实上，由于网络的开放性，用户的恶意或不当使用也会导致关键信息基础设施风险，不仅国内法需要明确使用者的关键信息基础设施保护权利与义务，国际法也需要对非国家主体进行直接规制。

1. 治理主体(谁来治理)

值得注意的是，以上提到了参与网络事项的主体，关于其是否等同于网络治理主体，需要弄清后者究竟为何。联合国网络治理工作组(下称"WGIG")2005 年关于网络治理的定义有所提及，网络治理是指政府、私人部门和公民社会发挥各自的作用，对那些促成网络演化和使用的共享的原则、规范、规则、决策程序和项目的创设和适用。③ 若据此来认定网络治理的主体，则基本能与参与网络事项的主体对应。将政府之外的治理主体进一步区分为私人部门

---

① 　规范是以权利和义务界定的行为标准。Steven D. Krasner, "Structural Causes and Regime Consequences: Regimes as Intervening Variables", *International Organization*, Vol. 36 (1982), p. 186. 关于规范(norms)与规则(rules)，凯尔森认为法律规范和法律规则分别是由法律权威所制定的和法律科学所陈述的，即分别是法律上的规定和法学中对这些规定的陈述。参见[奥]凯尔森：《法与国家的一般理论》，沈宗灵译，中国大百科全书出版社 1996 年版，第 49 页。但沈宗灵指出，凯尔森的这种区分法并未为西方法学家普遍接受。"二战"后的法学作品中，绝大多数使用法律规则一词。参见沈宗灵：《法理学》，北京大学出版社 2009 年版，第 28 页。英国法学家沃克认为，法律规则与法律规范都是规范人的行为的，但是规则较规范具体，规范比规则抽象。参见张文显：《法理学》，高等教育出版社 2003 年版，第 92 页。本文中的规则是指法律上的规定，规则与规范的形式不同、效力不同。

② 　以我国《网络安全法》较少规制使用者为例，其对运营者的安全保护义务作出了比较明确和全面的规定，对国家的安全保护义务的规定主要侧重于监督指导，对使用者的义务仅限于第 9 条的一般性规定。参见张跃冬：《网络安全立法中的关键信息基础设施保护问题》，载《中国信息安全》2015 年第 8 期。

③ 　WGIG, Report of the Working Group on Internet Governance, June 2005. 该定义在 2015 年再次被联合国确认。参见 UN General Assembly Resolution 70/125, December 16, 2015。

与公民社会，也促使我们回过头去审视政府之外参与网络事项的主体，具体而言，涵盖非政府间国际组织、国内民间组织、企业、公民社会，公民社会的确与其他几类主体有所不同，有必要单独列出。

该定义下网络治理主体众多，但政府仍被置于首位。国家拥有其他主体不可能拥有的主权和治理能力，① 至少在关键信息基础设施保护领域的治理中，乃当仁不让的主导者，政府间国际组织也应该被归入政府这一类别。

以网络名称与地址分配机构(Internet Corporation for The Internet Corporation for Assigned Names，下称"ICANN")为代表的政府之外的多利益攸关方正面临一种质疑，即在没有政府参与的情况下，该等组织是否为合法的决策者。为了回应围绕其合法性的疑虑，ICANN 进行了一系列改革。针对棱镜门事件，ICANN 表示，将促进其自身和互联网域名系统管理职能(the Internet Assigned Numbers Authority，下称"IANA")的全球化，以达致包括政府在内各方的平等参与。② 具体的改革以章程中董事会否决政府顾问委员会(Governmental Advisory Committee，下称"GAC")③建议的规定④为例。早在 2014 年 8 月，ICANN 章程就拟将董事会否决 GAC 建议所需的票数从简单多数提升至 2/3 多数。⑤ 彼时已有观点指出，对于那些有关显著影响国家政策、法律或国际条约

---

① 参见王丽华：《全球税收治理及中国参与的法治进路》，载《环球法律评论》2017年第 6 期。

② Olivier Sylvain，"Legitimacy and Expertise in Global Internet Governance"，*J. on Telecomm. & High Tech. L.*，Vol. 13（2015），pp. 32-35.

③ GAC 为 ICANN 下设机构，负责向后者有关政府的活动提出建议，尤其是那些可能涉及 ICANN 规定与法律和国际条约之间相互关系的事项，以及可能影响公共政策的事项。GAC 成员主要为主权国家政府。

④ 2016 年 10 月 1 日，互联网域名系统管理职能由美国政府移交至 ICANN。此前最新一版的 ICANN 章程规定，董事会应考虑 GAC 关于公共政策的建议。若董事会决定采取与 GAC 建议不一致的行动，它应通知 GAC 并陈述其理由。GAC 和董事会将本着善意，及时、高效地寻求共同接受的解决方案。若此类方案不能达成，则董事会应陈述其最终决定和不予采纳 GAC 建议的理由。ICANN Bylaws Art. XI，Sec. 2，Part 1(j) &（k），Feb. 11，2016，https：//www. icann. org/resources/pages/governance/bylaws-en，visited on Mar. 10，2019.

⑤ ICANN，Proposed Bylaws Changes Regarding Consideration of GAC Advice，https：//www. icann. org/public-comments/bylaws-amend-gac-advice-2014-08-15-en，visited on Mar. 10，2019.

事项的GAC建议，董事会可能无法取得2/3多数以将其否决。① 在政治考虑大于技术关切的语境下，董事会否决 GAC 的建议存在困难。IANA 自美国政府移交至 ICANN 之后适用的章程中，虽然董事会否决 GAC 建议所需票数被最终确定为 60%，② 少于修改建议中的 2/3，但相比移交前章程中对应的条款已更为严格，这种规定会使得 GAC 基于主权国家立场提出的建议更不易被否决，从而在更大程度上实现政府在 ICANN 事项上的话语权。

ICANN 的这项改革彰显了一种趋势，即便在关键信息基础设施保护以外的网络其他领域，政府在治理中的地位与作用也将日益凸显。当然，政府参与网络治理，有别于其对传统领域的治理。政府应当与私人部门一起，以更大的灵活性、适应性和更高的效率来治理网络，在政策制定上有所创新。③ 政府参与网络治理可以分为三个层面：

第一，在关键信息基础设施保护等关乎国家安全的领域，由于该等领域安全与否对政府比对私人部门的影响更大，且政府在此的地位与作用极其重要，④ 相应地，政府应把握治理的主导权。

第二，政府通过向多利益攸关方组织派出代表等方式，在隐私、知识产权保护等领域共同创设行为守则或标准⑤并依据其治理。

第三，在并非关系国家安全的领域，或者政府不擅长的领域，⑥ 政府宜适

---

① Olivier Sylvain, "Legitimacy and Expertise in Global Internet Governance", *J. on Telecomm. & High Tech. L.*, Vol. 13 (2015), p. 40.

② 依据移交后适用的 ICANN 章程，对于那些在 GAC 内部表决时以普遍多数通过、未遭致任何正式反对的 GAC 建议，董事会需要 60% 以上的票数方能对其否决，其余关于 GAC 建议的规定与之前的章程大体一致。ICANN Bylaws, Art. 12.2(a)(x) & (xi), Jul. 22, 2017, https://www.icann.org/resources/pages/governance/bylaws-en, visited on Mar. 10, 2019.

③ Joe Waz & Phil Weiser, "Internet Governance: The Role of Multistakeholder Organizations", *J. on Telecomm. & High Tech. L.*, Vol. 10 (2012), p. 344.

④ 中国不断加强国内基础设施建设并保障公民的互联网接入权。参见孙南翔：《论互联网自由的人权属性及其适用》，载《法律科学(西北政法大学学报)》2017 年第 3 期。

⑤ Joe Waz & Phil Weiser, "Internet Governance: The Role of Multistakeholder Organizations", *J. on Telecomm. & High Tech. L.*, Vol. 10 (2012), p. 339.

⑥ 例如一些特别专业的网络技术领域。有观点指出，棱镜门事件中，监听机构拦截的是网络内容层和基础设施层的通信，但并不影响数据包经由网络到达目的地的方式，ICANN 进行的正是这种逻辑层的网络治理。Olivier Sylvain, "Legitimacy and Expertise in Global Internet Governance", *J. on Telecomm. & High Tech. L.*, Vol. 13 (2015), p. 35.

当地交由私人部门自行创设最佳实践、标准、规范，以及行使一些认证或评判的功能。① 在该层面上，需要有配套的规定用来判断某领域是否无涉国家安全，以及判断某领域是否更适合交由私人部门自行治理以更好地顾及网络技术进步。

2. 治理依据（依据什么来治理）

在网络安全领域，国与国之间的合作初期过于关注复杂和无法正常运作的条约，但自 2008 年起，出现了包括规范建设（norm building）在内的其他主张。② 规范推动规则和程序的建立。③ 基于关键信息基础设施含义与保护的国内法，通过比较，从中辨识出可以作为最佳实践（best practices）的内容，继而形成规范（norms），直至成为习惯国际法（customary international law）。④ 当今各领域的全球治理均无法一蹴而就产生形式较正式、约束力较强的国际规则，而是首先出现非正式、非约束性规范，但在关键信息基础设施保护这类关乎国家安全的领域，主权国家、政府间国际组织的地位与作用极其重要，它们作为国际法主体，通常受条约、惯例这类国际规则约束，因此，为了更好规制这类主体，一部分最佳实践、标准、规范可能逐渐演化为形式较正式、约束力较强的法律规则，剩余部分可能与规则长期并存，形成交织了形式不同、约束力不等的各种规定的体系。

---

① 例如"互联网工程任务组"（下称"IETF"）在没有政府直接介入的情况下创设最佳实践、标准和规范。Joe Waz & Phil Weiser, "Internet Governance: The Role of Multistakeholder Organizations", *J. on Telecomm. & High Tech. L.*, Vol. 10 (2012), pp. 341-342 and footnote 26.

② 虽然不具有条约那样的约束力，但规范也能有力地影响国家的行为（state behavior）。James A. Lewis, "Confidence-Building and International Agreement in Cybersecurity", Disarmament Forum: Confronting Cyberconflict, 2011, pp. 52-53. 前述 ITU 在 2007 年召开网络安全工作交流会形成共识的做法，也被认为是在进行规范建设。Roger Hurwitz, "An Augmented Summary of the Harvard", Harvard-MIT-Toronto Workshop, 2012, p. 8.

③ Milton Mueller et al., "The Internet and Global Governance: Principles and Norms for a New Regime", *Global Governance*, Vol. 13 (2007), p. 248.

④ Scott J. Shackelford & Amanda N. Craig, "Beyond the New 'Digital Divide': Analyzing the Evolving Role of National Governments in Internet Governance and Enhancing Cybersecurity", *Stan. J. Int'l L.*, Vol. 50 (2014), p. 123.

三、关键信息基础设施保护领域的全球治理
——以信息技术产品供应链风险控制为例

无论站在国内还是国际规则制定者的角度，关键基础设施的准确定义是困惑之一，此外，政府在保护这些重要资源中应当扮演的角色也存在争议。① 但多数国家同意关键基础设施保护是一个可以容纳政府一定程度介入与国际合作的成熟领域。② 由此，涉及关键基础设施的规制有机会位列发展最快的规制领域。在此领域，如何增进信息技术产品供应链信任被视为一个普遍且重要的问题。③

(一) 主权国家的权利与义务

为保障国家安全，各国一般对信息技术产品供应链进行国家安全审查，但各国现行的安全审查制度存在审查范围模糊、审查过程不透明、审查结果存在主观臆断的现象。④ 微软公司的一项研究指出，供应链风险控制应重视国际合作，各国政府需要重新审视其对供应链风险的理解，认识到这是所有国家面临的共同问题，通过增强交流而非设置贸易壁垒的途径来解决。⑤ 针对前述信息技术产品供应链国家安全审查中的突出问题，各国制度的协调需要从以下三个方面着力：

第一，依托关键信息基础设施识别认定标准的完善确定审查对象。世界上许多国家都在制定新的法律和政策以保护其关键基础设施，但该等国家均面临

---

① Paul Cornish et al. , Cyber Security and The Uk's Critical National Infrastructure, http：//www. chathamhouse. org/sites/default/files/public/Research/International%20Security/r0911cyber. pdf, visited on Mar. 10, 2019.

② Stephen Cobb, A Cybersecurity Framework to Protect Digital Infrastructure, Welivesecurity, http：//www. welivesecurity. com/2013/07/08/a-cybersecurityframework-to-protect-digital-critical-infrastructure/, visited on Mar. 10, 2019.

③ Scott J. Shackelford & Amanda N. Craig, "Beyond the New 'Digital Divide'：Analyzing the Evolving Role of National Governments in Internet Governance and Enhancing Cybersecurity", *Stan. J. Int'l L.* , Vol. 50 (2014), pp. 148, 180.

④ 参见马民虎、马宁：《IT 供应链安全：国家安全审查的范围和中国应对》，载《苏州大学学报》2014 年第 1 期。

⑤ Scott Charney & Eric T. Werner, Cyber Supply Chain Risk Management：Toward A Global Vision of Transparency and Trust, Microsoft, http：//www. microsoft. com/en-us/download/details. aspx？id＝26828, visited on June 10, 2016.

究竟哪些设施应被视为"关键"的问题。① 各国应该依托细化的(甚至量化的)标准,确定哪些设施(或者至少确定哪些行业、领域)与国家安全密切相关,将审查对象限定为那些部署在真正"关键"的设施中的信息技术产品,确保该等产品的供应链安全。

第二,将审查事项区分为主要涉及"产品"因素的事项和主要涉及"人"(供应商)因素的事项。由于信息技术产品本身才直接投入关键信息基础设施使用,因此,应该允许审查较多的涉及"产品"因素的事项并提出较高的要求,国家安全审查不限于最终的货物和服务,国家有权将其拓展至产品生命周期的其他环节,例如软件更新、升级等。

虽然信息技术产品供应链的风险可能源自供应商的恶意,但当今世界供应链各环节产业、企业的相互依赖前所未有地加强,② 供应商生产、销售产品的主要目的仍然是为了追逐利润和追求自身发展,而这一切的前提则是提供高性价比的产品,包括尽量保证产品的安全而非向供应链注入风险。在此情形下,需要理性地认识到供应链风险的相当一部分源自信息技术产品本身的复杂性,③ 应该有节制地审查涉及"人"因素的事项,例如,有节制地审查供应商背景。

第三,政府应公开审查所依据的法律、法规或其他规范性文件以备供应商了解,并依法④进行国家安全审查,同时考虑到企业需要保护其商业秘密和有义务遵守其国内法;企业也应理解信息技术产品进口国的网络安全关切,提供必要的信息以配合政府的供应链风险控制措施,供应商应该有途径对政府的执法提出异议。

---

① Scott J. Shackelford & Amanda N. Craig, "Beyond the New 'Digital Divide': Analyzing the Evolving Role of National Governments in Internet Governance and Enhancing Cybersecurity", *Stan. J. Int'l L.*, Vol. 50 (2014), p. 144.

② 一方面,已经形成的信息和通信技术产品全球供应链使得一国在其国内独立生产所有产品困难且成本高昂;另一方面,即使一国政府能成功禁止所有外国产品,风险仍无法消除。Scott J. Shackelford & Amanda N. Craig, "Beyond the New 'Digital Divide': Analyzing the Evolving Role of National Governments in Internet Governance and Enhancing Cybersecurity", *Stan. J. Int'l L.*, Vol. 50 (2014), p. 180.

③ 供应商的多样性以及信息和通信技术产品的复杂性,导致网络供应链风险控制尤其充满挑战但并非毫无办法。Scott Charney & Eric T. Werner, Cyber Supply Chain Risk Management: Toward A Global Vision of Transparency and Trust, Microsoft, http://www.microsoft.com/en-us/download/details.aspx? id=26828, visited on June 10, 2016.

④ 包括国内法与国际法,硬法与软法。

(二) 非国家主体的权利与义务

信息技术产品供应链包含诸多环节、涉及诸多供应商，单凭国家安全审查难以有效控制风险，国际法除了规定主权国家、政府间国际组织的权利和义务，还需要对非国家主体进行规制。① 即便是在关键信息基础设施保护这样一个政府地位与作用极其重要的领域，私人部门的参与仍然必不可少。传统上，主权国家、政府间国际组织才是国际法主体，但由于网络事项日益延伸至全球和跨界层面，私人部门、公民社会得以广泛、深入、最重要是直接参与，而非像以往那样，唯有通过主权国家才能得以参与国际事务。与之相适应，区别于传统上通过国家来间接规制非国家主体，国际法有必要直接规制非国家主体，且由于这类主体对国际事务的参与通常表现为主张权利而避谈义务，因此，国际法在明确其权利的同时应注意为其创设义务。

国际法直接规制非国家主体，这种提法参考了国际法规定网络服务提供者(下称"ISPs")保护人权的责任。② 作为一种非约束性守则(non-binding codes)，联合国《跨国公司和其他商业企业关于人权的责任规范》规定了跨国公司和其他商业企业这类非国家主体保护人权的责任。③ 关键信息基础设施保护领域的全球治理追求网络安全，而本文开头述及，网络安全是国家安全的形式之一，此种价值亦非常重要，为更好地对其进行保护，需要直接规定非国家主体在该领域的权利与义务。

值得注意的是，关键信息基础设施保护可能是网络治理中一个特别需要强调非国家主体义务的领域，Lessig 和谷歌副总裁 Cerf 都大致将网络划分为基础

① 在国内层面，则表现为国内法规定政府之外主体的供应链风险控制权利与义务，例如，我国《网络安全法》除规定网络产品和服务的国家安全审查以外，还要求运营者与网络产品和服务提供者之间通过安全保密协议来控制风险。参见《网络安全法》第 35 条、第 36 条。

② 传统上，保护人权被视为国家的责任。然而，鉴于 ISPs 凭借其在网络中显著的地位对个人表达自由的影响，近来有观点提出对 ISPs 这种非国家主体加诸保护人权的责任。国际法规制非国家主体保护人权的责任有两条路径：第一，直接规定以跨国公司形式组织的 ISPs 的责任；第二，规定国家保护人权免受 ISPs 侵犯的义务。Anne Cheung & Rolf H. Weber, "Internet Governance and the Responsibility of Internet Service Providers", *Wis. Int'l L. J.*, Vol. 26 (2008-2009), pp. 405, 450-455.

③ U. N. Econ. & Soc. Council, Sub-Comm. on the Promotion & Protection of Human Rights, Norms on the Responsibilities of Transnational Corporations and Other Business Enterprises with Regard to Human Rights, U. N. Doc. E/CN. 4/Sub. 2/2003/12/Rev. 2 (Aug. 26, 2003).

设施或物理层、规则或逻辑层以及内容层，① 参与网络事项的非国家主体多在内容层主张言论自由、隐私与知识产权保护方面的权利，如果说国际法在这一层面尚需特别关注保障非国家主体的权利，那么，关键信息基础设施保护主要发生在基础设施或物理层，鉴于该层面个人权利很大程度上依赖政府保障，②作为一种平衡，政府要求更大的管理权限是合理的，相应地更多规定非国家主体的义务。

信息技术产品供应链风险控制，最终有赖于政府和私人部门共同建立起基于标准的（standard-based）框架，以供各国公私各部门共同遵守。然而，就循序渐进地为供应商等非国家主体创设义务而言，首先，要求在硬件或软件生命周期的起点，即研发设计环节就依据良好商业实践（sound business practices）行事；其次，要求依据国际通行的最佳实践对产品进行认证，在认证的形式上，自我认证最容易进行且成本最低，但适应仍有国家倾向于严格的认证程序且对外国供应商持不信任态度的现状，政府监督之下的独立第三方认证亦为形式之一。③《跨国公司和其他商业企业关于人权的责任规范》规定了跨国公司和其他商业企业有义务保护国际法和国内法承认的人权。站在以跨国公司形式组织的 ISPs 这类非国家主体的立场，这意味着其需要遵守从行为地法、住所地法、国际法、政策、实践及其他在内的一系列规定。④ 以网络治理体制的视角观之，这也昭示了该体制下的治理依据将经历最佳实践、标准、规范、规则等形态，甚至发展成形式不同、约束力不等的各类规定长期共存的独特体系。

四、中国的关键信息基础设施保护制度在国际层面的协调

关于国内制度在国际层面的协调，如前所述，就网络治理整体而言，国际

---

① Lawrence Lessig, *the Future of Ideas：the Fate of the Commons in A Connected World*, New York：Vintage, 2002, p. 23. See also Vinton G. Cerf, Patrick S. Ryan & Max Senges, "Internet Governance Is Our Shared Responsibility", *ISJLP*, Vol. 10 (2014), p. 9.

② 《世界人权宣言》中个人表达自由的权利、寻求和获取信息的权利，在互联网语境中，可以被细化为互联网表达自由、互联网接入自由以及互联网通信自由。第二项自由中，互联网基础设施和设备的可获得性成为互联网自由的核心内容。中国不断加强公民对互联网基础设施的可获得性。参见孙南翔：《论互联网自由的人权属性及其适用》，载《法律科学（西北政法大学学报）》2017 年第 3 期。

③ John C. Mallery, "Summary for Panel 5：Norms for Security, Resilience and Integrity in Telecommunications Critical Infrastructure", Cyber Norms Workshop 2. 0, Sept. 2012.

④ Anne Cheung & Rolf H. Weber, "Internet Governance and the Responsibility of Internet Service Providers", *Wis. Int'l L. J.*, Vol. 26 (2008-2009), pp. 452-453.

社会分歧较大，尚未形成条约、惯例这类典型的国际规则。以传统的国际法视角观之，国内制度暂未受到与国际规则协调的要求。

但由于网络安全为各国所欲且需要其共同解决，因此，至少在作为网络安全重点的关键信息基础设施保护领域，各国在治理理念上将逐渐调和、在治理路径上将逐渐趋同。在国际合作的过程中，无法一蹴而就产生形式较正式、约束力较强的国际规则，而是首先形成非正式、非约束性规范，鉴于此，目前国内制度在国际层面的协调主要是指与关键信息基础设施保护领域的最佳实践、标准、规范的协调。

需要指出的是，上文在论述治理依据时提及，最初规制关键信息基础设施保护的乃国内法，它们是该领域全球治理所依据的非正式、非约束性规范的来源，因此，从根本上，现阶段该领域国内制度在国际层面的协调，很大程度上是各国国内法之间的模仿、借鉴。一些国家或地区已经在关键信息基础设施保护领域形成了一些比较先进的制度，我国依据国情借鉴，有助于保障网络安全的同时促进信息技术发展。

(一) 树立相对网络安全观，提高威胁态势感知能力

以供应链的风险控制为例，由于技术本身的不确定性和恶意攻击的存在，风险广泛存在于各类信息技术产品和产品的整个生命周期。在此情形下，绝对安全的传统保障理念毫无意义。相对网络安全观下，威胁态势感知强调实时发现与应对风险。[①]

我国《网络安全法》第 34 条规定了关键信息基础设施运营者在第 21 条之外的其他安全保护义务。第 39 条规定了国家网信部门统筹协调有关部门对关键信息基础设施的安全保护采取的措施。上述规定看似面面俱到地涉及了政府、运营者在关键信息基础设施日常运营以及风险发生时应采取的措施，但尤其是第 39 条规定的政府与运营者之间的协作中，并未很好体现前文所谓"政府与私人部门一起，以更大的灵活性、适应性和更高的效率来治理网络，在政策制定上有所创新"，至少还可以进行以下方面完善：

第一，若出现针对关键信息基础设施的威胁，则运营者最有可能首先感知威胁态势，但仅凭运营者自身难以有效应对风险，关键信息基础设施的保护有

---

① 参见马宁：《国家网络安全审查制度的保障功能及其实现路径》，载《环球法律评论》2016 年第 5 期。

赖政府、运营者、使用者三方①,《网络安全法》第 39 条规定的政府与运营者之间的协作机制:一是应将重心前移至安全风险抽检、网络安全信息共享、网络安全应急演练等日常措施,避免过分依赖网络安全风险发生后的应急处置与网络功能恢复等非常手段;二是应在政府引导下运营者培育自身的安全保护能力,避免过分依赖政府,充分发挥以运营者为代表的私人部门乃至公民社会收集与共享信息等方面的作用。

第二,关键信息基础设施运营者是威胁态势的最先感知者,通常获得关于威胁的第一手信息,但尤其是运营者中的中小企业,它们缺乏足够的能力与意愿去整合信息,从而无法刻画出威胁的全貌,影响风险应对。网信部门应考虑建立专门的国家级网络安全信息共享中心,特别是为中小企业网络安全信息共享提供建议指南。② 印度 2013 年国家网络安全政策提出设立专门的关键信息基础设施保护中心。同时,该政策鼓励商业机构设立首席信息安全官,并推动商业机构创设与其商业计划一体化的信息安全战略,且依据国际通行的最佳实践来实施该等战略。③ 与之相比,我国《网络安全法》第 34 条、第 39 条虽然分别提及了运营者、政府负责关键信息基础设施保护的专门机构及各自的义务,但还需要进一步加强它们之间的协作:一方面,运营者将网络安全上升为企业战略,提升负责网络安全的专门机构在企业管理体系中的层级,细化并落实其职能,注重日常运营中的安全保护,在私人部门、公民社会被联合国认定为与政府同为网络治理主体的语境下,身处私人部门的运营者应注意按照关键信息基础设施保护领域已经首先出现的非正式、非约束性规范行事;另一方面,运营者在日常运营中发现的安全问题反馈至政府,例如,运营者动态、实时地感知到的威胁这类信息共享至政府时,政府有效地将其整合,并通过专门机构及其管理的信息网络平台及时提供给运营者,帮助其认清威胁的全貌,有效应对风险。

第三,动态、实时地感知针对关键信息基础设施的威胁态势,最理想的是防患风险于未然,但由于风险无法杜绝,因此政府科学组织网络安全应急演练、积极提升网络安全应急处置与网络功能恢复的能力仍有必要。在《网络安

---

① 参见张跃冬:《网络安全立法中的关键信息基础设施保护问题》,载《中国信息安全》2015 年第 8 期。

② 参见刘晓曼,杜霖,戴方芳:《从"永恒之蓝"事件思考构建我国关键信息基础设施保护体系》,载《技术天地》2018 年第 3 期。

③ National Cyber Security Policy 2013, http://deity.gov.in/sites/uploadfiles/dit/files/National%20Cyber%20Security%20Policy%20(1)_0.pdf, visited on Mar. 10, 2019.

全法》第 39 条的基础上，进一步认识到由于网络内在联系的特征，尽管我们人为地划分了不同行业、地区，但风险完全可能跨行业、跨地区、跨国界发生；并且，网络连接了许多物理形式的关键基础设施，它们与关键信息基础设施融合在一起，单纯针对网络的重大攻击就可能同时引发网络、现实世界的重大灾难，关键信息基础设施保护立法应该充分设想前述情形，① 深入开展跨行业、跨地区、跨国界、跨越有形(物理形式)与无形关键基础设施②的网络安全应急演练，提升网络安全事件应对和灾难恢复能力。

(二) 科学识别认定关键信息基础设施

对比《网络安全法》和《关键信息基础设施安全保护条例(征求意见稿)》(下称"《条例(征求意见稿)》")中关键信息基础设施的范围，相似之处是二者都采取了特定行业加严重危害后果的方式来界定，不同之处是后者第 18 条提及的行业更广，且细化至各行业重点单位负责运行、管理的网络设施和信息系统。虽然后者第 19 条规定了关键信息基础设施的识别认定，包括制定识别指南，各行业、领域依据指南进行识别，但前述法律、法规划定的范围内关键信息基础设施具体为何，尚需以清单列明。首先由运营者依据现有法律、法规识别各自的关键信息基础设施；再由行业主管或监管部门形成本行业、本领域的清单；行业清单提供至关键信息基础设施保护协调部门，形成国家清单。③ 即便形成了清单，也并不意味着将其公开，相反，从美国和欧盟的经验来看，为防止关键信息基础设施受到攻击，其具体范围是秘密的。

(三) 制定关键信息基础设施保护标准

《条例(征求意见稿)》第 10 条规定了国家建立和完善网络安全标准体系，

---

① 2015 年，美国《网络安全信息共享法案》签署时，《国土安全法》的相关内容也被修订，其中"国家网络安全增强"部分第 208 条从规制单个关键基础设施遭受网络攻击的情形，转向规制多个关键基础设施同时遭受极其重大的网络攻击，并引发毁灭性后果的情形。参见沈玲：《网络安全不再只是"网络安全" 解读美国〈网络安全法案〉》，载中国信息产业网，http://www.cnii.com.cn/internation/2016-09/28/content_1784043.htm，2019 年 3 月 10 日访问。

② 此处的无形关键基础设施主要就是指关键信息基础设施。

③ 国家网信部门按照法定授权对关键信息基础设施的具体范围予以认定。参见刘金瑞：《我国网络关键基础设施立法的基本思路和制度构建》，载《环球法律评论》2016 年第 5 期。

利用标准指导、规范关键信息基础设施保护工作。同时，等级保护制度的核心为技术标准、等级划分和测评。① 由此，在分别作为"点"②和"面"③的关键信息基础设施保护制度和网络安全等级保护制度中，标准体系的建立和完善都是核心。

前述奥巴马签署的第 21 号总统令提出建立自愿的"网络安全框架"，提供给公司采纳以更好地保护关键基础设施，并指出私人部门最佳实践是该框架的组成部分。2014 年，美国国家标准与技术研究院发布了《提升关键基础设施网络安全框架》，从识别、保护、检测、响应、恢复等方面作出了明确的规定。④ 无论在关键信息基础设施保护领域，还是在网络安全等级保护领域，目前我国的标准均不完善，⑤ 关于标准的制定，除了发挥政府的作用以外，由于《条例（征求意见稿）》也提及运营者对本单位关键信息基础设施负主体责任，因此，身居私人部门的企业、行业协会等也可以积极推动标准的形成，且这种参与不限于国内层面。⑥ 此外，公民社会也可以参与到标准的形成中来。

---

① 参见马民虎：《等级保护与关键信息基础设施保护的竞合及解决路径》，载《西安交通大学学报（社会科学版）》2018 年第 4 期。

② 依据《网络安全法》第 31 条，关键信息基础设施保护在网络安全等级保护制度基础上，实行重点保护。

③ 公安部网络安全保卫局总工程师郭启全称，要将等级保护制度打造成新时代国家网络安全的基本制度。参见李政葳、陈畅：《关键信息基础设施保护必须以等级保护制度为基础》，载光明网：http：//politics. gmw. cn/2017-06/21/content_24851244. htm，2019 年 3 月 10 日访问。

④ NIST, Framework for Improving Critical Infrastructure Cybersecurity（Version 1. 0），http：//www. inst. gov/cyberframework/upload/cybersecurity-framework-021214. pdf, visited on Mar. 10, 2019.

⑤ 例如，《条例（征求意见稿）》第 35 条提及的网络安全服务机构、网络服务外包机构等资质的标准尚不明确。

⑥ 西方企业在 IETF 标准形成中发挥积极作用，作为一种应对，近年来，中国企业华为寻求其在 ITU 影响力的提升，ITU 也是国际上非常重要的信息技术标准制定组织。Scott J. Shackelford & Amanda N. Craig, "Beyond the New 'Digital Divide': Analyzing the Evolving Role of National Governments in Internet Governance and Enhancing Cybersecurity", *Stan. J. Int'l L.*, Vol. 50（2014）, p. 141.

印度国际私法中债权法律选择问题研究[*]

吴小平^{**}

目 次

一、合同法律选择的一般规则
二、特殊合同
三、侵权
四、不当得利和无因管理
五、票据

虽然中国与印度之间政治关系并不亲密，但两国的民商事交往仍处于蓬勃发展的态势，两国之间跨国民商事法律纠纷的解决，有赖于对印度相关法律制度的深入了解。本文关注印度国际私法中的债权法律选择问题，主要分析了合同、侵权、不当得利和无因管理、以及票据的法律选择。

一、合同法律选择的一般规则

(一) 合同自体法处于确定合同准据法的核心地位

印度没有关于合同法律选择的成文法。印度法院遵循和适用与合同自体法

＊ 本文为湖南师范大学"一带一路""研究院 2017 年度招标课题"'一带一路'重要沿线国家印度的国际私法研究"的阶段性成果。
＊＊ 吴小平，法学博士，湖南科技学院人文与社会科学学院讲师。

有关的普通法规则。① 合同自体法在 India General Investment Trust v. Raja of Khalikote 一案②中被明确地定义为："合同自体法是指法院用来确定合同之债的法律。"在此，并不存在诸如合同履行地法或合同缔结地法之类的僵化标准。合同自体法的确定取决于查明每个案件中当事人的意图，需考量合同的条款、当事人的情况、反映当事人意图的所有周边事实。最高法院在 Thermal Power Corporation v. Singer Company 一案③中重申了自体法的原则："自体法是当事人明示或默示选择的法律，或者是由于与合同有最密切联系而归因的法律。然而，必须澄清的是，自体法的表述是指所选法律系统的国内实体法而不是冲突法。合同的法律不受反致制度的影响。"由此可见，合同自体法的确定，分为三个层次：

1. 确定合同自体法的第一个层次：当事人意思自治

与一些国家有限制的意思自治不同，印度国际私法对当事人意思自治几乎不设限制。

首先，并不要求选择与合同有联系的法律。虽然最高法院在一个判决中指出，选择的法律必须要与合同有某种联系，但是，在之后的判决中却没有要求此条件。由于不存在任何理由来反对当事人选择一个中立的法律体系来规制他们合同权利与义务，因此当事人选择与合同没有任何联系的法律也应被认为是合法的选择。法院指出："若选择是善意的并且没有违背公共秩序，该选择必须被接受。"④

其次，并不要求选择与合同有联系的法院。最高法院认为可以允许当事人之间约定中立法院的专属管辖权，这意味着该法院可以与合同当事人没有任何联系，⑤ 并且由当事人合法选择的中立法院可以解决当事人之间的任何合同争议。

最后，当事人可以针对合同的不同部分选择不同的法律。例如，可以针对当事人之间的权利义务、当事人之间可能发生的仲裁，以及此种仲裁的程序分

① V. G. Ramchandran, "Conflict of Laws as to Contracts", *Journal of India Law Institute*, 1970(12), pp. 269-286.

② All India Reporter: Calcutta High Court, p. 508.

③ Supreme Court Cases, 1992 (3), p. 551.

④ National Thermal Power Corp. v. Singer Co., All India Reporter: Supreme Court, 1993, p. 998.

⑤ Modi Entertainment Network v. WSG Cricket Pvt. Ltd., All India Reporter: Supreme Court, 2003, p. 1177.

别选择不同的法律来规制。①

2. 确定合同自体法的第二个层次：当事人没有明示选择时，合同自体法的推定

在不同的情形下，印度法院会作出不同的推定：

（1）缔约地法：在没有明示选择合同自体法的情形下，推定为合同签订地的法律。当合同的签订和履行都在同一个地方时，这种推定将更加强烈。Shankar v. Manilal 一案②坚持的一般原则是：源于合同的所有权利和义务都受合同自体法的规制，并且合同自体法为合同签订的国家的法律。

（2）合同履行地法：Shah Kunwarji Tulsidas v. Bombay Steam Navigation Co. 案③中，依合同签订地，合同无效；依合同履行地法，合同有效。在不存在其他特殊案情的的情形下，法院推定合同当事人意图使合同适用合同履行地法。

（3）法院地法：一般推定合同当事人将援引最能实现合同目的的法律。若对于当事人的意图有任何疑义，印度法院一直认为可以根据案情适用法院地法作为合同准据法。④

（4）客观测验的方法来确定当事人的意图，Rabindra Nath Mitra v. Life Insurance Corporation of India 一案⑤认为法院必须考虑到诸如当事人的住所和居所、公司的国籍、公司的主要商业所在地、合同履行地、特定的约定在一个法律中有效而在另一个法律中无效的事实、标的的性质及所在地，以及任何其他用来确定合同地点的事实。

3. 确定合同自体法的第三个层次：最密切联系原则

若当事人没有作出选择，适用的法是与合同有最真实最有实质联系的法律。⑥ 在当事人没有作出选择的情形，法院将考量适用合同缔结地或履行地法⑦、当事人所选择的解决纠纷的法院所在地法、当事人所选择的仲裁

---

① National Thermal Power Corp. v. Singer Co. , All India Reporter：Supreme Court, 1993, p. 998.

② All India Reporter：Bombay High Court, 1940, p. 799.

③ All India Reporter：Saurashtra High Court, 1955, p. 54.

④ Nicholas Schinas v. Nimazie, All India Reporter：Calcutta High Court, 1962, p. 850.

⑤ All India Reporter：Calcutta High Court, 1964, p. 141.

⑥ Delhi Cloth and General Mills Co. v. Harnam Sing, All India Reporter：Supreme Court, 1955, p. 590.

⑦ State Aided Bank of Tracancore Ltd. v. Dhrit Ram LR 69 IA 1, All India Reporter：Privy Council, 1943, p. 6.

地国法①等。

（二）对分割论的采纳及具体运用

1. 合同当事人的缔约能力：缔约地法逐步占据主导地位

应当适用哪一个法律来确定缔约能力，并没有达成统一的司法意见。在商业合同中，缔约能力可能会受下列法律的规制：缔约地法、住所地法、不动产所在地法、合同准据法。在一些早期判决中②，签订合同的缔约能力适用当事人住所地法，最高法院也作出了相同意思的原则性表述。③ 然而，另一些判决表明，在商业合同中，签订合同的缔约能力应当适用合同签订地的法律。④

早期的印度判决因为《印度合同法》第 11 条而适用住所地法。之后，马德拉斯高等法院在 T. N. S. Firm v. Mohammad Hussain 一案⑤中采用了不同的观点。此案认为当事人缔结合同的缔约能力应受缔约地法而不是住所地法的规制。Nachiappa v. Muthu Karuppan 案⑥确定，不动产有关的合同的缔约能力适用物之所在地法。

可见，印度法还是赞同适用缔约地法来解决当事人的缔约能力问题的。然而，一些学者认为用缔约地法来确定当事人缔约能力并不尽如人意。主要原因在于：第一，这使合同当事人仅需挑选能令其有缔约能力的地方签订合同，就能对其无缔约能力形成规避；第二，若缔约地刚好是短暂停留或快速经过的地方，就不存在适用合同缔约地法的正当理由。⑦

2. 合同的效力：形式效力与实质效力分别确定

（1）形式效力：从缔约地法的机械运用到尽量使合同有效

关于合同的形式效力，缔约地法曾经拥有完全的毫无争议的影响力。即使如今，司法观点也赞同符合缔约地法足以满足合同形式效力的要求。但印度法

---

① Shreejee Trako（India）（P）Ltd. v. Paperline International Corporation Inc. Supreme Court Cases，2003(9)，p. 79.

② Rohilkhand and Kumaun Bank Ltd. v. Row，India Law Reports：Allhabad High Court，1884(7)，p. 490.

③ Technip SA v. SMS Holding（p）Ltd.，Supreme Court Cases，2005(5)，p. 465.

④ TNS Firm v. Muhannad Hussain，Madras High Court LJ，1993(65)，p. 458.

⑤ India Law Reports：Madras High Court，1933，p. 756.

⑥ All India Reporter：Madras High Court，1946，p. 398.

⑦ Diwan，P. & P. Diwan，*Private International Law*，New Delhi：Deep & Deep Publications，1998，p. 524.

院关于形式效力的观点仍未统一。

若合同的缔约地和履行地为同一地方，形式效力被认为由缔约地法来确定。① 若合同在一国签订而在另一国履行，只要其形式要件符合履行地国的法律，即使其不符合缔约地法的要求，该合同也可能有效。② 法院在 Union of India v. Brijen Shah 一案③中的观点是赞同用缔约地法来确定合同的形式效力。在该案中，从巴基斯坦到印度的货物运输合同依据缔约地法被确认为形式有效。若合同在一国签订而标的在另一国，依据缔约地法要求的形式要件若不符合标的所在国法律要求的形式要件，该合同也许会无效。

这个观点进一步发展为，若合同准据法确认合同形式有效，那么该合同不管在任何地方都被接受为形式有效，即使其被合同缔约地法认为无效。④

（2）实质效力：由合同准据法来确定

合同的实质效力由合同准据法来确定。⑤ 若准据法认为合同合法，即使缔约地法或履行地法认为其不合法，该合同也是有效合同。

3. 合同的履行：由合同履行地法来确定

合同履行方面的问题通常适用合同履行地法。

4. 合同的解释：由合同准据法来确定

合同的解释应当依据合同准据法。⑥

（三）与我国的比较

首先，在意思自治原则方面。从印度来看，其采用的合同自体法实质上是合同法律适用上的意思自治原则与最密切联系原则的结合，它完成了合同法律适用问题上的主观论和客观论的协调与结合，既肯定了意思自治原则，又补充了意思自治原则的不足。⑦ 我国同样将意思自治放在首要地位，将其作为合同

---

① Prithi Singh v. Ganesh Prasad Singh, All India Reporter：Allhabad High Court, 1951, p. 462.

② Nicholas Schinas v. Nemazie, All India Reporter：Calcutta High Court, 1952, p. 859.

③ All India Reporter：Calcutta High Court, 1953, p. 366.

④ Diwan, P. & P. Diwan, *Private International Law*, New Delhi：Deep & Deep Publications, 1998, pp. 89-98.

⑤ Brijraj Marwari v. Anant Prasad, All India Reporter, Calcutta High Court, 1942, p. 509.

⑥ Velji Bharmal v. Samji Poonja, All India Reporter：Kutch, 1952, p. 27.

⑦ 杜焕芳：《国际私法学关键问题》，中国人民大学出版社 2012 年版，第 119 页。

法律适用的首要原则。对于选择的法律是否应当与合同具备实质联系，根据我国《最高人民法院关于适用〈中华人民共和国涉外民事关系法律适用法〉若干问题的解释（一）》第 7 条的规定，与印度一样，我国也不要求当事人协议选择的法律有实际联系。但是，两国对于默示选择的规定差异较大。根据《最高人民法院关于适用〈中华人民共和国涉外民事关系法律适用法〉若干问题的解释（一）》第 8 条的规定，各方当事人援引相同国家的法律且未提出法律适用异议的，人民法院可以认定当事人已经就涉外民事关系适用的法律作出了选择。可以看出，我国对于默示选择的规定是比较狭窄的。而印度在其合同自体法的第二个层次中，法院对当事人默示选择的推定要丰富得多。

其次，在最密切联系原则方面。在当事人没有选择适用法律之情形下，两国适用最密切联系原则来确定准据法。但不同之处在于我国对特征性履行的运用。《中华人民共和国涉外民事关系法律适用法》（以下简称《法律适用法》）第 41 条规定，当事人没有选择的，适用履行义务最能体现该合同特征的一方当事人经常居所地法律或者其他与该合同有最密切联系的法律。在这里，特征性履行与最密切联系原则是并列关系，而不仅仅是最密切联系原则的具体化。

最后，两国都采纳了分割论。与印度相同，我国也将合同分割成不同的方面，并分别适用不同的冲突规则来确定其准据法。

二、特殊合同

（一）雇佣合同

印度对雇佣合同重叠适用当事人意思自治与印度的强制性规则。

印度规定了用国际劳工组织的核心劳工标准来保护劳工的利益。印度的劳工法律体系涉及劳资纠纷的解决、工作条件、劳动报酬、保险、童工、平等报酬等问题。劳工问题同时处于中央政府和邦政府的管辖之下。中央和各邦都对劳工问题进行了立法。这些立法主要涉及的内容有：雇佣合同包含了试用期、工资、津贴、指派、解雇等内容；雇佣合同不得违背任何劳动法规的规定；雇主有义务采取措施保护雇员的健康、安全和福利。但由于印度的失业率及低工资问题，印度对外国劳工而言，并不具备吸引力。

在雇佣合同中，准据法由当事人选择确定，但双方对法律的选择并不能剥夺印度各邦法律中强制性规则对雇员的保护。在没有法律选择的情形下，雇佣合同将适用印度下列邦的法律：雇员在合同履行中于该邦惯常开展工作，即使其在另一邦被临时雇佣；若雇员没有在任何邦惯常开展工作，雇佣该雇员的商业单位所在地位于该邦，但若雇佣合同很明显与另一邦有更密切联系，则应当适用该另一邦的法律。

在海员雇佣的情形下，准据法由当事人选择确定，若没有选择，则适用合同签订地或合同履行地法律，若签订地和履行地不能确定，则适用法院地法。①

1958 年《商船法》第 7 部分包含了关于海员和船长雇佣的特别规定，不管船舶是位于印度港口或非印度港口。《商船法》第 100 条和第 114 条要求雇佣合同必须包含该法列出的特定条款。第 116 条规定，即使海员是在印度之外的港口被雇佣，《商船法》也应适用。该法第 145 条至第 150 条还规定了工资纠纷该如何解决，以及对纠纷有管辖权的法院。

(二) 保险合同

印度对保险的正式监管源于 1912 年《人寿保险公司法》及 1912 年《公积金法》。到 1938 年，已经出现了 176 家保险公司。1938 年《保险法》是第一个综合性立法，该法规定了对保险业的严格控制。1956 年，印度政府将超过 240 家私有人寿保险公司及公积金团体都整合成一家国有垄断公司，即"人寿保险集团"(Life Insurance Corporation)。1972 年，超过 100 家非人寿保险公司被合并成四大国有公司，这四大国有公司均为"保险总公司"(general insurance company)的子公司。至此，印度保险业完成了国有化。

1999 年《保险监管发展法》对印度之前的立法作出了修正。但其没有包含任何处理保险合同的国际私法规则。保险合同被认为由规制商业合同的一般原则来调整。

(三) 消费合同

1986 年《消费者保护法》并没有包含法律冲突规则，但印度国内的消费纠纷均由该法调整。

从国际私法的角度来看，法律选择并不会剥夺消费者所居住的邦的强制性规则对其的保护，只要符合下列三种情形：签订合同之前，有给消费者邮寄特别优惠或在消费者所居住的邦打广告，并且消费者在其居住的邦履行了为签订合同的所有必要行为；对方当事人或其代表在消费者所居住的邦接收消费者的定单；销售合同中，消费者从其居住的邦旅行至另一个邦，并在该另一邦下定

---

① Nicholas Schivass v. Nemazie, All India Reporter: Calcutta High Court, 1952, p. 85.

单，只要消费者的旅行是销售方为引诱消费者签订合同的目的而安排的。

如任何一方为在国外拥有居所或商业场所的非印度人，1986 年《消费者保护法》没有明确规定该由哪个邦来解决他们之间的纠纷。若对方当事人一直在国外，《消费者保护法》规定的可应用性也并不明确，只能推定适用国际私法的一般规则。

(四) 运输合同

印度在运输合同的法律选择上全盘接受相关国际公约的规定。

海运方面，印度通过制定 1926 年《海上货物运输法》(Carriage of Goods by Sea Act) 来执行 1924 年《关于统一提单的某些法律规定的国际公约》，还于 1992 年通过制定国内法的方式执行了《海牙规则》及《维斯比规则》。

空运方面，通过制定 1972 年《航空运输法》来执行 1929 年关于国际航空运输的《华沙公约》以及 1955 年的《海牙议定书》。

多式联运方面，1993 年印度《货物多式联运法》是在考量了 1980 年《联合国国际货物多式联运公约》之后而制定的。该法的规定与公约的规定并无明显区别。该法并没有包含法律选择规则。在实际案件中，印度法院倾向于遵循英国判决。

(五) 与我国的比较

从劳动合同来看，两国最大的不同在于对意思自治是否采纳。印度的雇佣合同法律适用的首要原则仍是意思自治，但我国没有在劳动合同中采用意思自治。我国《法律适用法》第 43 条对劳动合同法律适用作出了特别规定："劳动合同，适用劳动者工作地法律；难以确定劳动者工作地的，适用用人单位主营业地法律。劳务派遣，可以适用劳务派出地法律。"而且，根据《最高人民法院关于适用〈中华人民共和国涉外民事关系法律适用法〉若干问题的解释(一)》第 10 条的规定，我国涉及劳动者权益保护的规定属于直接适用的强制性规定，其适用无须经过冲突规范的指引。

从保险合同来看，我国对保险合同的最密切联系地作出了专门规定。在我国保险基本法《保险法》中，对于涉外保险的法律适用并未作出规定，只是涉及了《海商法》中的海上保险。我国《法律适用法》对保险合同的法律适用也没有作出任何规定。但根据 2007 年最高人民法院《关于审理涉外民事或商事合同纠纷案件法律适用若干问题的规定》第 5 条的规定，保险合同的首要原则是意思自治，若当事人未选择合同争议应适用的法律的，保险合同适用保险人住所地法。这是根据特征性履行确定的最密切联系地。而印度对保险合同没有特殊规定，完全适用一般合同的确定规则。

从消费合同来看，我国对消费合同的法律适用作出了专门规定。我国《法律适用法》第 42 条规定，消费者合同，适用消费者经常居所地法律；消费者选择适用商品、服务提供地法律或者经营者在消费者经常居所地没有从事相关经营活动的，适用商品、服务提供地法律。可见，我国采用的是有限制的意思自治，允许当事人有限度地选择合同准据法，消费者经常居所地法具有突出地位。我国将消费合同能选择的法律限定在消费者经常居所地法和商品、服务提供地法之间，既符合双方当事人的合理期待，也能避免因选择其他法律而造成的当事人之间的实质不平等和审判中外国法律查明难的尴尬。① 而印度并没有专门对消费合同的法律选择进行立法规定，只能推定适用国际私法的一般规则。

从运输合同来看，我国 1993 年 7 月 1 日开始实施的《海商法》关于海上货物运输的规定以《海牙规则》和《维斯比规则》为基础，其第 269 条规定："合同当事人可以选择合同适用的法律，法律另有规定的除外。合同当事人没有选择的，适用与合同有最密切联系的国家的法律。"《海商法》优先于《法律适用法》适用，但对于没有规定或规定不明确的事项，可以参考《法律适用法》的相关内容，如《法律适用法》第一章一般规定和第二章民事主体的规定等。② 国际航空货物运输方面，我国是《华沙公约》与《海牙议定书》的加入国，同时也颁布了《民用航空法》对国际货物运输进行规制。关于运输合同的法律规则，印度与我国类似，以相关国际公约为参考制定适合本国国情的具体规则。

三、侵权

(一)印度法的缺失导致英国普通法占据重要地位

印度的侵权法仍被认为处于发展的初级阶段。印度的侵权案件非常少，主要原因在于侵权诉讼的费用高昂。印度侵权法主要是在英国殖民后发展起来的，由于发展状态落后，以至于任何想要将侵权法法典化的建议都被认为不成

---

① 刘梦璐：《中日合同准据法确定制度比较》，载《天津商业大学学报》2015 年第 5 期。

② 王国华、张志红：《中国〈涉外民事关系法律适用法〉的实施对涉外海事关系法律适用原则的影响》，载《中国海商法研究》2012 年第 4 期。

熟。Satishchandra Chakravarty v. Ramdayal De 案①以及 Govidan Nair v. Achuntha Menon 案②确认，由于制定法的缺乏，侵权纠纷的法律选择问题取决于印度法院。印度在侵权领域的固定做法是：若发现英国法院在普通法上的判决能适用于印度的社会和环境，印度法院将视其为正义、平等和良心的规则来适用，并因此自由地在涉外侵权领域适用这些规则。③

（二）法律选择采用双重可诉性标准

印度对侵权案件采用的是双重可诉性标准，即重叠适用侵权行为地法和法院地法。

印度法院遵循英国法院在 Phillips v. Eyre 一案④中确定的规则，对侵权案件重叠适用法院地法和侵权行为地法。该英国案件确定的规则是，在英国起诉的侵权案件，必须要符合两个条件：第一，该错误行为必须在英国可诉；第二，侵权发生地的法律不认为其是合法的。《戴西与莫里斯论冲突法》中也包含了同样的规则。Phillips v. Eyre 一案中确定的规则被英国法院对 Boyes v. Chaplin 一案作出的判决所修改，根据该判决，在英国对发生在外国的侵权提起诉讼，必须满足法院地法和侵权行为地法都认为该侵权是"可提起诉讼的"（actionable）要求。

在 Govindan Nair v. Achuta Menon 案⑤中，原告针对科钦邦的统治者发布的剥夺原告原属种姓的通信提出了诽谤索赔。考虑到该通信是发往英属印度，高等法院适用了英国判决所确立的双重可诉性标准并且驳回了索赔请求。因为根据科钦邦的法律，该通信是从上级发给下级并且不存在恶意，关于这种特权的抗辩是成立的，因此，在科钦邦这种行为并不能产生民事赔偿义务。后来在 Kotah Transport Ltd. v. The Jhalawar Bus Service Ltd. 案⑥中，这是一起交通事故引发的赔偿案件，法院也同样采用了由英国判决所确立的双重可诉性标准。

对双重可诉性规则的适用，在某些情形下会导致不公正的后果。因为可能会出现原告的索赔在侵权发生地能够成功，而在法院地却不能成功的情况。但

---

① India Law Reports：Calcutta High Court，1926(48)，pp. 388-409.

② India Law Reports：Madras High Court，1916，p. 433.

③ Gujarat High Courtrat State Road Transpor Corporation v. R. Ramanbhai Pratapbhai，All India Reporter：Supreme Court，1987，p. 1690.

④ (1870) L. R. 6 Q. B. 1.

⑤ India Law Reports：Madras High Court，1915(39)，p. 433.

⑥ All India Reporter：Rajasthan High Court，1960，p. 224.

适用侵权行为地法在某些情形下又会过于僵化，因为侵权行为发生在某个地方完全有可能是个意外。因此，应当规定一个足够灵活的规则，因为面对现实的多样性，统一的规则不可能保证法律选择的公正性。

印度所沿袭的双重可诉性规则源自英国，但英国实际上已对涉外侵权行为之债的法律适用作出了重大的变革。由于考虑到双重可诉性规则的诸多缺陷，如：过分强调了法院地法的适用、与英国其他国际私法领域的法律选择规范适用的单一可诉性不一致、忽略了对受害人利益的保护、结果过于不确定等，英国 1995 年《国际私法(杂项规定)法》第 10 条第 1 款对双重可诉性规则作出了明确废止，只在第 10 条第 2 款保留了例外规则。对于涉外侵权的法律适用，英国目前采用了以侵权行为地法为一般规则的灵活法律适用体系，并且从传统的普通法调整方式，转变为成文法调整方式。[1]

但印度仍然坚守双重可诉性规则，并且也仍未出台相应的成文法。

(三) 不能规避侵权领域的强制性规则

印度法律规定了一些不能规避的强制性规则，不管侵权发生在什么地方，都必须适用。例如 1986 年《消费者保护法》第 2 条对"不公正交易行为"的规定，即对买方的误导或欺骗行为。若货物是在印度售出，即使卖方的不公正行为是在国外开始或结束，印度的法律也将适用。再如，2002 年《竞争法》对妨碍印度的货物或服务公平竞争的协议的规定，这种协议即使是于印度国外签订，也可能是违法的。这在 Haridas Exports v. All India Float Glass Manufacturers Association 案[2]中得到了体现。

(四) 对某些特殊侵权的规定

对于海事侵权和航空侵权，印度已经加入了一些关于海事赔偿责任限额及油污损害赔偿限额的国际公约。但印度法院没有关于海事侵权和航空侵权的案例，看起来印度法院会遵循英国法院的判决。

(五) 与我国的比较

首先，对双重可诉性标准的态度不同。印度对侵权案件采用的是双重可诉性标准，而我国之前也采取重叠适用法院地法与侵权行为地法的方式处理相关

---

① 陈小云：《英国国际私法本体研究》，知识产权出版社 2008 年版，第 219~222 页。
② All India Reporter：Supreme Court，2002，p. 2728.

案件，但《法律适用法》对此进行了根本性的改变，该法第 51 条①否定了重叠适用法院地法与侵权行为地法原则在中国的适用。②

其次，我国对侵权的法律适用作了专门的规定。《法律适用法》第 44 条规定：侵权责任，适用侵权行为地法律，但当事人有共同经常居所地的，适用共同经常居所地法律。侵权行为发生后，当事人协议选择适用法律的，按照其协议。由此可见，我国对侵权依次采用意思自治、共同经常居所地、侵权行为地来确定法律适用。而印度由于法律缺失而有选择地遵循英国的普通法。

最后，我国对某些特殊侵权行为的法律适用作出了专门的规定。我国《海商法》和《民用航空器法》对船舶碰撞和民用航空器所造成的涉外侵权行为的损害赔偿问题作出了专门的规定，即《海商法》第 273、275 条和《民用航空法》第 189 条。2010 年《法律适用法》对涉外产品责任、人格权侵权和知识产权侵权等特殊侵权行为的法律适用作出了专门的规定。而印度在特殊侵权方面目前没有可循案例，只能推定其可能会参考英国法院的判决。

四、不当得利和无因管理

（一）不当得利

对不当得利，印度根据其起因不同而分别确定准据法。

1872 年印度《合同法》第 72 条对不当得利问题作出了规定："由于错误或强迫而被支付了金钱或被交付了任何事物的人，必须偿还金钱或返还事物。"

从不当得利的法律适用来看③：源于债的履行的不当得利的索赔，应当适用作为债务履行基础的真实或推定的法律关系的准据法所属邦的法律；源于对他人权利侵犯的不当得利的索赔，应当适用侵犯发生地的邦的法律；在其他情形下，对不当得利的索赔，应当适用不当得利发生地的邦的法律。

---

① 《中华人民共和国涉外民事关系法律适用法》第 51 条规定，《中华人民共和国民法通则》第 146 条、第 147 条，《中华人民共和国继承法》第 36 条，与本法的规定不一致的，适用本法。

② 王晓勇、邹国勇：《我国侵权冲突法的演进及其最新发展》，载《江西社会科学》2014 年第 2 期。

③ Sales Tax Officers v. Kanhaiya Lal，All India Reporter：Supreme Court，1959，p. 135；State of Orissa v. Mahanadi Coaalfields Ltd.，All India Reporter：Supreme Court，1996，p. 3339.

(二) 无因管理

对于无因管理，不存在特定的冲突规范，也没有案例对无因管理之债的法律选择规则进行关注和确定。在国内法层面，无因管理归于侵权法的范畴。

(三) 与我国的比较

我国《法律适用法》第 47 条规定：不当得利、无因管理，适用当事人协议选择适用的法律。当事人没有选择的，适用当事人共同经常居所地法律；没有共同经常居所地的，适用不当得利、无因管理发生地法律。由此可见，我国是依次适用意思自治、共同居住地法、发生地法。印度是将不当得利的发生原因进行区分，分别确定准据法。印度对无因管理没有明确规定，由于无因管理在其国内法层面归于侵权法，应当可推定其适用侵权法律适用的一般规则。

五、票据

(一) 用分割法来处理票据的法律选择

1881 年《可转让票据法》包含了与可转让票据有关的冲突法规则，将票据行为能力、票据效力、程序和拒付区分开来，分别确定准据法。但这些规则并不详尽，需要国际私法的一般规则来作补充。

《可转让票据法》对可转让票据界定为本票、汇票和支票。该法第 11 条和第 12 条规定，若本票、汇票或支票在印度签发、在印度支付、或签发给在印度的人，即被视为印度票据；反之，即为外国票据。

从票据行为能力来看，《可转让票据法》对签订可转让票据主合同或附加合同的行为能力没有作出规定。印度法院适用住所地法或合同签订地法来确定行为能力。最初是适用住所地法,① 后来马德拉斯高等法院适用了合同签订地法。②

从票据效力来看，首先，对于形式效力，虽然《可转让票据法》对此没有

---

① Kashibahn Narasappa Nikade v. Sripal Narshiv, India Law Reports: Bombay High Court, 1894(19), p. 697. ; Rohikhand and Kumaun Bank v. Row, India Law Reports: Allhabad High Court, 1885(7), p. 490.

② T. N. S. Firm v. Mohammad Hussain, India Law Reports: Madras High Court, 1933, p. 756.

规定，但实践中，形式效力由行为地法来确定。其次，对于实质效力，《可转让票据法》第 34 条规定，票据制造者或出票人的责任由出票地法律来确认；背书人和承兑人的责任，由付款地法律来确认。

从程序的法律适用来看，程序规则由法院地法来确定。

从拒付的法律适用来看，《可转让票据法》第 135 条规定，拒付适用付款地法律。

(二) 与我国的比较

我国对票据的法律适用也采用分割法。我国 2010 年《法律适用法》并没有对涉外票据的法律适用作出特别规定，因此，目前我国涉外票据法律适用的主要依据仍是 2004 年《票据法》。该法第五章对涉外票据法律适用的规定体现了分割法的运用，其第 96 条至第 101 条规定：票据债务人的民事行为能力，适用其本国法律；本票出票时的记载事项，适用出票地法律；票据的背书、承兑、付款和保证行为，适用行为地法律；票据的提示期限、有关拒绝证明的方式、出具拒绝证明的期限，适用付款地法律。从我国《票据法》的规定可以看出，涉及票据行为能力的准据法采纳的是以属人法主义当中的本国法主义为原则，以行为地法主义为补充。① 而在印度采纳的是属人法主义当中的住所地主义。

---

① 李青：《我国涉外票据诉讼管辖权的法律冲突与选择适用》，载《上海金融》2012 年第 8 期。

比 较 法

我国知识产权诉讼证明妨碍规则之不足与完善
——基于比较法视角的分析[*]

崔起凡[**]

目　次

引言
一、民事诉讼证明妨碍规则的比较法考察
二、两大法系民事诉讼证明妨碍规则评析
三、我国知识产权诉讼证明妨碍规则之不足
四、我国知识产权诉讼证明妨碍规则之完善建议

引　　言

在我国知识产权诉讼中，存在着比起一般民事诉讼更为突出的"举证难"问题，[①] 而证明妨碍规则是解决该问题可资利用的法律工具。2018 年《关于加强知识产权审判领域改革创新若干问题的意见》提出建立符合知识产权案件特点的诉讼证据规则，其中明确包括"证明妨碍规则"。证明妨碍，是指诉讼当事人或非当事人基于故意或过失，干扰和阻挠诉讼证明活动，使本可能为一方当事人所用的证据，无法或不能以本来面目呈现于法庭，并进而导致案件事实

---

　*　本文是作者主持的教育部人文社会科学青年基金项目"论知识产权诉讼中的证据收集与保全"（14YJC820009）的阶段性成果。

　**　崔起凡，法学博士，浙江万里学院法学院副教授，研究方向：比较证据法、国际仲裁法和国际贸易法。

　①　相关具体原因的分析，参见崔起凡：《也论知识产权侵权诉讼中的悬赏取证》，载《昆明理工大学学报》2016 年第 5 期。

证明不能或证明困难的行为。①

　　证明妨碍规则是为了弥补举证责任制度的不足而创设的。在某些情况下，承担举证责任的当事人无法充分提供证据，因为对方当事人或者第三人实施了证明妨碍行为。此时，如果坚持按照举证责任规则，由权利人承担不利后果，将阻碍对案件事实的发现。② 证明妨碍规则的目的在于促使证据持有人协力提供证据，从而更好地发现案件事实。③ 在大陆法系国家，证明妨碍的理论与规则源于德国，此后在日本与我国台湾等地逐渐得到系统化和完善。在普通法国家，与证明妨碍对应的概念是"毁灭证据"（spoliation of evidence，也有学者将它翻译成"证明妨碍""证据损毁"等）④，它的含义包括：对证据的隐瞒、毁损、毁弃、编造、抑制等。在知识产权民事诉讼中，民事诉讼证明妨碍规则作为一般法通常可予适用。不仅如此，有些法域的知识产权特别程序法进一步强化了该项规则的使用，比如我国台湾地区。

　　我国的相关立法和司法解释中的相关规定尚不完善，司法实践也存在种种不足，如何完善知识产权诉讼中证明妨碍规则，成为我国知识产权诉讼实务界关注的焦点问题。本文基于比较法的考察，对我国相关立法和实践进行反思，并尝试提出完善建议。

一、民事诉讼证明妨碍规则的比较法考察

（一）德国

　　在德国的民事诉讼中，证明妨碍行为的表现形式既可以表现为作为，也可以表现为不作为。积极破坏证据材料的，属于作为的证明妨碍。消极地不履行一定的保存、保管或文书提出等义务是不作为的证明妨碍。

　　德国学者阿伦茨（Arenz）认为，适用证明妨碍的法理对不负证明责任的当事人施加制裁必须以其违反证据提出义务或协力义务为要件。BGH 在司法实务中将证据作成、保管义务作为证明妨碍的构成要件。而这种义务可能是基于法律的规定或来自于双方合同的约定，也可能是基于诚信原则而产生的合同上

---

① 于鹏：《民事诉讼证明妨碍研究》，中国政法大学 2011 年博士学位论文。
② 毕玉谦：《民事诉讼证明妨碍研究》，北京大学出版社 2010 年版，第 10～12 页。
③ 毕玉谦：《民事诉讼证明妨碍研究》，北京大学出版社 2010 年版，第 12～16 页。
④ 薛潮平：《毁灭证据论》，中国法制出版社 2015 年版，第 27～29 页。

的附随义务。① 除了合同义务之外，相关义务还包括诉讼法上的义务，比如协力义务、诉讼促进义务等。

德国学术界和实务界通说均认为，无论故意或过失，证明妨碍主观方面均应具有双重可责性，即"过错行为应当既涉及毁坏或者消灭证据客体，又涉及消除证据客体的证明功能，也即在当前或者将来的诉讼中给对方当事人可为之证明造成不利影响"。②

证明妨碍中的因果关系，指的是证明妨碍行为与待证事实真伪不明之间存在因果关系，它是连接证明妨碍行为与证明妨碍后果的纽带。不负证明责任的当事人实施了证明妨碍行为造成对方当事人在诉讼中无法证明或者证明困难，是证明妨碍的最基本特征。

在德国民事诉讼中，证明妨碍的救济可以包括证明责任转换、"减轻证明责任直至证明责任转换"③、降低证明度、自由心证以及可推翻的拟制。④ 不过，德民事诉讼法中第三人违反文书提出义务时，针对第三人的救济需要另行起诉。

(二) 美国

美国民事诉讼中当事人承担证据的保存义务。依据美国证据开示规则，当事人有义务披露对己方不利的书证、物证，如果不能履行该义务，将受到轻重不等的惩罚。这就意味着当事人对于其控制下的资料和信息承担保存义务。有法院认为保存义务仅当法院发布命令时产生，但大多法院认为该义务在当事人注意到该证据与诉讼有关时(这种情况大多时候诉讼已被提起)，或者在当事人本应知道证据与将来的诉讼有关时即产生。⑤ 法院也可以颁布命令明确要求当事人保存证据。

---

① 占善刚：《证据协力义务之比较法研究》，中国社会科学出版社 2009 年版，第 278~279 页。

② Vgl. BGH Urteilvom 23. 09. 2003-XI ZR 380/00.

③ 德国最高法院(BGH)认为，在证明妨碍案件中，法院可以对举证责任人实施证明责任减轻，在一定情况下直至适用证明责任倒置。Vgl. BGH Urteilvom 17. 06. 1997-X ZR 119/94.

④ 马龙：《论德国民事诉讼中的证明妨碍制度——以德国联邦法院的判例为考察对象》，载《证据科学》2015 年第 6 期。

⑤ Andrew Hebl, "Spoliation of Electronically Stored Information, Good Faith, and Rule 37(e)", 29 *North Illinois University Law Review* 79, 83-84 (2008).

在美国，民事诉讼证明妨碍制度不加区分地适用于所有当事人及其律师。此外，判例法也已承认第三人的证明妨碍，即和诉讼无法定利害关系的第三人实施的毁灭、丢弃证据等行为，也可能构成证明妨碍并受到制裁。① 根据英美判例法，所有因故意或过失，对关于现在已系属或未来将系属诉讼案件的证据予以毁弃、变更、隐匿或其他未予以保存的行为，均构成证明妨碍。②

证明妨害行为人的心理状态可以是故意、轻率以及疏忽。司法实践中广泛采取的立场是疏忽行为足以构成证明妨害。"损害证据应当受到惩罚，如果当事人知道或者应当知道应被开示的证据与即将发生或者可以合理预见的诉讼具有相关性。"③对于过错程度较轻的行为施加惩罚的理由在于，在疏忽的证据破坏者和证据损坏的无辜受害人之间，破坏者更应该承担证据损坏对事实查明带来的无法弥补的影响。同时，惩罚也可以防止故意破坏证据却借口疏忽的情况。④

美国联邦法院对于违反保存义务的惩罚具有三项权利来源：其一，《联邦民事诉讼规则》第 26(g)条，第 37(b)(2)条，以及第 37(c)(1)条；其二，《美国法典》的相关规定(28 U.S.C. §1927)；其三，法院的固有权力。⑤ 依据这些规定，法院可选择各种惩罚，包括施以罚金、律师费或者是诉讼费用，缺席判决，驳回诉请(dismissal)，证人排除，或者认定事实成立。⑥ 所有这些惩罚的运用依据案件情况可以由不利推定替代。此外，还可以向妨碍者提出独立的诉讼。追究妨碍者的刑事责任。对于律师的证明妨害行为依据职业道德施以制裁。总之，美国法上证明妨碍救济与制裁体系相当完善，包含实体法救济与制裁(以刑法、侵权法、律师法为依据)和程序法救济与制裁(以民事诉讼法、证据法为依据)。

---

① Fairclough v. Hugo, 616 N.Y.S.2d 944 (App. Div. 1994); Pharr v. Cortese, 559 N.Y.S.2d 780, 782 (Sup. Ct. 1990).

② 黄国昌：《民事诉讼理论之新开展》，台湾元照出版有限公司 2005 年版，第 243 页。

③ Jamie S. Gorelick et al., Destruction of Evidence, Aspen Publishers, p.93.

④ Jamie S. Gorelick et al., Destruction of Evidence, Aspen Publishers, p.94.

⑤ Clayton L. Barker, "Discovery of Electronically Stored Information", 64 J. MO. B. 12, 18 (2008).

⑥ Drew D. Dropkin, "Linking the Culpability and Circumstantial Evidence Requirements for the Spoliation Inference", 51(6) *Duke Law Journal* 1803, 1808(2002).

二、两大法系民事诉讼证明妨碍规则评析

两大法系的知识产权诉讼证明妨碍制度存在一些共性：证明妨害规则适用于当事人，也适用于非当事人；证明妨害行为的心理状态包括故意和过失；证明妨碍行为违反了法定义务（证据提出义务或者证据保全义务），它可以是积极行为，也可以是消极不作为；更重要的是针对证明妨碍提供了多元化的救济，分别针对不同的证明妨碍行为适用不同的救济措施。同时，两大法系的证明妨碍规则在理论基础、证明妨碍人所违反的具体义务、受害人可采取的救济措施方面都存在一些不同。

（一）证明妨碍规则的法理基础

证明妨碍制度的法理基础主要是用于解决制裁妨碍者以及救济妨碍行为相对人的根据和正当性问题。

1. 大陆法的代表性学说

关于证明妨碍制度法理基础的代表性学说主要包括：期待可能性说、损害赔偿义务说、经验法则说、协力义务违反说、诚实信用原则违反说。[①]

期待可能性说。该学说认为证明责任分配是以证明的期待可能性为前提的。当发生证明妨碍的情形，将不可能期待负证明责任的一方当事人能提供证据加以证明。因为证明妨害的行为人违反了实体法上的证据保存义务或因其侵权行为而造成负证明责任的一方当事人进行证明的期待变得不可能，所以以将证明责任移转给实施证明妨碍的当事人。[②] 证明责任是依据相应的标准预先在当事人之间分配确定的，本应当脱离每一具体诉讼而抽象地存在，将实体法上的义务违反与证明责任的转换这一诉讼法上的效果相结合，缺乏内在的说服力。[③]

损害赔偿义务说。损害赔偿义务说以实施证明妨碍之当事人负有实体法上的证据保存义务为前提，认为在妨碍者违反该义务时，必须承担损害赔偿义

---

① 参见薛潮平：《毁灭证据论》，中国法制出版社 2015 年版，第 115~131 页；占善刚：《证明妨害论——以德国法为中心的考察》，载《中国法学》2010 年第 3 期；于鹏：《民事诉讼证明妨碍研究》，中国政法大学 2011 年博士学位论文。

② 骆永家：《证明妨碍》，载《月旦法学教室》2001 年第 2 期。

③ 占善刚：《证明妨害论——以德国法为中心的考察》，载《中国法学》2010 年第 3 期。

务，或者承担证明责任倒置的后果。① 该说认为不负证明责任的当事人实施证明妨碍，即构成侵权行为，对方当事人因此而享有损害赔偿请求权。该学说是基于补偿思想，认为受害人应当恢复其未受侵害前的状态。换言之，证明妨碍的法理依据在于受妨碍一方当事人的实体法上损害赔偿请求权。② 损害赔偿义务说以当事人在实体法上有证据保存的义务并且违反了该义务为前提，因违背者有赔偿损失的义务。该学说的不足正如德国学者布隆美尔（Blomeyer）所言："损害赔偿之原状回复是以负证明责任的当事人之证明在实际上成功为前提的，但证明实际上成功与否实乃取决于法院的证据评价，……原状回复意味着如果没有妨害行为原告就可能取得证明上的成功，……此种确定应仅意味着证据评价自身，举证人不能获得超出此种评价之利益。"③

经验法则说。著名学者罗森贝克倡导该学说，他认为，根据经验法则，举证相对人阻扰调查证据是担心调查证据结果的出现，证明妨碍行为本身能够将有争议的主张视为已经得到证明。德国《民事诉讼法》第 444 条正是出于同样的考虑。④ 经验法则说的缺陷在于，该学说的适用仅在当事人故意实施证明妨碍行为时才具有合理性，但证明妨碍行为可以是出于过失。该学说的适用以作为证明妨碍对象的证据对妨碍者不利作为前提，但是被妨碍的证据是否确实对于妨碍者不利，需经过法官的审查判断，妨碍者作出的判断可能有偏差。⑤

诉讼协力义务违反说。该说认为，在民事诉讼程序中，不负证明责任的当事人对于案件事实的解明负有一般性的协力义务。该义务可以从德国《民事诉讼法》第 138 条、第 445 条以下、第 423 条和第 372 条之一，第 656 条之一等规定推导出来。民事诉讼当事人对于案件事实的查明应当负有一般性的协力义务，而该义务可因不负证明责任的一方当事人在诉前或诉中实施证明妨碍行为予以违反，法院可以据此依照自由心证对其实施相应的制裁。⑥ 该学说的不足在于，过分强调诉讼协力义务，将会使举证责任分配的基本理念及制度设计受

---

① ［日］小林秀之：《新证据法》，弘文堂 1998 年版，第 142 页。

② 姜世明：《新民事证据法论》，台湾学林文化事业有限公司 2004 年版，第 289 页。

③ 占善刚：《证明妨害论——以德国法为中心的考察》，载《中国法学》2010 年第 3 期。

④ ［德］罗森贝克：《证明责任论》，庄敬华译，中国法制出版社 2002 年版，第 199 页。

⑤ 于鹏：《民事诉讼证明妨碍研究》，中国政法大学 2011 年博士学位论文。

⑥ 姜世明：《新民事证据法论》，台湾学林文化事业有限公司 2004 年版，第 286 页。

到削弱，并不当干涉当事人自由处分证据资料的权利，使辩论主义的根基遭到瓦解。① 放弃辩论主义会使事实确定的支配权从当事人移转到法院，导致法院过度的职权干预。②

诚实信用原则违反说。诚实信用原则是德国民事诉讼法的基本原则，《德国民事诉讼法》的许多条文体现了该项原则。③ 德国学者在论证证明妨碍规则时，也试图从该原则入手找寻答案。比如 Hellwig 认为，依据古老文献确立的原则，任何人均不能从自己恶意的行为中获得利益。因此，违反义务引起证明困境的不负证明责任之当事人，从该证明困境中获得利益即应认为是违反了诚实信用原则。相对于其他学说而言，它最能合理地解释证明妨害之法理基础。④ 我国台湾地区于 2000 年修正其"民事诉讼法"增订第 282 条之一即关于证明妨害的一般性规定时更是明确以诚信原则作为依据。⑤ 其立法理由是：当事人以不正当手段妨碍它造之举证活动，例如将证据灭失、隐匿或有其他致碍难适用之情事，显然违反诚信原则；为防止当事人利用此等不正当手段，已取得有利之诉讼结果，并顾及当事人间公平，增订本条。⑥

2. 普通法的理论学说

与大陆法存在众多的学说不同，普通法关于证明妨碍规则理论基础的表述不存在明显分歧，其主要学说是"公平与制裁说"。

在普通法国家，对证明妨碍施加的制裁是基于它危害了司法制度的真实和公平(truth and fairness)的目标。一方面，证明妨碍干扰和阻碍了民事诉讼发现案件真实的过程；另一方面，证明妨碍因造成双方当事人接近诉讼资料的不平等而明显有违公平。⑦ 在此基础上，有学者以美国法证明妨碍制度所揭示的"公平与制裁"两大主线来解释证明妨碍的法理依据。在司法实践中，美国法

---

① 占善刚：《证明妨害论——以德国法为中心的考察》，载《中国法学》2010 年第 3 期。

② 沈冠伶：《论新民事诉讼法中法官之阐明义务与当事人之事案解明义务》，载《民事证据法与武器平等原则》，台湾元照出版有限公司 2007 年版，第 15~17 页。

③ 《德国民事诉讼法》，丁启明译，厦门大学出版社，前言，第 8 页。

④ 占善刚：《证明妨害论——以德国法为中心的考察》，载《中国法学》2010 年第 3 期。

⑤ 第 282~1 条：当事人因妨碍他造使用，故意将证据灭失、隐匿或致碍难使用者，法院得审酌情形认他造关于该证据之主张或依该证据应证之事实为真实。

⑥ 骆永家：《证明妨碍》，载《月旦法学杂志》2001 年第 2 期。

⑦ Lawrence B. Solum，"Stephen J. Marzen：Truth and Uncertainty：Legal Control of The Destruction of Evidence"，36 *Emory L. J.* 1085（1987）.

院以"公平与制裁"为基础来思考证明妨碍的法律效果。其法律效果由重至轻依次为：直接作出终局判决、排除妨碍者的证据提出、给予陪审团不利推定的指示以及命令妨碍者负担费用。①

3. 简评

普通法学者从实用主义的角度出发，利用"公平"理念，由法官结合先前判例与当前个案具体情况，在恢复程序正义的过程中，制裁证明妨碍者同时救济证明妨碍的受害人，并且通过判例累积形成完善的证明妨碍规则。而大陆法学者更着眼于逻辑性，试图寻找一种逻辑严密的法律原则，使其适用于各种事实状态，以解释对证明妨碍进行法律控制的正当性和合理性。②

"公平与制裁说"具有较强的灵活性和适应性，通过判例法传统和独特的法官制度的支撑，普通法国家建立了运行良好的证明妨碍规则。由于我国和普通法国家在法律文化、法律思维、诉讼制度等方面的巨大差异，这种学说对于我国法律理论与实践而言难以把握，不宜简单采用该学说构建我国的证明妨碍规则。相比之下，大陆法的"诚实信用说"更值得推崇。

诚实信用构成民事诉讼法的一般原则，在学界已经基本达成共识。③ 民事诉讼法中的诚实信用原则广泛适用于当事人、代理人、证人、鉴定人、翻译人等其他诉讼参与人，除了调整当事人之间的诉讼行为关系外，还对诉讼参与人的诉讼活动以及法院和当事人之间的诉讼法律关系发挥调整作用。诚实信用原则要求当事人、代理人、证人以及其他诉讼参与人秉承诚实和善意，行使诉讼权利，履行诉讼义务，共同促进诉讼。④ 违反诚实信用原则即应受到制裁，正如我国台湾学者所言："当事人在诉讼法上既然基于诚信原则及武器平等原则而负有事案解明协力义务，此自包括证据调查上之协力义务，如违背上述义务而具有可规责性（包括故意和过失），则亦应在诉讼上负担不利益结果。"⑤ 在

---

① 黄国昌：《民事诉讼理论之新展开》，台湾元照出版有限公司 2005 年版，第 253 页。

② 于鹏：《民事诉讼证明妨碍研究》，中国政法大学 2011 年博士学位论文。

③ 包冰锋：《民事诉讼诚实信用原则适用之客体范围探究》，载《现代法学》2009 年第 6 期。

④ 于鹏：《民事诉讼证明妨碍研究》，中国政法大学 2011 年博士学位论文。

⑤ 沈冠伶：《民事诉讼法 2002 年判解回顾——从诉讼上之实质平等及当事人之诉讼促进协力义务以观》，载《民事证据法与武器平等原则》，台湾元照出版有限公司 2007 年版，第 284 页。

大陆法国家，诚实信用说渐成德国、日本之通说，① 更是被台湾地区立法所明确认可。

我国应当将"诚实信用说"作为构建民事诉讼证明妨碍规则的理论基础，证明妨碍的本质是违反诚实信用原则，为实现实体和程序的公平，防止证明妨碍行为人的不当获利，应采取足以抑制它的相应措施，包括具有威慑力的制裁。

(二)证明妨碍行为违反之义务

在两大法系中，证明妨碍行为所违反的义务因证据收集制度的不同而在理论基础上有所不同。就法律渊源而言，这些被违反的义务，可以来自实体法或者程序法，成文法或者判例法。

1. 普通法：证据保存义务

当事人对于其控制下的资料和信息承担保全义务(a duty of preservation)。当事人需主动履行证据保全义务，必要时，法院可以依法颁布命令要求当事人保全证据。在司法实践中，有些法院认为该义务仅当法院发布命令时产生，但大多法院认为保全相关性证据的义务在当事人注意到该证据与诉讼有关时(这种情况大多时候是诉讼已被提起)，或者在当事人本应指导证据与将来的诉讼有关时产生。②

如果证据保全义务缺位，功能强大的证据开示程序将形同虚设。如果证据持有人"具有常人的理性，能够预见该证据在潜在诉讼中具有重要性"，该保全义务就已经产生，所以该义务应当在诉讼开始前就已存在，不以法院颁布保全命令为前提。保全义务的一般原则是：证据持有人仅须要"依据情况合理可行"，法律并不强求证据持有人为保全证据而处心积虑。③ 但是，证据保全义务的边界是：如果证据保全的安全性、难度以及经济成本过高，"保管证据严重加重证据保管人的负担"，④ 则证据保全义务可以被免除。

2. 大陆法：证据协力义务

---

① 占善刚：《证明妨害论——以德国法为中心的考察》，载《中国法学》2010 年第 3 期。

② Andrew Hebl, Spoliation of Electronically Stored Information, Good Faith, and Rule 37 (e), 29 North Illinois University Law Review 79, 83-84 (2008).

③ Hirsch v. General Motors Corp., 628 A. 2d 1108 (N. J. Super. Ct. Law Div. 1993).

④ [美]杰弗里·C. 哈泽德、[美]米歇尔·塔鲁伊：《美国民事诉讼程序导论》，张茂译，中国政法大学出版社 1998 年版，第 119 页。

　　大陆法系国家的证据保全义务与文书和勘验物提出义务相关。不负举证责任的当事人或第三人的妥善保存证据是其之后履行提出义务的前提,所以证据协力涵盖了提出证据之前的保存要求。

　　证明妨碍的往往表现为,在调查证据阶段,法官通过庭前会议的形式确定证据调查范围和各方当事人在证据披露方面的合作义务,如果违反了该合作义务,构成证明妨碍。此外,实体法对文书或勘验物的提出义务进行了规定,证据持有人应当在诉讼未发生之前即应承担相应的保管义务。有观点认为,该保存义务来自于法院的命令,保全义务产生的时间为法院发出命令的时间。[1] 也有观点认为相关义务的产生,应在持有证据之当事人"可合理预期诉讼将发生"之时点开始。当事人不得以其不负客观证明责任为由,在其可合理预期诉讼将发生之后,将其现实所持有之证据加以毁灭、破坏,也无从以其不负客观证明责任为由,竟可拒绝提出其所持有与待证事实有关之证据。[2] 笔者认为,基于诚实信用原则,理应以合理预见为依据。否则,在法院发出命令前,证据持有人尤其是不负举证责任的当事人可以恶意破坏证据,证明妨碍规则难以发挥作用。而对于第三人而言也是如此。在德国,第三人的文书提出命令建立在"判断第三人是否属于不可期待"的基础上。[3] 总之,证明妨碍规则(包括保存义务的设定)应考虑证据协力义务的最终履行,证据保存义务实际是履行文书或勘验物提出义务的必要前提。

(三)证明妨碍之救济与制裁

　　在两大法系中,针对证明妨碍都存在多元的救济措施。其中有一些相同的救济措施,比如不利推定、金钱制裁。有些国家或地区明确规定了直接强制措施,比如台湾地区和德国,以便配合和弥补金钱制裁、不利推定这类间接强制措施的不足。

　　在美国证明妨碍制度中存在直接作出终局判决和证据排除这两种严厉的救济措施,直接做出终局判决之所以成为在美国法上适用的特别救济与制裁手段,原因在于对抗制诉讼模式下的事实发现对证据的完整性有更多的依赖,而且证据开示制度下的司法审判系统中,毁灭证据是绝对不能被容忍的行为。美

---

[1]　薛潮平:《毁灭证据论》,中国法制出版社 2015 年版,第 89~90 页。

[2]　参见许士宦:《证明妨碍》,载《月旦法学杂志》第 76 期;黄国昌:《民事诉讼理论之新开展》,台湾元照出版有限公司 2005 年版,第 211 页。

[3]　薛潮平:《毁灭证据论》,中国法制出版社 2015 年版,第 90 页。

国法采用的证据排除的方式，更多地着眼于恢复当事人间的公平，即为其提供平等地接近、利用诉讼证据的机会。①

实体法方面的救济。美国法上证明妨碍的实体法救济与制裁体系由民事责任、刑事责任和职业道德规范三部分构成。在德国等一些大陆法系国家和地区，也存在提起独立诉讼的救济形式。依据德国的民事实体法包括一系列知识产权法的规定，当事人享有要求当事人或第三人的文书（或勘验物）提出请求权，包括资讯请求权。因此，在文书持有人违反实体法毁灭或拒不提出相关资讯与文书时，当事人自然可以基于其享有的实体法提起独立的诉讼以获得救济。

三、我国知识产权诉讼证明妨碍规则之不足

我国 2002 年《最高人民法院关于民事诉讼证据的若干规定》（以下简称《民事证据规定》）第 75 条②和 2015 年《最高人民法院关于适用〈中华人民共和国民事诉讼法〉的解释》（以下简称《民诉解释》）第 112 条③都规定了证明妨碍规则。此外，2013 年修正的《商标法》④和 2016 年公布的《最高人民法院关于审理侵犯专利权纠纷案件应用法律若干问题的解释（二）》（以下简称《专利法解释二》）⑤也先后规定了证明妨碍规则。知识产权法及其司法解释中类似规定出台的背景是，虽然我国知识产权法规定了实际损失、侵权获利、许可费和法定

---

① 于鹏：《民事诉讼证明妨碍救济与制裁比较研究》，载《法律适用》2013 年第 12 期。

② 《民事证据规定》第 75 条规定："有证据证明一方当事人持有证据无正当理由拒不提供，如果对方当事人主张该证据的内容不利于证据持有人，可以推定该主张成立。"

③ 《民诉解释》第 112 条规定："书证在对方当事人控制之下的，承担举证证明责任的当事人可以在举证期限届满前书面申请人民法院责令对方当事人提交。申请理由成立的，人民法院应当责令对方当事人提交，因提交书证所产生的费用，由申请人负担。对方当事人无正当理由拒不提交的，人民法院可以认定申请人所主张的书证内容为真实。"

④ 《商标法》第 63 条第 2 款规定："人民法院为确定赔偿数额，在权利人已经尽力举证，而与侵权行为相关的账簿、资料主要由侵权人掌握的情况下，可以责令侵权人提供与侵权行为相关的账簿、资料；侵权人不提供或者提供虚假的账簿、资料的，人民法院可以参考权利人的主张和提供的证据判定赔偿数额。"

⑤ 《专利法解释二》第 27 条规定："权利人因被侵权所受到的实际损失难以确定的，人民法院应当依照专利法第六十五条第一款的规定，要求权利人对侵权人因侵权所获得的利益进行举证；在权利人已经提供侵权人所获利益的初步证据，而与专利侵权行为相关的账簿、资料主要由侵权人掌握的情况下，人民法院可以责令侵权人提供该账簿、资料；侵权人无正当理由拒不提供或者提供虚假的账簿、资料的，人民法院可以根据权利人的主张和提供的证据认定侵权人因侵权所获得的利益。"

赔偿 4 种损害赔偿的计算方法，但在司法实践中，法院很少采用前 3 种计算方法，这是因为实际损失、侵权获利和许可费的证据通常难以获得，法院只能在绝大多数案件中采用法定赔偿方法。证明妨碍规则被认为是有助于解决损害赔偿举证难问题的法律工具。不过，目前为止《著作权法》《专利法》尚未确立和《商标法》第 63 条第 2 款相似的证明妨碍规则。

此外，《民事诉讼法》第 111 条规定涉及当事人或第三人的证明妨碍。依据该条规定，诉讼参与人或者其他人伪造、毁灭重要证据等，妨碍人民法院审理案件时，人民法院可以根据情节轻重予以罚款、拘留，甚至追究刑事责任。结合《民事诉讼法》第 67 条和第 72 条的表述，这里的"其他人"应指诉讼参与人之外的持有涉案证据的单位和个人。这样，在知识产权诉讼中，当掌握了与案件侵权赔偿额相关的证据并负有披露义务的其他组织和个人违反该项义务，实施了伪造、毁灭重要证据等这些主动、积极的行为，妨碍人民法院审理案件的，人民法院可以根据情节轻重追究责任。

与上述法域的立法与司法实践相比，我国知识产权诉讼中的证明妨碍规则主要存在以下问题。

（一）证据提出义务范围不明确

在普通法国家，证明妨碍的判断以"证据保存义务"的界定为基础，证据保存义务的范围与证据持有人可合理预见的潜在诉讼、证据本身的相关性与重要性等因素有关。大陆法国家或地区以"证据协力义务"为分析框架，确定当事人或第三人的书证或勘验物提出义务的范围。而我国尚没有确立完善的书证提出命令等相关制度，当事人证据提出义务的范围不明。而且，对于举证妨碍制度的适用范围，立法一般界定为"一方当事人持有证据无正当理由拒不提供"，但立法或司法解释并没有进一步界定"正当理由"究竟为何。以"正当理由"的有无作为标准，可能会赋予法官过大的自由裁量权，导致的结果是，要么会加重证据持有人的证据提出义务与责任，要么使证据持有人逃脱了本应承担的法律义务，证明妨碍规则未能得到严格实施。

（二）证明妨碍主体范围过于狭窄

理论上，第三人的毁弃、灭失、隐匿证据等行为，同样造成负有证明责任的当事人难以举证，应当纳入证明妨碍规则的适用范围。与域外一般立法与司法实践不同的是，《证据规定》第 75 条只是针对对方当事人拒绝配合的行为，此外，依据《民诉解释》第 112 条的规定，目前中国所确立的文书提出命令制度的义务主体仅局限于对方当事人，而不包括第三人。

《民事诉讼法》第 111 条涉及当事人和第三人的积极证明妨碍行为，比如伪造、毁灭证据的行为，而且限定于"重要证据"，适用的范围有限。对于消极的证明妨碍行为或者所涉证据非"重要证据"的情况则缺乏必要的规制。

（三）证明妨碍行为的表现形态不甚完整

在司法实践中，证明妨碍行为的表现方式是多种多样的，比如故意毁灭证据、隐匿证据、致使证据无法使用、拒绝提交证据、拒不配合鉴定或勘验等情形。上述法律条文中所称的"拒不提供"仅仅是所有表现方式中的部分而已。另外，"拒不提供"也表明证据妨碍以"故意"而不是"过失"为要件，而"过失"与否的举证和认定在实践中又不是能轻易解决的事，"过失"情形下无须承担责任也使得证明妨碍规则的功能大打折扣。

（四）适用证明妨碍救济的条件过于严格

《专利法解释（二）》第 27 条仅针对赔偿数额的确定。然而，知识产权侵权诉讼中"举证难"问题不仅仅存在于损害赔偿环节，也存在于侵权行为的判定环节。证明妨碍的规则也应适用于侵权认定等其他环节。

根据《专利法解释（二）》第 27 条的规定，被控侵权行为人妨碍举证的后果是法院"可以根据权利人的主张和提供的证据认定侵权人因侵权所获得的利益"。有观点认为，裁判者不可直接忽略其他相关的证据，如果只要证明妨碍行为发生即认定待证事实为真实，就生硬割裂本案其他证据与待证事实之间的联系，这样仅凭妨碍行为就对讼争数额的真实性进行认定，那么其他认证规则便失去了适用的意义。① 作为证明妨碍的救济，有些法院不愿去推定权利人主张的成立，可能有两个原因：一是法条对证明妨碍救济的表述不够清晰，造成理解和适用的困难；二是有些权利人的主张缺乏证据支持，使习惯了依证据认定事实的法官无法形成内心确证，无法直接认可权利人的主张。②

权利人"提供的证据"在实际案件审理过程中往往并不多见，而且这些证

---

① 洪颖雅：《事实和规范之间：举证妨碍规则在知识产权诉讼赔偿中的适用》，载贺荣主编：《司法体制改革与民商事法律适用问题研究》（下），人民法院出版社 2015 年版，第 1177 页。

② 刘晓：《证明妨碍规则在确定知识产权损害赔偿中的适用》，载《知识产权》2017年第 2 期。

据的证明力度也大小不一。如果对"提供的证据"要求较高,证明妨碍规则将难有适用空间,从而难以实现该规则的促进发现事实的立法目的。实务中有观点认为,举证妨碍的后果是直接推定原告主张成立。① 例如,在山东九阳小家电有限公司等诉上海帅佳电子科技有限公司等侵犯发明专利权纠纷一案中,一审法院依法裁定对被告生产、销售被控侵权产品的账册进行证据保全,但被告拒绝提供,一审法院据此推定原告要求被告赔偿经济损失 300 万元的主张成立。二审法院亦予以了支持。②

(五) 救济和制裁手段简单

《民事证据规定》第 75 条规定的"推定该主张成立",通过结合"当事人主张该证据的内容",可以看出不利推定的结论是关于证据内容的主张为真实,这与《民诉解释》第 112 条的规定("可以认定申请人所主张的书证内容为真实")相一致。这些规定没有区分不同程度和种类的证明妨碍行为对于查明事实造成的不同影响,一概将对方当事人主张的证据内容视为成立有失偏颇。

首先,根据上述两个司法解释的规定,在当事人实施了证明妨碍行为后,不能直接将对方当事人有关案件事实的主张视为真实,至少没有明确规定。依据台湾地区"民事诉讼法"第 345 条规定,③ 如果当事人拒不服从文书提出的命令,法院可以酌情进行两种推定:其一,关于该文书的主张为真实;其二,关于该文书应证的事实为真实。这两种推定是不同的,后一种对于对方当事人更为不利。

其次,在民事诉讼框架内,对于证明妨碍,只有不利推定一种制裁手段,过于单一。无论是美国,还是德国、我国台湾地区,除了不利推定,还有多种救济与制裁方法,以便最大限度适用于不同的情况。不利推定适用于证据妨碍行为致使对方无法获取证据,从而使争议事实真伪不明的情况。有些情况下采取其他救济方法更为适合。比如当原件被毁损时,如果可能,以复印件代替原件,其他途径获取证据代替不利推定,等等。

---

① 湖南省高级人民法院民三庭、长沙市中级人民法院民三庭:《确定知识产权侵权损害赔偿数额常见证据的认定》,载《人民司法》2006 年第 11 期。

② 山东省高级人民法院〔2007〕鲁民三终字第 38 号民事判决书。

③ 台湾地区"民事诉讼法"第 345 条规定:"当事人无正当理由不从提出文书之命者,法院得审酌情形认他造关于该文书之主张或依该文书应证之事实为真实。前项情形,于裁判前应令当事人有辩论之机会。"

最后，需要强调的是，依据我国现有法律，对于民事诉讼中证明妨碍的刑事责任难以追究。在美国联邦及各州，法律将民事诉讼中的证据毁灭行为规定为犯罪的历史由来已久。尽管历经立法沿革，但是毁灭民事诉讼证据可以构成刑事犯罪这一立场没有改变。① 对于证明妨碍的刑事责任难以追究在相当程度上是源于立法的缺陷。我国《民事诉讼法》第 111 条规定诉讼参与人或者其他人"伪造、毁灭重要证据，妨碍人民法院审理案件的"以及"以暴力、威胁、贿买方法阻止证人作证或者指使、贿买、胁迫他人作伪证的"构成犯罪的，依法追究刑事责任。但是该条指向的刑法条文并没有予以落实。《刑法》第 306 条（辩护人、诉讼代理人毁灭证据、伪造证据、妨害作证罪）适用的基本前提是"在刑事诉讼中"的妨害司法行为。《刑法》第 307 条（妨害作证罪；帮助毁灭、伪造证据罪）第 1 款规定的"以暴力、威胁、贿买等方法阻止证人作证或者指使他人作伪证的"仅仅针对不当影响证人作证的情况，第 2 款"帮助当事人毁灭、伪造证据，情节严重的"行为主体不是当事人本人，是对帮助者的惩罚。所以，当事人本人隐匿、毁灭证据的，难以对其进行刑事处罚。

四、我国知识产权诉讼证明妨碍规则之完善建议

针对上述问题，我国应当在借鉴两大法系的相关理论和实践的基础上，完善知识产权诉讼中的证明妨碍规则。

（一）明确证明妨碍的主体要件包括当事人和第三人

证明妨碍规则的适用从当事人扩及第三人。在我国现有立法框架下，只能向法院申请调查取证以获取第三人控制下的证据。但鉴于立法对于申请法院调查取证规定了严格的条件限制，当事人往往难以得偿所愿。有必要确立和完善第三人的证据协力义务，明确规定案外第三人的证据提出义务（不仅包括提供证言的义务，也包括书证、物证的提出等义务）。该"第三人"包括凡是属于对方当事人以外的人，包括自然人、法人、机关或社会团体等。

（二）明确证据提出义务的条件与范围

明确当事人或第三人的证据提出义务的条件与范围，尤其是明确界定"正

---

① Margaret M. Koesel et al. , *Spoliation of Evidence: Sanctions and Remedies for Destruction of Evidence in Civil Litigation* (second edition), ABA Publishing, 2006, pp. 109-110.

当理由"。正当理由一般应包括证据的丢失、负担过重（比例原则），商业秘密和特免权的保护。尤其是，赋予当事人和第三人在特定情形下所享有的特免权。此外，为避免过度侵犯个人权利，第三人的证据提出义务限定在发现案件事实所必需的限度内，不应使其承担过重的负担（应与当事人的证据提出义务有所区分）。

（三）证明妨碍表现形态的完善

主观要件包括故意或过失。被诉侵权人在实施具体妨碍行为时主观上存在过错，包括故意或过失。

应当明确书证、物证、视听资料、证人证言、当事人陈述、鉴定结论和勘验笔录以及电子数据均可以成为证明妨碍的客体，不限于书证。我国现有立法或司法解释中并未明确规定这一点，比如《民诉解释》第112条只涉及书证，也未规定拒绝"配合鉴定"或妨碍鉴定构成证明妨碍，违反法院要求配合鉴定的当事人，法院应当有权采取证明妨碍救济措施。

客观要件方面包括证明妨碍的时间、行为方式、结果以及因果关系等也应予以完善。证明妨碍的时间与当事人负有的披露证据以及妥善保管证据的义务相关。这种保管义务的产生时间应当以被诉侵权人可以合理预见到诉讼可能时即已产生。① 如权利人在诉讼前已经发出过警告函或者以其他方式与被诉侵权人就侵权事宜进行过交涉，此时被诉侵权人已经知道自己存在构成侵权可能，保管义务也随之产生。

被诉侵权人实施的证明妨碍行为，包括以作为或者不作为的方式妨碍举证。关于证明妨碍的结果及因果关系，被诉侵权人的妨碍行为造成了权利人没有充分证据证明实际损失或侵权获利的结果。比如，侵权人销售量减少的原因可能是多方面的，除却涉案侵权行为，还有可能是因为政策、市场供求甚至权利人自身的原因，权利人赔偿数额的确定方式之一就是证明因侵权行为直接造成的销售量减少。

（四）放宽证明妨碍规则适用的条件

在知识产权诉讼中，证明妨碍规则将其扩展适用于所有相关事实，而不应

---

① 张友好：《论证明妨碍法律效果之择定——以文书提出妨碍为例》，载《法律科学》2010年第5期。

仅仅局限于确定赔偿数额。此外，法院在审理知识产权侵权案件过程中，当权利人已经合理努力地进行举证，而与侵权行为相关的证据资料主要由被诉侵权人掌握的情况下，可以责令被诉侵权人提供与侵权行为相关的证据；被诉侵权人不提供或者提供虚假证据的，人民法院可以判令被诉侵权人承担不利后果，即可认定权利人的主张成立。

（五）证明妨碍救济的多元化

应当通过立法或司法解释明确认可证明妨碍的多元化救济措施。法官享有一定的自由裁量权，可以根据具体案件中证明妨碍的行为方式、主观意图、造成后果的不同，选择不同的救济措施。

这些可供法院选择的救济措施包括：（1）不利推定在救济措施中占有重要地位，包括推定关于证据内容的主张为真实，以及证据应证的事实为真实。（2）降低证明标准。在知识产权诉讼中，已存在一些降低证明标准的规定和实践，比如北京市高级人民法院 2005 年公布的《关于确定著作权侵权损害赔偿责任的指导意见》第 33 条中规定："被告在被控侵权出版物或者广告宣传中表明的侵权复制品的数量高于其在诉讼中的陈述，除其提供证据或者合理理由予以否认，应以出版物或广告宣传中表明的数量作为确定赔偿数额的依据。"这也可以视为降低证明标准的具体适用规定。（3）证明责任转换。德国、我国台湾等国家和地区都有相关的法律规定与司法实践采用这种做法。我国法官在特定情形下享有在当事人之间分配证明责任的自由裁量权，① 据此可在知识产权诉讼中作出证明责任转换的决定。不过，有观点认为，作为较为严厉的救济，它在司法实践中应当谨慎使用，只有在当事人故意毁坏证据以阻挠对方当事人的举证活动，主观恶性较大时方可使用。② （4）证据失权作为救济措施也有适用的空间。当事人拒绝配合勘验、鉴定所提供的关联证据，可裁定不能作为证据使用。（5）证明妨碍规则可以规定证明妨碍行为人进行经济补偿。根据过错一方妨碍证明行为引起的诉讼耗时、额外取证等后果，作为辅助性的救济，法院可判令过错方给予无过错方经济补偿。（6）对于拒绝合作的当事人或第三人，借鉴我国台湾地区立法经验，规定在必要时法院可以直接采取强制措施，强制

---

① 《民事证据规定》第 7 条。

② 包冰锋：《论知识产权诉讼中的证明妨碍规则》，载《朝阳法律评论》2014 年第 1 期。

当事人提供证据。(7)完善刑法规定，规定在必要的情况下追究证明妨碍人的刑事责任。将《民事诉讼法》第 111 条规定的"依法追究刑事责任"的情形在刑法条文中予以落实。

不动产交易中法律专业服务的比较研究[*]

王葆莳[**]

目 次

一、问题的提出
二、英格兰的交易法专业人员和不动产交易
三、法国的交易法专业人员和不动产交易
四、瑞典的交易法专业人员和不动产交易
五、爱沙尼亚的交易法专业人员及不动产交易
六、结语

一、问题的提出

随着不同法律体系与法律文化之间的互动日益频繁，人们越来越关注不同法律文化下如何处理和管理类似的法律和经济问题。法系之间对话的核心问题之一就是比较以陪审团传统为核心的英美民事诉讼模式和根植于罗马法的民法法系模式。在民事司法领域，普通法系国家根植于英国法律传统，大陆法系国家则保留罗马法传统，两者在交易法的制度和惯例方面存在重大差异，其中之一便是公证人的角色和功能。

在大陆法系国家中，公证人作为法律专业人士承担着预防法律服务

———————————

　＊　本文获得湖南省重点学科建设项目资助。

　＊＊　王葆莳，法学博士，湖南师范大学法学院副教授。

(preventive legal services)的公共职能，即真正的"中立律师"(lawyer for the situation)①。在很多大陆法系国家，重要的法律交易通常由受过高等教育的法律专业人士处理。作为中立的法律专业人员，公证人并不代表单个当事人、而是以交易中各方当事人以及公共利益的名义执行法律交易。因此，大陆法系的学者和专家很容易理解公证人作为中立律师的角色和功能，但普通法系的法律专业人士和学者就很难理解律师可以同时为交易中的多方当事人提供法律建议。因为在英美法系国家，交易律师(transactional lawyer)和诉讼律师一样，都应对单方当事人保持绝对忠诚，并避免任何影响此种忠诚的因素。两者只是在对抗程度和代理方式上有所不同。

英美法系的传统律师规范认为，无论是在诉讼还是非诉实务中，律师均只能代表一方当事人的利益。美国各地的律师伦理规范中明确禁止律师在交易中同时代理存在利益冲突的不同当事人，特别是不得在不动产交易中同时代表买卖双方、在离婚诉讼中同时代理配偶双方，或者在设立共同企业(如合伙和公司)时代表多方当事人。在这些情形下，应当由不同律师代理利益相冲突的各方当事人，理由是任何律师都不可能向利益相互冲突的多个客户提供咨询服务。各方当事人应在独立法律专家的协助下相互进行利益博弈，才能达到最好和最公平的结果。

在德国的公证人交易模式和美国的单独代理模式之外，若干欧洲国家发展出介于两种模式之间的中间形态，对于这些中间形态的研究能够为公证人模式的选择提供更多的背景和观点参考。我们选择四个分别代表不同法律体系的国家加以研究：英格兰是英美法系国家的代表；法国代表西班牙、意大利、希腊、奥地利、葡萄牙、比利时和荷兰等国家；瑞典是斯堪的纳维亚法系国家的代表；爱沙尼亚是典型的来自前苏东地区的欧盟成员国，类似国家包括拉脱维亚、立陶宛、波兰、保加利亚、罗马尼亚、匈牙利、捷克、斯洛伐克等。

---

① Lawyer for the situation，字面为"境况律师"。这个短语是路易斯·布兰代斯(Louis Brandeis)在 1916 年创造的。当时他在参议院出席美国联邦最高法院大法官提名确认听证会。反对者指出，布兰代斯在同一交易中同时代理多方当事人；对债权人与债务人之间的纠纷进行调解。争议核心在于：在存在利益冲突的情况下，布兰代斯是否能够提供足够的代理；是否向当事人指出过共同代理存在的风险。布兰代斯借助"境况律师"的概念对这种做法进行了辩护。参见[美]黛博拉·L. 罗德等：《律师的职业责任与规制(第二版)》，王进喜等译，中国人民大学出版社 2013 年版，第 91 页。

二、英格兰的交易法专业人员和不动产交易

（一）英格兰的交易法专业人员

英格兰并不认可民法法系中的预防性司法模式。在英格兰，当事人理论上可以自由创造和实现自己的私法交易。从法律角度而言，在英格兰进行法律行为的当事人可以使用自己起草的私人协议，无须任何法律专业人员的辅助或干预。若当事人在起草或签署合同和交易法律文件方面需要专业协助，他们会直接联系事务律师（solicitor）；涉及不动产交易的，则会联系持牌地产过户师（licensed land conveyancer）。

无论事务律师还是持牌过户师，通常都只代表各自当事人的利益。对当事人的忠诚义务不允许他们在交易中代表多方利益，特别是在各方当事人利益不一致甚至相互对立的情况下。某些情况下，若各方当事人在充分考虑利弊关系后同意双方代理，则可以同时代理双方。但某些法律关系本质上具有对抗性质，不宜考虑双方代理。例如，事务律师或持牌过户师不得同时代表买卖双方，也不得同时代表房地产商和客户就购买或建造房屋事宜提供意见。法律上明确允许购房人和融资银行（按揭银行）委托同一人双方代理，这在房产买卖中也是通例。但事务律师在代表银行时，其角色仅限于准备贷款文件，而不能代表银行和他的其他客户进行融资谈判。

（二）英格兰的住宅不动产交易

20世纪以来，英国的不动产登记制度逐步取代了以前的普通法契据制度（common law title deed system），大大便利了所有权转让和抵押设定，但不动产交易过户的操作流程以及不动产交易专业人员的作用并没有发生很大变化。

一般来说，卖方律师需准备合同初稿，买方律师负责调查产权状况和交易限制，对合同提出修改建议，最终双方在同一版本合同上签字并交换。根据英格兰法律，买卖不动产的书面合同可以通过要求履行具体行为或索赔得到强制执行。有效合同下的买方拥有"衡平法上的所有权"，此种合同以前专属衡平法院管辖。

英格兰的住宅不动产市场曾被称为"链条"（chain）交易①，在这种交易中，各方当事人会签订一系列同时生效的买卖合同，以达到出售现有房屋、购买新

---

① K. Gray/S. F. Gray, *Elements of Land Law*, 5th ed. 2009, mn. 8. 1. 21 ss., p. 1043.

房的目的。其中一个买家违约,整个链条就会中断。在此种连环交易中,单笔交易或互换合同的延误,都会给其他交易方带来很大不便。连环买卖合同的情况下,每个买方都需要调查不动产,多个交易也需要协同配合,这样会导致整个交易冗长,大大增加了交易失败的比例。一项已经有约束力的合同会因为链条上的其他环节出现问题而无法执行。据估计,约有30%的不动产买卖交易没有完成最终的交割和所有权登记。

双方互换合同后,买方通常要向卖方律师支付10%的保证金,双方约定合同执行和所有权转让事项,包括联系融资机构和协调连环交易中的其他各方当事人。例如,买方的购买能力取决于是否能同时卖出自己的住宅,参与交易的事务律师就必须与另一合同的当事人协调,才能顺利完成交割。在复杂的连环交易中,协调工作会耗费事务律师及其客户大量时间精力。

通常情况下,买方律师负责准备所有权契据(title deed)。卖方律师审核通过后,卖方在该契据上签字并由卖方律师交给第三方托管(ESCROW)。买方随即安排融资、签署必要的贷款协议和抵押文件,以确保借款银行的权益。为谨慎起见,买方律师在此过程中应不断更新产权登记检索,确保不涉及第三方权益。在进行房产交割时,买方律师负责将资金转给卖方律师,卖方律师将代表着所有权的契据(deed)交给买方律师,买方律师据此以买方名义申请所有权变更登记。抵押权也同时登记,以确保银行和买方的权益同时产生。买方律师通常负责缴纳税款、取得完税凭证,并将完税凭证和契据、登记申请等文件一并交给地产登记部门。大约有30%的交易是在优先权登记的30天保护期之后才完成。在这种情况下,买方在所有权登记完成前不能对抗第三方的权利。

在大多数交易中,买卖双方和融资银行都会由不同的事务律师代表。买卖双方都不聘请律师的情况并不多见。买方的事务律师通常会同时代表买方的融资银行。此种双方代理行为是律师协会职业道德准则中特别许可的,同时受制于一些限制性规定和披露义务。① 银行设有律师库,只有该名单上的律师才能同时代表银行及其客户。律师费用由各方当事人分别承担,按照交易价款的百分比或按小时收取。

(三)英格兰住宅不动产交易的过户成本

通过推行土地登记制度,英格兰在简化不动产交易和降低合同履行成本方面已经取得了很大进步。一方面,美国仍普遍存在的产权调查费在英国已经被

---

① Solicitors' Code of Conduct 2007, Rules 3. 16-3. 22.

取消。登记系统的简化有助于英国的过户师们处理存在关联关系的多个交易。在英国，不动产交易当事人通常会各自聘请事务律师，这样会获得高质量的独立法律咨询。但这也会导致小额或平价交易的成本相对较高。比如在购买价值10万欧元的物业时，英国的过户费用差不多是欧洲各国中最高的。另一方面，虽然过户费用的平均水平较高，但英国对低于10万欧元的交易不收取转让税。同时，对于大金额的交易，英国的过户费反而是欧洲各个国家中最低的。

(四) 英格兰的公证人 (Public Notaries)

尽管英格兰是普通法传统的发源地，而普通法向来不像民法法系那样重视预防性司法制度，但英格兰也存在类似于民法法系的公证人。① 英格兰的公证人在英国司法体系中并不具有强制性预防司法功能，这一点不同于德国、法国等民法法系国家。

在英格兰和威尔士，大陆法系国家公证人的大部分职能，如过户或起草遗嘱，均由事务律师和其他专业人员承担。虽然公证人受聘于客户，但并不形成类似于律师和客户之间的关系。公证人必须保持中立和独立的地位，并向法院负责。在这一点上，英国公证人的职业导向和民法公证人并无二致。

英国目前有 800~1000 名公证人，他们主要处理用于境外其他国家的文件，因为在这些民法法系国家，公证人享有崇高地位，被视为声誉卓著的独立法律专业人士；无论是司法机关、政府部门还是私人企业都更愿意接受经由公证人起草或执行的法律文件。例如一家英国公司意欲在境外签署一份关于借款或其他大额交易合同，它必须向交易方证明自己的代表人员已经获得充分授权。通过公证可以见证被授权人的签名和身份一致、具备相应的行为能力、交易公司真实存在、查阅公司章程确认其有权授权，并向各方当事人说明所签署文件的意义和性质。

英格兰和威尔士的公证人包括普通公证人和地区公证人。绝大多数普通公证人同时是律师，其大部分收入来自律师业务，只有极少数普通公证人全职从事公证业务。公证人协会(Notaries Society)是普通公证人的代表组织和会员组织。目前大约有 800 名会员。协会主要负责教育培训、制定行业标准，并在国际上代表英国公证人。英国公证人协会在 1998 年获得拉丁公证人国际联盟

---

① Ramsey, *The History of the Notary in England*, in：Schmoeckel/Schubert (ed.), Handbuch zur Geschichte des Notariats, 2009, p. 375.

(UILN)的观察员地位。

与普通公证人不同,地区公证人专职于公证事务,不能从事律师业务。地区公证人的数量少于 30 人,主要集中在伦敦城几家设立于中世纪的大型事务所。成为地区公证人的前提是加入设立于 1373 年的伦敦同业公会(Livery Company),并符合公会的资质要求。该公会也是地区公证人的监督机构。为取得地区公证人资格,除了通过针对普通公证人的考试外,还必须通过公会主持的附加考试。附加考试的内容涉及两门外国语和外国法知识。地区公证人被形容为沟通普通法系和民法法系的桥梁,他们负责制作拟在境外使用的重要文件,例如合同、抵押、授权书、公司章程、遗嘱等。地区公证人经常获聘以当事人的名义在境外设立有限责任公司。有的公证人擅长处理境外产权变更,另外一些则具有丰富的海事实务经验。地区公证人均为拉丁公证人国际联盟的正式成员,被视为普通法系中唯一具有和民法公证人同等地位的公证人。地区公证人主要处理涉外公证,部分公证人也办理国内业务。

在多数大陆法系国家,公证人是由政府任命的公职人员,其数量根据需求而设限。在很多国家,公证费原则上以交易标的价值为基础计算,从而在很大程度上避免了价格竞争。公证广告受到宽严不一的限制。公证人一般应为本国公民,外国人不得开设事务所。相比之下,虽然英格兰的公证人也是法律上的公职人员,但其公职性质从来没有被法律确认。公证人不是由政府任命,而是由坎特伯雷大主教任命,人数不受限制。英格兰公证人不按照法定收费标准收取费用,可以进行业务广告宣传。

三、法国的交易法专业人员和不动产交易

(一)法国的交易法专业人员

与欧洲大陆的其他民法法系国家一样,法国公证体现了国家提供预防性司法(preventative justice)的职责。公证人属于官方任命的公职人员,其职责是确保法律行为和交易之设立和履行免于发生纠纷。法国公证人在参与交易时应中立对待双方当事人。公证人的工作包括:检验当事人的身份,判定其是否具有交易必需的行为能力;起草反映当事人真实意愿的文件,代为登记产权,以及为实现交易顺利完成的其他工作。最后,公证人的公共职责还包括确保交易当事人依法缴纳税费。

相应的，由公证人出具的文件在证明所载交易或行为方面具有更高的可信度。① 公证人参与的抵押或设立债权文件可以直接执行或排除抵押赎回权（foreclosed），无须启动司法程序。② 最后，某些登记机关（包括土地登记机关）只接受公证人出具的文件或者公证人目前做成的文件。③ 由于公证文件具有更高的校验效力（probative value），公证人通常也是特定法律领域的专家，法国公证人几乎垄断了住宅不动产转让业务，在遗嘱、授权委托和其他重要合同方面也扮演重要角色。在某些情况下，法律要求特定类型的交易必须有公证人的参与。例如，婚姻协议必须在公证人面前缔结。

法国公证人传统上扮演"中立律师"的角色，即接受一方当事人的委托、为双方准备交易文件，有时候也会有两个公证人同时在一个交易中准备文件并完成交割。在普通不动产交易中，买卖双方可以各自邀请公证人参加。虽然两个公证人均负有中立对待双方当事人之职责，但每一当事人都希望自己一方公证人办理交割手续。若涉及复杂融资事项，融资银行自己也会带着公证人参加交易。多个公证人收取的费用和单个公证人完成整个交易的费用并无二致。所收费用需要在参加交易的公证人内部进行分配。

原则上来说，公证人职位不得继承。但公证人退休时，对于继任者的任命有一定的发言权。此外，公证人去世后，其继承人根据惯例可以继承此种特权，并可以将其转让给其他有资质的公证人，后者可以根据其价值进行补偿。如继承人之一已经获得公证人资质，则有被任命为后续公证人的优先权。退休者或去世者系公证处成员的，继任者还必须获得该公证处其他成员的认可。虽然公证人职位不得转卖，但根据惯例，如果公证人退休或死亡，接管其业务的继任者须向退休公证人或已故公证人的继承人支付一定数额的款项，其具体数额取决于相关业务的收费以及已经完成的工作。事实上，该款项不一定能反映具体业务收费或个人工作的客观价值，更多体现的是公证人职务的潜在经济价值和未来预期业务。

根据其在交易中的功能和交易金额，公证人依法定标准对公证服务收费。

---

① Art. 1319(1) French Civil Code.

② Art. 3 (4) French Law No. 91-650, 9. 7. 1991, regarding the reform of the execution procedures in civil matters, in: Cadiet, *Code de Procédure Civile*, 2008. Annex 24.

③ Art. 4(1) French Regulation No. 55-22, 4. 1. 1955, regarding the reform of the land register, in: Dalloz, *Code Civil*, 108th ed. 2008, p. 2472, Annex to art. 2488 French Civil Code.

收费标准由法国司法部和总理批准，全国通用。① 对于简单的不动产交易，公证人按件收取包干费用，包括起草合同和完成交易的全套手续。虽说双方当事人均有义务向起草合同的公证人付费，但实践中一般都是买方支付该费用。所涉交易需要起草贷款合同或设立抵押的，抵押人还需要额外支付费用。交易需要获得各种批准、或者多个公证人共同参与交易的，均不增加公证费用。公证人担任一方当事人的顾问时，可以单独与客户约定按小时收费或按件收费。

（二）法国的不动产交易

法国的不动产转让几乎全部由公证人完成。理论上，当事人或普通律师均可起草买卖合同或契据。但为了让交易获得对抗第三人的效力（the third party effect），就必须进行登记，而登记就需要在公证人面前做成转让文件。

在法国，大约五成的不动产交易中有不动产经纪人的参与，其佣金约为交易价格的 6%。佣金名义上由卖方支付，但卖方在确定最终出让价格时已经将佣金计算在内。公证人在不到 10% 的交易中扮演经纪人角色。在此种情况下，公证人按照法律规定收取交易价格的 2.5% 作为经纪人佣金。

如果卖方将物业委托给经纪人，由后者寻找买方，通常则由经纪人起草初步的合同。有些经纪人会建议当事人聘请公证人起草合同。若业主直接参与交易谈判，则一般都会聘请公证人起草合同。法国公证人必须在交易中秉承公正立场，无论哪一方当事人聘请其参与交易。合同草案中必须包括价款、主要交易条款和交易条件。买方通常会支付一笔保证金，占购房款的 5%～10%，由经纪人或公证人监管。交易条件一般包括房屋检测和证书，以及其他法定交易条件。若交易标的为公寓或共有产权房屋（condominium），卖方必须提供房屋面积证明。其他条件包括放弃优先购买权和出售限制权、获得按揭贷款等。买方在进行不动产变更登记之前必须支付房产交易税，这是登记的先决条件。

在法国，涉及金额较小的交易一般由一个公证人处理，而金额较大的交易常常由两名公证人协同完成。如果买卖双方都要求自己指定的公证人参与交易，公证人会在内部分配工作和费用。通常而言，买方指定的公证人负责起草买卖合同，卖方公证人负责获得必要的许可和放弃优先购买权证明。在商事交易中，融资银行也可能会要求自己熟悉的公证人起草借款协议和抵押合同。多个公证人参与同一交易的，按照各自承担的工作内容分配费用，其中起草正式

---

① The current relevant text is French Regulation No. 78-262. 08. 03. 1978, modified by the Regulation No. 2006-558, 16. 05. 2006, and the Regulation No. 2007-387, 21. 03. 2007.

合同(final sales contract)并主持合同签订的公证人获得最大份额。虽然这些公证人系不同当事人指定，但所有人都必须秉承"中立律师"的立场，不得对任何一方有特殊偏向。

不动产交易中初步达成的协议(preliminary contract)系具有约束力的法律文件。买方无正当理由拒绝完成不动产买卖的，卖方可没收保证金作为违约赔偿金。卖方无正当理由拒绝签订正式协议，买方有权要求返还保证金。买方还可以起诉要求损害赔偿或要求法院命令卖方签订正式协议，但后者很少得到司法支持。涉及不动产交易的初步合同必须是书面的，并由双方签署，但双方可以口头变更书面协议中的内容。

法国法律规定，若不动产所在地的政府对于私人产业有公共利益考量，则对于该不动产享有优先购买权。所以负责交易的公证人的工作之一就是联系当地公共机关，取得优先购买权的解除证明。这些工作一般都是由公证人的助理完成，部分乡村公证人也会亲自办理。法国法律还要求每一次所有权变更时都必须对房屋进行石棉和含铅涂料的检查。安排检测并获得相关证明也是公证人的工作，同时需要卖方配合。此外，公证人要查询不动产登记册，确定产权、抵押或其他优先权的状况，以及是否可以上市交易。若该物业设有抵押，公证人会联系抵押权人，以确认债权数额和解除抵押的条件。

法国针对出售公寓和共有产权房有特别要求。首先，当事人必须熟悉共有协议(condominium agreements)的条款和条件，以及影响财产的其他共同所有权安排。其次，必须遵守有关优先购买权和共有人同意的规定。最后，法国法律规定，出售公寓或共有产权房的，必须附上房产面积证明，该面积依照法律规定的公式计算。若买方嗣后发现卖方提供的证书面积和实测面积误差达到5%以上，卖方应承担实质性损害(substantial damages)赔偿责任。因此在处理此类交易时，获得准确的丈量数据证书相当重要。

完成交易的各项条件满足后，主持交易的公证人(presiding notary)会起草正式合同(final contract)，并安排当事人会面签署协议，通常在公证人的办公室。大多数情况下，起草好的合同会首先发送给各方当事人和其他参与交易的公证人，由其审查、提问或评论。每一份合同均针对特定交易的条件和条款而设计，电子化处理和格式条款的应用大大便利了这项工作。

合同签署地点是主持交易之公证人的办公室，多个公证人参与交易的，一般是买方委托之公证人的办公室。买卖双方均应到场。交易中聘请了经纪人的，经纪人通常也会参加，以确保交易完成并可以收取佣金。融资银行代表或银行聘请的公证人则很少参加。融资银行通常信赖主持交易的公证人会作出适当安排以保障银行的利益。

签订合同时，公证人向双方解释合同各项条款，核验各项证书和同意函，以确保初步合同中约定的各项条件均已具备。对所有细节审查完毕且所有相关方均表示满意后，公证人安排双方在正式买卖合同和不动产转让协议上签字。涉及贷款协议的，应由买方同时签署。正式买卖合同和不动产转让协议中均规定抵押权会和新的所有权同时设立，故不需要单独的前述抵押权设定协议。若当事人要在其已经拥有的不动产上设立抵押担保，则需要单独签订抵押协议。

公证人的工作还包括核算和缴纳转让所涉的所有税款。缴纳税款是买方登记所有权的前提条件，所以迅速和准确地履行这项任务对各方都很重要。公证人可以通过其代管账户以电子方式支付税款。完税后，税务机关会发送确认码，凭此号码在不动产登记机关完成登记手续。

不动产转让的最后一步是在不动产登记机关办理转让登记。不动产所有权在签订正式合同时即告转移。故对当事人而言，登记与否不影响所有权变动。但登记可以对第三人或抵押权人发生对抗效力。在办理产权的"空档期"（gap period），卖方仍可以处分其财产或设立抵押，故买方会承担一定的风险。但实践中这种情况很少发生。因为登记机关会根据收到申请的先后顺序办理转让登记，所以只要公证人在合同签订后立即向登记机关送交文件，就很难在空档期出现新的登记申请，从而降低当事人的风险。正是因为人们信赖公证人会及时办结不动产交易手续，主持交易的公证人对于登记迟延给买方造成的损失承担绝对责任。法国公证人通过发展电子登记系统和限制抵押权益，努力将抵押登记的空档期缩短到零。

法国公证人的预防性司法功能，加之高效的土地转让和抵押的电子登记系统，确保在土地转让和抵押方面很少发生纠纷。法国公证人认为，极低的不动产诉讼比例，有力证明了以公证模式为基础的预防性法律服务的价值。

(三)法国的不动产转让费用

法国的公证服务费用在小额交易中和瑞典及英格兰相当，在大额交易中略高于后者。在调研涉及的国家中，法国的不动产交易费用高于爱沙尼亚和德国的水平。在不动产交易中，公证费用占全部转让成本的 7%～13%。

法国公证人认为，法律中规定较高的公证收费标准自有其合理依据，法国公证人提供的一些服务在其他国家通常不包括在公证费用中。例如，与德国公证人不同的是，法国公证人通常会提供全面的资金代管服务，并通过代管账户支付前担保权人的债权、税费和其他交易费用。法国公证人还要和各种主管机关打交道，以获取交易必须的各项证书和证明。这些附加服务在一定程度上可以支持法国公证人较高的收费标准。

四、瑞典的交易法专业人员和不动产交易

瑞典与其他北欧国家一样，有"自己动手"的传统，很多在其他国家需要专业人士辅助的活动，在瑞典都可以自行完成。瑞典的律师规模相对较小，许多商人和个人都习惯自行起草合同、遗嘱等文件。但在复杂的法律交易中，当事人仍需要律师提供咨询和代理服务，例如涉及商业物业、公寓建筑、购物中心的交易，或者商业地产开发项目等。瑞典律师在交易中的功能与英格兰及其他普通法系国家的律师差不多。①

（一）房地产经纪人担任不动产交易的专业人士

在瑞典，原则上当事人可以自行起草房产交易文件并办理变更登记。实践中，大多数不动产转让均由持牌房地产经纪人处理，他们将办理过户列为经纪服务的内容之一。据估计，房产经纪人参与了95%的房产交易，且这一比例还有上升的趋势。反之，律师参与交易的情况极为少见。在瑞典出售不动产时，一般首先要找到房产经纪人。虽然在大型交易中，律师的参与必不可少，但有律师参与的交易中仍需要房产经纪人配合。实践中，即使卖方已经锁定交易对象，仍需要经纪人具体处理交易。佣金一般是交易金额的3%。经纪人对于大标的交易会酌情降低比例，对小额交易或偏远地区的交易则会提高比例。

瑞典的房产经纪人由中央政府发放执业许可（licensed）。获得经纪人执照的前提条件包括：完成两年的高等教育培训、作为实习生完成为期十周的实务训练，实习必须在房产经纪人协会（Association of Real Estate Brokers）成员的指导下进行。所有的经纪人都必须购买执业责任保险，最低保险额度为166000欧元。根据规定，经纪人的首要义务是为卖方获取最优价格。这和经纪人应向交易双方全面完整提供信息和建议的义务相冲突。

近几十年来，由于一些经纪人的不端行为，瑞典加大了对房产经纪行业的

---

① For a Survey on Swedish Land Law and Land Transactions in English Language with References to the most Important Swedish Laws and Regulations, in Peter L. Murray, *Real Estate Conveyancing*, 2007, p. 229 ss.; in Swedish Language R. Hager, *Allmänna Fastighetsrätten. En Introduction*, 2005.

监管力度。目前的监督机构是国家经纪管理局。该机构负责向符合法律规定的申请人颁发执照、处理针对经纪人不端行为的投诉，以及对经纪人采取惩戒措施，最重的惩戒措施是吊销执照。在 2006 年，该机构调查了 326 项投诉，38 位经纪人受到警告处分，3 人被吊销执照，4 人被移送刑事程序。此外，经纪人在执业过程中存在疏忽或故意的，还要承担民事赔偿责任。

(二)瑞典的房产交易

经纪人经常在印刷品和互联网上做房产广告，并附上经纪人信息。经纪人会根据全国不动产经纪人协会(National Association of Real Estate Brokers)公布的模板制作房产买卖合同和转让合同。此类合同通常只有 3~4 页，合同条款包括标的物、交易价款、交易限制和条件。合同一般都会约定，产权(title)和占有必须在满足特定条件后才能转移，例如支付了全部购房款。合同签订后，买方即应向经纪人的代管账户支付 10% 的保证金，余款在约定期限内支付。买卖合同由双方当事人直接签订。在买方支付房款且其他交易条件具备后，双方签订交易确认书和不动产转让合同。瑞典法律对于不动产转让合同并无特别的形式要求，也允许对该合同进行口头变更。

瑞典有全国统一的土地登记系统，所有持牌房产经纪人和其他获得授权的人都可以通过电子方式访问该系统。在该系统中可以很便利地查询任何不动产的产权状况和业主信息。电子登记记录中也会注明不动产上设置的抵押或任何其他负担。房产经纪人应通过该系统核查产权状况，并将交易限制和抵押状况告知当事人。不动产合同签订后，买方必须完成融资安排。买方银行通常会和对该物业享有抵押权益的银行取得联系，确认相关条款并安排财务对接。在瑞典，在不动产上设立抵押等负担时会产生相当于担保额度 2% 的印花税。因此，人们一般不会直接出售设立抵押的房产，而是由卖方银行先解押、再转移给买方银行。如果目前的抵押额度不足以覆盖买方贷款数额，应当相应提高抵押额度，并就抵押额度的差额支付印花税。

根据瑞典法律，房产买卖合同对双方有约束力。如买方无正当理由而没有依约付款，卖方可以没收其保证金。卖方无法履行义务的，则必须退还保证金。买方可以要求赔偿损失或继续履行，但这种情况较为少见。卖方起诉要求损害赔偿的情况更为罕见。尽管双方在签订买卖合同时可以约定所有权转移，但几乎所有的合同都规定，唯有当合同条件全部具备后且买方支付价款后，双方才通过交易确认书转移所有权。当事人可以将约定了迟延转移所有权的买卖合同进行登记，以保护买方权益。但实践中很少进行此种预登记(preliminary registration)，因为需支付费用。买方甚至银行一般都宁可相信对方会善意履行合同，也不愿意支付该费用。

通常情况下，当事人在交易初始阶段签订的买卖合同中会约定，买方完成融资且所有交易条件具备后，双方应签订交易确认书，所有权随即发生变动。一般当事人会在买方银行签订确认书。银行之间会自行安排资金支付额度。买方的其他资金来源也在这一时刻支付。交易价款在扣除卖方应付各项债务后划拨给卖方。随后，双方签字的交易确认书和抵押批注会被呈送到有管辖权的土地登记部门，将该交易载入土地登记册。登记所需时间从一两天到数星期不等。由于瑞典人一般不会对买卖合同进行预登记，若登记延误，就会形成空档期，买方和新的抵押权人在该期间不能对抗第三人。但瑞典并不认为此种空档期会造成严重后果。

（三）瑞典不动产交易中的欺诈

近年来出现较多的问题是，未经授权的人将财产出售给善意买方。在旅游淡季，这种情况经常发生在季节性的度假房产上。不法之徒常常伪装为所有权人出售房产。双方按照正常流程签订合同，交易完成后，假业主便逃之夭夭。真正的业主要过好一段时间才会发现自己的房产被卖给了第三人。虽然瑞典法律保护真正的所有权人，冒名交易者办理的过户无效，但其仍然会给各方当事人造成巨大损失。

和其他国家的转让体系相比，瑞典法律有两个特征让这种欺诈行为更容易发生。其一是瑞典对于不动产买卖没有任何形式的官方确认。虽然法律推定负责起草买卖合同的不动产经纪人应确认交易方身份。但之前的法律在这方面对经纪人没有任何特别要求。只有瑞典法中的新反洗钱条款，才要求在交易中必须确定交易方身份。合同或购买确认书会被提交给土地登记部门办理登记，但登记部门并没有办法确定签名的真实性，只能假设每个签名都是真实的。第二个易于产生此种欺诈的特点是土地登记部门仅通知买方变更登记。也就是说，登记部门在进行变更登记时通常不通知卖方，其理由是卖方在签订合同或确认书时已经同意变更登记。

（四）瑞典专业人士提供过户服务的费用

在瑞典，几乎没有法律人参与土地过户流程，过户费用较低。不动产过户文件的起草和执行全部由该物业的经纪人处理，给经纪人的佣金包括上述全部服务。瑞典经纪人在收取佣金后，对于过户服务不再另行收费。这是否意味着过户服务在瑞典是"免费"的？事实上，天下没有免费的午餐。在瑞典，过户手续也必须由专业人士处理。经纪人之所以愿意提供免费过户服务，就是要对那些没有聘请经纪人的交易显示出一定的优越性。

虽然很难从经纪人佣金中分割出办理过户手续的费用部分，但在瑞典，几乎所有的不动产交易当事人都会聘请经纪人。事实上，并不是所有的交易当事人都需要经纪人的撮合。在欧盟成员国和美国各州的研究表明，在正常经济条件下，只有50%~70%的交易中会委托经纪人。通过叠加计算瑞典较高的聘请经纪人比例和收费标准，可以看出在经纪人费用方面，瑞典的交易当事人总体上比其他国家当事人多支付30%的费用。通常佣金比例是交易价款的3%，将这一比例乘以30%，可以估算出瑞典的过户费用大约是交易价款的0.9%。

如果我们比较一下瑞典经纪人佣金中的过户费用部分和其他国家的独立过户费用，会发现在低端不动产交易中，瑞典的费用比德国和爱沙尼亚稍高，同时低于法国、英格兰和美国。在高端交易中，瑞典的过户费用低于法国，但高于英格兰、美国和爱沙尼亚。

在瑞典，买卖双方很难获得令人满意的专业咨询。近年来，人们作出了不少努力，以提高不动产经纪行业的专业性和公共责任，但瑞典经纪服务的质量缺陷并没有实质性改善。造成此种缺陷的原则有两个方面，一是瑞典经纪人虽然在取得执照时接受了一定的专业培训，但其法律专业知识和受过完整法学教育的法律人仍然不能同日而语。二是不动产经纪人本身的地位就注定其很难为交易双方提供中立的法律建议。经纪人的目的是出售物业，只有交易成功才能获得报酬。他们由卖家选任，有义务帮助卖方将物业卖出最好的价格。如果买方希望在不动产交易中获得独立的法律专家意见，就必须另行支付律师费，这在瑞典比较少见。

五、爱沙尼亚的交易法专业人员及不动产交易

(一) 爱沙尼亚的交易法专业人员

20世纪90年代独立后，为了在法律文化和经济方面实现现代化，爱沙尼亚议会进行了一系列改革，包括恢复民法公证人制度，并赋予公证人起草和执行所有不动产交易文件的责任。爱沙尼亚在1918—1939年的第一次独立期间就建立了民法公证人制度。在苏联占领期间，爱沙尼亚设立国家公证人（state notary），此类公证人不参与私人之间的不动产交易。1990年第二次独立后，爱沙尼亚立法者研究了不动产交易的各种模式，研究的结果是重新设立现代化

的民法公证人体系。

爱沙尼亚的公证人由司法部从受过专业训练的法律人士中选拔担任，并在不同的公证区域提供服务。司法部根据各地对公证服务的需要设立公证区，目前全国有 15 个公证服务区和 94 名公证员。交易各方可以自由选择公证员来起草交易文件，无论其办公室位于哪一个公证区。公证人根据官方公布的费率表按照交易标的价额收费。交易土地涉及为融资银行设立抵押的，公证费用会因为额外工作和责任而相应提高。全体公证人必须加入爱沙尼亚公证人协会，该协会负责监督公证人执业活动。

（二）爱沙尼亚的不动产交易①

不动产经纪人协助出售不动产、撮合买卖双方，并帮助双方进行谈判，但起草不动产交易文件则是公证人的专属工作。大约 50% 的不动产交易有经纪人的参与。爱沙尼亚经纪人的佣金是交易价格的 3%～5%。不动产经纪人有时会为双方准备合同草案，并由双方签字。这种合同在法律上没有约束力，只是为了防止当事人在公证人出具正式合同文本之前改变主意。

有意缔约转让不动产的当事人首先应咨询公证人。公证人会在核验产权登记状况后起草交易合同。公证人也会回答当事人有关交易的问题并对双方提供独立建议。但公证人不承担评估师的功能，即不会对价款或其他商业条款发表意见。当事人也可自行聘请律师提供法律意见。实践中，律师一般不会参加普通的不动产交易。若交易附加了条件，如必须获得融资或房屋通过环评检测，此种条件会写入交易合同中。交易完成也可能取决于共有人（condominium association）或相关政府机构放弃优先权。卖方可以要求买方先支付 10% 的购房款，该款项在交易完成前由公证人代管。如买方不支付剩余房款或无正当理由不完成交易，预付款将作为违约金转给卖方。如卖方不能完整交付产权或不能满足交易条件，就要将该款项退还给买方。签订合同后，当事人和公证人就要努力实现交易条件。需要融资的，融资银行会联系公证人，确保产权变更登记时标注其抵押权益。

满足所有交易条件后，公证人会通知当事人和融资银行支付剩余价款，并指定交割日期。在指定的交割日，双方签订转让所有权的最终合同，买方填写提交给土地登记部门的所有权变更申请。该申请录入登记部门三天后，剩余价

---

① For a Survey on the Estonian Land Law and Land Register, in Murray, *Real Estate Conveyancing*, 2007, Annex B, p. 138 ss.

款支付给卖方或其他利益方,如卖方的抵押权人。爱沙尼亚的土地登记系统基本实现了电子化,人们可以通过电子方式申请查询所有权登记情况。公证人可以通过电子方式提交产权变更登记申请。在爱沙尼亚,所有权在变更登记时发生转移。但占有、收益和风险则通常在支付剩余价款的时候发生转移。所有权变更登记一般需要 30 天左右,土地登记部门需要核查申请及其附件材料,确定其是否满足形式规范,之后再将新的所有权信息录入系统。① 登记还需要交付相当的费用。公证人可以收取该费用后转交登记部门,也可以由买方在提交变更登记申请时缴付。

(四)爱沙尼亚的过户费用

对于标的额较小的交易,爱沙尼亚的交易成本是该研究所涉所有国家中最低的。考虑到小标的交易数量庞大,这意味着收入较低的群体在不动产交易中也可以获得高质量的法律服务,这对于他们个人和整个国民经济都具有重要意义。对于标的额较大的交易,爱沙尼亚的交易成本低于瑞典、法国和德国,稍微高于美国和英国。

六、结语

数百年来,欧洲的民法公证人(或曰拉丁公证人)一直作为中立的法务官服务于交易法。民法公证人通常作为"中立律师"参与房产转让、企业设立、遗嘱和信托文件起草,以及结婚和离婚事务。在大多数情况下,公证人向交易各方提供的服务公正且高效;更为重要的是,和各自聘请代理人的模式相比,使用中立法务官可以明显节约交易成本。这并不是说,在具有民法公证人传统国家的当事人就不能咨询自己的律师,或委托律师处理重大法律事务、交易和诉讼。只是说在常规性交易中,比如不动产买卖或设立公司事项上,欧洲更依赖中立公平的民法公证人来打理交易事项,而不是各自委托律师。本文通过比较四个欧盟成员国中交易专业人员的功能和角色,考察法律专业人员在英格兰、法国、瑞典和爱沙尼亚不动产交易中的角色和功能。对四个国家的比较可以看出,民法公证人制度虽然会略微增加交易成本,但可以极大保障交易安全,从整体上节约当事人成本。

---

① Estonian Land Board (Maa Amet), at: http: // geoportaal. maaamet. ee /eng.

其

他

创建中国法学教育三个"世界一流"的实践与愿景

郭玉军* 李 伟**

目　　次

引言
一、与时俱进，创建世界一流法科大学
二、彰显法治，创建世界一流法学学科
三、百家争鸣，创建世界一流法学学术
四、结语

引　　言

中国法学教育在民主与法制的不断进步和完善中始终坚持与时俱进的导向，历经数十年发展取得了诸多举世瞩目的成就，使得法律人才培养模式趋于复合型、国际化，从而形成特有的法学教育体系。近些年国内不少法科高校对其在国内外各类大学排名以及学科学术排名趋之若鹜，但对于世界一流大学、一流学科以及一流学术衡量标准的理解却是各执一词，褒贬不一，难以形成中国主导的法学评价体系。基于此，我国开始以"世界一流"为标准，以学科建设为基础，以学术自由为平台，将统筹"推动国内一批高水平高校与学科进入

---

　*　武汉大学国际法研究所教授，武汉大学艺术法研究中心主任，博士生导师。
**　江西师范大学政法学院讲师。

世界一流"作为高校发展战略目标之一,① 并发布了"双一流"建设高校及建设学科名单。② 基于此,我们应审时度势、运筹帷幄地将法学教育与"双一流"相结合,突破现有国内法学教育在人才培养、智库构建以及国际化建设上的窠臼,在"双一流"的基础上融入更多国际化、法制化以及科学化因素,以创建世界一流水平的法科大学、法学学科以及法学学术。创建中国法学教育三个"世界一流"的目的,在于培养更多全球法学精英,树立全球意识,将国家利益、民族利益与国际社会乃至全人类利益结合,拉开与极端个人主义的距离,倡导国际主义实践,有效地解决全球性危机及应对各种形式的政治、经济、文化、宗教等区域性冲突;在于激励中国积极参与国际各项事务竞争机制,实现中国在全球性的公共事务管理的中流砥柱角色,缩短国家或地区之间的社会经济、文化、法律等差异,从而实现全人类社会的和平发展和利益均衡;在于废旧立新,传承与发扬中华民族优秀传统法律文化的同时,以中国传统法律思想有效解决国际争端、恐怖主义威胁、全球网络信息安全等威胁人类社会和平发展的不利因素,获取世界平台的国际话语权,从而构建起合作共赢的人类命运共同体。实现中国法学教育的三个"世界一流",是新时期"法治中国"创建过程中所面临的艰巨且严峻的挑战,也是集合我国国内高校法学研究资源、协同创新,攻关"一带一路"法律研究和推动"一带一路"沿线法律统一化的任务使然,更是进一步改革我国法学教育管理体制的关键性步骤。这是新时期提升我国高等教育综合实力和国际竞争力的必要途径,也为实现中华民族伟大复兴的中国梦提供了强有力的支撑。

一、与时俱进,创建世界一流法科大学

大学之道,在明明德。③ 中国大学发展至今,其所肩负的使命不再局限于

---

①　教育部于 2015 年 11 月 5 日颁布《统筹推进世界一流大学和一流学科建设总体方案》列出三个阶段的目标:到 2020 年,若干所大学和一批学科进入世界一流行列,若干学科进入世界一流学科前列。到 2030 年,更多的大学和学科进入世界一流行列,若干所大学进入世界一流大学前列,一批学科进入世界一流学科前列,高等教育整体实力显著提升。到本世纪中叶,一流大学和一流学科的数量和实力进入世界前列,基本建成高等教育强国。

②　教育部、财政部以及国家发改委在 2017 年 9 月印发的《关于公布世界一流大学和一流学科建设高校及建设学科名单的通知》中公布了世界一流大学和一流学科建设高校及建设学科名单。

③　(西汉)戴胜:《礼记》卷 42《大学》,上海古籍出版社 1996 年版(影印本),第 276 页。

修身立业之本、治国安邦之学，大学的国际化水平已成为一个国家发展水平和潜力的重要标志，法律院校亦概莫能外。因此，要实现法学教育全面发展，其最大前提条件是将一流法科大学创建推至国际层面，吸收他国先进法学教育理论、技术和形式上的优势来弥补自身之不足。近年来"一带一路"法制化建设日益受到重视，我们应当借此机遇来实现沿线国家法科高校间的"强强联合"以推动法学人才培养、法学研究等方面的优势互补，打造世界一流"法学智库"，① 因为知识的全球化发展赋予我们在高等院校法学教育上更高层次的目标追求，即如何实现向世界一流法科大学的迈进。

(一)世界一流法科大学的概念、衡量指标及共同特征

1. 世界一流法科大学的概念

法科大学对于我国而言是一个相对新颖的概念，是日本国内法科大学的舶来品，泛指以法学为重点研究学科的高等院校，不仅包括传统意义上的法政类院校，也包括法学教育较为突出的综合研究性大学。具体而言，首先，世界一流法科大学是前沿法学理论研究和国际化精英法律人才培养的主要基地，也是新的法学知识创造的重要源泉；其次，世界一流法科大学较之世界一流大学更为注重法学教育在世界一流大学所发挥的作用，更加注重通过以法学为代表的社会科学来从法律或政策层面来积极引导大学建设各方面朝世界一流迈进；再次，世界一流法科大学在衡量指标上较之世界一流大学，侧重于法学学科实力在大学综合实力中的比重、法学学科在 ESI(Essential Science Indicators)学科排名的名次；最后，世界一流法科大学更加注重法学理论研究成果对社会进步的推动型作用，以及法学科研成果在大学科研建设中的角色定位，也更加注重国际社会共同利益及人类命运共同体构建上的角色定位。

2. 世界一流法科大学衡量指标

一般而言，办大学最核心的两个问题，即第一，办什么样的大学，如何办这个大学，为谁办这个大学；第二，培养什么样的人，如何培养人，为谁培养

---

① 例如由武汉大学、中国政法大学、西北政法大学、西南政法大学、华东政法大学、中南财经政法大学、对外经济贸易大学、一带一路国际律师联盟共同发起成立"一带一路"法律研究协同创新中心；西安交通大学组建丝绸之路国际法与比较法研究所，并提出中国应与《能源宪章条约》组织携手打造惠及全球的"丝绸之路能源带"；中国政法大学成立了"一带一路"法律研究中心；西北政法大学成立了丝绸之路区域合作与发展法律研究院。

人。但具体到法科大学，则是法学教育和法治人才培养为主要指标。① 目前国际上尚无针对世界一流法科大学的统一量化指标，我们通过对一些国际权威的世界一流大学评估机构（如上海交大世界一流大学研究中心、《泰晤士报》以及《美国新闻周刊》等）衡量指标体系的具体分析和归类，结合法学教育与世界一流大学构建的关系，提出以下衡量指标：

（1）法学教育实力居于世界前列

法学教育是高等教育的重要组成部分，它以"立德树人"为本，即以培养具有强烈社会责任感，秉持精神独立、思想自由与批判态度的现代公民为其重要目标之一，而这种目标的实现必须通过法学教育对受教育者公平正义的理想情操的培养。那么决定一所大学法学教育实力高低取决于能否培养出追求真理的法学精神、学问渊深的法学大师以及旁通曲鬯的法律氛围，这也从根本上决定了法学教育实力能否进入世界前列。目前从国际层面上评价大学综合实力排名的权威数据库即基本科学指标数据库②所确立的大学实力评价指标体系主要是以"引文分析"为主，并未对"世界一流大学"乃至"世界一流法科大学"予以具体定义并作出解释。③ 然而过度注重于每年发表法学论文的篇均以及被引次数是否居于法学领域世界排名前1%，容易导致法学教育的功利化。其次，一国法学教育的实力强盛与其是否符合本国实际，是否发挥自身优势，是否具有全球化意识以及国际化战略息息相关，以国情为基础，以优势为重点，以规律为指引，以战略为纲领，才能逐步推动法学教育从"国内一流"步入"世界一流"前列。因为法学教育的目的不仅在于学术竞争，更在于如何运用法学知识引领人类文明的进步。

（2）法学在 ESI 世界排名较为靠前

以 ESI 世界排名前十名的法科大学为例，在其进入 ESI 学科排行的学科

---

① 参见黄进、徐显明、潘剑锋等：《改革开放四十年的中国法学教育》，载《中国法律评论》2018 年第 3 期。

② 基本科学指标数据库（Essential Science Indicators）是由世界著名的学术信息出版机构美国科技信息所于 2001 年推出的衡量科学研究绩效、跟踪科学发展趋势的基本分析评价工具，是基于汤森路透 Web of Science（SCIE/SSCI）所收录的全球 11000 多种学术期刊的 1000 多万条文献记录而建立的计量分析数据库，也是当今世界范围内普遍用以评价学术机构和大学的国际学术水平及影响的重要指标。

③ 按照国际通例，综合实力位居 ESI 大学排名前 5‰的大学是世界知名高水平大学；综合实力位居 ESI 大学排名前 2.5‰的大学是世界著名高水平大学；综合实力位居 ESI 大学排名前 1‰的大学是世界顶尖大学。

中，法学是不可或缺的重点学科之一。① ESI 针对包括法学（法学在 ESI 学科排名中被归入社会科学总论学科）在内的 22 个大学学科的排名，② 是通过对法学学科领域内的公开发表 SCI、SSCI 论文数量、论文被引频次数、包括高被引论文、热点论文和前沿论文在内的高质量论文等指标，从各个角度对国家/地区法学科研水平、法学研究机构学术声誉以及法学期刊学术水平来进行全面衡量而得出的。这充分意味着中国法科大学要进入世界一流法科大学之列，必须对进入 ESI 排名的各项指标予以重视，以高质量且多数量的法学论文为基本指标，以确保和提升法科大学在发展法学重点学科的世界领先地位。

（3）前沿理论成果推动社会进步

从近些年 ESI 世界大学排名和学科排名的变动趋势来看，在某种程度上都与所在国家某种类型与程度的重大战略性变革相关联。每一次排名的上下浮动，都伴随着一次国内学术思想的大解放和大碰撞，从而引发相关前沿理论成果的重大变革，乃至促进或带动某个国家或区域若干产业的发展甚至产业革命。③ 所以说，世界一流法科大学发展的根本动力主要来自经济社会发展的需要，国家经济机制变革产生的巨大需求，推动着法学的跨越式发展。反之，法学的进步则引领社会法治的进步乃至方方面面步入正轨。因此，衡量世界一流法科大学的重要指标之一即其法学理论研究成果必须能够引领经济社会的发展和人类文明的进步，主要包括是否培养引领国际社会发展的法律创新人才，是否从事最前沿法学理论创新的工作，以及是否完成法律领域世界范围内的突破性重大成果等重要指标。

3. 世界一流法科大学所具有的共同特征

（1）引领全球教育的先进办学理念

---

① 世界前 10 名的大学进入 ESI 排名的学科数为：哈佛大学 22 个、斯坦福大学 22 个、加州大学伯克利分校 22 个、剑桥大学 22 个、麻省理工学院 21 个、加州理工学院 19 个、哥伦比亚大学 22 个、普林斯顿大学 19 个、芝加哥大学 21 个、牛津大学 22 个，社会科学总论均包含在内。

② ESI 根据学科发展的特点设置了 22 个学科：农业科学、生物学与生物化学、化学、临床医学、计算机科学、经济学与商学、工程学、环境科学与生态学、地球科学、免疫学、材料科学、数学、微生物学、分子生物学与遗传学、综合交叉学科、神经科学与行为科学、药理学与毒物学、物理学、植物学与动物学、精神病学与心理学、社会科学总论、空间科学。

③ 马德秀：《创建世界一流大学的阶段性挑战与思考》，载《中国高等教育》2010 年第 23 期。

　　从某种意义上说，先进的办学理念是一所世界一流法科大学在法学教育趋同化的时代浪潮中，建立或长葆自身独有的实质内涵建设需要，也是其凝聚人心、珍视传统、畅想未来的信念支持。办学理念往往蕴藏于大学校训之中，校训既是一所大学办学理念、治校精神的集中体现，也是其人文主义精神的高度凝练，更是学校历史和文化的岁月积淀。有的一流大学以"追求真理"为指向，将"真理"（Veritas）①与"光明和真理"（Lux et veritas）②视为办学理念的核心；也有的一流大学强调"知识启蒙"的地位，在它们看来"上帝乃知识之神"（The lord is My illumination）③，大学乃是"启蒙之所，智慧之源"（Hinc lucem et pocula sacra）④；还有的一流大学强调整体层面上的"爱国、进步、民主、科学"，强调个体层面上的"自强不息、厚德载物"，⑤ 以"德"指引未来。世界一流大学的校训彰显出对思想自由的极大推崇，而这一理念与法学教育的目标相契合。正因为这种"思想自由，兼容并包"的一流办学理念的指引，形成了一流法科大学拔新领异的法学教育方法以及法学人才培养模式，在数百年的历史变迁与改革动荡中，仍能在引领全球法学学术动向和开拓法学新领域中独领风骚。

　　（2）科研成果与社会进步紧密结合

　　在时代日新月异的发展潮流中，任何大学都无法闭门造车。社会的进步需要世界一流大学这一高端智库的强有力支持，而科研成果的推陈出新也是以社会进步为依托的。将法学理论研究与社会相结合源于20世纪20年代欧洲大陆社会学法学家通过对法律的社会价值分析而构建的初步法律社会学理论框架。⑥ 之后，这一框架被不少一流法科大学所承袭，它们纷纷开始推崇大企业、大公司在国家社会经济生活中的绝对地位，并围绕市场发展需求来阐述有

----

　　① 哈佛大学校训早期是"真理"（Veritas，1643年）、"荣耀归于基督"（In Christ Gloriam，1650年），以及"为基督·为教会"（Christo et Ecclesiae，1692年）。

　　② 耶鲁大学"追求光明和真理"校训中的"光明"指"自由教育之光明"，"真理"指"旧新英格兰宗教传统之真理"。

　　③ 牛津大学校训出自《圣经》中的赞美诗第27篇，强调了上帝是知识和真理的源泉。

　　④ 英译为"Here light and sacred draughts"或"From here we receive light and sacred draughts"。

　　⑤ 以上分别为北京大学和清华大学的校训。

　　⑥ 参见沈宗灵：《塞尔兹尼克的法律社会学》，载《中外法学》1990年第3期。

关合同、财产等法律制度的演变规律，① 从而开辟法律社会学研究的新领域，推动高校法学教育与市场相接轨，实现法学科研成果及时满足社会发展进步的硬性需求。因此，深化产教融合，促进高校法学人才、科研与产业互动，将法学理论研究成果与推动经济社会发展紧密结合，在调整与完善与政府的关系同时，建立与市场的联系，形成独特的政府—大学—市场（或社会）三元治理体系，这对于提高法学对产业转型升级的贡献，促进科研成果法制化、成文化、实践化，为市场经济服务，为社会进步过程中已出现或可能出现的问题提供前瞻性的智力支持。

（3）吸纳顶级教师队伍和管理队伍

顶级教师队伍是一流法科大学的首要资源，优秀的管理队伍则是重要保障，② 因而吸纳顶级教师队伍以及优化管理队伍水平已成为一流法科大学建设的关键性要件之一，因而如何在管理队伍的精准调控下确保教师教学有效进行已成为法科大学的重中之重。首先，在教师聘任制度上，广泛的人才调查机制不可或缺，这是吸纳顶级教师队伍的重要手段之一，对于积极了解法学领域里的全球范围内最新发展动态以及权威人才发挥着重要作用。以美国大学为例，三流大学惟论文数目，二流大学惟论文影响因子，一流大学不对论文发表提要求，顶尖大学极其强调教学，这也是为什么美国顶尖大学能够发展出极为精细的"教授治校"机制。与此同时，不少一流大学法学院推行"终身教授"聘任制度，其标准较之与教师聘任则更为严格，拓宽至纵向范围，即在整个法学研究领域与同时期和不同时期的学者相比均处于领先地位。③ 其次，就管理队伍而言，管理队伍任何决策的作出应当民主化、公开化和国际化，避免与教师队伍相脱节。④ 因为决策上的单边主义是极其狭隘的师资管理方式，要想充分保持师资队伍的国际一流先进性和和流动性，需要对管理队伍决策加以约束，赋予教师更多参与权和决策权以保证公平正义。因此，深入实施人才强校战略，加快培养和引进一批活跃在法学学术前沿的一流教师团队和管理团队，实现从二

① 颜毅艺：《法律的自治与开放——当代美国法社会学方法论变革导论》，载《法治与社会发展》2007 年第 5 期。

② Salmi. J, *The Challenge of Establishing World-class Universities*，Washington，DC：World Bank Publications，2009，p. 128. 转引自由：《大学教师队伍建设中的筛选机制——以美国五所世界一流大学为例》，载《北京大学教育评论》2013 年第 2 期。

③ 刘莉莉：《高校师资队伍结构优化及其对策研究——基于世界一流大学的经验分析》，载《东南大学学报（哲学社会科学版）》2010 年第 6 期。

④ 张岩明：《哈佛大学行政管理模式》，载《高教探索》1993 年第 3 期。

流向一流的改变，是内涵的进一步深化，也是思想的聚众合力，更是法科大学价值观的深刻转变。

（4）推动大学师生队伍国际化建设

在经济全球化和文化多元化的今日，各国各领域的联系趋于频繁的同时，各种全球性问题和多边性危机日益凸显，"本国的一流"抑或"全球的一流"定位，对于法科大学能否有效地解决全球性问题至关重要。经济合作与发展组织（Organization for Economic Co-operation and Development，OECD）顺应时代需求并在其高等教育项目报告中屡次指出，国际化对扩大大学全球知名度、提升师生国际竞争力以及加强国际学术交流的意义举足轻重。① 美国麻省理工学院（MIT）自 2009 年《MIT 国际活动指导战略》（*Guiding Strategies for MIT's International Activities*）报告明确提出 MIT 高等教育国际化建设以来，MIT 的研究生中国际人员数量近年来呈增长之势，比例在近些年已占到总数的 40%。② 另外，MIT 在该报告指引下建立全球教育与事业发展中心（Global Education and Career Development Center，GECDC），该中心一贯强调师生不仅是大学国际化的践行者，更是大学国际化的引领者。与此同时，MIT 着力邀请各院系教授代表组成学校国际事务咨询委员会（International Advisory Committee，IAC），为学校的国际化建设出谋划策。③ 可见，以 MIT 为代表的世界一流大学正不遗余力地推进师生队伍的国际化建设，因为它们清楚地认识到，师生队伍的国际化不仅促进该大学所在国文化、思想的交流与发展，而且有助于其国际地位的上升和学术影响力的扩大，影响其他国家的社会进步和文化更迭，进而影响整个世界的思想和文化格局。

（5）完善经费投入机制和基础设施

一所好的法科大学除了完善制度和运行机制外，更需要有充足经费作为向纵深层次发展的动力。作为高校发展的基础要件，无论是机构日常运行、包括图书馆、研究所、科技研发中心等基础设施建设等内部硬件方面，还是人才薪

---

① Fabrice Hénard, Leslie Diamond, Deborah Roseveare, *Approaches to Internationalisation and Their Implications for Strategic Management and Institutional Practice: A Guide for Higher Education Institutions*, *The OECD's Higher Education Programme Report*, Paris: Organization for Economic Co-operation and Development, 2012, p. 4.

② L. Rafael Reif, MIT's Approach to International Engagement, *The MIT Faculty Newsletter*, Vol. 13, 2011, p. 6.

③ MIT International Advisory Committee, *Guiding Strategies for MIT's International Activities*, Massachusetts: Massachusetts Institute of Technology, 2009, p. 18.

酬、科研经费、奖助学金发放等外部软件方面，经费投入扮演着极其重要的角色。在高等教育发达的国家，一流的公立研究性大学和私立大学的资金来源是比较多元化的，往往除了政府拨款外，民间和校友捐赠占据着相当大的比例。如捐赠基金在许多世界一流大学建校之初就存在。尽管政府拨款和合同收入、学费收入，以及其他资金来源作为其经费投入的主要途径，但捐赠基金收入对于完善经费投入机制和减轻经费负担起着显著作用，对于这些大学的经费投入的贡献率高达30%以上，占据其近1/3的财政预算。① 另外，基础设施的完善离不开行之有效的经费投入机制，在市场经济发达的西方国家，一流大学往往将捐赠基金交予基金管理公司进行统一管理，并每年将大部分捐赠基金用于助学金、教员工资以及基础设施建设，这也是这些大学在高等法学教育和基础设施长葆世界一流的重要原因之一。② 健全高校经费投入机制和基础设施，实现筹资渠道多元化，健全社会捐赠长效管理机制，多方向汇聚资源，增强自我发展能力，在一手资料运用、科研场所建设、网络设备研发及科研基金供给等方面为法学教育的实质性进步奠定有利前提条件。

(二) 我国创建世界一流法科大学的实践和思考

1. 法学教育理念不够突出

法学教育理念是纯粹的法律职业培训和现代高校法学教育的核心内容，也是一流法科大学建设争论不休的话题。尽管中国特色社会主义法治建设已经进入新时代，但目前国内不少法科大学仍将法学教育视为培养法官、检察官以及律师等法律专业人才而设立的单一职业培训机制，却忽略法学在创建世界一流大学的过程中所发挥的多元角色和作用，因而导致其法学教育理念单一匮乏，仍停留在传统教育模式和观念上，习惯性地将法学教育等同于高校法学专业的学历教育，从而彻底切断了法学教育与其他学科的关系，否定了法学学科对其

---

① 如哈佛大学将各个学院的捐赠基金整合起来由哈佛管理公司 (Harvard Management Company，HMC) 统一管理，该公司是哈佛大学的一个附属机构，成立于1974年，总部设在波士顿，负责管理哈佛大学基金、退休基金、运营资金以及捐赠账户。HMC按公司的管理模式，由哈佛大学校长和各个学院任命一个管理委员会管理。捐赠基金必须按捐赠者指定的用途使用，来自捐赠基金的收入一般用于支付捐赠人以前规定的特定捐赠项目。参见许迈进：《美国研究型大学研究——办学功能与要素分析》，浙江大学出版社2005年版，第79页。

② [美]乔治·凯勒：《大学战略与规划：美国高等教育管理革命》，别敦荣主译，中国海洋大学出版社2005年版，第243页。

他学科发展的推动作用。在法学教育理念上，我们应当推行"健全人格教育理念"，法律不仅仅是一种理想的"修身、治国和平天下"途径，也是构建世界一流法科大学"人格"必要条件。① 全球化浪潮正以势不可挡的力量深刻影响着人类法律生活的基本面貌，重新塑造着每一个国度或民族的法律架构和人格，从而对法学教育产生显性的国际化影响。因此，我们在设计法科大学良性运作规范和机制的同时，应赋予法学教育理念新的时代内涵，重要的是坚守社会主义核心价值观，在大学理念中融入中华优秀传统文化的精神基因和"底色"。② 有了中国精神和中国价值理念，法律人的独立人格、民族认同感以及文化竞争力得以培养，中国的一流法科大学才有可能在国际上赢得尊重。

2. 精英人才培养模式滞后

在春秋战国时期，先秦诸子，百家争鸣，学说林立。较之其他学派，法家以变法、立法和入仕作为精英人才培养方式，从而使法学教育朝"亦师亦官"发展。法家代表商鞅先前于秦国推崇变法，使"境内之民皆言治，藏管、商之法者家有之"。③ 秦一统六国后，以吏为师，法学教育被垄断，实用型知识传授模式被广泛推崇，直至现在这种模式仍被国内众多法科大学运用，法学人才培养处于粗放式单向传授的藩篱中，愈加无法满足知识多样化的需求。法治人才的培养是全面依法治国的重要内容，也是我国法制事业兴旺发达的重要保障。习近平曾在全国高校思想政治工作会议上强调："只有培养出世界一流人才的大学，才能成为世界一流大学。"④因此，我们建设一流法科大学所面临的问题是如何培养"厚德明法"的"一流人才"，即要求法学人才具有深厚法学功底的同时，也要具有关心人类命运共同体的意识、责任心与使命感。解决该问题的关键在于如何将法学通识教育（general education）与精英教育（elite education）结合，重点凸显精英教育。法学通识教育目的在于对法科学生施以全面法律教育；而精英教育则是在前者基础上的进一步深化，更加注重从法科学生到法律精英的转化，从知识吸收到知识创新的升华，为打破固有民族利益

---

① 参见黄进、徐显明、潘剑锋等：《改革开放四十年的中国法学教育》，载《中国法律评论》2018 年第 3 期。

② 参见林建华：《教育是通向未来的桥梁》，载《法制日报》2016 年 4 月 20 日，第 7 版。

③ 韩非子：《韩非子》卷 49《五蠹》，北京燕山出版社 2009 年版，第 172 页。

④ 习近平：《把思想政治工作贯穿教育教学全过程》，2016 年 12 月 7 日，http://www.moe.edu.cn/jyb_xwfb/s6052/moe_838/201612/t20161208_291306.html，2018 年 12 月 25 日访问。

或国家利益藩篱而推动构筑人类命运共同体和国际民商新秩序培养人才的新路径，致力于培养经国纬政、经世济民的拔尖创新人才、卓越法治人才，即培养造就宪法法律的信仰者、公平正义的捍卫者、法制建设的实践者、法治进程的推动者以及法治文明的传承者。① 我们应当走"通专并举"之路，站在前所未有的高度，打破单向知识传授为主的教育模式，不再局限于国内某一团体或某一个人法律问题的探讨和解决，而是创建为全人类以及国际社会服务的平台，促使未来法学教育朝着精英化、国际化方向发展。

3. 国际化建设步伐需加快

高等教育国际化是 21 世纪大学发展的时代主流，其主要体现在学生来源国际化、师资团队国际化、知识结构国际化等方面。目前国内一些国际化水平高、国际影响力大以及国际竞争力强甚至跻身于世界名校之列的一流法律院校不在少数，受世界三大大学排行榜认可以及国际声誉较高的大学亦如雨后春笋般崛起。② 但通过国内各大高校的国际化建设政策及相关文件的对比研究发现，国内一些大学都将创建世界一流法科大学作为发展愿景，但将大学国际化作为重点建设目标的却屈指可数，而具有完备详尽国际化专项建设步骤与落实政策的更是寥寥无几，可见我国大部分高校对于"世界一流"的理解尚停留在狭隘的国内设想层面。经济的全球化必然伴随着法律全球化和法学教育的全面改革。一方面那种坚持狭隘的民族利己主义做法是不足取的，另一方面法科大学建设国际化也并非要消除国内大学的"个性"或民族性，全球化并不排斥多样性和多元化，不能简单地认为国际化建设就是简单照搬他国模式。国际化建设应理解为不断地突破空间和时间障碍，跨越社会制度和社会意识形态的差异，在世界范围内实现不同主体在优秀法律成果上的互相借鉴与吸收，以达成更多共识，③ 从而用世界的眼光看待问题，用兼容并蓄的心态解决冲突，用全局性思维解决矛盾。与此同时，国际化建设也离不开教师队伍建设、人才培养目标、人才培养方法、科学研究以及管理层的国际化，这些对于法科大学国际

---

① 黄进：《新时代高素质法律人才培养的途径》，载《中国大学教学》2019 年第 6 期；郭玉军：《一位法科名校校长的法学教育思想——评黄进〈何以法大〉一书》，载《法学评论》2017 年第 1 期。

② 以 QS 全球教育集团在 2019 年 2 月发布的第九次世界大学学科排名，共评估全球78 个国家和地区的 1200 所高校，其中北京大学和清华大学的法学学科跻身世界 30 强，武汉大学法学学科跻身世界 100 强，中国政法大学法学学科跻身世界 200 强。

③ 郭玉军：《把握 21 世纪国际私法的发展趋势——评〈国际民商新秩序的理论建构〉》，载《法学研究》1999 年第 3 期。

化氛围的形成起着关键作用,① 法学教育的国际化和世界一流法科大学创建相辅相成，需同步推进。

(三) 创建世界一流法科大学的时代愿景

世界一流法科大学所肩负的任务不仅仅是促进法学教育在大学综合建设和体制改革中的地位，也将国内法学教育与世界一流标准相融合，人文主义精神培养与国际化建设相贯通，必然对国内大学提出全新的时代挑战。创建世界一流法科大学的时代愿景，也不再局限于传统教育改革，而是必须与人类命运共同体建设相契合。中国法科大学有可能成为影响国际格局与秩序演变的重要推动力量，为新型全球化打上深刻的中国烙印，发出中国强音，成为凸显中国作用的强大助力。因而中国世界一流法科大学创建要着眼于"一带一路"建设，融入更多时代性元素，建立起国际一流的高校高端智库，积极应对各种国际公共危机，积极构建世界领先、思想开放、有利于法科大学各领域全面、科学、协调发展的机制。

1. 顺应时代，推动高校助力"一带一路"法治建设

以文明交流超越文明隔阂，文明互鉴超越文明冲突，文明共存超越文明优越,② 是"一带一路"建设所面临的重大问题，不仅仅是包括我国在内的沿线国家共同承担的责任，更需要发挥国内一流法科大学在推动"一带一路"文明交流、文明互鉴及文明共存中的辅助性角色，真正承担起服务于"一带一路"的时代重任。"一带一路"在为国内法科大学提供国际化发展机遇的同时，也使其面临着一个前所未有且极其复杂的一系列法制建设大问题。第一，"一带一路"的核心不仅限于经济发展倡议，同时也是法治发展倡议。"一带一路"沿线各国法治水平差异大，法律规则分歧明显，法治环境较复杂，跨国经贸合作和投资经营存在法律风险，需要法科大学推动产学研管多部门一体化，对我国与沿线国家的双边或多边政治、经济、文化、安全等合作协议作出科学论证，协商可行的实施方案，促进沿线各国的战略对接和政策协调，从而为"一带一路"发展疏通法律障碍，提供法律支持，实现经济上的协调和法制上的平衡。第二，"一带一路"沿线国家或地区各种纠纷解决机制需要法科大学这一有利

---

① 黄进：《何以法大》，中国人民大学出版社 2016 年版，第 53 页。

② 习近平：《开辟合作新起点 谋求发展新动力——习近平总书记在"一带一路"国际合作高峰论坛圆桌峰会上的开幕辞》，载网易新闻网：http://news.163.com/17/0515/18/CKGGCL9H00018AOQ.html，2017 年 5 月 16 日访问。

后盾。法科大学进行法律和案例大数据分析,既要研究沿线国家法律制度及其变迁,也要研究其在司法、执法中的法律适用;既要研究我国企业与沿线国家的合作项目所存在的法律风险、法律争议及处理结果,也要研究沿线国家企业在我国发生的法律纠纷及处理结果,开展全面的法律风险评估,及时发布法律风险预警,积极为沿线国家政府和企业提供有效的法律咨询方案。第三,"一带一路"长期、稳定、可持续、风险可控的金融保障体系的建立,需要以法制为依托。目前我国已同数十个沿线国家签署了合作协议并开展国际产能合作,以亚投行、丝路基金为代表的"资金融通"为沿线国家间产业项目的实施提供了保障。而金融保障体系问题直接关系到"一带一路"能否顺利推进,因为经济上的长远合作必然要求国家之间有合作的法治基础,所以国内法科大学在促进国家间基本法治共识的达成和平衡不同法域和不同法系间的利益有着相当重要的使命;第四,"一带一路"促进法科高校间的"强强联合",实现真正意义上的"共商、共建、共享"。在加强沿线国家法科高校针对"一带一路"重大问题开展有针对性、有操作性的共同商议和政策研究的同时,① 共同搭建信息共享、资源共享、成果共享的学术交流平台,共同增进对沿线国家法律发展趋势和最新成果的了解,发展网络远程法学教育以实现法学资源的第一时间共享,增强我国法律文化软实力和丝路法律文化影响力,构筑开放共赢的时代新局面。

2. 高端智库,构建全球视野下的战略思维和决策

21 世纪国家之间软实力的竞争在很大程度上体现为法治力量博弈,而法治力量离不开高端智库的强大支持。历史证明,一个国家盛衰的关键取决于是否能够准确把握当前形势和制定前瞻战略,尤其在知识经济全球化的今天,依托世界一流大学形成的专业性智库在高端智库的全球性战略中发挥着至关重要的作用。我们需要"打造一批具有中国特色和世界影响的新型高校智库"②,究其原因,"一带一路"作为亚欧非互利合作迈向新高度的一项系统工程,是我国构建利益共同体和命运共同体的战略之一,而一流法科大学理应与时俱进,担负其应有的法治建设责任,提供有价值的法学科研成果,为"一带一

---

① 如复旦大学、北京师范大学、兰州大学和俄罗斯乌拉尔国立经济大学、韩国釜庆大学等 46 所中外高校在甘肃敦煌成立了"一带一路"高校战略联盟,并达成《敦煌共识》,服务"一带一路"沿线国家和地区的经济社会发展。

② 中华人民共和国教育部:《统筹推进世界一流大学和一流学科建设总体方案》,载中央人民政府网:http://www.gov.cn/zhengce/content/2015-11/05/content_10269.htm,2016 年 12 月 26 日访问。

路"建设的顺利实施提供有力的保证。在处理世界一流法科大学构建与高端智库构建这一关系上，我们应从两方面着手：第一，世界一流法科大学为国内高端智库建设构建全球视野下的战略思维。能否具有战略思维将决定世界一流决策是否能够实现，法科大学应在该节点发力，在相应的法律框架体系内成立国内高端智库，提出政治、经济、文化、外交以及安全等方面的重大战略性框架和建议，促进高端智库在处理国际争端或地方冲突、搭建国际性或区域性法律交流平台方面发挥智囊作用。第二，高端智库可以为世界一流法科大学提供全球视野下的有效战略决策。利用高端智库的人才优势和"智囊团"优势，对内出台"中国方案"，制定法治"软实力"全球战略目标部署及对策；对外表明"中国态度"，不断运用全球战略思维研究本国的外交策略以及相关法律问题的协商、谈判、公约缔结以及争议的解决等，携手推进"一带一路"法律合作联盟，为包括"一带一路"在内的国家战略提供行之有效的法律解决方案，打造共同发展、共同繁荣、共同进步的人类命运共同体。

3. 应对危机，形成有效的国际公共危机管理体系

在历经两极对峙格局后，世界军事和政治两极制衡态势不复存在，各国都努力从本国经济利益出发，开展新一轮世界范围的利益竞争，各种矛盾愈显复杂化并向深层次发展，各种类型的国际社会公共危机层出不穷，国际公共危机管理是当今世界任何国家和地区政府都必须予以直面的重大问题。一般而言，公共危机从表面上看是属于各国政府职责范畴，但追根溯源，国际社会公共危机的产生与各国经济发展的不均衡性、不同领域利益的冲突、传统道德文化体系的差异以及全球化的冲击与挑战等因素密切相关。当前各种公共危机愈加复杂化、国际化(如恐怖主义、核武器危机、难民危机、毒品走私、重大传染性疾病传播等)，非传统安全威胁持续蔓延,[1] 相关法律框架的脆弱使得各国政府力量往往显得捉襟见肘。与政府的各个职能部门所作出的行政决策不同，法科大学在很大程度上会更多地体现出法治性、学术性、专业性、兼容性等特征，因而在不同区域、不同宗教信仰、不同政治体制、不同经济模式之间，在处理国际公共危机上会有更权威、更直接、更灵活的沟通方式。法科大学作为国家力量的有利后盾，应当充分发挥国际社会公共危机应对的辅助职能与优势，而这也是推进世界一流法科大学国际化建设的必要条件。由于国际社会机构及其相关操作规则的局限性，国内法科大学须利用高度专业队伍和专业经验从国家主权及国际社会安全的角度，在面对边疆恐怖主义肆虐、"萨德危机"、

---

① 陈福今：《公共危机管理》，人民出版社 2006 年版，第 25 页。

"南海争端"以及"中印领土争端"等与我国国家利益攸关的国际公共危机时，第一时间制定临时应急计划和长期的反危机战略，① 以非利害关系第三方身份来综合协调各国机构之间的应急保障资源分配，健全国际社会预警体系。构建世界一流的法科大学并非闭门造车，应当自觉承担起服务公共社会的职能，为公共危机管理体系的构建奉献一己之力。

二、彰显法治，创建世界一流法学学科

法治的发展需要一个特殊过程，这个过程不能仅注重形式层面的法治，还应追求更高程度的实质法治，而这种实质法治的实现，需要将法学学科的"科学性"与"国际化"相结合。而世界一流法学学科的创建，是对"法治"理念纵深方向的拓展，只有将法学学科的研究起点置于"法治中国"以及国际法治理念，才有可能"通过一流学科率来提升我国高等教育综合实力和国际竞争力"②。因此，我们在创建世界一流法学学科的过程中所应注重的不仅仅局限于学科本身对于高校和本国的法治意义，而是要学会如何以国际化视角，直面经济全球化所带来的知识的国际维度和人才的国际竞争，正视波云诡谲般变化的国际格局，解决国际社会发展所面临的新问题，这也是各国一流大学扩大国际影响力的题中之义。

（一）世界一流法学学科的概念、衡量指标及共同特征

1. 世界一流法学学科的概念

法学作为学科出现可追溯于公元前 3 世纪罗马共和国时代，古罗马法学家将法学（Jurisprudentia）视为"关于神和人的事物的知识，是关于正义和非正义的科学"③。但这种"科学"在当时并非对法学在教育学科和推动社会发展的地位的认可，而是判断思想和行为对错与否的准则。现今法学学科被赋予"国际

---

① 延边大学朝鲜半岛研究协同创新中心同中国人民大学国家发展与战略研究院于2016 年 6 月主办"萨德危机与中国的半岛战略"研讨会。武汉大学中国边界与海洋研究院和荷兰莱顿大学格劳秀斯国际法研究中心于 2016 年 6 月联合举办南海仲裁案及其对国际法治的影响举行学术研讨会。

② 李克强：《在高等教育改革创新座谈会上作重要讲话》，载央广网：http://china. cnr. cn/news/20160418/t20160418_521899040. shtml，2017 年 1 月 2 日访问。

③ Donald Black, The Boundaries of Legal Society, Carroll Seron. Hampshire（eds.）, *The International Library of Essays in Law and Society*: *The Law and Society Canon*, England：Ashgate Publishing, 2006, p. 108.

化"使命，世界一流法学学科概念的重新定位，主要体现在：第一，范畴被拓展至国际学术前沿，以促进全球战略性和前瞻性法律问题研究和解决为要务。法学学科就不再局限于单一学科布局的优化设计上，而是着力提升其解决各种类型国际问题手段和相关领域国际法律规则的原始创新能力。① 第二，"法学学科体系建设是法治人才培养的关键"，② 世界一流法学学科要求推进科研组织模式创新，依托法学学科建设重点研究机构和学会，围绕重大社科基金科研项目，在相对健全的科研机制前提下，开展学科带头人以及学科教师间协同创新，优化学科各种资源配置，以提高社会科学创新能力。

2. 世界一流法学学科衡量指标

在评判世界一流法学学科的衡量指标上，包括 QS（Quacquarelli Symonds）指标体系等在内的诸多学科指标体系虽然国际公信力强，③ 但由于这些指标体系内的某些指标主观性过强，对被调查群体学科发展无法进行客观详尽的了解，因而难以被一些国家接受。我们在整合以上学科评价指标的基础上，将衡量指标具体细分为诸多定性指标和定量指标，④ 以"质"与"量"相结合的方式实现主观评价和客观发展的有效结合。

（1）法学学科水平居于世界前列

学科水平的高低，是大学学科教育实力和相关科研水平的体现，从侧面反映着这所大学的教育和文化发展水平。法学学科水平目前主要是通过"文献计

---

① 郭玉军：《一个法学家的世纪追梦：韩德培思想研究》，武汉大学出版社 2015 年版，第 225 页。

② 习近平：《为全面依法治国培养更多优秀人才——习近平总书记在中国政法大学考察时的重要讲话引起热烈反响》，载中国法院网：http：//www. chinacourt. org/article/detail/2017/05/id/2848407. shtml，2017 年 5 月 5 日访问。

③ 最具国际权威的当属 QS"世界大学学科科学排名"指标体系，它是由教育组织 Quacquarelli Symonds 所发表的年度世界大学排名，排名包括主要的世界大学综合排名及学科排名。其主要参考 6 项指数，这 6 项指数包括：学术领域的同行评价（Academic Peer Review）、学生就业评价（Recruiter Review）、教师/学生比例（Faculty Student Ratio）、单位教职的引用率（Citations Per Faculty）以及国际教师和国际学生占总教师、总学生数的比例（International Orientation）。

④ 定量指标相对于定性指标来说更具有一定程度上的客观性，这种指标体系是由引文排名（Citation Rankings）、高被引论文（Most Cited Papers）、引文分析（Citation Analysis）和专家评述（Commentary）四部分组成。ESI 数据库以"引文分析"为基础，针对各学科领域，通过计算论文数、引文数、篇均被引频次（Average Citations Per Paper）和单篇年均被引频次（Averages）、平均年份（Mean Year）等指标，从各个角度对对当前正在深入研究和有突破性进展的学科领域进行直观反映。

量分析"来反映，即根据对法学院近几年科研产出指标(学术出版物的数量和被引用率)的测量，并与国际具有相关的学科/领域的世界一流大学进行同类型比较，若科研产出指标与世界一流大学法学学科保持相同水平甚至居于其上，则表示学科水平居于世界前列。

（2）学科发展方向符合法学发展前沿

在尊重法学学科现有发展方向的前提下，以揭示经济社会发展的实质性规律和不同区域文化的历史发展特征，瞄准经济社会发展前沿以及社会经济亟待解决的重大问题或关系国计民生的基本问题，明确法学学科发展的未来方向和趋势，提前做好科学且全面的学科部署，确保学科发展统筹规划与法学发展前沿相契合，从而使得法学学科能够及时、有效、全面解决各种前沿性问题，构建与创新型大学相一致的一流法学学科发展体系。

（3）持续产出对人类生存与发展具有重大意义的法学理论成果

法学理论研究并非高屋建瓴，也非形式主义的生搬硬套，而是以问题为导向促进学科交叉融合，需要法学学科与其他学科以多元化方式实现学科资源的有机整合，以解决法学学科前沿问题以及影响国家乃至全球经济进步、人类社会可持续发展的重大法律问题为重要目标，以贴合人类生存与发展为理论研究出发点，真正做到服务社会，在社会实践中萌芽新的理论生长点，更新问题解决思路，以法学理论成果推动人类生存与发展的和谐发展。

（4）培养具有社会责任感的高素质拔尖法律人才

世界一流法学学科是先进法律思想的策源地、法学知识传授的殿堂，是法治人才培养的第一阵地，也应是一流法律人才的荟萃之地。世界一流法科大学的人才培养模式在集中培养学生国际视野、创新精神、实践能力的同时，更加注重学生高度社会责任感的培养，把学生培养成复合型、应用型、国际型的法律人才，[①] 即"德法兼修"。结合社会实践开展理想信念教育、社会公益教育、传统法律文化教育，以培养团队精神、仁爱之心、家国情怀以及社会责任感，通过其在世界范围内竞争而获得的社会工作成果，来考验一所大学法学学科与人才培养的契合程度，更考验法学人才的多元文化张力和对未知世界的挑战性及理解力。

（5）进入世界顶尖法学学科之列

目前世界一流学科被划分为三个档次，即世界顶尖法学学科、世界高水平

---

① 张男星、王春春：《如何在同类大学中突显特色——访中国政法大学校长黄进》，载《大学》2011年第1期。

著名法学学科，以及世界高水平知名法学学科。① 诸如哈佛大学、牛津大学、剑桥大学、斯坦福大学等世界一流法科大学，其"社会科学总论"ESI 全球排名均居于世界前 1%，② 这意味着这些大学的法学学科也属于世界顶尖法学学科，也足以说明学科建设进入世界顶尖队伍与否是创建世界一流大学的核心要件：法学学科的强弱在一定程度上决定着法科大学实力的强弱。

2. 世界一流法学学科所具有的共同特征

（1）瞄准国际学术前沿理论发展

"前沿"是世界一流学科的重要标识，它不仅表现在学科进步的研究成果上，也体现在学科自主创新的过程中。创建世界一流法学学科，我们需要在发展过程中注重法学理论发展的前瞻性，强调法学研究结合经济社会发展的最新动态，从而启发学科领军人物的学术挑战性，以开启通向新学术领域的捷径。西方国家的法学之所以被视为世界一流法学学科的代表，并非源于雄厚的师资力量或自由的学术之风，而是其在数百年的学术传承中形成的"独立于社会价值之外的理性"。③ 如较为注重社会理性分析的宪法解释的新派别层出不穷，而女性主义法学研究则从宪法平等保护原则来分析认同国家政治，它们均站在时代前沿来推动法学理论进步以及人类社会进步。④ 另外，不少西方国家一流法学学科领军人物站在批判法学派视角，始终发挥这种"理性"思维，⑤ 另辟蹊径，把握法律史、国际法、法律经济分析、公司法、科技法等法学分支未来的发展趋势，自成体系，使得其处于世界前沿并引领其他大学法学发展的

---

① 黄容霞、Lennart Wikander：《一个学科国际评估的行动框架——以学科评估推进世界一流大学建设的一个案例》，载《中国高教研究》2014 年第 2 期。

② "社会科学总论"学科前 1%（含 1%）的大学学科为世界顶尖法学学科；前 1%～5%（含 5%）为世界高水平著名法学学科；前 5%～10% 为世界高水平知名法学学科。

③ 查尔斯·弗莱德（Charles Fried）曾担任里根政府时期的司法部副部长（Solicitor General），是美国重要的保守派宪法学教授，认为法律自成体系，有其独立于社会价值之外的理性。

④ 玛莎·米诺（Martha Minow）从女性主义的观点出发，从恢复性司法（Restorative Justice）的角度探讨转型社会中冲突解决与族群和解的可能性与可行之道。Janet Halley 则结合女性主义与同志理论，批判既有法律体系对于女性、同性恋人群以及其它弱势族群的歧视。

⑤ 批判法学派（Critical Legal Studies）以邓坎·肯尼迪（Duncan Kennedy）与罗伯托·安格尔（Roberto Unger）为典型代表，他们从现行法律体系出发，揭穿既有法律体系所宣称的价值中立。其中 Duncan Kennedy 于 1979 年出版的文章 "The Structure of Black Stone's Commentaries"，从检视普通法的基本体系与结构指出现行法律中的基本构造，如公私二元对立、实体与程序区分等看似中立的概念，实则包含了维持现状的价值决定。

方向。

（2）鼓励向跨学科和跨领域转变

鼓励法学学生跨学科和跨领域去学习，意味着在拓宽法学学生知识视野的同时，法学学科与其他学科的进一步融合和相互渗透，这种由单一学科走向综合学科的战略，推动新的学科生长点的增加，使得法学研究范畴在横向和纵向有所突破，促使法学学科建设更加综合化，因为"学科的分化与综合是现今理论形态学科进步的两大发展方向，两者之间相辅相成、互生互补"①。而现实中允许学生跨学院选课（Cross-registration）在世界一流法学院普遍存在，让学生能选择除法学之外的其他课程，乃至其他非法科大学的非法学课程，着力发展若干跨学科中心，是对"以学科的交叉与融合促进创新"学科建设理念的秉持。② 多学科的交叉与融合使法学院有能力承担各种重大科研项目，有利于及时将学术研究成果转化为具有实用价值的立法建议或商业诉讼解决方案，从而推动了学校由研究型大学向创新型大学的角色转变。可见，法学学科向世界一流的转变，并非固步自封，而要勇于打破学科间壁垒，善于发掘法学同其他学科间的联系，在多学科协调发展中，以众星拱月之势推动法学学科的进步。

（3）服务社会和批判思维相结合

服务社会通常被局限于公共部门与准公共部门的肯定性义务，但法学学科与生俱来的社会化使命使得其必须服务于全体社会公民。法学批判思维（Critical Thinking）这种否定性思考方式貌似与服务社会相悖，但自 20 世纪 30 年代美国现实主义法学运动③后，形式主义法学④受到广泛批判而法的实际功

---

① 金薇吟：《知识与学科理论发微——兼论学科的分化与综合》，载《扬州大学学报（高教研究版）》2004 年第 5 期。

② 王廷芳：《美国高等教育史》，福建教育出版社 1995 年版，第 271 页。

③ 现实主义法学（Legal Realism），是从反对概念法学的过程中产生的，发轫于德国的自由法运动，在美国和北欧得到迅速的发展成长，逐渐形成了自己独特的理论体系。在美国，现实主义法学是从霍姆斯的实用主义法学发展而来的，是由卢埃林、弗兰克等现实主义法学家创立的。20 世纪 20—30 年代，在美国形成规模宏大的现实主义法律运动，将现实主义法学推向高潮。这场运动一直持续到 60 年代，在美国法律思想界、法律实务界和法学教育界都产生了深远的影响。

④ 法律形式主义主要是一种法律研究和适用的方法，其核心主张是法律是一个封闭的逻辑自足的概念体系。法律形式主义在 19 世纪的欧美都非常盛行并发展到顶点。在欧洲，其典型表现是当时法学界的法典化运动以及德国的一些学者对"概念法学"的追求；在美国，自 1870 年到 1920 年的 50 年间，法律形式主义一直是美国法学界的正统理论，其代表人物是哈佛法学院院长兰德尔（Langdell）。

能愈加受到重视，法的形式规则受到抨击而影响法律实施的政治决策受到吹捧，① 一些一流法学院深谙政策改革往往带来的难以预料的后果，将服务社会和批判思维相结合，开始思考法律的本质，思考法律目的的正确与否，以及目的实现的可能性。"认识的起点即怀疑，怀疑目的在于达到无可怀疑的真理"，② 批判性思维对真题的追求促使这些法学院给予法律规则背后的原则以充分的重视，目的在于引导法学学生大胆怀疑社会规则，批判性审视社会政策和责任究竟是利大于弊还是弊大于利，这也是一流法学院在社会优秀领导人才培养上更胜一筹的原因所在。法学学科发展与社会的联系将更为广泛和紧密，对国家、社会和个人发展使命任重而道远，而这种责任承担的前提是培养学生的"公平"和"法治"价值理念，即鼓励学生以建立法治社会和促进公平正义为己任，帮助学生养成批判性思维以应付未来社会的不确定性，而非"形式化"服务。

（二）我国创建世界一流法学学科的实践和思考

1. 国际平台话语权需加强

国际平台话语权是指以国家根本利益为核心、就国家内部事务和相关国际事务发表自身意见的权利，它体现了一国在国际平台和双边、多边协议谈判的知情权、表达权和参与权的综合运用。我国法学学科在国际平台上的话语权与发达国家法学学科相比，仍存在一定差距：第一，一些法学分支学科的话语明显与中国社会实际相脱节，既难以以法学理论的创新来推动经济社会发展与民主法治建设，难以构建中国特色的法学学科自主权，也无法使得法学学科与优秀传统法律文化有效融合，仍停留于基础研究浅层面，民族历史文化底蕴缺乏，更无从谈及在全球治理上的有利后盾的建立。第二，目前我国国内不少著名院校法学学科已迈入 ESI 世界顶尖法学学科前列，但法学创新研究成果往往囿于国计民生，缺乏对他国乃至全球法律新动态和新焦点的密切关注，针对全球问题的治理停留在国内学界的学术讨论，难以准确运用各领域知识全面分析以及形成权威性的解决方案，在法学学科国际发展趋向上极为被动，对世界一流法学学科的理解过于单一片面化，无法在法学国际平台据有一席之地而挥斥方遒。概而言之，经济全球化的不可逆趋势要求高校将提升本国国际话语权作

---

① 刘翀：《现实主义法学的批判与建构》，载《法律科学》2009 年第 5 期。

② ［美］哈罗德·J. 博尔曼：《法律与革命》，贺卫方等译，中国大百科全书出版社1993 年版，第 189 页。

为一流法学学科的目标，因为较之其他学科，法学与生俱来的判断是非曲直的本质，有利于解除固步自封的理论研究模式，消除不同法系、不同宗教、不同利益主体在国际政治、经济、文化、安全和防务上的藩篱，需要国内高校以全球化视野和民族传统文化来提升法学学科在国际平台的话语权。

2. 法学师资队伍亟待完善

法学师资队伍作为法学教育事业的中流砥柱，当被置于世界一流学科构建层面时，其被赋予更为重要的时代使命。因为师资队伍的水平在很大程度上决定着法学学生培养质量的高低，这体现在学术水平和就业率上，也体现在个人品格、思想道德、处世伦理方面，更体现在对社会进步的作用上。近年来，为适应一流法学学科建设的要求，国内高校将完善师资队伍建设作为首要任务，不遗余力地逐年扩大和深化全球优秀法学人才引进力度和人才层次，法学师资队伍趋于结构合理化和标准高端化。但我国目前法学师资队伍在不同层次的法科大学之间发展极不平衡，教学水平和科研能力参差不平，结构失衡，"近亲繁殖"较为明显，重点大学或教育部属大学的法学教授所占师资队伍的比例是一般院校甚至地方院校的数倍之多。① 国内不少著名高校法学院专任教师无论在职称结构、学位结构以及学缘结构等方面都是首屈一指，但其师资队伍的国际化水平与港澳台地区大学以及国外大学相比尚存在较大差距。② "教育者，非为已往，非为现在，而专为将来"，③ 高素质的法治工作队伍是全面依法治国的关键，未来的法学师资队伍不应局限以往，应予以着力优化，提升师资国际化程度，这也是我国培养建设一流法学学科中坚力量的当务之急。

3. 国际化与民族化相冲突

国际化和民族化都是存在于社会科学的本质属性。由于法律从产生时起，普遍性和地域性共存共荣，各地域法律背后的各种利益和政策的博弈，导致国际化与民族化的冲突在法学学科普遍存在。从目前世界知识系统的范式及标准来看，前沿知识的生产和分配高度集中在少数西方发达国家，其学术准则往往

---

① 付子堂：《当代中国转型期的法学教育发展之路》，法律出版社 2010 年版，第 59 页。

② 从北京大学法学院与台湾大学法律学院专任教师职称以及学位情况来看，两个大学教师在职称结构方面并无明显区别，但教师的学位和学缘结构差距很大。台湾大学法律学院 41 位教师具有博士学位者 40 人，其中 39 人具有海外博士学位；而北京大学法学院 87 位教师中，博士学位获得者 54 位，海外博士 11 人，占博士人数的 20%。参见吴结：《关于高等教育国际化的思考》，载《中国法学教育研究》2002 年第 2 期。

③ 蔡元培：《蔡元培自述》，北方文艺出版社 2012 年版，第 28 页。

演变为世界共同的准则。现代法学学科知识结构、理论基础大多也是西方的，法学学科国际化被不恰当地演绎为西方化。纵观国内高校法学教育改革，突出问题之一是无法正确处理好国际化与民族化的关系，不少大学法学院为了与西方通行制度相接轨，直接套用西方法学学科标准的不在少数，法学研究成果以西方标准作为权威认定，有意无意地西化，对本国传统法律文化产生了巨大冲击，实质上演化为西方化与民族化的冲突，带来更多国内优秀传统民族文化的流失。中国法学学者以国际视角去预测世界法学发展潮流，大力促进法学研究的双向流动，但这种"双向"并非民族化与国际化各自为政，国际化并非"知识趋同"，民族化也并非是对民族主义的狭隘强调。正确处理国际化和民族化的关系，就要正视法律趋同化，寻求与国际社会的接近和协调一致。即以本国国情和民族特性为基点，以促进法学教育国际化目标，对国外法学研究成果进行精心鉴别和改造，使其与本土法律文化相融合，使"冲突"转变为"趋同"。① 这是突破狭隘民族主义而创造的国际主义成果，一种在借鉴他国法律精髓基础上理论创新的产物，有利于既有时代特征又有民族特色的世界一流法学学科理论体系的形成。

(三)我国创建世界一流法学学科的时代愿景

"法治中国"并非形式意义上的高屋建瓴，而是推崇"奉法者强"，即社会主义法治中国建设离不开世界一流法学学科所依赖和培养的一流法学人才队伍。在构建世界一流法学学科过程中，师资队伍决定学科未来发展趋向，交叉学科和新兴学科决定学科结构的优化完善，而品牌学科与学科建设重点遥相呼应，以国际视角解决这三个方面的问题，对于提升国内一流法学学科在国际平台的权威话语权，促进法学学科国际化与民族化的融合有着积极的意义。

1. 完善师资，充分发挥教师在学科中的主导地位

一个学校和一个院系办得好不好，首先看师资。② 为建设一流法律院校，除积极吸纳法律人才外，我们应注重法学青年教师的培养，积极倡导学术薪火相传。"国将兴，必贵师而重傅"，③ 离开高素质法学师资队伍，法学学科就成了无源之水，无本之木。这就意味着我们首先应尊重法学教师在一流学科建

---

① 郭玉军、李伟：《李双元法律趋同化思想研究》，载《时代法学》2016 年第 5 期。

② 郭玉军：《一个法学家的世纪追梦：韩德培思想研究》，武汉大学出版社 2015 年版，第 239 页。

③ 戴圣：《礼记》卷 8《文王世子》，上海古籍出版社 1996 年影印本，第 48 页。

设中的绝对地位,尊重教师的科研思维和科研计划,推广教师的科研成果价值,才能从根本上实现"师道既尊,学风自善",留给教师更多空间和精力来潜心问道和关注社会动态,将法学学科平台打造成既是科学研究的平台,也是教学育人、言传身教的平台;既是人才队伍汇聚的平台,也是创新创业的平台;既是科教融合的平台,也是产教融合的平台。其次,给予法学教师更多经费自主使用权,更多创新成果使用、处置和收益权,维持教师基本生活所需的物质性条件和精神性条件(如带薪休假期间自主研究),促使教师把更多精力用到课堂教学和学术研究上,从而实现最大程度上的科研产能。① 另外,由于我国中西部优质法学教育资源相对缺乏,各地配套建设经费比例失衡,不同区域的高校法学教师分布极为不均,东中部地区高校在推进一流法学学科建设时,应深度融入区域经济社会发展进程,避免法学教育的"马太效应",要与西部法科高校相互扶持,完善工薪政策,建立地方性补贴机制,缩小区域高校教师收入差距,共同谋求一流师资队伍的发展。② 最后,着力推行高等院校学科创新引智计划(简称"111计划"),③ 以高校国际前沿标准或国家重点发展的法学学科以及省部级重点科研基地为第一平台,从世界一流法科大学或世界一流法学研究机构中积极引进优秀人才或法学学科优秀带头人,形成高水平的法学教师队伍,以优化法学学科师资培养机制,使其自觉担负起建设一流法学学科的使命。

2. 健全门类,为学科交叉和新兴学科创造条件

古罗马法学家乌尔比安(Ulpianus)将"法学"视为"人和神的事务的概念",这就决定了法学超脱人类思维极限的属性,相对其他学科更需要缜密的理性思维和敏锐的时代洞察力。法学作为社会科学的一员,与经济、历史、文化传统、道德伦理乃至自然现象在内的人文科学和自然科学息息相通,这也就从根本上决定学科交叉和新型学科在法学学科领域的旺盛生命力。因而在当前全球多元文化和多重思维交集的知识创新时代下,应当运用什么样的法学研究方法和研究思维,来寻找法学学科与其他学科的普适性、共生性并使其相互结合或

---

① 中共中央政治局常委、国务院总理李克强于2016年4月15日在北京召开的高等教育改革创新座谈会上强调,不能简单套用针对行政人员的规定和经费管理办法,应充分体现尊重知识、尊重人才的要求,给教学和科研人员更多经费使用权,更多创新成果使用、处置和收益权,更好调动广大知识分子的积极性和创造性。

② 钱炜:《失落的大学:兰州大学启示录》,载《中国新闻周刊》2017年第10期。

③ 参见教育部、国家外国专家局:《高等学校学科创新引智计划"十一五"规划》(2006—2010),教技〔2005〕6号,发布日期:2005年9月21日。

渗透，为法学学科构建一个多要素、多层次、多结构的综合系统，成为我们构建一流法学学科所面临的严峻挑战。第一，不同学科交叉点易衍生出新的边缘学科生长点、新的理论前沿，最有可能催化理论的进一步突破，从而使学科进展产生意想不到的成果。"在人类思想进化史上，标志性成果的诞生往往发生在两条看似截然不同的思维路线交叉点上。"①我们要善于利用法学与其他学科的交叉点，通过科学系统的论证证明学科交叉点的合理存在，为学科交叉点创造合理发展空间。第二，新兴学科是知识经济时代进步的必然产物，人类社会所面临的闻所未闻的全球性问题的解决，离不开新兴学科的协助。例如科技法学就是在科技快速发展带来法律传统研究范式的革命背景下应运而生的。全球科技革命在带给人类生活翻天覆地变化的同时，也要鼓励科技法这一新兴学科为科技进步提供保障，解决科技发展带给全球网络交易安全、个人数据信息安全以及网络知识产权等领域的潜在危险。第三，利用学科交叉和新兴学科综合性地解决人类面临的重大问题。在社会发展中，人类会遇到诸如人口、食物、能源、生态、环境、健康等全球性问题，这仅靠任何单一一门学科或一大门类科学都难以有效解决，将法学与其他学科交叉，并在此基础上衍生新学科，能够针对问题根源采取合理有效的法律解决途径，推动法学学科积极向一体多元、多元一体、和谐共生、协调发展的新格局迈进。

3. 创立品牌，打造具有世界影响力的特色学科

创建品牌学科是国际一流法学学科建设的战略性步骤之一，也是加强所有高校学科国际影响力的重大举措之一。世界一流大学的发展史即品牌学科的创建史，因为一所高校里世界一流的品牌学科愈多，其国际良好声誉愈高，对国家重大事务决策的参与度愈高，对国际化人才的创新能力和竞争能力的培养愈加全面。现今"一带一路"为我国品牌法学学科的创建和宣传提供了前所未有的机遇，世界一流法学学科应当成为我国国内法科大学的品牌战略，这不仅是解决民族化和国际化困局的重要途径，也是扩大我国法学学科国际影响力的最佳捷径。首先，我国应根据当前法学学科建设的实际情况以及各区域的师资差异，走特色学科发展道路，如条件优越的区域可以重点发展法学二级特色学科，条件落后区域优先发展法学一级重点学科。这是我国各区域高校增强法学学科实力、谋求长远发展，既兼具本地化和国际化，融发展实际与未来开创于一身的举措，不断赋予国内法学新的时代内涵。其次，采取科学的知识结构多元化途径，利用双语教学模式将中外法学学科、法学学科与其他学科紧密结

---

① ［美］大卫·C. 卡西第：《海森伯传》，戈革译，商务印书馆 2002 年版，第 39 页。

合，并利用网络科技和大数据时代的便捷，发展网络法学教育以及其他法学新兴学科，获取法学前沿领域的制胜点，以满足不同层次和类型的法学人才基本需求，以引领高校相关科研机构的发展壮大。再次，把法学知识教学与法律实践教学从传统的先后关系提升为同步关系，把实践教学从过去检验学生学习理论知识的手段上升为人才培养的核心抓手，从培养的末端环节延展至培养全过程。创设原始案例卷宗副本阅览和动态庭审同步直播观摩体系，建立了即时共享的司法资源汇聚平台，让全国最优质的司法资源第一时间转化为教育资源。① 最后，将法学师资团队集中于分支学科或发展若干子学科，以呈众星拱月之势，每一分支学科都有专业的研究队伍，② 队伍在充分利用传统法学学科平台优势的同时，着力创建法学分支学科部级或省级社会科学重点研究基地，邀请国内外相关学科领域专家，定期开展分支学科或跨学科国际研讨会或交流会，在扩大法学学科国际公信力和知名度的同时，也要坚定中国自信，完善国内法学学科体系建设，为将国内更多大学法学学科打造为世界一流水平的学科提供良好机遇。

三、百家争鸣，创建世界一流法学学术

学术乃大学进步之本，百家争鸣之源，离开学术的法学教育如同生产同样产品的标准化工业流水线，难以创造出世界一流的法学科研成果，更难以将成果广泛服务于社会民众。创建学术自由与学术规范相辅相成的学术氛围，即使在功利与实用盛行的社会环境中，法学的学术传统和学术的基本准则方得延续。世界一流法科大学应当以追求卓越为导向，以发展世界一流的多元化法学学术为目标，努力建设与之相适应的学术组织或机构体系，营造自由开放、严格管理的学术氛围，创造竞争力十足的学术交流体制，推行自由选择的学术双重评估体制，以提升国际学术权威领域，造就世界尖端法学学术领军人才。

（一）世界一流法学学术的概念、衡量指标及共同特征

1. 世界一流法学学术的概念

"学术"一词最早可追溯至司马迁《史记·张仪列传》中的"学术，苏秦自以

① 黄进：《立德铸魂 明法笃行 培养德法兼修的高素质法治人才》，载新华网：http：//education. news. cn/2019-04/29/c_1210122443. htm，2019 年 7 月 1 日访问。

② 黄进、郭玉军、车英、李洁：《德高北斗耀天宇 培育桃李正乾坤——纪念韩德培教授百岁诞辰》，载《武汉大学学报（哲学社会科学版）》2009 年第 6 期。

231

不及张仪"。但此"学术"在当时仅指"学习治国之术"。现代意义上的学术源于中世纪罗马帝国后期天主教会控制下的西欧修道院，将宗教知识置于早期大学中予以提炼和传授，因而学术往往象征着知识的衍发与传承。法学学术作为学术的重要分支，应以法学理论的不断探索与创新运用为目标，尤其在知识经济全球一体化的今天，法学学术也被提升至国际层面予以探讨和交流，因此世界一流法学学术也成为法学界所应追求的目标。基于此，我们对世界一流法学学术的定义是：以思想自由为前提，运用科学系统的研究手段，突破国际现有的法学学术限制和人类认知局限，以领先于各国的法学理论成果造福于人类及国际社会的可持续发展。

2. 世界一流法学学术衡量指标

我国国内不少评价世界一流学术的指标体系初衷在于寻找中国大学和世界名牌大学在科研上的差距，① 综合考虑国际可比性、实力与水平关系等指标，② 其客观透明的评价体系备受世界各地研究机构推崇，确立了大学学术评价的中国话语权体系，在世界各地被大量引用。但考虑到这些指标体系的评价对象主要集中于自然学科，并不包括法学学术在内的社会科学。我们结合法学学术的特性，以及现实可操作性，将评价指标具体化为以下几项：

(1) 善于发现法学学术创新点

学术的最高宗旨在于对未知的追求，而在学术中发掘新的研究点，不仅有助于学术研究成果的创新，更有利于新的学术研究思维的形成。因为学术成果固然重要，但发现创新点的过程在确立学术规划、培养学术前瞻性方面发挥着无法取代的作用。欧美大多数法科名校将法学学术研究视为"人类对未知的最急迫的、不可抑制的需求"，有"需求"才能以不断变化的眼光审视每一种观点的思想交锋。③ 法学学术创新点之所以作为衡量指标之首，在于其不仅关系到目前社会科学的进步与否和国际社会规则的完善与否，而且，这种"发现"的

---

① 较具代表性的当属上海交通大学"世界大学学术排名"（Academic Ranking of World Universities，ARWU），ARWU 是全球第一个发布世界大学排名的，被国际权威机构和著名专家公认为世界上最为科学、最为权威和最为广泛采用的世界大学排名。

② 该五个指标包括：选择获诺贝尔奖和菲尔兹奖的校友的折合数（简称 Alumni）、获诺贝尔奖和菲尔兹奖的教师的折合数（简称 Award）、各学科领域被引用率最高的教师数（简称 HiCi）、在 Nature 和 Science 杂志上发表的论文折合数（简称 N8LS）、被科学引文索引（SCIE）和社会科学引文索引（SSCI）收录的论文数（简称 SCI）。

③ 参见李昌鑫：《研究生课程教学的研究性及其强化策略》，载《中国高教研究》2009年第 4 期。

能力，较之其他学者，对法学研究人员的学术水平、综合能力的要求也是较高的，有"发现"才有突破，有创新才有进步。所以，"发现"往往被当作法学学术着眼点的同义语而备受推崇。

（2）勇于突破法学研究的界限

法学与其他人文社会科学的研究，同发现学术创新点是紧密相连的。传统的法学学科分支证明了现有的学术局限性，压制了法学发展的新领域，而综合的学术水平意味着建立法学与其他学科之间的联系，把法学放到更大的学术背景中去考察。随着现代社会科学发展从高度分化转向高度综合，单一法学知识难以解释和解决属于该领域的新问题，突破现有的法学学术研究界限就显得格外重要。纵观世界一流法学学术的发展，从法学学科领域的核心地带逐渐拓展到与相关学科的交叉研究普遍存在。因为其有利于边缘学科的创新和开拓，进而运用多学科的理论和方法去研究本来属于法学领域的命题，乃至不属于任何一个学科单独研究或解决的对象。综合的目的和效果终究是为了"发现"，但前者比后者的创新价值更高。

（3）学术成果与服务社会结合

法学知识应用的主要形式就是服务社会。当今波云诡谲的国际局势面临着大量的只有法学学术界才能加以解决的社会难题。一般说来，人类的文化程度与其社会参与的意识和能力成正相关，所以，法学学者主动关注、干预社会生活的意识比较明显。① 从法学学术的本质来看，其本身隶属于人类社会活动的上层建筑，最终目的即服务于社会，这就从根源上决定了社会服务的目的、过程以及结果必须贯穿于学术立项、调查、研讨以及文献搜索全过程，以高度专业化知识保障经济社会活动有条不紊地进行，以及确保法学学术成果及时解决各项社会问题。因此，这种应用型的社会服务是严肃的、法定的，要求法学学术队伍具有学术研究活动的激情、活力和强大的社会责任感。要使法学学术进入世界一流水平之列，需将社会服务范畴拓展至国际社会，因为学术不应仅为本国服务，也应将全球公民基本生存需求以及整个国际社会未来发展良性趋向纳入考虑中。

（4）以法学教学推动学术研究

法学教学作为一门学术性事业，其学术性主要体现在所要传授的法律知识、法律谈判技能、立法技术以及司法手段的形成、掌握、使用和发挥。法学

① 喻恺、田原、张蕾：《后发新兴世界一流大学师资队伍的特点及其启示》，载《高等教育研究》2011 年第 4 期。

教师在教学活动中在创造求知的学术平台上拥有独天得厚的优势，容易直接激励学生针对当下全球热点发挥批判性思维和提出创造性解决方案。亚里士多德曾言："教学是最高的理解形式"，理解学术含蕴的必要途径即不断改善教学模式。现代意义上的最好法学教学不仅是通过教学实现法律资源共享以及传授法律知识，同时也通过改造和扩展法律理论或法律规则而对社会进步有所贡献。通过教学过程中的各种焦点问题的争论与互动，法学教师自身也将被融入对法学未知领域的探索。总而言之，法学教学水平的高低直接影响法学学术的进步，也间接决定了法学教师肩负起世界一流法学学术的重要使命。

3. 世界一流法学学术所具有的共同特征

（1）提倡学术民主和自由

学术民主是实现学术自由的前提要件，它从思想根源上解放学术个性，使得边缘法学韬光养晦，不同学派之间唇枪舌剑，依照学术规则相互竞争、相互补充。一般而言，法学学术研究属于高端的、探索性的社会科学实践活动，其承担者往往是高校教师，他们视野开阔，批判思维活跃，需要享有更多的自由和民主，学术自由更大。例如美国一流法学院在学术研究民主和自由氛围的构建上，除了得益于现实主义法学运动带来的思想解放，① 其兼容并包的学术研究政策、宽泛的研究旨趣也成为其学术氛围的重要前提，学术机构上的"无政府状态"（Organized Anarchy）使得每个教师都享有充分的学术自由，这是出于对创造性成果中个人主义因素的认可。② 英国的一流法学院拥有世界上最庞大的法哲学家群体，并衍发出新自然法学、新分析法学和法律社会学三大分支学派，学派间的思想碰撞使得其在思考人、自然和社会在法律架构下的关系，法律权威的正当性等问题上趋于多元化和前瞻性，也使得其在处理社会矛盾和利益冲突的手段方面领先于世界其他大学。③ 但值得注意的是，学术上的过于

---

① 美国现实主义法学是从奥利弗·温德尔·霍姆斯（Oliver Wendell Holmes）的实用主义法学发展而来的，由卡尔·尼可森·卢埃林（Karl Nickson Llewellyn）、杰罗姆·弗兰克（Jerome Frank）等现实主义法学家完成其理论体系建构。20世纪20—30年代，在美国形成规模宏大的现实主义法律运动，并将现实主义法学推向高潮。这场运动一直持续到60年代，在美国法律思想界、法律实务界和法学教育界，都产生了深远的影响。到70年代以后，现实主义法学的思想、观点和传统被行为法学、经济分析法学、批判主义法学等继承。

② ［美］欧文·M. 费斯：《耶鲁所理解的法律》，许书咏译，载《中山大学法律评论》，法律出版社2010年版，第383页。

③ 程朝阳：《牛津大学的法学教育与法学研究》，载《中国法学教育研究》2011年第3期。

自由和民主会衍生出法学学者彼此相轻和枪打出头鸟的科研文化，学术自由和民主虽然值得提倡，但这种自由并非被大力鼓吹而毫无限制，如何把握好学术上民主、自由与规则的关系，实现从学术"无序"到"有序"状态才是根本之道。

（2）完善的学术激励机制

法学是应用学科，法学学术研究及其成果价值主要在于对经济社会发展的实际意义和作用，因而对法学学术的环境构建应当注重其实际应用价值。科学、严谨、竞争与合作兼有的学术激励机制的建立，为法学科研工作者学术能力的形成提供了充实的环境滋养，形成教师学术能力发展的物质依托，是公平竞争和法学学术创新的必要条件，也是创建世界一流法学学术的重要衡量指标。一般而言，法学教师除得到规定的报酬（包括其所承担的行政职务报酬）以外，还可以获得由于学术声望得到认可或学术突出贡献而获得的物质性或精神性奖励，也可以通过杰出人才计划专项或高校人才发展专项基金获取补助。另外，一流学术的科研人员和相关人员主要应对特定的学术委员会或学术机构负责，该学术委员会（学术机构）应保证学术人员在法律允许的范围内享有提出新学术主张的自由，即使诸多争议及反对意见并存，但这并不会使其陷入失去学术特权的困境，反之会被公开鼓励。① 世界一流学术的激励机制应恰当处理好物质激励和精神激励的关系，对教师学术能力的影响是潜移默化的，有利于教师之间公平竞争的学术氛围的培养，为世界一流法学学术的形成与发展提供一个稳定、长效的支持点。

（3）严格的学术评价机制

学术研究成果的衡量离不开健全的学术评价机制，学术评价机制则为专业化、高效化的学术研究创造激励性环境，学术评价的完善与否与学术进步息息相关。通过严格且系统的法学学术评价，可有效归纳出社会科学的发展特征及规律，激励和监督法学教研机构和学术人员，发掘优秀法学学术成果。因此，学术评价机制也成为法学学术达到世界一流水平的重要衡量标尺。一套缜密的、多层次的法学学术评鉴机制在世界一流学术的体系构建必不可少，学术评

---

① 如牛津大学的学术管理机构理事会（Governing Council）通过四个委员会来操作学术激励机制，即教育政策与标准委员会（Education Policy and Standard Committee）、一般目的委员会（General Purpose Committee）、人事委员会（Personal Committee）以及规划与资源分配委员会（Planing and Resource Allocation Committee）。

价涵盖教学、科研及服务(科研所占的比重是最大的),在校学生、校内外专家①均可为评价主体,评价结果即学术人员的"非升即走"。② 另外,不少一流法学院实行学术评议二级制,即学院学术委员会享有较高的学术自由,只有在存在异议或悬而不决的情况下方才通过程序提交校学术委员会。③ 多元的学术评价主体和多层次的学术评价程序折射出当今世界法学学术评价机制的新趋势,也从侧面反映学术评价机制在一流学术构建过程中所发挥的重要作用。

(二)我国创建世界一流法学学术的实践和思考

1. 科研成果数量与质量之间的失衡

我国近年来在保证学术研究不断获取足量资金投入和资源配置的前提下,法学学术科研硕果累累,但受世界公认的、有分量的世界一流法学科研成果比例低下,更不用提及是否居于世界法学学术研究前沿之列。追根究底,主要归咎于目前国内大部分法科高校普遍实行的量化的、外向化、功利化的学术评价体制。首先,从量化角度来看,学术论文发表数目与科研人员考核、晋升和评优相挂钩,高校法学学术评价机制逐渐由传统知识传承式"学术作坊"精品锻造,悄然演变成标准化"论文生产工厂"的批量产出,但忽略产出水平是否能够得到世界认可。④ 其次,从行政化角度来看,国内一些法学学术研究为迎合"现实社会需求"或"行政决策需求"出现了褊狭功利主义取向,而彻底忽视社会发展的基本需求,理论与现实脱节。最后,从外向化角度来看,国内高校对学术论文影响因子及其引证率或转载率的盲目崇拜,却置法学学术共同体的内

---

① 如哈佛大学常设的课程评估委员会、提升及任期委员会每学期都会对所有任课教师进行评价。这两个委员会根据评审标准和程序对教师的教学和科研表现进行全面衡量,其结果作为教师能否续签和职称能否晋升及任期的重要依据。

② 如哈佛法学院一般会给初级教师5~8年的试用期,以给他们充分展示自己才能和获取成就的时间空间。试用期满,经学校对研究、教学进行评估后,只有少数初级教师能获得晋升和续聘,落聘的教师必须在一年内离校另行谋职。

③ 以斯坦福大学为代表的学术委员会顾问团,由七位全职教授组成,他们每一位都由一个独立的顾问竞选团体(Advisory Board Electoral Groups)推选而来。这七个顾问竞选团体由不同学院和特殊管理团体组成。学术评议委员会有固定的55个席位。学术评议委员为两年交错式任期,《学术参议院宪章》(The Charter of the Senate of the Academic Council)中也提供了15位以职务为依据的席位,但他们不享有投票权。评议委员会接受来自学术委员会委员的报告和被评议会通过的议题和计划。

④ 姚建宗:《法学研究及其思维方式的思想变革》,载《中国社会科学》2012年第1期。

在评价而不顾。应当看到，包括法学在内的社会科学学术评价体制，只能在一个相互竞争的内部学术空间衡量其价值尺度，而无法用一种外在的量化管理指标来断定学术成果的质量优劣。尽管理工类学术有影响因子作为评价依据，但社科类较为复杂，好的学术思想未必见诸影响因子最高的学术期刊。换句话说，用图书馆学家的眼光视力来引导法学学术，只会导致国内学术界的普遍浮躁以及为学术造假推波助澜，更不用提及对世界一流法学学术成果的打磨与创造。

2. 传统法律文化与西方法治的博弈

在西方侵略者打开封建清王朝的大门之前，中国的传统法律文化处于一种相对封闭的状态，封建士大夫只关心儒家之礼下的"礼法文化"，即以四书五经作为其法律学术研究的纲常伦理。话句话说，儒家道德与当时作为封建统治秩序控制手段的法律几乎融为一体，并无实质上的区分。① 因此，受儒家思想影响，在"天不变道亦不变"的世界里，中国传统的法律文化逐渐演变为对儒家学说的注释和佐证，以至于难以形成独立自主、百家争鸣的法学学术体系。自改革开放以来，物质经济的市场化和国际化使得法学学者们将更多目光转移至西方国家的法治研究成果，中国法学学术的构建似乎呈现出"趋同化"之走势——不同的法律学派的学术观点与西方社会的法治经验与知识同声相应、同气相求，也不排除部分法律学者的学术研究方向多以西方国家的法学研究成果为指向，为争得西方主导的法学学术排行榜上有名而忽略中华传统法律文化精髓，变成法学学术全球化下的被动者。习近平曾强调，"我们要结合时代要求加以继承和发扬中国优秀传统文化，并让其同世界各国优秀文化一道造福人类"，② 真正一流的法学学术研究，不仅要投身于对他国法学学术成果的研究，实现法律文化互鉴，更有责任和义务承袭中国传统法律文化，在世界范围内展示中华优秀法律文化的独特精髓、价值理念，在创造性转化、创新性发展法律文化的同时，更要努力传播中国的法学学术精神，不惟排名，不惟功利，着力实现中西法学学术的融汇贯通、切磨箴规。

3. 现有法学学术评价体制存在弊端

如今国内大学的行政管理部门控制了学术研究的绝大部分资源，在学术资源的分配与再分配上加以垄断，也对学术成果的生产与再生产予以间接控制，

---

① 林端：《儒家伦理与法律文化》，中国政法大学出版社 2002 年版，第 38~41 页。

② 习近平：《在纪念孔子诞辰 2565 周年国际学术研讨会上的讲话》，载新华网：http：//news. xinhuanet. com/politics/2014-09/24/c_1112612018. htm，2017 年 7 月 4 日访问。

从而导致上述量化、外向化的学术评价体制逐渐向以行政为主导、最单一的官僚式科研评价制度消极演化。就当代中国法学的学术研究而言，从具体衡量标准来看，很难找到一个获得学界普遍认可的、以判定科研成果显性影响与溢出效应的权威标准。① 况且以量化考核为中心的评价体制，往往受计量思维影响较深，其显著特征即重视科研项目的等级、名额以及科研经费数目、科研成果数目等量化标准，这种以项目为核心的评价体制或许比较适用于自然科学，也在某些社会科学部分适用，却不一定适合法学。法学作为人文社会科学的一种，其思想自由程度和批判性思维难以用具体指标加以衡量，基本上都是法学学者按照个人学术偏好，通过长期社会实践和反复思考而获得的。如果将衡量标准限定在某一时间段或某一固定名额内，而彻底忽略其学术成果的创新性评价及其可能带来的社会效应，法学学术只能沦为行政主导的学术生产线上的标准化产品，毫无任何创新和活力可言。

(三) 我国创建世界一流法学学术的时代愿景

一流法学学术对于法学教育的意义主要在于其充分发挥法学对于经济社会发展的价值，也使得法学科研工作者和法学教师队伍在推动国家制度、法律规范、政府规章等方面的进步和完善发挥其应有的学术价值。当其被置于国际一流层面时，我们应当更加注重我国独立自主的法学学术权威的树立，以更加积极的姿态走出国内学术圈，融入国际学术竞争，以更为严苛、更为进步的评价机制来衡量法学学术绩效，充分激发法学科研的动力和发展活力。

1. 树立权威，提升法学学术自主性与前瞻性

高等院校尤其是一流的研究型大学，应当提高学术自主，坚持学术独立，建设学术自由与学术规范的和谐统一的学术氛围。大学本质上是一个学术共同体，其所承载的独立性精神和理想性追求都直接指向探索真理之路、学术创新之巅。所以，对学术自主的理念的提倡，对于树立一流法学学术权威有着极大的引导作用。而提升我国法学学术自主性，应将重点置于：第一，建立起独立自主的法学学术传统或理论脉络。迄今为止，我国截至目前尚未建立起完全独立的法学学术理论脉络，不同法学流派缺乏全球化下学术权威建立的意识，学术权威被牢牢掌握在欧美国家学术界手中，我国的法学学术研究难以在某一特

---

① 参见姚建宗：《法学研究及其思维方式的思想变革》，载《中国社会科学》2012 年第 1 期。

定焦点的学术理论脉络中展开。① 换言之，这样的法学学术研究脱离学术自主性，自然在同其他国家学术权威学术的交锋中处于不利地位，学术自主下的学术自由意志和批判意识也将可能被消磨殆尽。学术理论脉络的关键在于创新和主动权，因而我们要加强法学学术战略性、前瞻性问题研究，着力提升解决重大科研问题能力以及原始创新能力，以点滴学术创新和学术自主，汇成本国独立自主的学术江河脉络，为法治国家建设提供理论支撑。第二，世界一流法学学术的创建并非随波逐流，也并非刻意标新立异，而是力争学术自主，坚守和保持学术独立，贵在专、精、深。而真正的法学学术研究是"不唯上，不唯异，只为独"，不为现实所困，不为历史所缚，紧扣时代脉搏，"师古人，师造化，求独创"，② 以不断推进学术独立和自主创新为目标，促进法学权威意义上的国内学术共同体的形成与进步。

2. 中外融合，强化国际学术交流与竞争机制

经济全球化以及知识经济的革命性进步，使得法律知识与实践的交锋跨越国界，经济法律行为及法律知识的更新，使得各种国际性法律关系与日俱增。与之相对应的是法学研究在研究范畴、研究深度上都发生了重大变革，这必然要求国内高校要将自己定位为"全球性大学"（Global University），把将学生培养成"全球公民"（Global Citizen）作为目标——"要培养高素质法律人才，中国法学教育必须注重科研工作者放眼看全球的能力"。③ 因此，要实现上述定位和目标，我们首先要重视中外法律文化之间的交流，通过中外学术交流和学术竞争来实现法学教育的"囊括大典，网罗众家"。目前中国参与全球规则制定的机会和空间也在增大，高校有责任和义务顺应法学教育的国际化趋势，推动法学教育综合改革，着力培养国际型法律人才。其次，法科高校在中外法学交流既要"引进来"，吸取世界各国先进法学理论研究成果，也要"走出去"，突破传统法学教育的时间和空间限制，加强与世界一流法科大学的学术合作，开展国家高水平法律人才联合培养和联合攻关。再者，法科高校应当积极组织法学学生参加法学国际赛事（如 Jessup 国际法模拟法庭比赛、Willem C. Vis 模拟

---

① 邓正来：《学术自主性与中国法学研究》，载《社会科学战线》2007 年第 4 期。

② 姚最：《续画品录》，人民美术出版社 2016 年版，第 26 页。

③ 徐光明：《法学教育与国际法——访我国著名法学家韩德培先生》，载《人民法院报》2005 年 1 月 31 日，第 3 版。

国际商事仲裁辩论赛等中国高校参与度较高的国际模拟法庭(仲裁庭)比赛,①在不断培养具有全球化视野、精通国际社会竞争规则、积极参与国际法律实务和解决国际法律争议的精英型、复合型人才的同时,也进一步提升我国高校法学教育的国际竞争力和话语权,树立起属于中国的世界一流法学学术的良好品牌和形象。

3. 破除量化,建立起多元化的学术评价体制

要建立健全的学术规范制度,就须赋予社会一定程度的学术成果评价权,因为法学学术的最终服务对象还是社会公众。学术评价体系应是多元化的,针对其的有效完善,应将"社会化"逐步融入到单一的行政化评价体制,而形成行政化和社会化相结合的机制。② 因为学术评价机制不能一味跟随"去行政化"主流,而是赋予行政化和社会化同等地位。"去行政化"虽然形式上排除了个别官员的行政意志,法学学术评价的价值尺度和评估过程究竟由谁来决定尚值得商榷。所以,在我国现有的法学学术共同体尚未完全建立的前提下,建立健全绩效评价机制,积极采用第三方评价极为必要,第三方评审可以通过匿名评审和学校保密两方面来避免人情压力。因此我们需结合"双一流"方案把"构建社会参与机制"作为法学学术改革的重要任务,实行行政化和社会化相结合的法学学术评价机制,提倡多种类型的民间学术评价与行政权力支配的学术评价共同参与法学研究成果的显性效果评价,实现学术评价主体的多元化。③ 在评价形式上,建立起自由选择的双重评价体制,即在现有的"科研的同行评价机制"之外,另辟法学学术"代表作"评价体系,以其学术分量和影响力作为评价标准,从而摆脱繁重的量化考核和复杂的人情考核,因为形式意义上的"论文大学"支撑不起世界一流。我们要尊重科学研究灵感瞬间性、方式多样性、路径不确定性的特点,允许学者大胆假设,认真求证。因为学术评价体制改革的关键,并非鼓励学者追名逐利,而是保护和发掘其内在的学术志趣,以学术

① 除了 Jessup 和 Willem C. Vis,我国高校法学院还参与 Manfred Lachs 国际空间法模拟法庭竞赛、ICRC 红十字国际人道法模拟法庭竞赛、国际刑事法院模拟法庭比赛、法兰克福国际投资仲裁模拟法庭大赛、普莱斯传媒法模拟法庭比赛、国际航空法模拟法庭比赛及中国 WTO 模拟法庭竞赛等一系列国际模拟法(或仲裁)庭比赛。

② 郭玉军:《一个法学家的世纪追梦:韩德培思想研究》,武汉大学出版社 2015 年版,第 307 页。

③ 钱炜:《"双一流"建设需要深化大学治理体系改革——专访清华大学高等教育研究院院长谢维和》,载《中国新闻周刊》2017 年第 10 期。

志趣作为一流法学学术创新之母,以"建立具有中国特色、中国风格、中国气派的哲学社会科学学术评价和学术标准体系",① 不以科研成果数目为单一衡量标准,这也是构建多元、自主、包容的中国法学学术氛围的必要手段。

四、结　语

一百年前,蔡元培在任职北京大学校长的演说中曾言:"欲求宗旨之正大与否,必先知大学之性质。大学者,研究高深学问者也。"②现今在经济全球化和知识经济一体化的国际发展形势下,大学建设的目的不再局限于高深学问之研究,而是要打破束缚,不抱守残缺,不持一孔之论,不守一家之言,以全球化眼光接纳和审视各种思想,以兼容态度广泛吸收各类人才和容纳不同学派,以前瞻性全球意识解决国际社会发展和人类生产生活的各种冲突和矛盾。创建法学教育的三个"世界一流",正是在这一背景下的必然产物。它以实现全人类的和平发展以及谋求国际社会开放创新、包容互惠的发展前景为目标,以服务于全球性的公共事务管理以及人类命运共同体的构建为目标,是我国在"一带一路"基础上与时俱进、更具战略高度的历史革新性创举,是社会主义法治理念在世界范围内的彰显和推进,为提升我国高等教育综合实力和国际竞争力奠定了强有力基础。国内法科大学应抓住"世界一流"法制建设的良好契机,实现国内一流法科大学向世界一流法科大学的演变,打造具有世界一流水平的特色法学学科,形成我国独立自主的法学学术传统和理论脉络以迈入世界一流法学学术水准,主导和推动"一带一路"沿线国家间的和平合作、开放包容、互学互鉴和互利共赢,进而为全球经济社会治理改革提供切实可行的"中国方案",以将中国"和平、和谐、和美"价值观推行于世界,取得各种国际标准和公约规则的制定权、国际争议的优先评议权和裁判权,以及包括全球生态文明构建、国际公共空间及资源利用、种族平等和难民保护等国际法律事务博弈的绝对控制权和话语权。因此,对于正在崛起的中国来说,创建中国法学教育三个"世界一流",并非着力认定哪些大学和法学学科是"世界一流",重点在于"创建",通过坚持不懈地"创建"以实现法学教育强国和法治中国的目标,实

---

① 中华人民共和国教育部:《统筹推进世界一流大学和一流学科建设总体方案》,载中央人民政府网:http://www.gov.cn/zhengce/content/2015-11/05/content_10269.htm,2017年5月26日访问。

② 蔡元培:《蔡元培自述》,北方文艺出版社2012年版,第136页。

现我国从国际经济秩序的被动接受者到主动参与塑造者的巨大转变，保障我国在国际社会的绝对地位和合理利益，应是我们这一代法律人所应为之奋斗不息的重要使命和伟大目标之一。

国际环境教育立法及我国相关立法的完善

江　毅[*]　王誉朵[**]

目　　次

一、国际环境教育立法比较
二、我国环境教育立法的完善
三、我国生活垃圾分类环境教育立法的完善
四、结语

一、国际环境教育立法比较

(一)国际环境教育立法现状

1. 环境教育的概念

法国教育学家卢梭早在 200 多年前就指出："教育是一切有益人类的事业中首要的一种。"环境问题的日益恶化，向教育提出了挑战。环境教育在培养人们的环境保护意识、知识技能方面发挥着源头作用。

1948 年，托马斯·普瑞查首次提出"环境教育"一词，1965 年，在德国基尔大学召开的教育大会上，比较早地对环境教育问题进行了探讨，并提出了发展环境教育理论的设想。1970 年国际保护自然界联合会曾为环境教育做过一个经典的定义："所谓环境教育，是一个认识价值和澄清观念的过程，其目的是发展一定的技能和态度。对理解和鉴别人类、文化与其他生物物理环境之间

---

　* 江毅，湖南师范大学法学院副教授。
　** 王誉朵，湖南师范大学法学院国际法学专业硕士研究生。

的相互关系来说，这些技术和态度是必要的手段。环境教育还促进人们对环境问题的行为准则做出决策。"①1970 年，美国首先制定了《环境教育法》，将环境教育界定为："环境教育是处理人与其周围自然环境和人工环境关系的教育过程，这种关系包括：人口、保护、交通、技术和城市以及对整个人文环境的区域规划。"②1972 年 6 月 5 日到 16 日在瑞典的斯德哥尔摩举行的联合国人类环境会议，是世界各国政府探讨保护全球环境战略的第一次国际会议。会议明确了环境教育的性质、对象和意义，提出了环境教育的国际合作框架。所以一般将该会发布的《人类环境宣言》作为国际环境教育产生的标志。③

到了 20 世纪 90 年代，环境教育的重点有所调整。1992 年，在里约热内卢召开了联合国环境和发展大会，发表了《里约热内卢宣言》，其中提出了关于环境和发展的新理念——可持续发展。1993 年，在日本分别召开了国际教育讨论会和太平洋诸国环境教育讨论会，其目的在于探讨学校教育如何适应地球环境的危机，促进各国环境教育的发展。1997 年在希腊的赛萨洛尼基召开了"为了可持续性教育和公共意识"为题的环境与社会国际会议，该会提出环境教育不再是仅仅对应环境问题的教育，它与和平、发展和人口等方面的教育相融合，形成了一个总的教育发展方向——"为了可持续性的教育"。环境教育不仅是为了当代人的发展，更是为了子孙后代的生存。

2. 国际环境教育立法

教育的目的在于培养人的意识，传授知识技能；法律的作用是强制规范人们的行为。环境教育立法通过规范环境教育行为，培养国民正确的环境意识，帮助国民掌握保护环境必需的知识和技能，对于环境生态的改善能起到事半功倍的作用。在当今的市场经济和法治社会，只有环境教育立法才可以实现环境教育的有序性和规范性，使环境教育活动有章可循，保证其有效、规范地进行。

国际环境教育立法的产生和发展与联合国等国际组织的大力促进是密不可分的。这些国际组织在全球范围内组织召开的一系列国际会议，在国家间达成了对环境教育发展的广泛共识，形成了一系列的国际性文件，这些国际性文件作为国际公法的重要组成部分，成为了环境教育立法的先声，直接影响着各国

---

① ［英］约翰·赫克尔：《可持续发展教育》，中国轻工业出版社 2002 年版，第 47 页。

② 李九生：《国际环境教育发展轨迹的追溯》，载《教育评论》2004 年第 4 期。

③ 王冬桦、王丽君：《国际环境教育的发展》，载《外国教育研究》1998 年第 5 期。

环境教育立法。按这些国际性文件发布的时间可以划分为两个时期：环境教育立法产生时期和发展时期。产生时期的主要文件包括：《联合国人类环境会议宣言》《贝尔格莱德宪章》《第比利斯会议宣言》《内罗毕会议宣言》，这四个国际会议的宣言是世界环境教育发展起步阶段的重要纲领性国际文件，对世界各国环境教育的产生和发展起到了重要的指导、促进作用，对各国环境教育立法起到了纲领性的作用。发展时期的主要文件包括《21世纪议程》《约翰内斯堡政治宣言》，它们是环境教育可持续理念确立时期的标志性国际文件。

世界各国各地区的立法基本上是在这些国际会议和国际文件的影响下进行的。

英国是比较重视环境教育的国家之一。自20世纪70年代起，英国出版了不少纲领性文件。1993年，英国议会发布了托尼的《环境责任——高等教育议案》。1995年，苏格兰事务大臣公布了《苏格兰环境教育策略》，即《迈入21世纪的环境教育》，为苏格兰地区的环境教育指明了方向，并且成立了可持续发展教育工作组来辅助这个策略的实施。英国1996年制定了《环境教育策略》，为高中、高等学校、职业教育和非职业教育中的环境教育提供了总体的框架。

1988年，德国联邦教育部发表题为《未来的任务——环保教育》的报告，指出环境教育必须从小学开始，要制定有连续性的教学大纲，运用各种手段，生动活泼地搞好环境教育。到20世纪90年代，德国大多数州的小学课程中都渗透了环境教育的内容。

希腊在1990年通过了一项法律，认可环境教育成为小学和中学课程的一部分。

西班牙环境部于1983年在巴塞罗那召开了首次全国环境教育会议。在1987年第二次全国环境会议的基础上，西班牙教育科学部拟写了学校系统中的国家环境教育策略方向，确立了"将环境教育纳入教育体制的战略"，并于1990年在议会通过了《教育系统组织一般法》，正式确立了环境教育作为一种多学科课程在学校中的地位。此后，政府制订了全国环境教育计划，促进正规与非正规的机构合作，规定各个环境行政机构应该把环境教育看作实现其政策的工具，并为之努力。

其他国家诸如亚洲的泰国在1977年公布了泰国国家教育计划，其中第6条第52款规定："与人口教育一样，国家应当努力诱导人们认识保护自然资源和环境的重要性。"印度政府在1986年颁布的《新教育政策》专门规定了环境教育，作为行政法规；在非洲、大洋洲的南非、乌干达、澳大利亚也制定了相关的指导性原则的规定。①

可见世界各国和地区大多对环境教育进行了立法，一般都将环境教育纳入了中小学教育课程，也注重对大众的环境保护宣传教育，以培养居民的环境意识。但对环境教育进行专门统一立法的国家不多。专门的统一立法规范详细，专业化程度高，对本国环境教育事业发展有着更大的促进作用。域外先后有美国、巴西、日本、菲律宾、韩国等多国制定了环境教育法，中国台湾也于2010 年制定了"环境教育法"。

（1）美国的环境教育立法

美国密歇根大学自然资源与环境学院的威廉·斯塔普（William B. Stapp）教授，是环境教育的开创者，他给环境教育下了三要点定义："环境教育的目标是致力于培养有专业知识且关心生物物理环境及其相关问题的，知道如何帮助解决这些问题的，目标明确地为解决这些问题而工作的这样一类公民。"该定义为环境教育奠定了基础。威廉·斯塔普教授的学术生涯都在寻找环境问题产生的根源，帮助人们找出解决他们社区环境问题的方法。② 环境教育理论为美国成为世界上第一个进行环境教育立法的国家提供了支持，1970 年制定的《环境教育法》涵盖了环境教育调查结果与目的申明、环境教育机构、环境教育技术援助、环境教育补助、环境教育管理等 6 部分内容，其目的是提高环境质量，维持生态平衡。③ 1980 年该法失效后，1990 年美国颁布了《美国国家环境教育法》（*The National Environment*），这是一部比较完整的环境教育法，标志着美国环境教育进入了一个新的阶段。该法案总共 11 条，主要内容如下：首先，完善环境教育领导机构。第 4 条规定环境保护署之下设置环境教育处，教育处对环境保护署负责，受它监督；第 9 条规定建立由 11 位委员组成的国家环境教育咨询委员会。其次，为环境教育工作提供经费和技术支持，对环境教育杰出个人颁发奖金。根据法案第 8 条设立环境教育奖金，可根据不同的贡献为人们颁发不同的环境教育奖金：对在环境教育教学或行政领域有贡献的人士颁发罗斯福奖金（Theodore Roosevelt Awards）；对在文学创作方面对保护自然环境和防止环境污染方面作出卓越贡献的人士颁发梭罗奖金（Henry David Thoren Awards）；对曾参与促进地方环境意识且成绩卓越的青少年颁发总统环境青年

---

① 赵善俊：《日本环境教育及其立法研究》，中国海洋大学 2008 年硕士学位论文。

② William B. Stapp, " The Concept of Environmental Education ", The Journal of Environmental Education, Vol. 1 No. 1（Fall, 1969）, pp. 30-31.

③ 刘敬奇：《美国 1970 环境教育法背景》，载《环境教育》2016 年第 7 期。

奖（President's Environmental Youth Awards）等。① 教育、卫生、福利部部长在其他有关机构负责人的配合下，为地方教育机构、公立和私立的非牟利组织等提供技术援助，支持它们为了在关于环境质量和生态平衡的问题上教育公众所进行的研究、演示和试验计划。最后，制订环境教育和培训计划。法案第 5 条规定对教育人员进行职前培训方案规划，目的在于培训教育专业人员，为生态教学做准备。该法不只是大力支持国内环境教育事业，也规定管理并资助加拿大、墨西哥的环境教育教师与专业人员，支持三国之间的国际交流，维持和支持拥有环境教育资料、文献和图书馆，完善培训方法和相关计划的传播，资助为发展环境教育的各种会议、研讨会和论坛。

美国环境教育法是在本国环境教育的国情基础上制定的，又反过来促进美国环境教育的发展，从而促进了环境生态的改善。美国环境教育的成绩和发展特点主要包括以下几个方面：

首先，政府、非营利性组织和企业这三种环境教育主导力量的角色定位合理。

美国政府并不直接以行政力量干涉环境教育，而是以服务者和监督者的角色参与其中。政府在环境教育中的角色主要表现在两方面：一是制定促进环境教育发展的相关法律政策。二是行使日常管理职责，即运用国家管理职能和宏观政策法规引导、规范环境教育的健康、良性和持续发展。政府以服务者的角色参与环境教育的推广活动表现为：一方面，提供政策和信息服务发挥其服务功能，从整体规划、政策制定、宣传培训等方面入手，努力做到法制健全、管理规范；另一方面，政府通过提供项目贷款、奖学金和免税等经济、法律手段，提供促进环境教育发展的社会环境，调动社会公众的参与积极性。此外，政府还担任环境教育监督者的角色。

美国企业在绿色消费的影响下，积极推动环境教育的发展，成为环境教育的忠实拥护者和资金提供者。绿色消费的概念主要有三个方面的含义：一是倡导消费者在消费时选择未被污染或有助于公众健康的绿色产品；二是在消费过程中注意对垃圾的处置，不造成环境污染；三是引导消费者转变消费观念，崇尚自然、追求健康，在追求舒适生活的同时，注重环保、节约资源、实现可持续消费。绿色消费引起了美国经济各个领域的变化，已成为美国消费观的一种时尚。美国绿色消费需求的增加，必然促使企业生产观念随之改变。企业在经

---

① 丁金光：《借鉴外国经验，尽快制定我国的环境教育法》，载《环境教育》2010 年第 12 期。

济利益的驱动下，为了提高自己的生存力和竞争力，必须想方设法满足消费者的绿色消费需求。这就使企业放弃耗能高、粗放生产的传统生产经营模式，成为积极推动环境保护的直接动力，也是美国生产领域实行绿色革命的强大推动力。美国农场作为一种主要提供绿色消费品的特殊企业，其环境教育也很成功。

非营利性组织成为推动美国环境教育发展的主力军，是环境教育活动的具体组织者和环境利益的保护者。"非营利组织"是指具备法人资格，以公共服务为使命、享受免税优待、不以营利为目的、组织盈余不分配给内部成员、并具有民间独立性的组织，其在教育、科研、医疗卫生、社会服务、环境保护以及文化娱乐等方面发挥着至关重要的作用。依服务宗旨的不同，美国的非营利组织分为两大部分，一是为公众服务或使公众受益的部门，即公益性组织，不仅其本身免税，向其提供捐赠者也享有法定的扣除税金的待遇，如慈善和宗教协会和私人基金会；二是为会员服务或相互受益的部门，即互益性组织，仅仅其本身可免税，向其提供捐赠者不享有扣除税金的待遇，如各种工会。美国非营利性组织之所以能够在环境教育等社会事务管理中发挥重大作用，除了有力量极其强大的各种私人基金会和国家税收上确立的捐赠抵税制度的经济支持外，社会公众的广泛参与也是极为关键的。许多美国人都相信，志愿活动是有利于社会和个人发展的，是学会生存和增强责任感的最好锻炼。绝大多数大学和公司都支持志愿者参加非营利性组织的活动。甚至有的大学明文规定大学生在校期间必须参加一定时数的志愿活动才能成为合格的毕业生。就是在这种志愿精神的支持下，美国环境教育才能够得到社会公众的普遍认可和广泛支持，才能真正达到通过改变人们不良环境行为，改善和解决环境问题的目的。

环境教育中的上述主导力量之间既有矛盾又是合作。

其次，美国"时间·空间·形式"三维环境教育体系健全。美国环境教育建立了完善的全民环境教育体系，呈现出覆盖范围广泛、教育形式多样、教育终身化和全民化的趋势。从时间维度上来说，美国环境教育已经成为涵盖所有年龄层次人士的一个持续的终身教育过程，可以划分为 1～12 年级中小学生的环境教育、高等教育中的环境教育和终身环境教育。从空间维度上来说，美国环境教育针对不同环境中的个体和群体实施全面的环境教育，也可以说环境教育充分渗透到学校、家庭和社区教育之中，并由此划分为学校环境教育、家庭环境教育和社区环境教育。从形式上看，美国环境教育包含了课程内的教育形式和课程外的教育形式。①

最后，国家环境教育法案和相关的法律法规共同保障环境教育的规范化发展。美国环境教育法案是与其整个法治状况有机联系在一起的，例如，非营利组织对美国环境教育的运作不可或缺，而非营利组织的活跃是与美国的非营利组织法相关的，美国的非营利组织在法律上享有免税特权，而美国非营利组织一直是美国社会的中坚力量，这与美国小政府大社会的国家治理理念相关，非营利组织成为动员美国公众参与环境教育的中介和主力。再如美国公益诉讼法律制度成为保障公众参与环境治理和环境教育的制度保障。②

（2）日本的环境教育立法

日本环境教育是从"二战"后逐步发展起来的，经历了不同的发展阶段，积累了丰富的环境教育经验，并形成了一套从小学到大学的完整教育体系。最初是公害教育，后来范围逐渐扩大。在国际环境教育发展的大势下，1986年环境厅设置了"环境教育恳谈会"；1988年环境厅发表了《环境教育恳谈会报告》，在这份报告中，环境教育被定位为通过加深公众对人与环境教育之间关系的理解与认识，使公众采取合理的行为，还列出了环境教育及环境学习五方面的内容：提高对环境资源价值的认识；通过与环境的接触，培养尊重自然的道德、意识以及对自然的关注；加深人类活动对环境影响的认识；促进全社会对于人类活动与环境承载力相平衡的共识；鼓励每个公民通过学习，自觉形成保护环境的行为，共同创造美好的环境。作为日本环境行政政策的重要一环，报告明确指出了校外环境教育的基本想法和措施。之后，自治体（在日本，将中央行政机关，如内阁及其各省、厅称为"政府"，将地方政机关，如都、道、府、县、市、町、村称为"自治体"）以环境教育政策为基础，制订了适应地方特点的环境教育基本方针和计划，并投入环境教育实践中。为确保推进地区环境教育在财政上的要求，1989年环境厅创设了"地区环境保护基金"，支援地区环境教育事业的发展。相对于政府来说，由于更接近基层民众，作为地方政府的自治体更容易采取符合居民要求的对策。在日本，所谓的自治体环境政策真正地展开是在1960年中期以后的事情。90年代中期，作为联系国民和国家、国际社会的桥梁，地方自治体的作用也越来越明显。1992年在巴西的里约热内卢召开的第二次人类环境会议——"联合国环境与发展大会"对日本的环境行政产生了很大的影响。大会通过的《21世纪议程》第28章明确指出了地

---

① 臧辉艳：《美国环境教育及其立法研究》，中国海洋大学2008年硕士学位论文。
② 臧辉艳：《美国环境教育及其立法研究》，中国海洋大学2008年硕士学位论文。

方自治体的作用：联系国民和各民间团体、民间企业的桥梁，制定地方特色的21 世纪议程，促进各公共团体间的信息和交流，推动环境政策的施行。各地方自治体基于日本《环境基本法》的理念，制定了更为具体的《环境基本条例》。例如，其中有大阪府制定的着眼于地球环境问题的《环境基本条例》，东京都制定的《环境基本条例》。这些条例，对地球环境保护作出了更为详细具体的要求，关于保护环境的行政，更加明确了各个事业者和市民的责任。地方自治体作为地区综合行政的主体，将地区的自然条件和社会条件结合，为日本的环境保护和教育事业作出了巨大的贡献。

进入 20 世纪 90 年代以后，日本的环境教育逐步法律化并且与社会发展结合起来。1993 年，日本制定了《环境基本法》，自此，日本的环境教育获得了自己的法律地位和保障。1994 年 12 月，日本制定并公布了《环境基本计划》，它是环境基本法理念的具体化。不仅表明了 21 世纪日本环境行政政策的基本构想，同时对日本环境教育事业的发展也具有重要的指导意义。至此，日本的环境教育已融入社会长期发展计划中，并与面向 21 世纪的可持续发展的环境保护型社会发展建设相结合，成为社会发展的重要一年。①

2003 年日本制定了亚洲第一部专门的环境教育法——《增加环保热情及推进环境教育法》，这标志着日本环境教育迈向了新的台阶，环境教育走向法制化。该法将环境教育定义为："为深化理解环境保护而进行的有关教育学习。"该法共由 28 条构成，主要分为三个层面：环保活动、增进环保热情和环境教育。② 此部法律贯彻了三大环境教育原则。首先是积极鼓励社会参与；其次，明确财政支持措施；最后是使教育对象多元化。③ 该法促使环境教育成为全社会的共同任务，公众广泛参与，部门联合负责以及财政的支持反过来又使法律更具有可操作性和实践性。

《增加环保热情及推进环境教育法》作为全国性的环境教育立法，是在日本环境教育已有相当成就的基础上进行的，具有自己的特色。

首先，各主体责任义务明确，促使环境教育成为一项常设性的而非临时性的工作。体现在环境教育由国家环境省、文部科学省、农林水产省、经济产业省和国土交通省五大部门共同负责管理。该法第 7、8 条规定：环境大臣及文部科学大臣必须制定基本方针，在制定时必须广泛听取一般意见。就事务中涉

---

① 赵善俊：《日本环境教育及其立法研究》，中国海洋大学 2008 年硕士学位论文。
② 赵善俊：《日本环境教育及其立法研究》，中国海洋大学 2008 年硕士学位论文。
③ 李彦哲：《日本环境教育的法律特点及实践趋势》，载《世界环境》2018 年第 4 期。

及农林水产省、经济产业省及国土交通省所管辖的相关事宜，要分别与上述各部大臣共同协商。基本方针需内阁大臣会议作出决定，作出后环境大臣和文部科学大臣要及时公布。① 其次，注重社会参与，国民及民间团体等不仅要积极自主开展也要努力与其他主体相协作开展环保活动。通过鼓励公众参加环境教育活动，企业开发环保项目；确定多层次的环境教育范围等行为，增加公众环保热情。最后，推进环境教育要考虑与其他公共利益、产业的关系，强调与社会、经济可持续协调发展的理念。在这些特点中，有代表性的是制定了"环境人才认定制度"。规定的篇幅大约占全文的三分之一，其内容包括人才培养机构的指定、人才的审查认定、国民及民间团体对人才的采用、各环节的管理机构和流程、违规处罚等。② 因为多个国家部门负责内容的不同使环境教育人才得到更加具体的划分。环境教育法也针对人才不足的问题，给出了解决机制。

（3）我国台湾地区的环境教育立法

2010 年 5 月，台湾成为亚洲第三个、全球第六个制定颁布"环境教育法"的地区，几所高校也先后设立了专门的环境教育研究所和环境教育研究中心。台湾教授周儒在采访中曾经表明："环境教育的立法，在台湾是水到渠成的，它花了 17~20 年的时间。在环境教育发展初期，由于条件不成熟，也没有整个社会对环境教育的认同共识和坚强支撑，所以没有立法。但是，大家都在练功，因为这需要一个过程，应该把立法当作是整个社会在学习、在提升认识和积累能量的过程。"③

台湾"环境教育法"一共有六章，26 条。总则规定环境教育的定义为运用教育方法，使国民了解个人及社会与环境的相互依存关系，增进国民保护环境的知识、技能、态度及价值观，促使国民重视环境，采取行动，以达永续发展之公民教育过程；环境教育的对象为全体国民、各类团体、事业、政府机关（构）及学校。第二章规定了环境教育政策。具体内容为拟订国家环境教育纲领、行动方案并就执行成果作成报告。第三章通过十条条文明确了环境教育基金的来源，包括：环境保护基金；执行废弃物回收工作变卖所得款；收取违反环境保护法律或自治条例的罚款收入；团体的捐助等。环境教育基金用于办理

---

① 刘继和、赵海涛：《日本环境教育法及其解读》，载《环境教育》2003 年第 6 期。

② 王元楣、王民、张静雅：《日本环境教育法的现状及修正》，载《环境教育》2009年第 10 期。

③ 崔阳阳：《嘉宾访谈录·周儒 我们该怎么来看待环境教育立法？》，载 https：//mp. weixin. qq. com/s/THHJcpbOxMyC1mS4giRz9g，2019 年 7 月 2 日访问。

环境讲习，环境教育倡导及活动，编制环境教育教材、文宣及手册，进行环境教育研究及发展，推动环境教育国际交流及合作，训练环境教育人员等。第四章规定了环境教育推动制度及奖励措施。机关、公营事业机构、学校及政府应指定人员推广环境教育；各级主管机关及中央目的事业主管机关应辅导民营事业促使其主动提供经费、设施或其他资源，协助环境教育的推展。第五章规定了对自然人、法人、设有代表人或管理人之非法人团体、中央或地方机关（构）或其他组织的处罚措施。形式包括接受环境讲习、停工、停业处分、罚款等。最后一章为附则，指出了该法的实施机关与时间。环境保护局为保障《环境教育法》的圆满实施，出台了配套法律法规，光环境教育认证就有《环境教育设施场所认证及管理方法》《环境教育机构认证及办理办法》《环境教育认证审查小组设置要点》《环境教育人员认证及管理办法》，此外还有《环境教育基金收支保管及运用办法》等。[①]

（4）其他国家

巴西于 1999 年 4 月 27 日制定了世界上第二部环境教育法——《巴西国家环境教育法》，共计 21 条，基本框架分为三个部分。第一部分主要规定环境教育的定义、原则、主体责任等问题。第二部分列出环境教育政策，包括政策的制定、实施范围等一般规定，以及正式和非正式环境教育的具体规定。第三部分讲的是环境教育的责任单位、资金保障等内容。可以看出该法的制定逻辑很清晰，按照"是什么"到"怎么做"的思路予以规定。对比其他国家，该法创新点在于规定了：首先，政府、教育机构、环境体系机构、传媒、企事业单位以及其他共六大责任主体；其次，以人道、民主、整体和参与等为核心理念的八大基本原则。最后，将环境教育分为"正式教育中的环境教育"和"非正式环境教育"。[②] 正式教育中的环境教育是指在公立和私立教育机构课程内进行的基础教育、高等教育、特殊教育、职业教育、青年和成人教育的在校教育以及各级各科教师培训课程。非正式教育的主体则包含非政府组织、大众传媒、企业、传统居民、农民等。范围广泛，基本涵盖了全体公民。

菲律宾 2008 年制定了《环境意识和教育法》与《菲律宾环境教育法》两部法律。《菲律宾环境教育法》第 3 条规定了广泛的环境教育开展范围：相关机构应将环境教育整合入各级各类（包括公立和私立学校、村镇立学校、幼儿园、

---

① 丁刚、丁宇：《国内若干地区环境教育工作的典型经验及其启示》，载《河北青年管理干部学报》2018 年第 1 期。

② 王民：《巴西国家环境教育法解读》，载《环境教育》2009 年第 6 期。

非正式、职业、乡土和社会青年教育)学校教育之中，以有利于环境教育的普及，增加社会环保意识；第 5 条规定开展"国家环境月""清洁空气月"等活动，为民众形成环保意识提供有力的保障。①

(二)国际环境教育立法的借鉴意义

如上文所述，国际环境教育立法是在一系列国际环境及环境教育会议确立的一系列环境教育原则的背景下开展的。域外国家地区环境教育立法表明，一些国家和地区的环境教育立法已经相当完善，内容覆盖面广。环境教育立法主要包括以下几大方面：界定环境教育的宗旨和内容；规范环境教育主体和监督主体的范围，具体职责；构建多形式、多层次的环境教育体系；落实政策、资金支持和奖励处罚制度；明确环境受教育者的范围及其权利义务和法律责任；制定环境教育评价制度，使其标准化等。

我国环境问题日益严重，环境教育却发展缓慢，在立法方面也相对落后，不利于我国环境保护工作的开展。环境问题的全球性使得环境教育具有共性，域外成功的环境教育及其立法经验对我国环境教育立法有借鉴意义。我国的环境教育立法应体现以下几个方面：

1. 建立"政府主导、公众参与和社会支持"的教育模式

我国有着历史悠久的行政主导特色。政府在社会活动中担当了重要角色，我国又存在着"依赖政府型"现状，在对待环境教育问题上，政府往往是通过短暂的运动式的宣传，公众对于环境教育概念模糊甚至是不明白，对于自身及其他组织应该做和能够做的环保工作缺乏清晰的认识。这需要明确政府在环境教育中的职责，做环境教育的领头人，为公众提供环境教育的条件和环境。

政府的支持首先是财政支持，域外环境教育法都规定了政府支持环境教育的财政和税制等措施；其次，政府应大力培养环境教育人才，教育需要良好的师资，培养专门的人才，环境教育是综合性教育，不只是学习环境问题，更重要的是培养环境价值观和环境生态观，这需要有丰富并且系统理解环境问题的人员的指导和教育；最后，政府应为公民和社会团体提供及时的信息并为他们交流信息提供便利条件，对于收集的信息，政府应整理及分析，并向民众提供其分析结果。

政府的主导作用，还需要公众的参与和全社会的支持。如前所述，美国和

① 王民、王元楣、蔚东英等：《菲律宾环境教育及菲律宾国家环境意识与环境教育法分析》，载《环境教育》2009 年第 8 期。

日本的环境教育立法非常重视公众的自觉参与，台湾则非常注重在政府力所能及的情况下，强制公众参与环境教育。民众广泛投身环境教育事业，是做好环境教育工作的保证。我国地域广，人口多，更需要公众的参与，尊重各地现状，充分发挥各地的优势。或通过财政资助，或通过立法减免税收，鼓励非政府环境教育组织的建立和发展；政府在力所能及的范围内强制各类主体接受环境教育，如要求公务员、事业单位职员、企业员工乃至身体健康的离退休人员进行必需的环境教育，将环境教育的考核与个人单位的业绩考核、资格的取得及保持或离退休金的领取等联系起来。

2. 环境教育应有各主体的协调配合

环境教育的主要目的是培养人们的环境意识，解决环境问题不是靠个人完成的，需要不同主体的共同努力。环境教育是一个持续和终身的过程，是环境保护知识和技能不断更新的过程。从国际环境教育的发展轨迹看，我国要实施全面有效的环境教育，必须制定有中国特色的全民教育体系，形成正规教育和非正规教育结合的教育体系。正规教育主要是学校教育，它是最有效的载体，我国目前正规环境教育还比较滞后，环境教育所传授的知识分散不成系统，因此应首先制定环境教育大纲并把环境问题渗透到各个学科中，让学生有一个宽泛的学习领域，加深他们对环境的理解，再通过实践，亲身体验环境问题的严峻性，从而营造支持学生学习的氛围，使学生的环境学习富有生动性。同时，要加强对教师的环境素质的培养，让他们言传身教，真正创造"绿色校园"。非正规教育主要是社会教育，是针对非学生群体的成人进行环境教育，其中包括社区教育、企业教育等。在互联网高度发达的今天，除在具备条件下安排线下的培训宣传外，应安排系统的网络学习培训。

3. 环境教育应全局性和区域性相结合

各国不同地区环境条件具有差异性，地区无疑在环境教育中扮演着极为重要的角色，国家在制定立法的过程中，给地方一定的自由制定法规权是国际环境教育立法的趋势。我国的环境教育法也要体现区域性、因地制宜的政策。环境教育的区域性主要根源于环境问题的区域性。我国各个地区的经济、文化的差异明显，东部地区经济发达，主要面临的问题是工业环境污染严重，而西部地区相对落后，主要的环境问题是自然资源的破坏。再如长期以来我国农村和城市处于二元体制下，农村和城市的分离局面，导致了农村地区和城市地区的巨大差异。在对待环境问题上，农村地区环保意识更加薄弱，信息获取的渠道少，因而实施环境教育有一定的难度。为促进环境教育的全民化和法制化，应对农村地区进行政策上的倾斜和财政上的大力支持，以缩小农村和城市的差距，真正实现农村环保和城市环保的共同发展。①

二、我国环境教育立法的完善

（一）我国环境教育立法的现状

1. 我国目前已形成了基础教育、专业教育、成人教育和社会教育四个层次的的环境教育体系及与之相应的法律体系

目前，我国教育部主管环境基础教育和专业教育；环保生态部主管成人教育和社会教育，教育部及文化宣传人事等相关部门予以配合。这一环境教育体系是通过一系列法律、法规予以确立的。1979 年 9 月，《中华人民共和国环境保护法（试行）》第 30 条规定："文化宣传部门要积极开展环境科学知识的宣传教育工作，提高广大人民群众对环境保护工作的认识和科学技术水平。教育部门要在大专院校有关科系设置环境保护必修课程或专业；在中小学课程中，要适当编写有关环境保护的内容。"在该法及此后正式通过的《中华人民共和国环境保护法》基础上，我国开展了一系列环境教育立法活动。2003 年教育部颁布的《中小学生环境教育专题教育大纲》和《中小学生环境教育实施指南》规定全国中小学生必须接受 44 小时环境教育。在专业教育上，从 20 世纪 80 年代开始，很多高等院校开始设立环保专业，法律院系设立环境法专业。在成人教育上，1981 年中国环境管理干部学院成立，负责对全国环保系统的在职干部进行学历教育、继续教育和岗位培训。在社会教育方面，宣传部门和环保部门利用各种媒体对环境保护进行宣传教育，创办了很多环境教育和环境保护的期刊，选择自然保护区、博物馆、环境科研机构、环境基础设施等建立环境教育基地。

2. 我国政府已建成系统的环境教育管理体制及与之相应的法律制度

我国环境教育主要由环境生态部、教育部负责，形成了从中央到地方的环境教育机制。以环境生态部门为例，中央由环境生态部宣传教育司负责其所属系统的环境教育工作，2006 年 2 月 27 日国家环境保护总局颁布的《全国环保系统环境宣传教育机构规范化建设标准》对省、市、县 3 个级别环境宣传教育机构人员编制与构成标准、经费标准、设备配置标准及业务用房标准等作出明确规定。地方立法如 2011 年 12 月 1 日通过的《宁夏回族自治区环境教育条例》规定了三个层次的教育机构，人民政府负责统一规划和组织实施，政府设立专

---

① 赵善俊：《日本环境教育及其立法研究》，中国海洋大学 2008 年硕士学位论文。

门的环境教育委员会负责具体安排环境教育工作，日常工作由同级环境保护主管部门负责执行。县级以上人民政府应当定期向本级人民代表大会常务委员会报告环境教育工作情况，接受监督检查。

（二）我国环境教育立法存在的问题

1. 立法零散未形成统一协调的立法体系

我国目前还没有制定出一部统一的全国性的环境教育法，地方上也只有少数地方制定了环境教育法，除了环境保护法等全国人大常委会制定的法律对环境教育有简略的规定外，其他规制环境教育的法律主要是部门规章和政府规章，这些规章法律位阶较低。各种法律之间缺乏统一性和协调性，法律规定本身也常常不具可操作性，极大地制约了我国环境教育，如环境教育经费难以保障，环境教育缺乏统一性、协调性和持续性等。

目前地方环境教育立法的主要有宁夏、天津、洛阳、南京、哈尔滨等地。下面简要介绍一下宁夏和天津的环境教育立法。

（1）宁夏

2011 年 12 月 1 日，宁夏回族自治区第十届人民代表大会上通过了《宁夏回族自治区环境教育条例》，此条例分为六章。第一章总则主要规定了环境教育的目的、对象和主体等。第二章规定了县级以上人民政府和环境教育委员会的职责。第三章和第四章分别规定了学校和社会环境教育的工作。第五章规定保障与监督的主体及职责，例如，规定了县级以上人民政府应当定期向本级人民代表大会常务委员会报告环境教育工作情况，接受监督检查。第六章为附则。

（2）天津

2012 年 9 月 11 日天津市第十五届人民代表大会常务委员会通过《天津市环境教育条例》。本条例主要包括以下内容：第一，明确了环境教育的定义：通过多种形式向公民普及环境保护的基本知识，培养公民的环境保护意识，提高公民环境保护技能，树立正确的环境价值观，自觉履行保护环境的义务。第二，为保证环境教育工作落实到位，确定了重大事项的协调机构和主管部门。第三，针对不同主体都应当开展环境教育。第四，广泛开展环境教育的宣传教育工作。

我们可以从不同方面对比两地的环境教育立法，关于环境教育对象，天津市是"一切有受教育能力的公民都应当接受环境教育"。宁夏除了这种概括性的规定外，还指出环境教育的重点，是国家机关工作人员，企业、事业单位、社会团体和其他组织管理人员以及青少年。相比之下宁夏的规定更具体，有利于环境教育对象的落实。关于环境教育的机构，宁夏涉及三个层次，从人民政府负责统一规划和组织实施，到政府设立专门的环境教育委员会负责具体安排环境教育工作，再到日常工作由同级环境保护主管部门负责执行。天津市规定环境保护行政管理部门主管环境教育工作，成立一个工作领导小组，设立了环境宣传教育委员会，对委员会和领导小组的职责作了具体规定。关于法律责任，宁夏是由人民政府通报批评，天津则由环保部门负责。可以看出宁夏的规定能防止当环保部门自己失职时不受监督的情况。①

2. 未规定统一的环境教育政府领导机构

我国目前中央主管环境教育工作的部门有环境生态部和教育部。虽然彼此有一定程度的合作，但由于没有统一的环境教育政府领导机构，我国环境教育基本上各自为政，环境教育工作没有普遍形成各部门合力推进工作的局面，极大制约了环境教育的成效。

3. 对环境教育各类主体的权利义务缺乏强制性规定

环境教育涉及很多主体的合作和配合，包括政府机关、企业、社区、学校、居民等，由于对参与环境教育各主体的权利义务缺乏强制性法律规范，对环境教育者缺乏制度性的考核奖惩措施，各主体不落实、不配合环境教育的现象普遍存在。

4. 公众参与不足

环境治理是广大民众参与的并深入到生产生活各个角落的事业，环境教育和环境教育立法必须动员公众广泛参与才能实现环境教育的目的。我国已有的环境教育法律对于公众参与没有高度重视，除中小学环境教育普及环境教育外，其他社会成员大多只是从媒体上零星地了解环境知识，无法实现环境教育的连续性、终身性和普遍性，公众参与度低，无法提高公众对于环境治理的热情和能力。

（三）加强我国环境教育立法的必要性

环境保护，教育为本。环境教育是一项投入少、收益高、可持续的环境治理工具，有助于从源头上解决我国十分严峻的环境问题。由于环境教育的缺乏，我国公民环境认知能力严重不足，环境意识淡漠，这不仅严重制约着我国

---

① 乔亚楠：《我国地方环境教育立法比较及对国家立法的启示》，载《法制博览》2017年第 15 期。

环境生态保护工作，在遇到与自身利益切实相关的环境污染问题时，也很容易使人产生恐惧情绪，这种放大的恐惧常常对社会稳定构成威胁。可见，对加强我国环境教育立法必要性的认识不足，会导致我国环境教育立法工作步履蹒跚，严重制约我国环境教育和环境生态保护工作。

1. 环境教育的特点

环境教育的目的，从法律层面上说是使环境教育主体明确自己的权利义务，知晓履行义务的方法、技术，实现权利的手段，在权利受侵害时如何寻求救济，不履行义务的后果，从更高的道德层面来说，则是将保护环境生态视为一种价值追求，作为行为的准则。相较于其他教育，环境教育具有自己的特点。首先，环境保护知识具有较强的专业性和广泛深刻的相关性，环境科学科目繁多、内容庞杂，且日新月异，这使得环境教育具有很强的专业性和持续性。环境受教育者需要通过科学、系统、长期、全面的教育，才能获得正确的知识。

其次，环境教育是有差别性的全民教育。社会上各个层次的主体既可以是环境的污染者，也可以是环境的治理者，其对环境的意识会影响其言行，从而影响环境，这种影响既可以表现为日常的消费，也表现为影响其他环境主体的言行(既可以是日常言行，也可以是通过传播范围更广的媒体传播的言行，直至具有国家强制力的立法、司法和执法)，这就使得环境受教育者极其广泛。由于居民的职责和地位不同，加上环境生态知识的复杂性，要求居民无差别地掌握环境知识不具有现实性，也无必要，因此不同的受教育者需要掌握的环境生态知识不同，须接受的教育也应有所差异。环境教育的法制化、规范化有利于增强环境教育的自觉性，有利于不断提高公众的环保意识和公众参与环境保护的能力。

2. 法治的特性

法治通过用统一的规则平等地对待国民，从而达致社会的平衡统一。法律还具有强制性、国家强力保障性特征。环境本身具有统一性的特质，一地的环境会影响另一地的环境，空气、水都是流动的，对环境生态的治理及建立在环境生态治理上的环境教育也必须统一筹划协调，以平衡各地的环境利益，使全国环境利益及环境教育利益最大化。因此环境教育立法是实现环境教育目的最为有力的工具。我国一些地方如宁夏和天津的环境教育立法实践表明环境教育立法对于加强环境教育，最终对于保护生态环境具有非常积极的意义，随着领导机制的统一、权责的明确、资金的到位，环境教育相较于立法前有了很大的提高。

3. 我国严峻的环境污染和生态破坏形势

改革开放后，随着我国经济的高速发展，环境污染和生态破坏形势日趋严峻。空气、水土污染已危及居民健康乃至生命安全，影响社会经济的稳定和可持续发展，也极容易演变为社会不稳定的重要因素。以固体废物污染为例，根据 2018 年《全国人大常委会执法检查组关于检查〈中华人民共和国固体废物污染环境防治法〉实施情况的报告》，我国每年工业固体废物约 33 亿吨，而我国历年堆存的工业固体废物总量达 600 亿~700 亿吨，根据我国现有处理能力，需要相当长的时间才能处理完毕；危险废物不当堆存、非法倾倒处置问题仍然非常严重；全国近半数的地级市没有对医疗垃圾进行特殊处理；垃圾分类放置、运输、储存、处理基本上没有；固体废物未处理或处理不当，对水土保护构成严重的威胁。2018 年 6 月发布的《中国环境状况公报》表明，5100 个地下水质监测点位中，地下水质较差和极差级占比达到 66.6%。所有这些表明我国水土污染的形势及其前景极其严峻。

我国环境的严重污染是和政府、企业、居民环保意识、法治意识和道德意识淡漠紧密相关的。不少企业产品设计时不考虑产品废弃后的环境影响，产品售出后未承担回收处置责任；部分企业逃避监管，采取渗漏等方法非法转移、倾倒和处置固体废物；居民过度消费、奢侈消费、食品浪费现象严重。我国环境违法成本低，我国法律对污染者规定的处罚相对于污染的危害畸轻，对污染者的处罚执法不严，我国司法制度对于群体诉讼的抑制使环境维权成本极高。而环境教育落后是导致环境意识淡漠的主要原因之一。环境保护知识(包括环境污染的成因、环境保护的法律法规、环境保护的技术等)涉及很多专业知识，一般人不经学习难以了解；而我国目前缺乏系统的环境教育机制，让立法者、企业、居民乃至相关的管理人员系统学习环境保护知识。

4. 我国地域辽阔及单一制国家的特点

我国地域辽阔，人口众多，有几千年单一制中央集权国家的历史，全国范围内的法治统一不仅是法律本身内在的要求，也具有深厚的文化和心理基础。法治统一首先就要求立法的统一。而地方的巨大差异性也使得根据地方特色进行地方立法成为必要，当然，地方立法不得与国家立法冲突。

(四) 完善我国环境教育立法的若干建议

1. 制定全国统一的环境教育法与加强地方特色立法并行

在我国是否应该制定统一的环境教育法，学界存在分歧。有学者认为不应该过分看重统一立法结果，而应该把立法过程当作整个社会学习、提升的过程。也有部分学者支持制定统一的环境教育法，中国政法大学教授王灿发认为："环境教育需要强制，强制就需要立法，在一些法律中用一两条来规定环境教育，是强制不起来的，环境教育立法不但要有还要硬气。"一些政协委员和人大代表也呼吁环境教育应尽快纳入重点领域立法计划，他们认为环境教育立法在中国具有可行性。第一，政策支持，随着十九大的召开，实现生态可持续发展、生态环境建设已经成为国家重要任务，我国可以通过制定法律来提升环境教育的地位。第二，我国环境教育理论研究已经趋于成熟，环境教育立法框架已经成型。① 第三，我国有成熟的环境教育实践经验，表现为地方性环境教育立法的出台，及全国各地大量环境教育刊物的创办。②

我国地域辽阔，各地情况差异大，应当说，在目前严峻的环境生态形势下，国家的环境教育立法和地方环境教育立法都应加紧进行，国家统一立法尤为关键。地方可以制定不与全国性环境教育法相冲突的反映本地环境生态特色的地方法规、规章，以法治合力推进我国环境教育。国家环境教育目的的达成也不能单靠一部专门的环境教育法，还需要相关的配套立法乃至其他法律的配合，如非政府组织法和环境公益诉讼法律等。

2. 我国环境教育的定义宗旨及环境教育立法的原则

环境教育的本质是使公众理解人和环境相互依赖、相互制约的关系，可持续的环境是人类可持续存在和发展的前提，掌握思想言谈行为与环境变化之间关系的知识技能，通过塑造环境教育主体的意识行为，达到改善环境的目的。因此我国环境教育立法的原则除应体现政府主导性外，还应鼓励公众广泛参与，这可以通过以下几个方面的立法实现：设立环境教育基地；鼓励绿色消费；鼓励非政府组织的建立和发展；中央地方立法广泛听取征集公众意见并尽量让公众参与立法过程等。

3. 我国环境教育立法框架探讨

综观域内外环境教育立法，大致都对环境教育定义、宗旨和目的，教育管理监督机关，环境教育机构及环境教育设施的资质条件，受环境教育者的类别及其权利义务，环境教育工作者的绩效考核及奖惩，环境教育的经费来源及经费管理进行了规定。除环境教育定义、宗旨和目的的界定及原则外，下述各方面我国可借鉴域外立法及我国地方立法予以规定。

---

① 刘凯、刘佳、甘甜甜：《环境教育立法研究综述》，载《新西部（理论版）》2014年第10期。

② 陈玲：《中国环境教育立法的可行性研究》，载《经济研究导刊》2014年第9期。

（1）设置统一的环境教育领导和监督机关

和任何其他事物的管理一样，环境教育的管理必须全国一盘棋，有统一的政府领导机构，统一协调各项管理事务，管理者本身也应受到有力的监督。从我国目前的情况来看，统一性、协调性、监督性都需要完善。

借鉴美国和我国台湾地区的环境教育立法，我国未来环境教育立法首先应明确政府环境教育管理的全国统一领导机关，不论是由环保部领导，还是环保部与教育部建立联合领导机制。其次，我国未来环境教育法可考虑设立环境教育委员会作为环境教育决策机关和监督机关，委员会成员由来自学术机构、政府（环保部门、教育部门和宣传部门）、环境教育机构等方面的人员组成，负责环境教育的重大决策事项，并对政府的环境教育工作进行监督。

（2）明确环境教育机构、环境教育者、环境教育设施的资质条件

环境教育组织（不管是公办的还是民间的）、环境教育者及环境教育设施，都必须满足一定的法定条件，比如，环境教育组织在环境教育专业人员的配置、设施使用权的拥有、以前的环境教育记录等方面都要达到法定要求。

环境教育工作的要求与标准的统一，环境教育专业人员培养的规范是环境教育规范化系统化科学化的条件，但也要注意不要做过多的硬性要求，以免抹杀人们的创意，因为环境教育立法的目的是使环境教育观念更加普遍，所以在制定法律上更应注意积极立法而非消极立法，侧重对教育品质的界定，督促行业者对好标准的遵从。

（3）明确受环境教育者的类别及其权利义务

哪些人必须接受环境教育，如果不接受环境教育，其法律后果有哪些，只有法律对此进行强制性规定，才能够保障法律教育真正落到实处。不同的主体接受教育的内容也各有自己的特征，比如环境立法者、食品企业、危险产品生产企业、普通的消费者、中小学生、一般企业员工、政府职员、事业单位员工受教育的内容显然会有所不同。法律对于他们的受环境教育义务应有强制性规定，以使环境教育落到实处。如果未能依法完成义务，可以在个人及单位绩效考核中予以体现，在惩罚机制的设计上，要从职位对环境生态保护的重要性、未受环境教育可能后果的严重性等方面考虑设计惩罚的种类和级别，种类主要有再次接受环境教育、取消绩效奖、罚款、不予升级、降级乃至停止或吊销营业或执业资格等。

（4）规范环境教育工作者的绩效考核及奖惩

制定标准化的环境教育评价制度，设立长期的绩效考核及奖惩机制，使人尽其才，是形成一支稳定的有创造力的环境教育队伍的前提。绩效考核机制一

方面参考我国目前各级政府绩效考核指标机制，另一方面也要考虑环境教育本身的特点。在奖励机制上，我国目前有民间设立的环境教育奖，政府可考虑设立环境教育奖，以立法的形式予以规范，彰显政府鼓励的行为范式，以表彰为环境教育作出突出贡献的单位和个人，为环境教育设立标杆。

（5）明确环境教育的经费来源及经费管理

明确规定经费的来源、使用和管理的办法。除中央和地方财政拨款外，可考虑成立环境教育基金，接受捐赠，并将环境教育罚款及一定比例的其他环境违法罚款纳入基金范围，作为环境教育经费。

三、我国生活垃圾分类环境教育立法的完善

（一）我国生活垃圾分类环境教育立法现状

笔者于2004年去日本做访问学者，刚刚安顿好，同屋居住的日本学生带着我去一个空坪放置较大的垃圾，如纸盒之类，并告诉我每周两次在固定的时间会有专车到家门口运走垃圾，一次是可燃烧垃圾，一次是不可燃烧垃圾，各自安排在不同的日子，要笔者平常将垃圾分类放好，到专车来收垃圾的日子，在固定的时间之前将垃圾放到门口。更大的垃圾如废弃的冰箱、自行车等，则要付费找专门处理垃圾的公司来收取，不像我们当时在国内还可以卖钱。交代完后，她解释道，日本地少人多，不像中国地大物博，需要爱惜环境才行。我当时震惊于日本人的环境保护意识和周密的处理垃圾做法。

随着经济社会发展和物质消费水平大幅提高，我国生活垃圾产生量迅速增长，环境隐患日益突出，已经成为新型城镇化发展的制约因素。遵循减量化、资源化、无害化的原则，实施生活垃圾分类，可以有效改善城乡环境，促进资源回收利用。生活垃圾分类是处理生活垃圾尽量降低其环境危害性的前提，只有在生活垃圾分类的基础上，才有可能或焚烧、或填埋、或特殊处理，以实现尽量减少生活垃圾对环境的损害，甚至部分变废为宝的目的。否则堆放的混合着各种危险垃圾的生活垃圾不仅时刻都在污染着我们的土壤、水乃至空气，让垃圾堆放附近区域出现一个又一个癌症村，而且随时都可能是定时炸弹，会带来毁灭性的生态灾难。如果我们不但不去处理原来积累的垃圾，还继续对新增的生活垃圾不予处理，我们的国土和国民的健康终有一天会被垃圾毁灭殆尽。

十八大以来，党中央、国务院高度重视生活垃圾管理工作。习近平总书记在中央财经领导小组第十四次会议上对普遍推行垃圾分类制度作出了重要指示，要求北京、上海等城市要向国际水平看齐，率先建立生活垃圾强制分类制

度，为全国作出表率。国务院 2017 年出台了《生活垃圾分类制度实施方案》，进一步明确上海等 46 个城市要在 2020 年底前，先行实施生活垃圾强制分类。截至 2019 年 3 月，已有广州市等 9 个城市出台了专门的垃圾分类管理条例，20% 的重点城市步入了"垃圾分类有法可依"的时代①，开始真正实施垃圾分类。通过地方立法推行生活垃圾分类制度，规范生活垃圾分类投放、收集、运输、处置各个环节，完善源头减量和资源化利用的各项措施，有助于改善城市农村人居环境、维护生态安全，提升精细化管理整体水平，促进经济社会可持续发展；有助于增强社会公众建设生态文明的责任意识。

（二）我国生活垃圾分类环境教育立法存在的问题

在各地的垃圾分类工作中，由于缺乏有力的措施保证居民了解垃圾分类的相关知识，很多居民弄不明白垃圾该如何分类，将垃圾丢错垃圾箱的情况也屡屡出现，使相关工作人员不得不重新清理，不仅大量增加了其工作量，而且因此而受伤的情况也屡屡出现，甚至有关于物业管理人员因受不了重新清理垃圾的异味呕吐并辞职的报道。要做到正确区分垃圾需要进行一定的教育培训，只有垃圾分类的环境教育工作做好了，才可以避免大量重复工作，避免垃圾对相关工作人员造成伤害。

从现在关于各地垃圾分类的报道来看，可以发现我国环境教育法律的缺位所带来的巨大不利后果。各地垃圾处理条例关于垃圾分类教育比较靠前的程序规定缺乏强制性权利义务规范，有强制性权利义务规范的程序又过于置后，例如，关于垃圾处理分类的知识过于分散、零碎，而且知识不系统，该教育方法作为辅助的垃圾分类教育方法自然很好，但作为主要的教育方法，就不理想；其次，垃圾已经装好，再来修正会带来很多不便，影响垃圾分类的效率，加上有些人可能还存在赶时间上班等原因，无法接受教育。

可见，我国生活垃圾分类处理的落后和我国民众因缺乏生活垃圾分类教育造成的生活垃圾分类意识淡漠和知识技能的缺乏有关。以上海市垃圾分类来说，上海市早就开始了生活垃圾分类实践，市委、市政府高度重视生活垃圾管理工作，1996 年以来开展了多轮生活垃圾分类试点，并于 2000 年成为国家首批生活垃圾分类试点城市。市政府连续七年将生活垃圾分类减量列入实施项目，2014 年出台政府规章《上海市促进生活垃圾分类减量办法》。其人民代表大会于 2019 年 1 月 31 号颁布，7 月 1 号开始实施的《上海市生活垃圾管理条

---

① 丁宁：《垃圾分类全国重点城市立法盘点》，载《城乡建设》2019 年第 8 期。

例》，对于生活垃圾环境教育更多的是软性的规定，而不是强制性规范。其第27条规定，管理责任人应当对投放人的分类投放行为进行指导，发现投放人不按分类标准投放的，应当要求投放人改正。投放人拒不改正的，管理责任人可以向所在地的乡镇人民政府或者街道办事处举报。第40条规定，市、区人民政府及其相关部门和工会、共青团、妇联等组织应当通过多种方式，广泛开展社会动员，推动全社会共同参与生活垃圾管理工作。绿化市容、生态环境等部门应当设立生活垃圾科普教育基地，面向社会普及生活垃圾分类知识。本市大型生活垃圾处理设施运营单位应当设立公众开放日，接待社会公众参观。教育部门应当将生活垃圾分类知识纳入本市幼儿园、中小学校、高等院校教育内容，组织开展生活垃圾分类教育和实践等活动。新闻媒体应当持续开展生活垃圾管理法规和生活垃圾分类知识的公益宣传，对违反生活垃圾管理的行为进行舆论监督。第41条规定，本市建立健全以居民区、村党组织为领导核心，居民委员会或者村民委员会、业主委员会、物业服务企业、业主等共同参与的工作机制，共同推进生活垃圾管理工作。居民委员会、村民委员会应当配合乡镇人民政府和街道办事处做好生活垃圾源头减量和分类投放的组织、动员、宣传、指导工作。倡导居民委员会和村民委员会将生活垃圾分类要求纳入居民公约和村规民约。乡镇人民政府和街道办事处应当将生活垃圾管理纳入基层社会治理工作，加强组织协调和指导。这些条款规定的环境教育组织者众多，受教育者也甚广，但没有统一的垃圾分类教育领导组织，对垃圾分类教育予以协调统一；在大多数地方也没有规定受教育者的法律义务责任；正是因为垃圾分类教育实际上就是我国环境教育立法的滞后，使上海这个实施了长时间生活垃圾分类的城市，居民仍然在垃圾分类上错误百出，从而极大影响了垃圾分类的效率。

（三）我国垃圾分类环境教育立法的完善

垃圾分类环境教育立法是和整体的环境教育立法联系在一起的，我国垃圾分类环境教育立法的改善离不开环境教育立法的改善。试想，我们如果有环境教育法，规定了受教育者受教育的渠道和法律义务责任，每年都有规定的机构对环境教育进行考核，实现环境教育内容的与时俱进，就能将垃圾分类的知识技能包括在内，使居民及时接受垃圾分类的知识技能教育，就不至于在垃圾分类中错误百出。这些强制性的环境教育包括：公务员和事业单位公职人员每年必须接受一定的环境教育，且考试必须合格；学生每年的课程中必须有一定的环境教育内容，考试不合格影响其毕业升学；离退休人员一定年龄内的必须接受环境教育，不合格影响其退休金的领取(这个群体常常承担家务，是生活垃圾分类的参与者，但也可设置很多例外，排除因健康等原因不能学习的情况)；驾照考试者及持有人必须考试合格才能持有驾驶证等。总之，全国性立法规范全国性的普遍环境教育，地方性立法因地制宜，线上线下，在全国及各地方由统一的环境教育机构对环境教育予以领导协调衔接，让居民及时接受到垃圾分类的教育。垃圾分类教育一旦到位，垃圾分类的工作必能比现在进展顺利得多。

当然，垃圾分类教育也有自己的特点，这些特点在现在国务院和各地的垃圾分类法律中都有规定，其存在的问题前文已有论述，这些问题基本上也是我国环境教育存在的问题。全国性的专门环境教育法对这些问题进行规范当然最好，在其未颁布前，在各地环境教育法及垃圾分类法中对这些问题进行规范，也是甚有意义的。

四、结语

十年树木，百年树人，环境保护，教育为本。教育是一项需要投入人力物力、用心系统筹划的长久事业。法律由于其统一性、强制性、国家保障性特征，成为我国环境教育的重器。加强环境教育立法，是改善环境的真正源头，也是国际主流。完善我国环境教育立法，将极大地促进我国环境教育的发展，最终提高我国环境生态质量，从而提高我国作为负责任的国际大国地位，并保障社会的稳定和持续发展。我们也应看到，环境教育立法应当广泛征求公众意见，让国民、各种环境教育机构及民间组织之间相互辩论，立法机关在此基础上慎重考虑和评估。

运动员参赛资格法律保护的发展[*]

乔一涓[**]

目　　次

一、萌芽：法院对运动员业余身份的界定
二、现状：法院司法审查的有限原则
三、发展：国际体育仲裁实践的突破
四、结语

运动员参赛资格议题是伴随着从古代到现代奥运会的发展而渐受关注。最初，古代奥运会对运动员参赛资格进行绝对严格的身份、阶层或城邦的限制。及至现代奥运会，体育的商业化和政治化，运动员参赛资格取得与体育比赛结果之间的关系变得尤为突出，比赛的成败胜负不仅包含着获得商业获益和巨额奖金，甚至具有特殊的政治意义。因此，对运动员参赛资格的法律保护，也伴随不同时期和不同背景，逐渐发展。

一、萌芽：法院对运动员业余身份的界定

最初，无论是无限制的奥运会，还是以美国学校体育为主的有限制的体育竞赛，业余身份要求是运动员获得参赛资格的基本条件。如果运动员参赛资格的获得与奖金、奖学金、资助、补偿金等金钱利益相联系，一旦运动员参赛资格争议诉诸法院后，法院即要充分考虑这类金钱利益对运动员业余身份的影

　＊　本文受到 2015 年湖南省社会科学基金项目"体育产业的法制化研究"资助。
　＊＊　乔一涓，法学博士，湖南师范大学法学院讲师，硕士生导师，主要研究方向：体育法和国际体育仲裁。

响。然而，国际体育比赛各个主体之间的法律关系多种多样，在不同的法律关系中，业余身份的标准和功能各不相同。以美国学校体育的司法裁决为例，法院的一般做法是：首先识别出运动员金钱利益所属的法律关系，再以体育组织的业余性规定为参照标准进行判断。如果金钱利益尚未妨碍业余身份，就不会产生由业余身份界定引起的参赛资格争议。

一方面，奖学金与参赛资格的业余身份；一般而言，学校给予学生奖学金，会形成两种法律关系：赠与关系和合同关系。赠与关系是指学生运动员因为体育比赛成绩突出而获得的奖励，奖学金相当于学校给学生运动员的礼物（gift）。合同关系是指学校根据某学生运动员的突出表现，要求其代表本校参加比赛，并以此给予其奖学金而形成的契约关系。

美国"泰勒案"是涉及对以上两种法律关系识别的重要案。① 泰勒是一名受到奖学金资助的美式橄榄球学生运动员，学校要求他在大学四年期间，必须保有代表该校参加全国大学生体育协会（以下简称"NCAA"）一系列赛事的参赛资格，且不能错过任何一季的赛前训练，否则将失去奖学金。泰勒参加了一年的学校训练项目后，因文化成绩没达到要求而退出足球训练。根据 NCAA 参赛资格规定，他也不再具有代表该校参赛的资格。随后，学校终止了对他的奖学金资助，泰勒不服，诉诸法院。法院裁决认为：泰勒与学校之间有关奖学金的约定被视为合同关系，即他以自己参加足球比赛和训练为"对价"，获得学校给予的奖学金资助，而不是来自学校赠与或给予的教育资助（Educational Grant）。当泰勒没有继续训练而丧失参赛资格，他"未能履行合同义务"构成违约，学校有正当理由不再给他提供奖学金。②

泰勒案确认了奖学金合同一定程度上属于职业协议的范畴（Vocational Agreement），即以学生运动员大学期间四年的参赛资格和所有足球训练（也可以理解为他所提供的一种服务），作为奖学金的交换对价。泰勒案的结果，与学生运动员所应坚持的业余身份相悖。

另一方面是补偿金与参赛资格的业余身份；补偿金是指在法律规定下，雇员在从事与雇佣有关的工作期间受伤，向雇主提出的补偿费。若此类补偿请求案件发生在学生运动员与学校之间，法院裁决时要考量的重点在于：接受补偿的学生运动员是否被认定为雇员？如果被认定为雇员，那么该名学生运动员的身份是否与学校体育的"业余"属性相左。

---

① Taylor v. Wake Forest University, 16 N. C. App. 117, 191 S. E 2ed 379 (1972).
② Begley v. Corporation of Mercer University, 367 F. Supp. 908 (E. D. Tenn. 1973).

　　以补偿金来确定学生运动员雇员身份的典型案例是"内梅斯案"。① 内梅斯是一名足球运动员，在训练期间受伤，失去了奖学金资助。随后，学校和俱乐部安排他每天负责球场的垃圾清除，一日三餐全包并提供学校住宿。但是，一旦他离开足球队，则不再提供以上的补偿。法院认为：学校与内梅斯已默认达成补偿协议（quid pro quo arrangement），这种默示合同关系表明他必须为学校效力，并以其劳动和足球技能为对价，换取免费的食宿，完全可以被定义为"雇员"。可见，除奖学金以外的其他获益（benefits）形式，只要形成以学生运动员自身的体育技能为对价的合同关系，都可以被视为属于违背业余身份。

　　法院的司法实践对学生运动员参赛资格"业余"身份在两种不同的情形下界定不一。第一种情形是，学生运动员身份是否符合该体育组织或协会的内部规定。如 NCAA 章程规定：体育是业余的，业余（Amateur）是指运动员们源于教育、身体、心理健康或社会福利等原因而参与到体育运动之中。一般而言，对该项规定的适用并无较大争议。第二种情形涉及学生运动员与学校（或其他教育机构）之间的模糊关系，即运动员是否因参与体育训练或比赛而受到资助或补助。如上述两案件所示，学生与学校之间法律关系具有多重性，学校对学生运动员财政资助形式多样，法院在对学生运动员"业余"身份进行界定时，则需要考量更多因素。比如：法院在"泰勒案"中确定学生运动员以承诺参加比赛或训练，是获得奖学金的对价，构成事实上的契约关系。在"福诺斯案"的裁决书中，② 明确使用了"体育运动奖学金"（Athletic Scholarship），以表明这种金钱资助是建立在该名学生运动员体育运动能力并参加比赛的承诺的基础上。在"巴克顿案"中，法院认为学校对学生的"体育运动奖学金"背后的动机实际上是吸引优秀的运动员加入到本校的体育运动中，并积极提高该校在体育竞赛中的竞争力。③

　　不难看出，厘清学生运动员与各类金钱利益之间的关系，对其业余身份的界定尤为重要。法院在识别各类学生运动员与学校的财政资助或合同关系后，以此观察其结果是否违背了体育组织章程中对业余身份规定的原意。值得注意的是，运动员参赛资格一开始便与运动员个人的经济利益紧紧联系，运动员对此保有较强而又敏感的维权意识。在业余体育中，越来越多的运动员参赛资格争议诉诸法院，无论法院支持还是否决，都在很大程度上影响了体育组织对参

---

①　University of Denver v. Nemeth，127 Colo. 385，257 P. 2d 423（1953）.

②　William L. Frost，61 T. C. 488（1974）.

③　Buckton v. NCAA，366 F. Supp. 1152（D. Mass. 1973）.

赛资格规则的修订与完善，从而开启了对运动员参赛资格法律保护的进程。

二、现状：法院司法审查的有限原则

运动员业余身份的审查中涉及了少量的金钱、财产利益，可以被认为是对运动员参赛资格法律保护的启蒙。随着体育运动的商业化，大量的奖金、转播权、赞助费涌入其中，业余体育运动蓬勃发展。利益的扩张往往导致权力滥用，越来越多的运动员发现：国内体育当局、体育组织或体育协会的参赛资格决定或处罚决定导致个人权益受损，当诉诸内部救济机构无济于事之时，只能诉诸外部法院救济。

相应的，外部司法环境也在不断变化，对运动员参赛资格决定不服的司法审查范围并非一成不变。19世纪60年代前，法院恪守司法谦抑主义，拒绝干涉任何体育自治组织内部决定。19世纪60年代后，以学生运动员为主的个人开始对体育组织机构的体育运动规则、参赛资格、处罚决定提出异议，这类规则或决定往往都指向运动员的基本权利，如性别、婚姻情况、宗教信仰或个人自由等方面，并在不同程度上阻碍他们参与到体育运动之中。可见，法院的对体育自治组织内部决定的司法审查经历了从"拒绝审查"到"有限审查"的重大变化，对运动员参赛资格的保护程度逐渐加深。

司法审查广泛存在于西方国家，即通过司法程序来监督、审查、裁决其他组织或行政机关的基本制度。该制度尤其适用于地位悬殊的当事人之间的争议，通过司法审查，纠正不法或不合理行为，保护弱势一方的合法权益。司法审查的特点，使其适于解决运动员参赛资格问题。一方面，参赛资格制度的主体多样，体育自治框架下难以协调，运动员权益需寻求法律保障。奥运会框架下的"三大支柱"组织(国际奥委会、国家奥委会、国际单项体育联合会)所追求的体育利益从长远和根本上看，是一致的，但不能排除或忽略它们之间因目标差异所造成的影响。如国际单项体育联合会制定参赛资格标准，目的是提高整个体育项目的竞技水平，增强体育比赛的可观赏性。国家奥委会的选拔机制则希望选拔最能代表国家最高运动水平的运动员，实现比赛利益最大化。国际奥委会制定参赛资格制度的目的，则要平衡各参与国家之间、各体育协会之间以及运动员之间的利益。由于客观情况复杂或组织管理缺陷，针对运动员参赛资格的决定常常受到上述三个主体之间的权力较量，最终后果却由运动员承担，有时则以牺牲其参赛资格为代价。另一方面，有关参赛资格的限制或处罚，有时存在违法和不合理的情形，需由外部法律进行规制。运动员参赛资格规定可能引发对运动员个人基本权利的限制，如有的参赛资格决定带有歧视、程序瑕疵等情形，不但会影响运动员参加比赛后获益，还会引发对运动员人权、平等权、正当程序权利的不当限制，属于违法性质。此外，尽管对运动员参赛资格限制具有合理性和必要性，但体育组织的选拔或处罚是否合理，又颇具争议。比如：运动员选拔机制所适用的主观选拔标准要求"教练或其他主体自主判断运动员是否具有参加高水平比赛的竞赛能力"，该标准从适用的主体和内容等方面，均受到主观判断或主观自由裁量权的影响。通常，教练对某运动员的观察和了解深入，熟悉运动员的技术水平和比赛特点，这多半源于他或她的主观判断和观察。"具有高水平"一词也表述模糊，实际上也要求选拔主体应当对该标准进行符合选拔协议的目的解释，或履行诚实信用的默示合同义务，并在衡量不同运动员竞赛能力之时，适用相同的参照标准。在充分尊重选拔主体的主观意愿之时，还必须兼顾合理性。

以美国为例，有限审查原则（limited Judicial Review）是美国司法审查制度的基本原则。在该原则之下，美国法院一般应当尊重自治组织适用章程对成员所作出的内部决定，只有当自治组织的行为或决定侵犯成员权利尤其是受到宪法保障的基本权利，或者其他违反公平正义的情形时，才能对其进行司法审查。尽管体育自治组织的规则中涉及基本权的内容已较为完善，但参赛资格仍然争议不断，美国法院对体育自治组织进行有限审查时，主要考虑以下六个标准：（1）规则本身的不正当或不合理而违反了公共政策；（2）规则超出自治组织的权限；（3）规则适用的肆意、武断、不合理；（4）规则违反法律；（5）规则违反宪法的基本权利；（6）该自治组织违反自身规则。① 一般来说，体育自治组织内部决定只要出现上述情形之一，即属法院的审查范围。如果法院一旦确定体育自治组织内部决定属于以上任一情形，那么法院将指令该组织重新作出决定。与此同时，体育自治组织也能提出两点抗辩理由：其一，该规则或决定是为了保障运动员的身心健康和社会福利，同时也是对公共利益的正当保护；其二，在各个州、地区乃至国家法律中存在类似规定。

值得注意的是，在上述六种情形中，"违反宪法权利"的审查在美国的司法实践具有更严格的限制。尽管美国宪法内容简明扼要，但其权利保障内涵丰富，如宪法修正案第 5 条、第 14 条第 1 款规定的平等权和正当程序条款。美国最高法院认为违宪审查的禁令针对的仅仅是政府所作出的行为，即所谓的"政府行为"（State Action）。因此，如果体育组织被看做是具有政府行为的主体，那么，运动员参赛资格法律保障的行为就与政府行为相联系，运动员及其

---

① Glenn M. Wong, Essentials of Sports Law, 4th ed. ABC-CLIO, 2010.

他利害关系人(第三人)所获得的保障水平也会大大提高。

在美国业余体育中,公立学校、公立大学、公立学院及其他办事机构等政府行为主体性质明显,完全属于宪法审查范围。然而,有的私人主体行为与政府行为联系密切,或者以实现政府公共利益为目的,形成一种类似政府行为机构(quasi-public institutions),也被认定为政府行为主体。美国印第安那高等法院法院曾判决高中学校(High School)及其所属的体育组织均能被视作政府行为主体。① 美国联邦最高法院还确定了私人主体构成政府行为主体的两种标准:公共职能标准和牵连标准。以美国 NCAA 为例,在 19 世纪 70 年代期间,许多判例都把 NCAA 的行为或决定等同于政府行为,因为 NCAA 绝大多数成员属于联邦资助,并且它的职能范围几乎遍布全国。19 世纪 80 年代,美国第 4 巡回法庭在"阿尔索洛夫案"的裁决中已经开始限制 NCAA 的政府主体性,② 最终,1988 年美国联邦最高法院"塔尔堪尼安案"的裁决彻底终结了 NCAA 作为政府主体的地位。③ 因此,即使有几种标准可供参考,但是美国联邦最高法院依然认为对于何为政府行为并没有一个确切的标准和清楚的界限,只能视情况而定。所以,一个组织的性质是可变的,它会随着时间和环境的变化而改变,而法院应根据当时的情况,判定该主体的行为是属于私人行为还是政府行为。④ 在国际体育活动中,各个国家对体育活动所采取的管理体制不同,其下属的国家单项体育协会法律性质不一,这必然导致对运动员参赛资格宪法保护的程度存在差异。

运动员参赛资格宪法保护的另一个支撑是基于平等权的保护。平等权曾被简单地概括为"同样情况相同对待和不同情况差别对待",表现在运动员权利保护中,所考察的重点是体育规则或标准中是否涉嫌歧视条款。在美国,平等权保护围绕着三种程度不同的审查基准。第一类是严格审查标准,普遍适用于种族、民族血统等情形,如 1968 年墨西哥奥运会上"黑色拳头事件"。⑤ 又如:

---

① Indiana High School Athletic Association v. Carlsberg, 694 N. E. 2d 222 (Ind. Ct. App. 1997); Indiana High School Athletic Association v. Reyes, 694 N. E. 2d 249 (Ind. 1997).

② Arlosoroff v. NCAA, 746 F. 2d 1019 (4th Cir. 1984).

③ NCAA v. Tarkanian (109 S. Ct. 454. 1988).

④ Genevieve F. E. Birren and Jeremy C. Fransen: "The Body And The Law: How Physiological And Legal Obstacles Combine To Create Barriers To Accurate Drug Testing", Marquette Sports Law Review, Vol. 19, No. 1, 2008.

⑤ 熊志冲、黄华:《黑色拳头——奥运会与反种族歧视》,四川文艺出版社 2002 年版,第 103~110 页。

美国路易斯安那州 1956 年通过了一项法律，禁止不同种族之间进行体育交流。第二类是中度严格审查标准，适用于性别、非婚生子。其中，与运动员参赛资格密切相关的"性别门事件"层出不穷，最近一次则是发生在 2012 年伦敦奥运会上，南非女子 800 米选手塞门亚险些因性别检测丧失参赛资格。第三类是合理基础审查标准，该标准最为宽松，只要针对运动员参赛资格的规定不违背宪法对基本权利的保障，具有合理正当的立法目的，且其所选择的手段与该目的间具有合理的关联，则该参赛资格规则即为合理合法的。①

综上，由法院对体育组织的参赛资格决定进行司法审查，是运动员参赛资格法律保护的重要方式。在进行司法审查时，法院仍保持司法廉抑性原则，采取有限的司法审查，有限性主要体现在两个方面：其一，对运动员参赛资格决定的司法审查仅以上述六个标准为限。其二，实施运动员权利保护时，应兼顾体育组织的权益。其中，基于宪法权利对运动员参赛资格实施保护时，要严格区分体育自治组织是否为政府行为的主体。基于平等权实施保护时，要仔细辨别参赛资格的限制因素位于平等权的哪一类审查基准范围内。

三、发展：国际体育仲裁实践的突破

国际体育仲裁院是世界范围内裁决体育争议的权威机构，它通过人员更新、增强独立性等方式不断发展，希望在体育自治框架下实现体育正义与法律正义的统一。目前，国际体育仲裁院仲裁裁决实践中运动员参赛资格产生的争议日益增多，即使许多争议源于其他诉因，但根本原因仍然是参赛资格争议。以近三届奥运会临时仲裁庭的裁决为例：2008 年北京奥运会裁决案件 9 个，其中参赛资格争议 6 个。2010 年温哥华冬奥会裁决的 4 个案件都属于参赛资格争议。2012 年伦敦奥运会所裁决案件共 11 个，其中涉及参赛资格争议的案件有 9 个。2014 年索契冬奥会的 4 个案件仍是围绕参赛资格争议。

由于国际体育仲裁院具有体育自治框架下争端解决方式的优势，如强制性仲裁协议使更多的主体能提出仲裁救济申请，国际体育仲裁院可适用的法律范围也比较宽泛，等等。因此，它得到了各国及各体育单项联合会的认可和尊重。但是，在争端解决过程中，仍面临着审理权限、规则适用、与各体育单项组织处罚规则的协调以及审理程序正义等诸多问题，这些问题在不同程度上影响了对运动员参赛资格的正当保护。然而，相较前两个阶段对运动员参赛资格的法律保护程度，国际体育仲裁院的仲裁实践对参赛资格的保护更为广泛。

---

①　朱应平：《论平等权的宪法保护》，北京大学出版社 2006 年版，第 86 页。

第一，扩大了管辖范围，尽最大可能保护运动员权益。国际体育仲裁院"对人管辖权"泛指当事人之间仲裁合意的所有条款。即只有受到某种包含仲裁合意条款约束者才是适格的诉诸仲裁的当事人。以奥运会特别仲裁程序发展来看，曾经只有被本国奥委会正式承认的体育协会及其成员或运动员才有资格报名参加奥运会，并有可能诉诸国际体育仲裁院特别仲裁庭，成为适格的当事人。① 从 2000 年"鲍曼案"②的结论和 2003 年仲裁规则的修改内容来看，奥运会特别仲裁程序对人管辖权呈扩大化趋势，对运动员的救济力度随之得到加强。对于不服体育组织的决定或处罚而寻求国际体育仲裁院救济的运动员，有资格打开救济程序之门是他们维护自身利益的至关重要的起点。③

随着更多政治经济元素的融入，体育竞赛成为国家和商业组织追名逐利的国际舞台。但是运动员作为最重要的参与主体，却一直处在弱势地位，参赛资格争议正是运动员权益不时受到侵害的消极表现。1996 年亚特兰大奥运会上，国际体育仲裁院首次在"昂德拉得案"裁决中表明对运动员参赛资格维护的重要性。2012 年伦敦奥运会上仲裁庭所裁决的 11 个参赛资格争议案件，在最大程度上也突出了对运动员参赛资格的法律保护，对涉案的国际体育单项联合会决定的合法性和合理性进行了更加严格的审查。一般来说，运动员参赛资格问题多被认为是国际单项体育联合会自治权范围内的事项，国际体育仲裁院尊重国际单项体育联合会对其规则的解释、适用及相应的自由裁量权。但是，越来越多的案例表明，如果国际单项组织在解释适用规则时，违反了法律原则，损害了运动员的利益，国际体育仲裁院会以保护运动员的权益为起点，尽最大可能维护运动员的参赛资格。

第二，形成了对运动员参赛资格权利保护的一系列仲裁原则。在国际体育仲裁院尚未充分发挥作用之前，国内法院对参赛资格争议的审查较为审慎，尽管大多数案件集中于对体育机构所做的运动员参赛资格决定的审查，但却很少从运动员立场考虑参赛资格的重要性。在国际体育仲裁院仲裁实践初期，仲裁庭在运动员受到纪律处罚有可能丧失参赛资格的争议中，尽可能依据程序规则或程序正义标准，实现对参赛资格实体权利保护，此点在"昂德拉得案"中得

① Richard H. McLaran, "Introducing the Court of Arbitration for Sport: The Ad Hoc Decision at Olympic Games", Marquette Sports Law Review. Vol. 12, No. 1, 2001, pp. 524-526.
② CAS OG 00/004 Dieter Baumann v. International Olympic Committee (IOC), Germany NOC and IAAF.
③ 杨秀清：《奥运会特别仲裁中管辖权裁决的理论与实践》，载《武汉体育学院学报》2013 年第 7 期。

到凸显。在该案中，仲裁庭指出：来到奥运村的已经获得奥运会参赛资格的运动员，是自身不断努力，并通过层层选拔，被国家奥委会推选出来的。因此，除了涉及服用兴奋剂等严重违法行为应受到处罚外，应当优先保障他们的参赛资格权利。可见，仲裁庭在此案中首次提出了"保护运动员参赛资格的仲裁原则"。然而，随着参赛资格争议的多样化，保护运动员参赛资格的抽象原则已不再适用更为复杂的情形，因此，国际体育仲裁院发展出一系列仲裁原则，包括：合理期待原则、有利于运动员解释的善意原则等，以更有针对性地实现对运动员参赛资格的保护。

在"库尔维克案"中，① 新西兰国家奥委会发布了一份列明所有违禁药物以及一些许可使用的药物清单，在该清单中，沙丁胺醇被标明是被允许使用的药物，不需要任何其他的要求或申请。该案中，运动员依据清单，服用了沙丁胺醇以治疗哮喘，但在兴奋剂检测中却呈阳性，并遭受处罚。国际体育仲裁院在裁决中认为：运动员应当相信他所属的国家体育协会提供的任何信息，依据该信息对运动员产生的信赖利益应当被保护。这是因为在合理期待原则下，当某一管理机构对某人作出保证其将来某项行为是合法的（但实际可能并不合法），由于存在这样的保证在先，那么此人依上述保证所作出的不法行为，不应受到处罚。事实上，运动员参赛资格的获得在很多情况下依赖于国际体育组织或国内体育协会的决定，由此产生的合理期待利益对运动员参赛资格的影响深远，保护合理期待原则是运动员参赛资格法律保护的重要方面。此外，国际体育仲裁院曾在处罚类案件中坚持对被指控这一有利原则，② 即采取有利于运动员的方式对模糊的参赛资格规则进行解释。在 2010 年温哥华冬奥会上，澳大利亚国家奥委会和国际雪车联合会对章程规则中"大洲代表原则"的英文原文"and"和"or"连词的适用产生异议。国际体育仲裁院审理后认为：大洲代表原则的初衷是给没有进入世界顶尖排名的国家参与奥运会的机会，从这点来看，把连词"and"理解为"和"，既保证男子队参赛，又不会剥夺女子运动员参赛资格，更有利于维护运动员和国家的参赛权利。

第三，明确了体育纠纷解决机构在参赛资格争议解决中的具有附带提出建议职能。在国际体育仲裁院的裁决书中，说明裁决理由并作出裁决结果后，还能捎带提出对纠纷处理的建议。国际体育仲裁院仲裁不断司法化的趋势引起了

---

① CAS 96/149 A. C. v. Federation Internationale de Natation Amateur (FINA).

② 李智：《体育争端解决法律与仲裁实务》，对外经贸大学出版社 2012 年版，第 184 页。

274

体育自治与司法干预的冲突，在运动员参赛资格的仲裁申请中，申请人常常向国际体育仲裁院提出超出仲裁职能之外的要求，如要求国际体育仲裁院裁决被申请人（一般是体育组织）设置或分发额外的参赛名额、席位。在温哥华冬奥会的"巴西冰上运动联合会案"和"维尔京群岛国家奥委会案"中，申请人就提出如上请求。如此一来，容易使人对国际体育仲裁院的职能产生更多期待，希望国际体育仲裁院的裁决结果能在更大程度上决定运动员能否获得参赛资格。但是，这显然违背了体育自治的基本原则，并且容易造成"滥诉"与公平高效解决纠纷的价值取向背道而驰。

在国际体育仲裁中提出上述请示，源于上述的"澳大利亚国家奥委会案"。在该案中，仲裁庭支持了申请人的请求，同意澳大利亚国家奥委会派运动员代表参赛，但是因为名额已满，而且其他运动员的参赛资格并不存在争议。因此，仲裁庭在裁决书中建议国际奥委会增加一个参赛名额，国际奥委会最终采纳了这一建议，申请人获得了在女子项目中额外分配的参赛名额。基于此，随后几案的申请人均以普通法上"先前判例"的原则提出同样请求，但被仲裁庭一一驳回。原因在于：第一，"澳大利亚国家奥委会案"具有特殊性。首先，仲裁庭就本案所做的合理解释，是基于本案的特殊情形，并在法律框架内作出的。仲裁庭审理时发现，被申请人国际雪车联合会适用规则所作出的决定确实违反了"参赛资格制度"中的基本原则，且在此期间澳大利亚国家奥委会不具有任何过错，此时国际体育仲裁院也不应机械地、严格地适用规则，作出一项不公正的决定。因此，国际体育仲裁院必须对规则进行合理解释，为实际受侵害方提供救济，这种"合理解释"必须在法律的框架内作出，并符合逻辑。其次，仲裁庭虽然向国际奥委会提出了建议。但其是否接受仲裁裁决的建议，仍由国际奥委会研究决定。巧合的是，该组织通过内部审查，欣然接受了仲裁庭的建议，才会有额外名额给予申请人。第二，国际体育仲裁尚未将"遵循先例"作为一般仲裁原则。第三，国际体育仲裁院是独立于国际奥委会和国际其他单项体育联合会，它的仲裁请求、所适用的规则和裁决结果只对接受仲裁协议合意的双方有拘束力。①

近期，澳大利亚滑冰选手凯瑞认为另一名滑冰选手布鲁克利不符合澳大利亚滑冰协会参赛资格制度中"提名规定"的要求，不应代表澳大利亚参加索契冬奥会的滑冰比赛，遂向国际体育仲裁院提出仲裁申请要求。仲裁庭认为：该案的争议点在于布鲁克利是否符合澳大利亚有关提名规定的要求。最终通过其

---

① 乔一涓：《2010年温哥华冬奥会仲裁案件述评》，载《体育学刊》2010年第9期。

审理，确认布鲁克利并不具有任何丧失参赛资格的情形，应被提名参加 2014 年索契冬奥会。同时申明：仲裁庭在本案中对第三人的参赛资格争议享有管辖权，但并无权审查申请人凯瑞是否符合参赛资格标准，凯瑞能否被澳大利亚滑冰协会提名参加冬奥会，还需由该体育组织自行审查后作出决定，① 该案第三人(布鲁克利)的参赛资格争议实际上只是申请人所提出的具有争议的事实。由此可见，国际体育仲裁院只能在申请人提出的规则和事实范围内裁决参赛资格争议，不能在裁决职能之外直接发挥重新决定参赛资格或重新分配参赛资格名额的职能，它充其量不过是作出裁决后，作为中立一方行使建议的职能。

　　总而言之，国际体育仲裁院对运动员参赛资格的法律保护具有明显的优越性。一方面，国际体育仲裁院对运动员参赛资格争议的裁决事项增多，不仅突破了司法审查对参赛资格涉及财产利益的限制，还在仲裁实践中明确了对利益相关第三人参赛资格争议的管辖权；另一方面，国际体育仲裁院对作出参赛资格决定的体育组织并未提出特殊要求，诸如宪法保护下对政府行为的主体要求或审查范围的限度问题等，却在仲裁实践中为自己裁决参赛资格争议之时达到了"自我职能限制"的要求，不会行使任何超过仲裁范围的职能。

　　四、结语

　　综上，运动员参赛资格法律保护不但受到整个体育领域的发展限制，还会受到各个时期不同社会或法律思潮、个人权利意识的影响。在运动员参赛资格的法律保护初期，仅为了确保运动员参赛资格的业余身份，国内法院的司法裁决着重考察并厘清了学生运动员与学校或体育协会之间奖学金、赔偿金等金钱关系对业余身份的影响；随着体育活动中利益不断渗入，国际体育组织或国内体育协会决定运动员参赛资格的过程中对运动员权利造成不同程度的损害，法院在有限司法审查原则的指导下尽可能地扩大对参赛资格争议的审查范围，以提升对运动员参赛资格的保护程度，在这期间，体育行业自治域外部法律规制的冲突也逐渐凸显；直到国际体院仲裁院才从仲裁实践中，归纳出扩大属人管辖权、形成仲裁原则、明确仲裁庭职能三方面形成对运动员参赛资格较为普遍且稳定的法律保护。

---

　　① CAS 2013/A/3415 Chantelle Kerry v. Ice Skating Australia.

国际法资料

司法权力裁决未审被拘人员的地位与权利[*]

乔丹·波斯特^{**}　著

杨晓强　黄德明^{***}　译

目　次

一、前言

二、国际法之下拘留的正当性及司法审查的必要性

三、裁决被拘人员地位与权利的司法权力及职责

四、最高法院在哈米迪案中的裁决

五、人身保护令审查

六、结语

一、前言

在美国建国之初，亚历山大·汉密尔顿重申了一个强有力的警告，即

---

* 标题原文为 *Judicial Power to Determine the Status and Rights of Persons Detained Without Trial*，in Jordan J. Paust，Beyond the Law：The Bush Administration's Unlawful Responses in the "War" on Terror，Cambridge，2007，pp. 65-85. 译者对波斯特教授授权翻译本文及对译者在休斯顿大学访问期间提供的帮助表示衷心感谢。

** 休斯顿大学法学院教授。

*** 杨晓强，武汉大学外语学院副教授，法学博士；黄德明，武汉大学国际法研究所教授。

任意羁押这种做法在任何时期一直都是最为暴政所青睐、并最令人恐惧的手段。① 他的警告在今天看来依然意义深远。并且，无论是否出于暴政的目的，任意羁押的后果依然危及自由和民主的价值观。

在恐怖主义分子对美国发动的"9·11"袭击中，他们劫持了四架飞机，其中两架撞击了世贸中心，一架撞击了五角大楼，美国很快拘留了成千上万的人。② 对那些人的拘留引出几个严重的问题：政府人员自行决定拘留那些被指称参与恐怖主义行动的人、或那些被怀疑对美国的国家安全构成威胁的人，法律能限制政府部门的这种自由行事吗？法律是否允许政府部门这种任意拘捕行为？如果是，司法部门能相应地有何作为吗？司法部门能扮演什么样的角色？政府部门对被拘人员地位和权利的裁定能在联邦法庭复审吗？如果可以，司法复审的标准该是什么？

自"9·11"之后，布什政府一直主张有权不加审判就可以拘留任何基地组织或塔利班成员、或所谓的对美国国家安全构成威胁的敌人或非法战斗人员，无论他们是否在阿富汗或伊拉克的战争中、或之外被抓获，并且无论他们是被美国、阿富汗、关塔那摩湾或其他国家抓获。③ 此外，布什政府还声称，对政府部门的裁决不会有司法审查，即使有，司法审查也应完全地或近乎完全地与

---

① 《联邦党人文集》，第 84 册，第 533 页（亚历山大·汉密尔顿、本杰明·弗来切·莱特版，1961 年），也引用《威廉·布莱克斯通》中的话：不加指控或审判就剥夺一个人的生命是恶劣的、且臭名昭彰的独裁行为，这会立即传达出独裁的警报；但是通过匆匆地将一个人送进监狱而监禁一个人却是一种不是那么公然的、不是那么引人注目的，因此是更加危险的独裁政府的运作方式。同上，也引用《威廉·布莱克斯通：集注》，第 4 册，第 438 页。

② 参见约翰·亨德伦：《五角大楼说：所谓的炸弹阴谋者被无限期地关押着》，载《洛杉矶时报》2002 年 6 月 11 日，第 A18 版；丹拉·普里斯特：《美国谴责虐待，但是为审讯辩护》，载《华盛顿时报》2002 年 12 月 26 日，第 A1 版。

③ 参见，例如，《哈姆迪诉拉姆斯菲尔德》，载《联邦判例汇编（第三系列）》第 296 卷第 278、280、282~283 页（第 4 巡回法庭，2002 年）；美国国防部：《国防部新闻简报——拉姆斯菲尔德部长及麦雅斯将军》，2002 年 1 月 11 日，可参见国防部链接：http//www.defenselink.mil/news/Jan2002/t01112002_to111sd.html。也参见人权律师委员会：《一年的损失——重新审视 9·11 之后的公民自由》，第 25~28、35 页（2002 年）[下称：律师委员会报告]，可参见：http：//www.lchr.org/US_law/loss_report.pdf。

政府部门的裁决保持一致。①

国际法、美国宪法、联邦案例法及其他法律规范都不支持布什政府对有关任意拘留及其司法审查的立场。相反，这些法律渊源及司法裁决的趋势表明，政府部门不加审判就拘留相关人员的权力是要受到法律制约的，必须要由司法审查来裁决拘留的正当性，并且，关于司法审查，没有任何法律规范规定司法审查必须完全与政府部门在所述方面的裁决保持一致。

---

① 参见，例如，《哈姆迪诉拉姆斯菲尔德》，载《联邦判例汇编（第三系列）》第296卷第283页（在该案的案情摘要中，政府声称，鉴于法庭在审查军事决定时宪法赋予其有限的职责，法庭不可以事后评判军方认为一个人是敌方战斗员，并且应该拘留他的军事决定。如果政府称一个美国公民是敌方战斗员，政府不能因此认为法院根本无权审查政府的这种决定——政府在这方面的决定是说一不二的）；也见：《哈姆迪案：被告对诉案驳回的反应、撤案动议，以及人身保护权的申请书》，载《联邦判例汇编（第三系列）》第296卷，第16页（法庭的应有作用是去证实有支持军方裁决被拘人员是敌方战斗人员的根据。这个回答及随附的说明不只是满足了审查的标准）；同上，第18页（只要军方展示一些支持他们的决定的证明，军方的决定应该得到法庭的尊重）；戴维·科尔：《敌方的外国人》，载《斯坦福法学评论》第54期，第953、960~965页（2002年）；《律师委员会报告》，第31~39页；大赦国际新闻发布会：《美国：一年过去了——法律继续遗忘关塔那摩被拘人员》（2003年2月14日），可参见：http://web.amnesty.org/ai.nsf/Index/AMR510022003?OpenDocument&of=THEMES\DET（提到至少来自于46个国家的600名被拘人员被关押在古巴关塔那摩湾，没有审判，没有律师，也没有到法庭受审的机会）。

在输掉哈姆迪案之后，政府认为，哥伦比亚地区法庭没有权力为一个被美国军法扣留在伊拉克、并且将要转交给伊拉克当局的美国公民发布救济禁令，因为这样做会将法庭变成具有排他性的政府功能机构，并且会带来法庭不可裁决的政治问题。参见《欧马诉哈维》，载《联邦判例汇编（第三系列）》第479卷第1、10页（哥伦比亚特区巡回法庭，2007年）。巡回法庭座谈小组持不同观点："最高法院最近在哈姆迪案中的裁决非常清楚地表明：欧马对他被拘留的质疑是可以在法庭裁决的"，并且，"他对他被转交给伊拉克当局的质疑也是可以在法庭裁决的"。关于欧马案，讨论小组也注意到，政府部门在哈姆迪案中曾经认为，一个指挥官战时决定某个个人是一个敌方战斗员，这表示指挥官在行使其核心权力而作出的典型的军事裁决。《哈姆迪诉拉姆斯菲尔德》，载《美国最高法院判例汇编》第542卷第507页（2004年）（编号：03-6696）。但是明确地拒绝这个观点，哈姆迪案中的多数人解释说，法庭行使其自身历史悠久的、宪法赋予的审查职责，并且解决那些在这里呈现出来的问题，与军方的核心功能并不冲突。《哈米迪案》，载《美国最高法院判例汇编》第542卷第535页。同上，第10页。欧马补充说，解决宪法的问题并不需要司法侵入政治部门的独有领域。的确，有关是非曲直的裁决对军方和外交政策都会有影响，但是，就凭这一点很难使得这个问题不能在法庭上裁决。同上，第10页（在原文中加了强调）。

就像本章第二(一)部分中文献所论述的,人权法适用于一切社会情形,包括国家紧急状态和战争时期。人权法禁止任意拘留,而且,被拘人员可以要求司法审查来裁决拘留的正当性。而司法审查的标准包括情节调查,以查明在当时的情形下的拘留是否合理且必需的。即使对美国国家安全构成严重威胁的人也不可任意羁押,被拘人员有获得司法审查的权利,以裁决政府部门对其羁押的正当性。而且,要让政府部门达到司法审查所要求的人权标准也并不难。第二(二)部分指出,在国际武装冲突期间,要判定享有战俘地位,以及任何不享有战俘地位的人的地位和权利,可以适用相关国际法。相关文献表明,战俘在整个国际武装冲突期间都是可以关押着的,但是,法律却限制美国在战争时期拘留其他人的权力。文中第二部分也指出,对于战俘地位判定的复核,以及对非战俘羁押的恰当性的司法审查,都存在相关国际法的规定。人权法容许羁押,如果羁押在当时的情形下是合理、必需的,然而,要拘留非战俘人员,战争法却规定了更加严格的必需性标准。

第三部分论述了有关司法权力和职责的案例法。这里所说的司法权力和职责是指,要裁决对美国国家安全构成威胁的人,或者战俘的地位和权利,这是司法部门的权力,也是司法部门的职责。这一部分也用文件证明了历史上一直使用的司法审查政府部门决定的标准。这些趋势毫无例外地表明:与布什政府的主张相反,政府部门将相关人员分类为敌人或非法战斗员,并且不加审判就羁押这些人,政府部门是没有这种绝对的权力的,政府部门的这种权力也不能不受到司法审查。在司法裁决中,大量证据表明,政府部门的主张,即无论何时,政府部门的决定要受到司法审查的时候,司法审查的结果都应该完全地或近乎完全地与政府部门的决定保持一致,这是不可接受的。司法审查被拘人员在国际法之下的地位和权利的普遍模式是承认,裁决未审被拘人员的地位和权利的权力应该属于司法。

二、国际法之下拘留的正当性及司法审查的必要性

(一)和平时期的人权标准、国家紧急状态、战争

1. 人权法允许的拘留

根据国际法,人权标准既是建立在条约的基础上的,也是习惯国际法的一

部分，并且在一切社会背景下（例如，在相对和平或战争期间①）都具有可适用性。人权标准确立拘留的正当性标准。几乎所有重要的人权文书都认可这些

---

① 因此，人权法适用于武装冲突期间。参见，例如，国际法院咨询意见：《在巴基斯坦被占领地区修筑一道墙的法律后果》，第105—106段，2004年；国际法院咨询意见：《以核武器相威胁或使用核武器的合法性》，第226、239页，第25段，1996年（《公民与政治权利国际公约》的保护在战时并不终止），在《国际法资料》中重印，第809、820页（1996年）；《联合国人权委员会第29号一般性意见》，第3、9、11段及注释6，文件编号：CCPR/C/21/Rev.1/Add.11（2001年）；《米利根案》，载《美国最高法院判例汇编（沃尔第四系列）》第71卷第2、119页（1866年）；《卡迪克诉卡迪兹克》，载《联邦判例汇编（第三系列）》第70卷第232、242~244页（第2巡回法庭，1995年）；《移审令被拒》，载《美国最高法院判例汇编》第518卷第1005页（1996年）；《约翰·布伦奇利论战争法与中立》——翻译自《国际法典》第15卷，第24页（法兰西斯·利柏译）（美国陆军军法署长学校图书馆）（人权在战争期间依然有效）；托马斯·伯根索尔、迪那·谢尔顿与戴维·斯蒂华特等：《国际人权法》，第331~332页（2002年第3版）；弗朗西斯科·弗罗斯特·马丁：《用国际人权法来建立一个在武装冲突法中统一的军力使用规则》，载《萨斯卡切温法律评论》第64期，第347、386~387页（2001年），亦引用《柯尔德诉美国》，案件编号：10.951，载《美洲人权委员会报告》，编号：109/99，第39页（1999年）；乔丹·波斯特、阿尔伯特·柏老斯坦等：《战争罪管辖权及正当程序：孟加拉国经验》，载《凡德国际法杂志》第11期，第1、17~18页（1978）；乔丹·波斯特：《起诉萨达姆：对战争罪及劫持人质的私人救济》，载《维吉利亚国际法杂志》第31期，第351、357页及注释27（1991年）；亦参见1949年8月12日《日内瓦公约议定书》、《保护武装冲突中受害者议定书》（第一议定书）第72条（国际武装冲突期间的人权），载《联合国条约集》第1125卷第3页；1949年8月12日《日内瓦公约议定书》，载《保护武装冲突中受害者议定书》（第二议定书）、《前言》，载《联合国条约集》第1125卷第609页；《第二任择议定书》中针对死刑的废除（第2条，在战争时期）、《44/128号联合国大会决议》、《联合国大会官方记录》第44卷、《第49号补充记录》第206页，联合国文件号A/44/49（1989年）；《美洲人权公约》第27(1)条（在战争时期）、（2）条（合法的战争行为），《联合国条约集》第213卷第221页，《欧洲条约集》第5号（1950年）；《关于废除死刑的美洲人权公约议定书》第2条（在战争时期）、《美洲国家组织条约集》第73号、《美洲国家组织大会决议1042号》；《欧洲保护人权与基本自由公约第6号议定书》（第2条，在战争时期）、《欧洲条约集》第114号（1985年）；《联合国安理会决议》第1199号、《前言》（1998年9月23日）（对人权及国际人权法的违反）；朱莉亚：《美国最高法院判例汇编（科兰齐第8系列）》第12卷第181、193页（1814年）（斯托里法官）（战争时期的人道主义权利）；《司法部长意见》第11卷第19、21页（1864年）（关于战时军事法庭的人权最神圣的问题处于危急关头）。此外，对包含在主要的人权文件中的人权义务没有普遍的战争背景下的例外。参见，例如，《联合国宪章》第55(c)、56条，《美洲国家组织宪章》第17条（国家应该尊重个人权利），《美洲国家组织条约集》第1—C及61条（1948年）；以及后面的注释。

标准，包括禁止任意逮捕或拘留。① 例如，《公民与政治权利国际公约》直接规定：没有人可以被随意逮捕或拘留。② 此外，免受随意逮捕或拘留的人权

---

① 参见，例如，《公民与政治权利国际公约》第9(1)条、《联合国条约集》第999卷第171页(1966年)；《美洲人权公约》第7(1)～(3)条；《非洲人权和人民权利宪章》第6条，《非洲统一组织》，文件编号：CAB/LEG/67/3 Rev.5(1981)；《欧洲保护人权与基本自由公约》第5(1)条；《世界人权宣言》第9条，《联合国大会决议》217A，《联合国大会官方记录》第3卷，联合国文件编号：A/810，第71页(1948年)；海伦·库克：《预防性拘留——预防性拘留中的国际标准及个人保护——一个比较及国际的视角》，第1、8页及注释17(斯坦尼斯洛·弗朗科夫斯基及迪那·谢尔顿编，1992年)(在任何情形下非任意拘留都必须是合理的)，《人权委员会通讯》，文件编号：305/1988，《人权委员会报告1990年》附件9；《金·霍·马诉阿什克罗夫特》，载《联邦判例汇编(第三系列)》第257卷第1095、1114页(2001年第9巡回法庭)；《马诉里洛》，载《联邦判例汇编(第三系列)》第208卷第815、830页(第9巡回法庭，1992年)；《德·桑切斯诉尼加拉瓜中央银行》，载《联邦判例汇编(第二系列)》第770卷第1385、1397页(第5巡回法庭，1985年)；《塔奇奥拉诉穆加柏》，载《联邦增刊(第二系列)》第216卷第262、279～280页(纽约南区法庭，2002年)；《米赫洛维基诉瓦克维基》，载《联邦增刊(第二系列)》第198卷第1322、1328～1329、1344、1349～1350、1352、1357～1358、1360页(佐治亚北区法庭，2002年)；《威瓦诉荷兰皇家石油公司》，载《西方法律》第2002卷第319页(纽约南区法庭，2002年2月8日)；《讯卡克斯诉格拉马尤》，载《联邦增刊》第886卷第162、184页(麻塞诸塞州地区法庭，1995年)；《弗提诉苏亚雷斯·梅森》，载《联邦增刊》第672卷第787、798页(堪萨斯州地区法庭，1980年)。亦参见理查德·里奇与及赫斯特·哈拉姆：《国际人权》，第136页(第三版，1995年)(全球宣言的第9条是反映普遍适用的国际习惯法的几条中的其中一条，引自《美国备忘录(美国诉伊朗)》：1980年国际法院，诉状(关于美国在德黑兰的外交与领事人员案)第182页注释36)；国际法委员会：《反和平及人类安全罪准则草案》第18(h)条(随意监禁是反人类罪)，1996年，《国际法评论》第2YB卷，联合国编号：A/48/10(1996年)。《欧洲公约》第(5)(1)条规定了一个关于六类合法拘留情形的更加限制性的标准。第(5)(c)条规定，合理的怀疑一个人犯过某个罪行、或有理由认为必须阻止被拘人员犯某个罪行、或犯后逃逸。参见《默里诉英国》，《欧洲反恐人权系列》300-A系列第A系列(1994年)，载《欧洲人权判例汇编》第19卷第193页(1995年)；福克斯：《坎贝尔及哈特雷诉英国》，载《欧洲人权系列》第182卷A系列(1990年)；弗朗西斯科·佛里斯特·马丁等：《国际人权法及实践》，第466～489页(1997年)。习惯的和基于条约的免受任意拘留的人权不只是适用于一个国家自己的领土内。没有哪一个在这里或其他地方引用的人权文件规定了这样的限制，并且，无论在哪里，只要一个国家执行其对一个人的司法管辖权或控制，人权法就适用。

② 《公民与政治权利国际公约》第9(1)条。

更是人的自由和安全权利的一部分。就像在上述国际公约中提到的，一个人随附的人权禁止剥夺人的自由，除非是法律的规定，并且基于正当的理由和程序。① 因此，不能任意拘留恐怖主义嫌疑犯或其他人，除非有法律上的依据，并且拘留还要合乎法律确定的程序。

然而，免遭任意的拘留是一个相对的权利。拘留一个据称是恐怖主义分子或恐怖主义的直接支持者是否任意的呢？这得看具体的情形以及所涉利益关系，例如：被拘人员的自由权及安全权、他人的自由权及安全权②，以及政府在维持法律及民主秩序方面的利益。③ 因此，根据人权法，如根据具体的情形，有合理的必要性来拘留相关人员，拘留就不是任意的。

2. 根据人权法对拘留的司法审查

当一个人被一个国家拘留的时候，人权法规定，被拘人员应有途径通过司法审查对其拘留的正当性。就像《公民与政治权利国际公约》所表明的，任何因为被捕或被拘而被剥夺自由的人都应该享有在法庭上诉讼的权利，这样法庭可以毫不迟延地裁决对他的拘留的合法性。如果法庭认定对

---

① 《公民与政治权利国际公约》第9(1)条。在其他人权文件中也存在类似的规定。参见，例如，《美洲公约》第7(2)条，《非洲宪章》第6条，《欧洲公约》第5(1)条。

② 《公民与政治权利国际公约》第5(1)条声明，公约中的任何内容都不能解释为暗指任何人或群体有任何权利从事任何旨在破坏、或限制这里承认的权利和自由，该条规定也反映了对其他人利益的照顾。亦参见《美洲公约》第32(2)条，《非洲宪章》第27条，《欧洲公约》第17条。

③ 尽管自身没有提到国际法，《美国最高法院判例汇编》中的附带意见承认，司法部门也应该权衡在安全方面的政府或国家利益。参见，例如，《扎达维达斯诉戴维斯》，载《美国最高法院判例汇编》第533卷第678、696页(2001年)(恐怖主义或其他特殊情形可以允许对关于国家安全方面问题的预防性拘留及更加顺从政府部门的意见的形式持特别的观点，但是，拘留等待驱逐出境的外国人必须限制在合理必需的时间内，以保证将该外国人驱逐出去，并且不超过6个月。然而，免受政府监禁、拘留或其他形式的人身限制是核心自由，其受第五修正案的保护。同上，第690页)；《美国诉萨勒洛》，载《美国最高法院判例汇编》第481卷第739、748页(1987年)(即使不是战争紧急情形，我们发现只要有足够重大的政府利益，就有理由拘留危险人员，只要政府能用清楚并有说服力的证据证明该理由。同上，第750~752页)。在具体情形下应权衡各种利益，有一个事实可以驳倒如下观点，即为了国家安全的考虑，政府部门的决定必须是决定性的。

他的拘留是不合法的，法庭会宣判释放他。① 上述国际公约第 14（1）条②也保证了被拘人员有到法庭获得司法审查的权利和有效救济的权利。根据该公约所创的《人权委员会的一般性意见评论》对上述权利进行了补充。③ 司法审查的人权标准规定，司法审查时要深入实地地调查拘留是否在当时的情形下是合理、必需的，而不是任意的。

　　然而，在《公民与政治权利国际公约》的原文中，对拘留的司法审查的权利暗含是一种可以减损的权利——也就是，当存在威胁国家存亡的公共紧急情形时，上述权利是可以减损的，当官方宣布这种公共紧急情形的时候，也就是

---

　　① 《公民与政治权利国际公约》第 9（4）条。在其他人权文件中存在类似的规定。参见，例如，《美洲公约》第 7（5）～（6）条，《非洲宪章》第 7（1）条，《欧洲公约》第 5（3）～（4）条，《世界人权宣言》第 8、10 条，《美洲人权利和义务宣言》第 18、25、26 条，《美洲国家组织档案》，OEA／ser. L.／V.／I. 4, rev.（1965 年）；《委拉斯凯兹·罗德里格斯案判决书》，载《美洲人权》（C 系列，第 4 号），第 186 段（1988 年 7 月 29 日）（受害者遭受任意拘留，剥夺了他的人身自由，没有法律上的根据，并且没有法官或适格的法庭裁决对他拘留的合法性）；《人权委员会一般性意见评论》，第 8 号第 4 款；《人权委员会报告》，《联合国大会官方记录》，第 37 次会议《补充记录》，编号：40，附件 5，第 95 页（1982 年）（如果因为公共安全的考虑而使用预防性拘留，拘留就不是任意的，必须说明拘留的缘由，并且，拘留必须在法庭的监督下执行）（1982 年）。如果被拘人员也被逮捕了，被拘人员有额外的权利。参见，例如，《公民与政治权利国际公约》第 9（2）～（3）条。而且，军事委员会的审查不满足司法审查的要求。

　　② 参见《公民与政治权利国际公约》第 14（1）条（每个人都应该享有由适格的、独立的、并且公正的由法庭举行的公正的听证机会）。

　　③ 《一般性意见》，第 29 号，第 11、15～16 款；《人权委员会一般性意见》，第 13 号，第 1～4 款；《联合国大会官方记录》第 39 卷，《补充记录》，第 40 号，第 143 页，联合国文件编号：A／39／40（第 21 次会议，1984 年）；《人权委员会一般性意见》，第 15 号，第 1～2、7、41 款；《联合国大会官方记录》，《补充记录》，第 40 号，附件 6，第 117 页，联合国文件编号：A／41／40（第 23 次会议，1986 年 7 月 22 日）；《人权委员会一般性意见》，第 20 号，第 15 款，联合国文件编号：CCPR／C／21／Rev. 1／Add. 3（1992 年 4 月 7 日）；《人权委员会一般性意见》，第 24 号，第 8 款，第 11～12 页，联合国文件编号：CCPR／C／21／Rev. 1／Add. 6（1994 年 11 月 2 日）。亦参见，《迪拜石油公司等诉卡兹》，载《西南判例汇编（第三系列）》第 12 卷第 71、82 页（得克萨斯，2000 年）（公约不仅保证外国公民在签署国的法庭受到同等的对待，也保证同等的诉诸法庭的途径）；乔丹·波斯特：《作为美国法律的国际法》，第 75 页注释 97、198～203、262、483、256～272、468～527、362、375～376 等各处（1996 年）（引用了众多案例）。

明确规定在这种情形下可以拒绝司法审查。① 拒绝司法审查必须与国际法之下的国家的其他义务相一致(例如,国家基于战争法及习惯禁令不拒绝给与外国人司法正义②),不应该仅仅因为种族、肤色、性别、语言、宗教或出生而歧视对待。③ 因此,不能仅仅因为认为是合理的就减损权利;对权利的减损必须明确规定是在出现威胁国家存亡的情形下。

一个强有力的观点认为:永远不会有什么白纸黑字明确规定到底在什么情形下可以拒绝所说的司法审查,考虑到关于拘留的可适用的标准,对于所谈的拘留问题,国家的举证责任很小。因为一国仅仅必须表明,在那种情形下拘留是合理必需的,该国仅需向法庭证明这一点就可以了。实际上,很多权威的国际机构都明确地表达过这种要求。例如,根据《公民与政治权利国际公约》建立的人权委员会承认,免受任意拘留或逮捕是一种强行法(并且因此是一种基本的以及绝对重要的权利④),国家不能拒绝所诉司法审查的要求,⑤ 不可因某一个国家的决定而减损公约的效力。⑥ 同样的,美洲国家人权法院认为,保

---

① 参见《公民与政治权利国际公约》第4(1)~(1)条。

② 一般习惯法禁止拒绝外国人获得司法救济的途径,其规定:外国人有利用法庭,以及有效救济的权利。参见,例如,《美国对外关系法重述》,第711节及评论a-c,h,RN2(1987年第3版);波斯特,第199、259~61页注释481(以及被引述的案例),第290页。

③ 参见《公民与政治权利国际公约》第4(1)条。在其他人权文件中也有类似的规定。参见,例如,《美洲公约》第27(1)条,《欧洲公约》第15(1)条。在主要的人权文件中都规定有权威的、同等的保护及非歧视标准。参见,例如,《公民与政治权利国际公约》第2(1)、14(1)及(3)、26条,《美洲公约》第1(1)、24、27(1)条。

④ 参见《一般性意见》,第29号,第11款;《一般性意见》,第24号,第16款。亦参见,《重述》,第702(e)节及评论a,n及RN6(习惯强制性禁令);波斯特:第375、472条。强制性标准是非常重要的,而不只是普通的。参见,例如,乔丹·波斯特、乔恩·凡·戴克与琳达·马龙等:《美国的国际法及诉讼》,第61~64页(2005年第2版)。

⑤ 参见《一般性意见》,第29号,注释9[引用联合国人权委员会,小结人权委员会观察:以色列,第63期,第1694次会议,第21款,联合国文件号:Doc. CCPR/C/79/Add.93(1998年8月18日)]。因此,人权法规定了有效的、独立的及公正的司法审查。参见,同上。

⑥ 《人权委员会一般性意见》,第29号,第16款;大赦国际:《给美国政府的关于美国羁押在阿富汗及关塔那摩湾的人员的权利的备忘录》,第4页及注释167[引用人权委员会,联合国文件 CCPR/C/79/Add.93,第21款(1998年8月18日)](一国不可以违背对拘留有效的司法审查的要求)(2002年4月5日),可参见:http://web.amnesty.org/ai.nsf/Index/AMR51-532002? OpenDocument&of=COUNTIES \ USA。

护不可减损的，以及强行性的人权离不开司法保障，而且，这种司法保障即使在紧急情形时也是不可减损的,① 立即获得法庭裁决的人权必须得到司法保障，而且，司法保障必须包括人身保护权或类似的请求，并且在国家紧急状态时期也不能中止这种权利。② 此外，欧洲人权法院认为，政府部门拘留某个人，却没有司法审查拘留的适当性，这是违反人权法的。③ 这种广泛的共识以及免受任意拘留的强行法的性质肯定了司法审查的不可减损性，并且因此要求政府部门如果没有独立的、公正的、及有效的司法审查就不可自行其事。的确，政府部门不受法律约束的羁押行为、并且政府部门的决定不受制于有效的司法审查，这种做法够任意的了。这种体系的存在非常极端，尤其是当拘留是秘密进行的，并且被拘人员是强迫失踪的牺牲品的时候。

(二) 在国际武装冲突期间基于战争法的拘留

1. 拘留战俘

在国际武装冲突期间，某些人，例如，属于冲突一方武装部队的敌方战斗人员，有权享有战俘地位以及基于 1949 年《关于战俘待遇之日内瓦公约》第 4

---

① 参见《咨询意见 OC-9/87：紧急状态时的司法保证》，载《美洲人权公约》第 27(2)、25、8 条，《美洲人权公约(系列 A，第 9 页)(1987 年 10 月 6 日)；同上，《咨询意见 OC-8/87》第 35、38、41～42、48 款，《美洲人权公约》(系列 A，第 8 页)(1987 年 1 月 30 日)(人身保护及守护是保护各类人权必需的司法救济，是保证各种人权必需的司法保证)；库克，第 26 页；琼·费兹帕特里克：《危机中的人权——紧急状态时人权保护的国际机制》，第 45～46 页及注释 74(1994 年)。人权委员会也明确肯定，人身保护及守护的人权不应该受到限制。《一般性意见》，第 29 号，注释 9。

② 参见《卡斯迪洛·皮特鲁兹案的依据及判决》，载《美洲人权公约》(系列 C，第 52 页)(1999 年 5 月 30 日)。

③ 参见，例如，《阿尔·纳希弗诉保加利亚》，App. No. 50963/94，欧洲人权委员会(2002 年 6 月 20 日)(任何被剥夺自由的人都有权利通过法庭司法审查对他拘留的合法性。提供反任意拘留的保护措施是至关重要的。当国家当局认为事关国家安全及恐怖主义的时候，当局一定要确保对国内法院作出的判决的合法性的有效监管)；《阿克索伊诉土耳其》，载《欧洲人权判例汇编》第 23 卷第 533、588～590 页(1997 年)；《布洛根及奥瑟斯诉英国》，《欧洲人权委员会》(系列 A 第 145B 号)第 145 卷(1988 年 11 月 29 日)(司法控制政府部门对个人自由权利的干预是保证的重要特征)；《温特维柏诉荷兰国》，载《欧洲人权委员会》(系列 A，第 33 号)第 33 卷(1979 年 10 月 24 日)(这点至关重要，相关人员应有诉诸法庭的权利，以及被法庭审理的权利)；费兹帕特里克，第 47～49 页；库克，第 18 页；琼·费兹帕特里克：《恐怖主义与移民》，第 12 页(2002 年 10 月)，可参见：http：//www. asil. org/taskforce/fitzpatrick. pdf。

条的保护。① 战俘在武装冲突期间可以被羁押，但是在活跃的敌对行动停止之后，他们必须被毫不迟延地释放并遣返回国，② 除非他们正在被合法地起诉、或已经被合法地定罪并且正在服刑。③

在武装冲突期间，所有非战俘人员，包括所谓的非法的/无特权的战斗人员，至少享有各种各样不可减损的基于《关于战时保护平民之日内瓦公约》

---

① 《美国条约集》第 75 卷第 135 页［下称"GPW"］。根据《美国条约集》第 4(A)(1)及(3)条，在一国、民族、或交战国中的成员资格、或在民兵部队或志愿军中的成员资格是决定性标准。亦参见《美国诉诺列加》，载《联邦增刊》第 808 卷第 791、795 页(佛罗里达南区法庭，1992 年)。其他要求，如带有固定的在远处可以识别的有特色的标志、在进攻时公开地带着武器，以及通常明示的遵守战争法，只在第 4(A)(2)条中适用，该条有关其他志愿兵部队成员及民兵部队成员。这些要求在第 4(A)(1)条中没有规定，该条适用于冲突一方武装部队的成员以及构成上述武装部队一部分的民兵或志愿兵的成员，或者在第 4(A)3 条中关于宣誓效忠于一个政府或不被羁押方政府承认的实体正规武装部队成员，或者在第 4(A)条中剩下三类中的其中一类。参见，例如，乔治·阿尔德里奇：《评论》，载《美国国际法杂志》第 96 卷第 891、894~895 页(2002 年)；斯蒂夫·拉特纳：《9/11 之后的诉诸战争权与战争正义》，载《美国国际法杂志》第 96 卷第 905、911 页(2002 年)；乔丹·波斯特：《反恐怖主义军事委员会：招致非法》，载《密歇根国际法杂志》第 23 卷第 1、5~6 页注释15(2001 年)［下称，波斯特，《反恐怖主义》第 1 卷］［在第六章第 A 节中修订］。同样，1907 年《海牙公约》(第四号)附件的第 1 节关于陆战法规及习惯(1907 年 10 月 18 日)，载《法典》第 36 卷第 2277 页，《条约集》，第 539 号声明，交战国地位适用于军队，并且提出了仅仅应该由民兵或志愿兵部队应该达到的标准。1863 年《利伯守则》(战场上美国军队统治权说明，第 100 号一般命令)也申明：只要一个人是由主权政府武装的，并且以士兵的身份宣誓效忠，他就是交战人员；他使人致死、受伤及其他战争行为，那么他就不再是个人犯罪或犯法。

任何增加新的类别明确地适用于第 4(A)条(例如，那些包含在第 4(A)(2)条中的)提到的六个种类之一的、《日内瓦战俘协定》第 4(A)条认同的所有战俘类别的企图都是不合逻辑的；都是条约的正常解释方法的；都会严重威胁战俘地位、战斗豁免与对各国战士的保护的；并且与一般的国家实践不一致(这也有关条约的解释)。参见，阿尔德里奇，第 895~896。

② 《日内瓦战俘公约》第 118 条。

③ 参见《日内瓦战俘公约》第 119 条；亦参见，同上，第 85、99、129 条；《美国诉诺里加》，载《联邦增刊》第 746 卷第 1506、1524~28 页(1990 年佛罗里达南区法庭)。

(《日内瓦平民公约》)①及《日内瓦第一议定书》②的正当程序。因此，即使战俘地位不明原因地失去了，任何被拘人员都享有基于《日内瓦公约》、《日内瓦第一议定书》、人权法以及在此提到的其他国际法的正当程序的保护。所有人享有无差异的保护，并且如果对一个被拘人员的地位有怀疑，《日内瓦战俘协定》规定，所有参与过交战行动并且已经落入敌方之手的人都应该享有战俘地

---

① 《美国条约集》第 287 卷［下称，《日内瓦平民公约》或 GC］。

② 《第一议定书》。关于个人地位以及受这些条约及国际习惯法保证的正当程序的权利，参见，例如，《日内瓦公约》第 3(1)(d) 条(所有被俘人员在任何情形下都应该在正式组成的法庭受审，提供文明人类认为是不可缺少的所有司法保证——因此通过参照所有这些保证，例如不可减损的《日内瓦公约》规定的保护，包括公约第 14 条中所体现的习惯法的保证)，第 5 条(即使从事过对国家安全敌对行动的人，并且这些人不享有公约下的权利，这会有害于国家安全，在任何一种情形下，这些人依然将受到人道主义的对待，并且如果审判，这些人不应该被剥夺当前公约所规定的公正及正规审判的权利)；《日内瓦第二议定书》第 75(4)(7) 条；《检察官诉德拉里克案》，编号：IT-96-21-T，第 271 页(前南国际刑事法庭第二审判庭，1998 年 11 月 16 日)(第三、第四公约之间没有差异)，可参见：http://www.un.org/icty/celebici/trial2/judgement/index.htm；《关于战时平民保护的日内瓦公约的评论 4》，第 51 页(每一个在敌方手里的人都必须享有一些基于国际法的地位：他要么是一个第三公约所保护的战俘，或第四公约所保护的平民或医疗人员，不存在中间地位；在敌方手里的人没有谁处于法律之外)，595(同样的制度适用于所有被指控的人员，无论他们的地位如何)(国际红十字会，肖恩·皮克提特版，1958 年)；美国陆军部《陆战手册》第 27~10 条，《陆战法》，第 31 页，第 73 款(1956 年)(如果一个适格的法庭根据《日内瓦战俘协定》第 5 条裁决一个人不属于《日内瓦战俘协定》第 4 条列举的种类中的任何一种，他没权利享有战俘待遇。然而，根据《日内瓦公约》第 4 条，他依然受到公约保护)；波斯特：《反恐怖主义》第 1 卷，第 7 页，注释 15、11~18；乔丹·波斯特：《反恐军事委员会：国防部临时程序规则》，载《密歇根国际法杂志》第 23 卷第 677、678~690 页(2002 年)［下称，波斯特，反恐怖主义第 2 卷］。亦参见，《与战俘待遇相关的日内瓦公约评论 3》第 51 页注释 1(一般条款 3 是一个安全条款)，第 76、421、423 页(被指控战争罪的囚犯依然享有公约规定的权益)(日内瓦，肖恩·皮克提克版，《国际红十字会》，1960 年)。目前，一般条款 3 给国际武装冲突中的人也提供了一套最低程度的权利。参见，例如，关于支持及反对尼加拉瓜的军事及准军事活动的案例(尼加拉瓜诉美国案)，《海牙国际法庭判决》，第 14 页，第 218、255 款，1986 年；《检察官诉塔迪克》，《关于管辖权答辩的决定》，IT-94-1-I，第 65-74 款(审判庭，1995 年 8 月 10 日)，前南国际刑事法庭；乔丹·波斯特、谢里夫·巴西奥尼等：《国际刑法》，第 692~695、813~814、816~817 页(2000 年第 2 版)。

位的保护，直到他们的地位已经经过某个适格的法庭的裁定。①

2. 对其他人的拘留

在国际武装冲突或与战争有关的占领期间，冲突一方、或占领国在某些情形下可以在其自己的领土、或被占领国的领土拘留某些非战俘人员。要在自己国家内拘留某个人，必须确定地怀疑此人正在参与或参与过对该国国家安全敌对的行动，并且这种拘留是绝对必需的，然而要在被占领国拘留某个人，必须有确定的理由怀疑此人正在参与对占领方敌对的行动，并且拘留必须是基于安全考虑的且势在必行的。② 没经审判的拘留可以持续于整个国际武

---

① 《日内瓦战俘公约》第5条；Cf 阿尔德里奇，第898页(声明说，无论何时，当一个俘房主张战俘权利的时候，习惯法规定其战俘地位要通过法庭裁决)，引用《战地手册》第27~10条第71(b)款(如果一个人不享有战俘地位的人，或者自己坚称他享有战俘待遇的人，或者其怀疑自己享有类似战俘地位，那么，其地位就可以通过法庭裁决)，并且引用《第一议定书》第45(1)条。

② 参见《日内瓦公约》第5条(如果被明确地怀疑或参与过危害美国安全的活动，这些人可以被羁押在美国；如果出于绝对的安全考虑，一个人被明确地怀疑参与危害占领国安全的行为，这些人可以被羁押在被占领国)；波斯特：《反恐怖主义》第2卷，第681~683页。将相关人员监禁在美国要符合《日内瓦公约》第42条的规定，该条规定，只有考虑到羁押国的安全，绝对必需的时候，才可以拘留相关人员，并且，在被占领国监禁相关人员还要符合第78条的规定，该条规定，如果出于安全方面的必要，要拘留相关人员，可以实施监禁。参见《日内瓦公约》第42、78条。亦参见《评论4》，第257~258、367~368页(只要出于真实的和必要的安全方面的原因才可以下令实施这样的措施)；乔丹·波斯特、杰哈德·凡·格兰恩、古恩特·沃拉奇等：海牙国际刑事法院调查在被占西岸和加沙地区以色列军事法庭制度的任务报告，载 Hast Intl & Comp. L. Rev. 第14卷第1、52~59页(1990年)。因此，根据《日内瓦公约》，审查在美国或被占领土内羁押的恰当性需要较高的必要性的门槛(例如，要求、绝对必需、必需)。被羁押在美国领土内的人员应该有权利将这样的行动尽快地让羁押国指派适当的法庭或政府委员会重新考量。《日内瓦公约》，第26页，第43条。亦参见《评论4》，第260~261页(补充说，关于羁押是否绝对必需，法庭应开展绝对客观公正的审查)。被羁押在被占领领土的人员的权利包括上诉权，并且上诉应该被毫不迟延地裁决，并且应该有定期的审查。《日内瓦公约》第78条。亦参见《评论4》第368~369页；波斯特、凡·格兰、沃拉奇。

然而，应该注意的是，美国国民或与美国有正常外交关系的中立国、或战时同盟国的国民被排除在《日内瓦平民公约》第42、78条的保护之外，除非中立国的国民被羁押在美国领土之外。参见《日内瓦公约》第4条。但是，他们受公约一般条款3及第二部分(包括在第13~26条中的保护)、《第一议定书》第75条，以及人权法的保护。参见，同上，第3~4、13条；《第一议定书》第75(1)、(3)、(6)条；波斯特、巴西奥尼等，第813~814、816~817页；《评论4》第14、58页。

装冲突①或占领期间，但是如果鉴于确定的安全原因，没有必要继续拘留此人，就要立即释放此人（例如，在武装冲突、或占领结束的时候以及在任何情形下在与占领国安全相一致的最早期，必须释放被拘人员②）。这些人在被拘期间应受到人道主义的对待，并且在审判时，不应剥夺他们基于平民公约规定的公正、正当的审判权利。③

3. 对拘留及战争法下被拘人员地位的司法审查

当怀疑一个人是否属于战俘的时候，这个人有权利将他的地位交由一个适格的法庭来裁决。④ 如果一个在武装冲突期间被拘的人员不是战俘，此人依然

（接上注）关塔那摩似乎不是第 5 条意义上的适当的领土，因为从技术上看其不是美国领土，尽管其很接近于这种地位，并且其也不是与战争相关的被占领领土。参见波斯特：《反恐怖主义》第 1 卷第 25 页注释 70；《反恐怖主义》第 2 卷第 691~692 页及注释 68。如果如此，羁押在关塔那摩就会是不被允许的。而且，将在阿富汗或伊拉克转移出任何被美国占领的领土将是战争罪以及严重违反《日内瓦平民公约》的。参见，例如，《日内瓦公约》第 49、76、147 条；波斯特：《反恐怖主义》第 1 卷第 24 页注释 68；波斯特、凡·格兰、沃拉奇。

① 参见《日内瓦公约》第 6 条，申明了如下规则，公约在冲突方领土内的适用，以及羁押方的权力和资格将在军事行动全面结束的时候终止，这种情形会在战争结束或休战状态存在或正式确认时产生。因此，至少与在阿富汗的塔利班的国际武装冲突结束的时候，根据第 5 条羁押在阿富汗被俘的或在武装冲突期间的人员的可行性结束。作为战争法一部分的法律标准，司法部门适用第 6 条（如同任何国际法的规则一样）明显属于司法权力。但是，参见《卢戴克诉沃特金斯》，载《美国最高法院判例汇编》第 335 卷第 160、169~170 页（1948 年）。而且，因为基地组织不是一个国家、民族、交战国或叛乱者，美国就身份而言不是与基地组织处于战争状态（或者用恐怖主义的手段），并且在战争的环境之外，战争法不适用于仅仅是针对或仅仅牵涉到基地组织的军事行动。参见，例如，波斯特：《反恐怖主义》第 1 卷第 8 页注释 16；亦参见：《泛美航空公司诉安泰保险与担保公司》，载《联邦判例汇编（第二系列）》第 505 卷第 989、1013~1015 页（第 2 巡回法庭，1974 年）（同样的，美国不算是与解放巴勒斯坦人民阵线处于战争状态，尽管非国家行为者、非叛乱者发动了恐怖袭击）。因此，在战争法适用的战争的情形之外，基地组织的成员不算是敌方战斗人员、战俘、非法战斗人员或根据战争法合法的被拘人员。然而，他们可以根据人权法而被羁押，如果有合理的理由并且不是任意的。或许奇怪的是，当《日内瓦公约》在战争期间适用的时候，羁押非战俘的可行性取决于必需性的更高的门槛。因此，关于在实际武装冲突的环境之外的羁押的可行性，布什政府妄称美国是与基地组织及恐怖主义处于战争状态是错误的。

② 《日内瓦公约》第 5、43 条。

③ 同上，这些权利包括基于一般条款 3 的保护，其包含获得正当程序的习惯人权。

④ 参见《日内瓦战俘公约》第 5 条。亦参见《美国诉诺里加》，载《联邦增刊》第 808 卷第 796 页（必须是公正、有法定资格、公平的）；美洲国家人权委员会：《关于采取预防措施的决定（在古巴关塔那摩湾的被拘人员）》（2002 年 3 月 12 日），在《国际法律资料》第 532、533~534 页中重印（2002 年）。

可以受到《日内瓦公约》一般条款 3 的保护，这点现在在所有的武装冲突中都适用，并且该点将对正当程序的习惯人权并入到公约中去了。① 因此，是否非战俘的被拘人员要被起诉或仅仅因为安全威胁而被拘留，每一个这样的被拘人员都享有基于习惯及基于条约的人权法的权利去获得对他拘留的恰当性的司法审查。②

三、裁决被拘人员地位与权利的司法权力及职责

（一）国际法作为美国法的可适用性

国际法主要以两种方式作为美国法而适用：第一，美国加入的条约对美国及其国民具有约束力；③ 第二，习惯国际法是美国法的一部分。④

无论条约是否自动执行，或者部分自动执行的，美国批准的条约出于各种

---

① 参见前面的注释，后文会有详述。

② 参见，例如，美洲国家人权委员会承认，在格林纳达武装冲突期间被拘的人员有权利要求对他们羁押的正当性进行审查。参见《柯尔德诉美国》，案件编号：10.951，报告编号：109、99，IACHR 年度报告第 54~55 页，OEA/Ser. L/V/II. 106，doc，6 rev.（1999年），补充说：对羁押的监控是一种重要的保证。这是人身保护权的重要原理，这种保护不易被废止。关于布什政府违反这种权利，参见，例如，波斯特：《反恐怖主义》第 2 册，第 679~681 页。《日内瓦公约》的其他条款也规定了要对羁押进行审查。

即使在基于 1949 年《日内瓦公约》规定的报复、劫持人质及集体惩罚这些非法行为结束之前，当羁押某些从事报复行为的人是可以被允许的时候，在战争期间有必要做一个司法裁决，以避免军方指挥官的任意决定以及对个人权利的剥夺。参见，例如，《美国诉里斯特等人》（1948 年），《控制委员会法在纽伦堡军事法庭对战俘的审理》第 11 卷第 10 号第 757、1248~1250、1270 页（1950 年）。

③ 参见，例如，波斯特，第 51~64、143~146 页。

④ 同上，第 5~9、144~146 页。乔丹·波斯特：《国际习惯法与人权法是美国法》，载《密歇根国际法杂志》第 20 卷第 301、301~321、331~336 页（1999 年）。这些原始资料表明，国际习惯法有一些宪法上的根据，因为合并，而成为美国法的一部分，其不仅仅是普通法，而是已经被美国法院使用了两百多年了。参见，例如，波斯特，第 5~6 页（引用了很多案例和资料）。但是，参见，《阿尔·欧达赫诉美国》，载《联邦判例汇编（第三系列）》第 321 卷 1134、1145 页（华盛顿特区巡回法庭，2003 年）（伦道夫法官持同意意见）（美国的国父、很多案例、关键资料中的观点都认为，国际习惯法仅仅是普通法）。伦道夫法官在阿尔·欧达赫案中的不同观点采用了不为宪法上的根据所支持的理由、美国的国父及策划者们压倒性的观点、在司法裁决中压倒性的趋势，并且他引用了很少相反的案例，这是不适当的，参见，波斯特：第 301~314、320~321、335~336 页。

不同的目的都可能成为具有约束力的美国法。《日内瓦公约》的可适用性阐明了这一点。在哈米迪诉拉姆斯菲尔德案中，第 4 巡回法庭陪审团审议后裁定，日内瓦平民公约完全是非自动执行的，① 但是这个结论是不正确的。② 陪审团认为，一个条约要成为自动执行的，其必须有一个私人的诉因。③ 然而，这不是一个检测手段。④ 联邦法院再三地坚持认为，一个条约要成为自动执行的，其只需明示或默示地规定一种个体权利。然而，第 4 巡回法庭陪审团的推理遗漏了一个要点，即一个条约在某一个方面可以是部分非自动执行的，但在另一方面却可以是直接有效的，例如，出于自我保护性的使用或人身保

---

① 《哈米迪诉拉姆斯菲尔德》，载《联邦判例汇编（第三系列）》第 316 卷第 450、468 页（第 4 巡回法庭，2003 年）。

② 参见，《美国诉林登赫》，载《联邦增刊（第二系列）》第 212 卷第 541、554 页（弗吉尼亚东区法院，2002 年）（《日内瓦战俘公约》，只要这里是相关的，就是自动执行的条约）；《美国诉洛里加》，载《联邦增刊》第 808 卷第 791、797～799 页（佛罗里达南区法院，1992）（法院一定会主张《日内瓦战俘公约三》的大多数规定事实上是自动执行的，大多数学者评论员承认并且持强制性的观点，认为条约是设计用来保护个人权利的，像《日内瓦战俘公约三》一样，是自动执行的，并且，如果裁决条约中所确立的权利不能在法庭上由单个的战俘实施，这是有违于条约的语言和精神的，也有违于公开承认对条约目的的支持。也引用评论三，前注 27，第 23 页（不应该忘记的是，制定该公约的目的首先且主要是保护个人，而不是服务于国家利益）。

③ 《哈米迪案》，载《联邦增刊》第 316 卷第 468 页。

④ 参见，例如，《鲍尔温诉弗兰克斯》，载《美国最高法院判例汇编》第 120 卷第 678、703～704 页（1887 年）（菲尔德法官持不同意见）（当其宣布权利的时候）；《埃蒂诉罗伯森》，载《美国最高法院判例汇编》第 112 卷第 580、598～599 页（1884 年）（无论何时当其条款规定公民或臣民的权利可以被裁决的时候）；《欧文斯诉洛伍德的承租人》，载《美国最高法院判例汇编（科兰齐第 5 系列）》第 9 卷第 344、348～349 页（1809 年）（无论何时一个权利产生于条约或受条约保护，该权利就要受到保护）；《布里尔德诉普鲁特》，载《联邦判例汇编（第三系列）》第 134 卷第 615、622 页（第 4 巡回法庭，1998 年）（布兹纳法官，持相同意见）（如果条约规定了权利），引用《弗尔德诉约翰森》，载《联邦判例汇编（第三系列）》第 81 卷第 515、520 页（第 5 巡回法庭，1996 年）；《塞班人民诉美国》，载《联邦判例汇编（第二系列）》第 502 卷第 90、101 页（第 9 巡回法庭，1974 年）（特拉斯克法官持相同意见）（声明说，如果条约在批准后，条约包含授权缔约国的公民权利或义务的语言，那么，根据第 6 条，条约成为该缔约国的法律的一部分）；《斯坦特诉纽约市》，载《联邦增刊（第二系列）》第 153 卷第 417、423、425 页（纽约南区法院，2001 年）；波斯特、凡·戴克与马隆：第 242、61 页；波斯特：第 54～59 页，以及被应用的案例。

护的目的。①《日内瓦公约》不仅明确地承认私人权利，② 也保留对公约的违

① 参见，例如，《美国诉杜特·阿希罗》，载《联邦判例汇编(第三系列)》第208卷第1282、1284页(第11巡回法庭，2000年)；同上，《联邦增刊(第二系列)》第132卷第1036、1040页注释8(佛罗里达南区法庭，2001年)(个人可以自我保护性地提出国际公约方面的请求)；波斯特、凡·戴克、马龙：第85~86、266~268页；柯尼·德·拉·维加：《20世纪90年代的公民权利：新的条约法会有巨大的帮助》，载《康奈尔大学法律评论》第65卷第423、467、470页(1997年)；托马斯·麦克唐尔：《在美国法庭防御型地援引条约——被美国特工绑架的外国被告面临的联合国非法交易毒品公约之下的管辖权方面的挑战》，载《威廉与玛丽学院法律评论》第37卷1401页(1996年)；约翰·奎利：《在美国法庭的人权抗辩》，载《人权季刊》第20卷第555页(1998年)；克里斯特·洛萨蒂：《联合国反酷刑公约：一个自执行条约，条约防止迁移无资格进收容所的人，并且防止预防拒绝转移》，载《丹佛国际法杂志》第533卷第562~563页(1998年)；大卫·斯洛斯：《扬格案及对违反人权条约的联邦救济》，载《华盛顿法律评论》第75卷第1103、1108页及注释19，第1121页及注释79，第1203页注释114，第1123页及注释85，第1129~1130、1141~1142、1199页(2001年)；露丝·威奇伍德：《程序》，载《美国国际法协会评论》第85卷第139、141页(1991年)；亦参见《重述》，第111节，评论h(国际协定的有些规定可能是自动执行的，有些可能不是)，引用《美国诉洛里加案》，载《联邦增刊》第808卷第797页注释9。

② 参见，例如，《日内瓦公约》第5条(个人在当前条约下的权利和特权、通信权、以及公正和正规的审判的权利)，第8条(受保护的人在任何情形下都不能部分或全部放弃当前公约给予他们的权利)，第27条(受保护的人有权利享有……)，第38条(如下的权利)，第43条(被拘留的人有权利享有……)，第48条(离开的权利)，第72条(提交证据的权利，有权利选择合格的律师给予他们帮助，任何时候反对的权利)，第73条(一个被定罪的人有上诉的权利)，第75条(请求宽恕或缓刑的权利)，第76条(接受心理援助的权利，被探访的权利，接受探访的权利)，第78条(鉴于安全原因被拘留的人有上诉的权利)，第80条(被拘留者的权利)，第101条(被拘留者有权利……他们也应有权利……)，第147条(公正及正规的审判的权利)；《日内瓦战俘公约》，第5条(人员应享有保护)，第6条(不约束《日内瓦战俘公约》赋予他们的权利)，第7条(无论在什么情形下，战俘都不能部分或完全放弃当前公约给予他们的权利)，第14条(有权利)，第84条(第105条规定的抗辩的权利和手段)，第85条(保留当前公约赋予的权利)，第98条(将继续享有权利)，第105条(应该享有这些权利)，第106条(每一个战俘都应有上诉的权利)，第129条(在任何情形下，被告都应有正当的审判及抗辩的保证)，第130条(公正及正规的审判的权利)；《评论4》，第9、13、52、56~58、64、70~72、74~80、214~215条；《评论3》，第23、85、87、90~91、415、472、484~487、492~493、625、628条；《评论1》，关于《改善战时伤者病者待遇的日内瓦公约》第65、73~74、77、79~82条(公约致力于对个人的保护)，第82~84条(公约授予给被保护的人去主张权利，即他拥有方法和手段让他的权利得到尊重。被保护人遭受侵犯或通过任何可获得的程序可以在适当的国内法院引起请求权)(国际红十字会，肖恩·皮克特版，1952年)；肖恩·皮克特：《人道主义法及战争受害者的保护》第11、22页(1975年)(公约赋予他们的权利)；里塔·霍瑟：《国际法及基本人权》第23页，《海战集》修订版，第51页(1971年6月)；西奥多·梅龙：《作为国际习惯法的日内瓦公约》，载《美国国际法杂志》第81卷第348、351、355页等各处(1987年)(一般条款3充当其领域内的最低权利法案)。的确，在《日内瓦公约》中规定权利和义务的大多数语言都是强制性的，因此在性质上是自动执行的，并且设立保护单个个人的标准。也有很多规定中暗含有权利，因此经得起埃迪提出的检测，《美国最高法院判例汇编》第112卷第598~599页，以及欧文斯：《美国最高法院判例汇编(科兰齐第9系列)》第5卷第348~349页。

反而采取的私人诉因的可能性——这种实践早于公约，并且在违反战争法方面更加广泛地存在着。① 而且，公约公开了反思责任及赔偿的问题。② 好几个联邦法规也规定了出于各种目的的执行功能，包括为了私人诉讼的目的。③ 更重

---

① 参见，例如，波斯特：第360~364页。

② 参见，例如，《日内瓦公约》第29条(国家及个人责任)，第148条(国家责任)；《日内瓦战俘公约》，第131条(国家责任)；评论4，第210、603条(提出国家的赔偿责任)；评论3，第630条(国家有义务赔偿……对违反公约的义务，要作实质性的赔偿)；波斯特：第360~69条；亦参见肯尼斯·兰德尔：《联邦问题及人权范例》，载《明尼苏达法律评论》第73卷第349、389~390页及注释221、409~410(1988年)；《希劳诉马可士地产》，载《联邦判例汇编(第三系列)》第103卷第767、777页(第9巡回法庭，1996年)(关于：领导人责任)；《卡迪克诉卡拉迪兹克》，载《联邦判例汇编(第三系列)》第70卷第232、242~243页(第2巡回法庭，1995年)，《复审令被拒绝》，载《美国最高法院判例汇编》第518卷第1005页(1996年)；《林登诉波多卡雷洛》，载《联邦判例汇编(第二系列)》第963卷第332、336~337页(第11巡回法庭，1992年)；《巴鲁埃托诉拉里奥斯》，载《联邦增刊(第二系列)》第205卷第1325、1333页(佛罗里达南区法院，2002年)(关于个人责任)；《米赫洛维奇诉弗克维奇》，载《联邦增刊(第二系列)》第198卷第1322、1350~1354、1358页(乔治亚北区法院，2002年)；《关于"二战"时期日本被迫劳工诉讼》，载《联邦增刊(第二系列)》第114卷第939页(加州北区法院，2000年)(私人索赔通过国际协议解决了)；《杜诉伊斯兰救世军》，载《联邦判例汇编》第993卷第3、8页(特区法庭，1998年)；《讯卡克斯诉格拉马尤案》，载《联邦判例汇编》第886卷第162、171~172页(马萨诸塞州区法院，1995年)(关于领导人责任)；《联合国安理会决议674号》，第8~9款(1990年10月29日)(参照《日内瓦平民公约》，并且提醒伊拉克，其因违反公约、并且邀请其他国家去收集关于它们的以及它们的国民的损害赔偿要求与有关科威特、第三国及其国民中引起的任何损失、损害或伤害都要承担赔偿责任)。

③ 参见，例如，《卡贝洛地产诉弗朗德兹—拉里奥斯》，载《联邦增刊(第二系列)》第157卷第345、1359~1360页(佛罗里达南区法院，2001年)；《洛克诉林肯郡》，载《联邦增刊(第二系列)》第81卷第1372、1380页(乔治亚州南区法院，2000年)(因为《公民与政治权利国际公约》不是自执行的，洛克不能基于条约提出诉权，但是可以因为违反《公民与政治权利国际公约》基于外国人侵权请求赔偿而提出赔偿请求)；波斯特、凡·戴克与马龙：第266~267页；波斯特：第179、192~193、207、371~372页，《公民与政治权利国际公约》实际上只是部分上非自动执行的(例如，为了提起一个私人的诉因)，可以自我保护性地使用，并且因为某些其他的理由由各种不同的联邦法令执行过。参见，例如，波斯特、凡·戴克与马龙：第266~267、507~508页；《美国诉杜飞—阿赛罗案》，载《联邦增刊(第三系列)》第208卷第1282、1284页(第11巡回法庭，2000年)(尽管有正式声明，《公民与政治权利国际公约》是国家内的最高法律)；同上，《联邦增刊(第二系列)》第132卷第1036、1040页注释8(佛罗里达南区法院，2000年)(当自我保护性地提出公民权利与政治权利的请求时，宣言并不适用)。

要的是，人身保护立法规定了美国完全的或部分的非自动执行的条约的执行功能，通过明示地执行所有人身保护方面的美国条约。① 立法的一个明确的目的是同意给予任何违反美国的条约而被羁押的人人身保护方面的请求权。②

国际法也在美国国内适用，因为习惯国际法——1949 年《日内瓦公约》中所体现的权利、义务以及责任构成习惯国际法的一部分③——直接是美国法的一部分。④ 在罗德里格兹·费南德斯诉维尔金森案中，⑤ 法院认定，任意拘留是为习惯国际法所禁止的，因此，这种拘留是作为违反国际法的，⑥ 因为国际法是美国联邦法院必须要在合适的案件中查明并且执行的美国法的一部分。⑦ 地区法官适当地补充道：为了维持某种决定，而导致侵犯外国人基本人权，这明显是滥用自由裁量权的。本法庭必须宣布这种自由裁量权是滥用的，并且必须停止滥用。当国会和政府部门决定控制某些外国人的时候，它们职责必然是要想出控制方法，而不侵犯被控制人的根本人权。在被控制人面对政府的任意行为时，法庭一定要给予他们保护。⑧

---

① 《美国法典》第 28 卷第 2241 节（2000 年）。参见，例如，波斯特、凡·戴克与马龙：第 266~267 页；斯洛斯：第 1203 页注释 114。的确，有涉及公民权利与政治权利的人身保护案例。参见，例如，《卡巴拉洛诉卡普林格案》，载《联邦增刊》第 914 卷第 1374、1378、1379 页注释 6（洛杉矶东区法庭）。即使人身保护令不执行这样的条约，习惯人权法及本章提到的《日内瓦公约》的习惯规定可直接并入美国法。

② 《美国法典》第 28 卷第 2241 节（2000 年）。

③ 参见，例如，波斯特等：第 658、689、692~693、695、807、823 页（《日内瓦公约》的一般条款 3）；波斯特，《反恐怖主义》第 2 卷，第 678 页。

④ 参见，例如，《重述》，第 111 节；波斯特：第 5~7 页，以及引用的很多案例。

⑤ 《联邦增刊》第 505 卷第 787 页（迪·坎，1980 年），维持原判，《联邦判例汇编（第二系列）》第 654 卷第 1382 页（第 10 巡回法庭，1981 年）。

⑥ 同上，第 798 页。

⑦ 同上，引用内雷德，《美国最高法院判例汇编（科兰齐第 9 系列）》第 13 卷第 88、422 页（1815 年）（法院不受国内法的约束，国内法是本国法的一部分）；《哈瓦那邮船案》，载《美国最高法院判例汇编》第 175 卷第 677、700、708、714 页（1900 年）；菲拉尔蒂加诉佩拉·伊拉拉，载《联邦判例汇编（第二系列）》第 2630 卷第 876、886~887 页（第 2 巡回法庭，1980 年）。

⑧ 《联邦增刊》第 505 卷第 799~800 页。关于国父的一致观点及其他认定总统受国际法约束的案例，参见，例如，波斯特：第 143~146、154~160 页注释 2~38；对于义务，宪法上的主要依据体现在总统要忠实地执行法律的义务中。参见《美国宪法》第 2 条第 3 节。因为政府部门的那些人受国际法的约束，发布关于拘留、审讯或在军事委员会起诉等违反国际法的命令或指示将明显是非法的，并且不具有法律效力。关于军事人员以及政府部门内其他人员违反这样的命令的责任，参见，例如，波斯特：《反恐怖主义》第 1 卷，第 28 页注释 81。

最高法院在 1936 年承认，国家在外国领土上的行动必须受条约及国际法原则的约束，① 并且，在 1901 年，最高法院承认，出于战争目的而占领其他国家期间，政府部门的军事权力受战争法、国际法的直接制约。②

除了国际条约和习惯国际法之外，国内法也起约束作用。例如，最高法院指出，总统作为军队总司令的权力、以及在外交舞台上国家代表者的权力也存在着宪法上的制约。③ 最高法院也申明，战争权也不能凌驾于宪法对个人自由的保护之上。④

(二) 裁定地位与权利的司法上的权力与职责

美国法院显然有司法上的权力去裁定被拘人员在国际法下的法律地位和权利。这种权力来自美国国父们的一致观点以及宪法第二节第 3 条的规定，其授权联邦司法部门去鉴定、澄清、并且适用因条约及习惯国际法而产生的权利与义务。⑤ 最高法院在很多裁决中都重申了这个权力。例如，在哈瓦那邮船案中，⑥ 最高法院认定，国际法是我们法律的一部分，必须由有适格的有管辖权的法院来查明并执行，每当有关权利问题被呈交给最高法院来裁决的时候。⑦

---

① 《美国诉柯蒂斯·莱特出口公司》，载《美国最高法院判例汇编》第 299 卷第 304、318 页（1936 年）。

② 《杜利诉美国》，载《美国最高法院判例汇编》第 182 卷第 222、231 页（1901 年），引用亨利·哈雷克：《国际法》，第 444 页（1861 年第 1 版）。

③ 《国内建筑业及贷款协会诉布莱斯德尔》，载《美国最高法院判例汇编》第 209 卷第 398、426 页（1934 年）。亦参见《威邦诉米奇尔》，载《联邦判例汇编（第二系列）》第 516 卷第 595、626~627 页（特区巡回法院，1975 年），《复审令驳回》，载《美国最高法院判例汇编》第 425 卷第 944 页（1976 年）。

④ 《威邦案》，载《联邦判例汇编（第二系列）》第 516 卷第 626~627 页。

⑤ 参见，《美国宪法》，第三章第 2 节、第六章第 2 款；《美国法典》第 28 卷第 1331 部分；《重述》，第 111 部分及评论 d-e，RN4；波斯特：第 6~9、34~36 页注释 38、40-48nn. 44-59/51-55/143-46/198-203 等多处；波斯特：第 301~305、307~308 页。

⑥ 《美国最高法院判例汇编》第 175 卷第 677 页（1900 年）。关于对政府部门不为人知的断言的分析、案件的真正裁决，以及关于基本原理及裁决及误用案例中的错误，参见乔丹·波斯特：《邮船案与总统：再发现给美国的简报》，载《弗吉利亚国际法杂志》第 34 卷，第 981 页（1994 年）。

⑦ 同上，第 700 页。亦参见，同上，第 708、714 页（法院一定要注意并执行国际法，这是法院的职责）。5 年前，同一个法院认定：就最广义而言，国际法是我们法律的一部分，并且必须由我们的法院来查明并实施。《希尔顿诉盖约特》，载《美国最高法院判例汇编》第 159 卷第 113、163 页（1895 年）。亦参见《环球航空公司诉富兰克林造币公司》，载《美国最高法院判例汇编》第 466 卷第 243、261 页（奥康诺法官，1984 年）（国会授予给政府部门的权力以及给予相关的国会—政府部门的安排在执行时必须与国际法相一致）。

具体来说，关于奎瑞案中争议的问题，① 最高法院申明，从历史之初，本法院一直承认并适用战争法，认为战争法包含规定敌方个人地位、权利、义务的部分国际法。②

在欧文诉伍德的承租人案中，③ 最高法院专门解决了最高法院及其他联邦法院是否有权听审基于条约明示或默示的规定的权利而提出的申诉问题：将那一条［第二部分，第 3 条］插入到宪法中的理由是，所有有基于条约的物上请求权人都应将他们的诉讼交由国内法庭裁决。每当一个权利由条约产生或受条约保护时，该权利都必须得到核准，其可以抵制国家所有法律及司法裁决；无论谁有这种权利，这种权利都必须受到保护。④

当回应奎瑞案中的请求权的时候，最高法院进一步强调了这些普遍的观点，政府部门否定一类人诉诸法庭的权利的决定是终局性的，并且，在任何情形下，处于拘留地的外国人应该被拒绝诉诸法庭的权利，⑤ 最高法院强调，不能因为总统的声明或被拘人员是敌国人，法院就拒绝庭审请求人的诉求。⑥ 的确，就像奎瑞案所认定的，基于国际法的法律地位与权利是基本的司法特权内

① 《美国最高法院判例汇编》第 317 卷第 1 页(1942 年)。
② 同上，第 27 页。
③ 《美国最高法院判例汇编(科兰齐第 5 系列)》第 9 卷第 344 页(1809 年)。
④ 同上，第 348~349 页。
⑤ 参见，《奎林案》，载《美国最高法院判例汇编》第 317 卷第 23 页。
⑥ 同上，第 25 页。《约翰森诉艾因斯特拉格案》，载《美国最高法院判例汇编》第 339 卷第 763、771、781、785 页(1950 年)，拒绝将人身保护令适用到某些被囚禁的敌方外国交战人员身上，但是他们不是未加审判就被拘留，并且因为在中国犯下的战争罪而已经在中国被审判并定罪。亦参见，《美国诉铁迪》，刑事案件编号：78-001A，85FRD227(美国康涅狄格州给柏林，1979 年 3 月 14 日)，载《国际法律杂志》第 179、193 页及注释76(区别艾因斯特拉格)，第 199-200 页(区别奎林案)(1980 年)。而且，艾因斯特拉格案的发生先于1949 年《日内瓦公约》及本章提到的人权法规定的义务之前。参见波斯特：《反恐怖主义》第 1 卷，第 25~26 页。关于对在美国之外拘留的外国人的人身保护的复审的案件，参见，波斯特：《反恐怖主义》第 2 卷，第 692 页注释69。但是，参见《阿尔·欧达诉美国》，载《联邦判例汇编(第三系列)》第 321 卷第 1134 页(特区巡回法院，2003 年)(认为只有在美国领土主权内的人才可以得到人身保护令，并且决定美国在关塔那摩湾不实施任何种类的司法管辖权及控制)。阿尔·欧达案被错误地裁决。人身保护令对主权没有规定，只对美国的司法管辖权作出了规定。参见《美国法典》第 28 卷第 2241(a)(c)(3)部分(1994 年)。最高法院也排斥这种方法。参见，《拉塞尔诉布什》，载《美国最高法院判例汇编》第 542 卷第 466 页(2004 年)。

的法律问题。后来，在杨斯顿钢铁公司总统权限案中，① 杰克森法官声明，美国的国父们没有在宪法中规定总统在国家紧急情形作出的决定是不用经过司法审查的。该法官指出，他们知道这样的权力会如何提供一个篡权的借口。② 事实上，关于战俘地位、拘留的正当性、战争期间政府部门的临时鉴定等这样的问题一直都是根据国际法律标准来由法院审查。③

---

① 《美国最高法院判例汇编》第 343 卷第 579 页（1952）。

② 同上，第 646、649~50 页（杰克逊法官，相同意见）。

③ 参见，例如，《奎林案》，载《美国最高法院判例汇编》第 317 卷第 25、27 页（从历史的最开始，本法院一直将战争法适用并作为国际法的一部分，国际法规定了战争行为、敌国及敌方个人的地位、权利及义务）；《米利根案》，载《美国最高法院判例汇编（沃尔第4 系列）》第 71 卷第 2、131 页（1866 年）（但是，米利根是个战俘，不能适用法规赋予的特权。不容易基于事实判断我们怎么能够被作为战俘对待）；同上，第 134 页（卡奇大法官，持反对意见）（米利根在总统的授权下被监禁了，然而他不是战俘）；《美国诉纪莲》，载《美国最高法院判例汇编（豪尔第 11 系列）》第 52 卷第 47 页（1850 年）（律师主张，中立的群众不能被政府部门当作战俘，并且没收他们的财产，即使他们在地方的舰船上）；《莱勒德》，载《美国最高法院判例汇编（科兰齐第 9 系列）》第 13 卷第 398、429 页（1815 年）；《柯勒鲍诉鲁尼》，载《联邦判例汇编（第二系列）》第 235 卷第 429、431 页（第 10 巡回法庭，1956 年）（关于让法庭来裁决战争法适用于某个特定的案例的机会，政府部门不能阻止法官考虑节制的理由，因为这样做会否定宪法的至高无上性，并否定在宪法之下的法规是在恰当建立的国内法院解释的。总而言之，这样会使法治沦为人治）；《复审令被驳回》，载《美国最高法院判例汇编》第 352 卷第 1014 页（1957 年）；《关于特里托案》，载《联邦判例汇编（第二系列）》第 156 卷第 142 页（第 9 巡回法庭，1946 年）；《美国诉诺尼加》，载《联邦增刊》第 808 卷第 791、793~796 页（佛罗里达南区法庭，1992 年）；同上，《联邦增刊》第 746卷第 1506、1525~1529 页（佛罗里达南区法庭，1990 年）；《托斯卡诺案》，载《联邦判例汇编》第 208 卷第 938、942~944 页（加州南区法庭，1913 年）（在墨西哥内战中，政府部门拘留来自墨西哥的交战人员，这根据关于陆战时中立国及人员的权利和义务的第五号海牙公约是合适的，《条约集》，编号：540、36，法规 2310（1907 年 10 月 18 日），并且在当时的情形下是合理的，包括被认可的事实；人身保护的申请者完全处在条约的规定之中；并且总统有完全的基于条约的权力，并且执行所提到的条约规定过去是、现在也是总统的职责）；《奥罗斯科案》，载《联邦判例汇编》第 201 卷第 106，111~112 页（德克萨斯西区法院，1912 年）（怀疑一个人仅仅在总统的指示之下就违反中立而组织到墨西哥的考察而未加审判就拘捕并监禁他，这样做是非法的，在法庭上不会得到认可，那时的情形不会让人认为军方的干预对执法来说是必要的，民事法庭有资格处理所有扰乱和平者，也有资格处理所有违反中立的人，并且军方有义务将被拘人员交给地方当局）；同上，第 118 页（对专横的政权的攻击是不允许的，并且尽管总统一直在认真并持之以恒地努力履行中立，并且有极强的动力促使他忠实地执行法律，这样的考虑不应该影响对法律问

（接上注）题的裁决，并且，在那种情形下，一直存在非法地履行权力）；同上，第111页，也引用《司法部长的意见》第21卷第267、273页（1895年）（政府部门没有权力干预，也没有权力控制司法部门对关于被指控敌对的考察活动的人的诉讼活动）；《法甘案》，载《联邦判例汇编（凯系案例系列）》第8卷第947、949页（DCD马萨诸塞，1863年）（编号：4604）（关于：被军方作为士兵、战俘或间谍拘留的人，人身保护令毫无疑问地适用于所有的案例，并且一直实际上并且频繁地被适用。《凯乐案》，载《联邦判例汇编（堪斯判例系列）》第14卷第173、175页（DCD阿肯色州，1843年）（编号：7637）（法庭将裁决拘留是否非法，并且会考虑当时的情形，并且裁决是否有合理的理由支持人身保护的请求，但是如果请求者自己表明他就是战俘，并且是合法拘留的，那么，拒绝给与人身保护令就是恰当的；而且，应该给出强有力的证据，这样不会不恰当地干预合法的军方权力）；《吉安铎诉泰勒》，载《联邦判例汇编（堪斯判例系列）》第13卷第1179、1183页（DCSD，纽约1818年）（编号：7558）（战争中的当事方必须被看作是政府层面的常规性作战，并且是在一般战争法的保护之下；被当作战俘对待）；《里斯帕布里卡诉查普曼案》，载《美国最高法院判例汇编》第1卷第53、59页（S Ct PA 1781年）（那些人被相应地当作战俘）［斯特劳斯汉斯案，2CT CL 603、604（1866年）］（洛林法官持不同意见）（被拘人员被断定不是战俘，并且对他的抓捕和拘留是违反国际法的，单个受害者有权利从英国获得赔偿的错误行为）；《赫琳诉李案》，22 W VA661、668（ST CT APPS 1883年）；《约翰森诉琼斯案》，44Ill. 142/149-52（S CT Ill. 1867年）（被监禁的人属于一个试图推翻联邦的秘密社团的成员，该成员不属于战俘。认为该囚犯事实上参与反对美国政府的战争，这种主张有些含糊不清并且太笼统，而且，被拘人员没有成为交战人员，无论对他的支持是什么，或者他的同党有多么邪恶）；《荷兰诉帕克案》，载《田纳西案例汇编》第7卷第151、153页（SCT田纳西，1823年）（交战中的印第安人是战俘，并且不被当作违反这个国家或美国法律的人）。亦参见，《欧马诉哈维》，载《联邦判例汇编（第三系列）》第479卷第10页（引用前注4）；《罗伊德诉美国》，73CTCL722、748（1931年）（承认战俘有个人的权利，并且可以受到的伤害、死亡、虐待而请求赔偿）；《史密斯诉肖》，载《约翰斯案例汇编》第12卷第257、265页（纽约增刊CT，1815年）（肯特大法官）（一个平民，被认为是地方间谍，在战争期间煽动叛乱或暴动，美国军方不可拘留此人，并在军事法庭上审理此人）；《斯塔西案》，载《约翰斯案例汇编》第10卷第328、332页（纽约增刊CT1813年）（在战争期间签发的人身保护令，以对抗军方指挥官，其扣押了一个被指控资敌叛变的平民，因为美国军方没有管辖权拘留该平民，尽管据他称威胁国家安全）；《阿恩德特·欧柏诉大都市歌剧院公司》，载《MICS案例汇编》第102卷第302、324、169页，纽约S304、306（SCT纽约1918年）（战俘不比其他因为违法犯罪而被羁押的个人情形更差，并且保有诉讼的权利）。人身保护令被签发过，以对抗司令官，在美国内战期间的南方邦联内，关于那些因为通敌及反叛联邦国家而被逮捕的人。参见，例如，《皮柏斯案》，载《罗伯茨》第17页（得克萨斯，1864年）（当证据在法律上不充分的时候，申请者有权利获允许离开）。

在其他情形下，司法部门已经解决了扣押国外违反国际法①的人员或财产的正当性问题，并且已经作出关于在武装冲突时期扣押敌人或者中立财产的最后决定，这通常与政府部门的决定相冲突。②在布朗诉美国

---

① 参见，例如，《福特诉美国案》，载《美国最高法院判例汇编》第 273 卷第 593、606 页（1927 年）（政府部门违反条约会影响管辖权）；《美国诉托斯卡尼诺》，载《联邦判例汇编（第二系列）》第 500 卷第 267、276~79 页（第 2 巡回法庭，1974 年）（也引用《夏普里奥诉费兰迪纳》，载《联邦判例汇编（第二系列）》第 478 卷第 894、906 页注释 10（第 2 巡回法庭，1973 年）（法院应该确保，政府部门履行国际义务））；《美国诉费里斯》，载《联邦判例汇编（第二系列）》第 19 卷第 925、926 页（加州北区法庭，1927 年）（违反国际习惯法和条约的政府拘留排除了管辖权，并且不会得到任何法庭的支持）；《美国诉尤尼斯》，载《联邦增刊》第 681 卷第 909、914~915 页（DDC，1988 年）；同上，《联邦增刊》第 681 卷第 896、906 页（DDC，1988 年）（政府的行为不能超越国际法的原则中提出的管辖权的界限）；《美国诉费尼斯》，载《联邦判例汇编（第二系列）》第 19 卷第 925、926 页（加州北区法庭，1927 年）（违反国际习惯法和条约的政府拘留排除了管辖权，并且不会得到任何法庭的支持）。亦参见《美国诉维杜戈·乌尔奎兹》，载《美国最高法院判例汇编》第 494 卷第 259、275 页（1990 年）（里恩奎斯特，大法官）（在法官的附带意见中解释道，关于美国在海外使用武力，条约可以美军行动附带的搜查和扣押施加限制）；《库克诉美国》，载《美国最高法院判例汇编》第 288 卷第 102 页（1933 年）（违反条约扣押一艘船）。

② 参见，例如，《哈瓦那邮船案》，载《美国最高法院判例汇编》第 175 卷第 677 页（1900 年）（关于在武装冲突期间非法扣押和滞留在美国之外的敌方船舶、货物及工作人员，以及拒绝接受政府部门对国际习惯法的解释）；《布朗诉美国》，载《美国最高法院判例汇编（科兰齐第 8 系列）》第 12 卷第 110 页（1814 年）；《飞鱼案》，载《美国最高法院判例汇编（科兰齐第 2 系列）》第 6 卷第 170 页（1804）。亦参见《尤纳古阿钢铁公司诉美国》，载《美国最高法院判例汇编》第 212 卷第 297 页（1909 年）；《美国诉李》，载《美国最高法院判例汇编》第 100 卷第 219~221 页；《米勒诉美国》，载《美国最高法院判例汇编（沃尔第 11 系列）》第 78 卷第 268、314~316 页（1870 年）（菲尔德法官，反对意见）（发动战争的权力是一种根据国际法发动战争的权力，并且不违反国际法）；《普利茨案》，载《美国最高法院判例汇编（布莱克第 2 系列）》第 67 卷第 635 页（1862 年）（涉及根据战争法进行封锁和扣押的恰当性的司法决定，带有一种告诫，总统一定要坚持忠实地执行法律，包括战争法）；《美国诉斯库勒·佩吉》，载《美国最高法院判例汇编（科兰齐第 1 系列）》第 5 卷第 103、110 页（1801 年）（总统不能违反条约授权扣押船只）；《巴斯诉庭吉》，载《美国最高法院判例汇编（铎尔第 4 系列）》第 4 卷第 37、43 页（1800 年）（卡兹法官）（战争的程度及战争行动受国际法的限制）；《约翰森诉二十一包》，载《联邦判例汇编（堪斯判例汇编）》第 13 卷第 855、863 页（CCD 纽约 1814）（第 7417 号）；《埃尔吉·ADMR 诉洛弗尔》，载《联邦判例汇编（堪斯案例系列）》第 8 卷第 449、454 页（CCD MO1865 年）（第 4344 号）（米勒法官，巡回中）（关于国际法，总统的声明不能改变、或修改国际法）；《司法部长的意见》第 11 卷第 297、299~300 页（1865 年）（战争法及更多的一般国际法对政府部门及公民有约束力，并且国会和政府部门都不能废除、或授权违反它们）。巴斯案也涉及一个司法决定，决定是否存在战争以及谁是敌人。参见《美国最高法院判例汇编（铎尔第 4 系列）》第 4 卷第 39 页（莫里法官），第 40~42 页（华盛顿法官）、第 43~45 页（卡兹法官）、第 46 页（帕特森法官）。

案中，① 斯托里法官警告说，战争期间总统被授予某种方式和程度的自由裁量权，但是，总统不能超越文明国家建立的战争规则。总统没有法律上的权力拒绝承认或接受国际法，也没有法律上的权力授权文明世界拒绝承认或接受国际法。② 后来，在斯特林诉康斯坦汀案中，③ 法庭断定，可允许的自由裁量权与法律之间的界限是由司法部门来划定的：事实也并不能表明政府部门有这种自由裁量权，这种自由裁量权被认为是政府部门镇压骚乱的权力的必然附带权力，以至于无论就当时情形的紧急性、对私权利的破坏性、法院的管辖权而言，政府部门所采取的每一种行动即使是非常不正当的，但是，最后只要是政府的命令，就会得到支持。因此，在实际战争的战场上，有时候私人财产会被拿走，但是，军官可以在法官面前抗辩这种行为的必需性。④

---

① 《布朗诉美国》，载《美国最高法院判例汇编(科兰齐第 8 系列)》第 12 卷第 110 页(1814 年)。

② 同上，第 153 页(斯托里法官，异义)。大多数人没有不同意，并且断言，当执行自由裁量权的时候，政府部门只能遵循法律。参见，同上，第 128~29 页(马歇尔，大法官)。因为国父的一致观点及其他案例承认，总统受国际法的约束，参见，例如，波斯特：第 143~146 页、第 155~160 页注释 6~38。亦参见美国国务院前任法律顾问莫诺尔·李：《总统能超越国际习惯法吗?》，载《美国国际法杂志》第 86 卷第 757、760、762~763 页(1992 年)(当总统下令违反国际法时，他滥用自由裁量权，并且可能被法院强令去遵守国际习惯法的规定)。

③ 《美国最高法院判例汇编》第 287 卷第 378 页(1932 年)。

④ 同上，第 400~401 页。关于司法审查的范围，参见，同上，第 403 页(地区法院所做的事实完全是由证据支持的)。亦参见《美国诉美国地区法院》，载《美国最高法院判例汇编》第 407 卷第 297、299~301、316~317 页(1972 年)(关于政府部门主张，窃听情报是合理地执行总统的权力、保护国家安全，政府部门不应该是他们行为的唯一裁判者)；《沃茨诉克洛伊德·米勒公司》，载《美国最高法院判例汇编》第 333 卷第 138、146~47 页(1948 年)(杰克逊法官，相同意见)；《克里马特苏诉美国》，载《美国最高法院判例汇编》第 323 卷第 214、218 页(1944 年)(布莱克法官)(当有理由相信的时候，我们不能认为军方的裁决是无根据的而予以否决)，引用《赫拉巴亚斯诉美国》，载《美国最高法院判例汇编》第 320 卷第 81、99 页(1943 年)(该案例也说明，在一定的情景中，从各个方面考察这些数据，政府部门可以合理地得出结论；同上，第 98 页)；《克里斯特马苏案》，同上，第 234 页(马菲法官，持不同意见)(这点很重要，对军方的自由裁量权应该有明确的限制，军方的要求应该受制于司法程序，军方要求的合理性应由司法程序来裁决，军方的要求与其他方利益冲突的时候应由司法程序来协调，接下来引用了斯特林诉康斯坦丁案，并且补充道：司法检测是检测是否剥夺与公共安全有合理的关系，并且对公共安全的威胁是立即的、逼近的、迫在眉睫的，以至于不允许延误，不允许通过宪法程序的干预来减缓威胁)；《柏尔曼案》，载《美国最高法院判例汇编(科兰齐第 4 系列)》第 8 卷第 75、101 页(1807 年)

法庭当时引用了米奇尔诉哈莫尼案:① 每个案件都必须取决于其案情。②

对在战争期间因所谓的必需性而采取的军事行动的司法审查,在其他案例中也出现过,并且涉及对军事行动必需性、合理性、直接正当性的情景调查。③ 因此,执行战争权力或国际法安全权力不仅必须在法律的框架之内,也不能因必需性或为了目的不择手段而为例外。对于这种请求,最高法院在米利根案中给出了恰当的答复:④

(接上注)(马歇尔大法官)(裁决是,没有足够的证据表明,请求者在发动对美国的战争);《兹顿尼克代表美国诉乌赫尔案》,载《联邦判例汇编(第二系列)》第 137 卷第 858、861 页(第 2 巡回法庭,1943 年)(关于政府拘留一个所谓的敌军德国外国人,根据这些及其他有争议的事实,在法庭能裁决是否他与德国民族或政府的关系使他属于法律上规定的地方外国人之前,他有权利享有司法调查);《马丽曼案》,载《联邦判例汇编(堪斯案例系列)》第 17 卷第 147、148~150 页(CCD 马里兰州,1861 年)(第 9487 号);《克里斯马特苏诉美国案》,载《联邦增刊》第 584 卷第 1406、1420 页(加州北区法庭,1984 年)(军事必需及国家安全这张盾不可以被用来保护政府的行动免受监督和追责);《克鲁伊克桑克诉美国》,载《联邦增刊》第 431 卷第 1355、1359 页(夏威夷,1977 年)(政府不应有从事非法行为的自由裁量权。在这方面,没有政策上的选择自由,并且,对于中情局的行为,这个规则没有例外);《约翰逊诉琼斯案》,44Ill,142、147~148、160~161 页(Ill.1867),在奥洛兹科案中被引用,载《联邦判例汇编》第 201 卷第 115~117 页(得克萨斯州西区法庭,1912 年);波斯特:第 472 页及注释 37(关于任意逮捕及拘留越战的抗议者)。

① 《美国最高法院判例汇编(豪尔第 13 系列)》第 54 卷第 115 页(1851 年)。

② 《斯特林案》,载《美国最高法院判例汇编》第 287 卷第 401 页,引用《美国最高法院判例汇编(豪尔第 13 系列)》第 4 卷第 134 页。

③ 参见,例如,《雷蒙德诉托马斯》,载《美国最高法院判例汇编》第 91 卷第 712、716 页(1875 年)(在那种情形下裁定一个军事命令任意并且无效,补充道:按照这个法律规则,如果考虑公民的权利,军事权力的执行永远不能推高到超过法庭所判定的必需性的要求);《美国诉拉塞尔》,载《美国最高法院判例汇编(沃尔第 13 系列)》第 80 卷第 623、627~628 页(1871 年)(即使存在这样的事实,其明确地推向一个结论,即存在证明行动合法的紧急情形,司法调查也是必需的);《米歇尔诉哈莫尼》,载《美国最高法院判例汇编(豪尔第 13 系列)》第 54 卷第 115、134~135 页(1851 年)(对军事行动的司法审查涉及是否有合理的理由相信,扣押是必要的,并且不足以表明他执行了一个正当的判决;政府官员必须用证据表明紧急情形的本性和特征,这样他有合理的理由相信);亦参见波斯特:第 143~146 页以及引用的案例。即使政府部门根据外国情报监视法,《美国法典》第 50 卷第 1801 节、以及下列等待:对外国恐怖分子采取外国情报监视的努力,要受制于外国情报监视法庭的合理理由的听证(参见,同上,1805 节(a)(3)及(b))、外国情报监视审查法庭的审查以及最高法院可能的审查(参见,同上,第 1803(a)~(b)节)。亦参见《美国诉斯奎拉克特》,载《联邦判例汇编(第三系列)》第 221 卷第 542~544 页(第 4 巡回法庭,2000 年)。

④ 《米利根案》,载《美国最高法院判例汇编(沃尔第 4 系列)》第 71 卷第 2 页(1866 年)。

时间已经证明了我们先人的洞察力。那些贤哲预料到，当统治者和人民在克制之下变得焦躁不安，并且通过果敢的手段来实现被认为是公正、正当的目的的时候，就会出现动荡不安的局面；宪法上规定的一些自由的原则就会面临险境，除非是由不可废止的法律来确立。美国的法律是一种统治者和人民都必须遵守的法律，尤其在战争和和平时期，并且在任何时期、任何情形下对所有阶层的人都提供保护。相比任何一届政府中非常紧急时期任何可以被延缓的规定，人的智慧从没设计过会带来比这更具恶性后果的原则。这种教条会直接导致无政府状态或独裁，但是无政府状态或独裁所基于的必需性原则是错误的；因为政府所有的权力都是宪法赋予的。①

法庭也强调，就是在这些时候，总统要受法律的制约，并且总统职责范围是有限的，那就是执行法律，而不是违反法律，② 法庭补充说：通过捍卫法律，人权就会得到保护；没有了那个保护，人民就会任由邪恶的统治者摆布。③

---

① 同上，第 120~121 页。亦参见《杜康诉卡哈拉莫库案》，载《美国最高法院判例汇编》第 327 卷第 304、335 页（1946 年）（马菲法官，相同意见），引用米利根案。

② 《美国最高法院判例汇编（沃尔第 4 系列）》第 71 卷第 121 页。亦参见《美国宪法》，第二章第 3 节（他应该注意忠实地执行法律，即没有违反法律的自由裁量权）；《肯德尔诉美国》，载《美国最高法院判例汇编（第十二诉状）》第 37 卷第 524、612~613 页（1838 年）（关于法律的执行，无论总统有什么样的自由裁量权，总统不能明知是违反，却还违反法律）。

③ 《美国最高法院判例汇编（沃尔第 14 系列）》第 71 卷第 119 页。很多人没有意识到，推出法律的保护（甚至通过戒严令）是经过尼克松总统深思熟虑的，以此回复越战期间的抗议者，并且借此努力地保住自己的权位。在华盛顿特区的一个体育馆任意逮捕扣押了成千上万名抗议者，这引起了诉讼，有些人被封嘴了，以解决诉讼。参见，例如，《苏利文诉马菲案》，载《联邦判例汇编（第二系列）》第 478 卷第 938 页（特区巡回法庭，1973 年）；安德鲁·吉尔曼：《谢谢，尼克松先生》，载《纽约时报》1981 年 10 月 10 日，第 25 期，第 4 栏（提到《麦克卡瑟诉克雷迪恩斯特》，案件解决了，以别的方式报道在《联邦判例汇编（第二系列）》第 741 卷第 1406 页（特区巡回法庭，1984 年），以及《阿德尔曼诉克雷迪恩斯特》（结案了，也大规模逮捕了 8000 多人）；亦参见《纽约时报》1971 年 5 月 3 日，第 1 期，第 5 栏。前白宫法律顾问在 2007 年提供了一封泄密邮件，是关于以前没有被披露的信息："尼克松的确间接地问了我那个问题（戒严令）。他想知道他是否拥有与加拿大总理一样的权力，加拿大总理正在逮捕抗议者。我告诉他没有，并且为了支持我的观点，向里恩奎斯特（时任司法部法律顾问）要了份备忘录。里恩奎斯特给了我一份备忘录，支持我的观点。但是里恩奎斯特记得非常清楚：约翰·迪恩给备忘录写作者的邮件是在 2007 年 1 月 15 日。在前一封邮件中，我作了一个假设，努力用其他办法来获得对戒严令的支持，我认为这种努力是实际的：如果尼克松总统通过白宫幕僚长霍尔德曼或亚历山大·海格将军要五角大楼高级军官合作宣布一个戒严令来控制异议，并且让他可以继续当政，这样会发生什么事情呢？有个人希望五角大楼官员当时拒绝。"乔丹·波斯特：《总统受国内最高法律制约吗？重新审视外交与国家安全》，载《HASTCONSTLQ 案例汇编》第 9 卷第 719 页注释 2（1982）。

在司法历史上的一个壮丽时期，联邦地区法官赫柏特·斯特恩在一个特别召集的美国法庭上庭审柏林起诉劫机者的时候，他拒绝了美国检察官的主张，即被告人的权利将由政府部门来决定，并且有关诉讼及其他政府的诉讼不必遵守美国宪法。① 在回复检控官的观点时，以及当被督促因为事关重要的外国事务及国家安全的安危而去否定宪法的以及其他权利的时候，斯特恩法官说道，大约 40 年前，法庭就在那个城市庭审过同样的请求，但是这样的请求明显是不可接受的：当代法官不应该还要为判断法律是什么、为解释什么是人类的权利而费心。而且，在法庭上律师或诉讼当事人何时可以获准告诉法官，哪个诉讼案件对诉讼当事人非常重要，以至于法官必须要找到一种解决争议的方式。你是指什么样的司法体系？什么样的法官会为你做这样的事情？这样的问题都让法官来裁决就让人汗颜了。法官若是裁决这些事，就不是法官了。②

相反，斯特恩法官在裁决中支持了占优势地位的趋势以及传统的期待，即审判时，不能仅仅因为政府部门依其职责处理外交事务并起诉所谓的恐怖劫机就减少对法律的专注。法庭注意到，尽管法律不可以直接制约政府在其他方面的正当自由裁量权，政府部门在可允许自由裁量权内，依然不可以违反法律。更具体来说："占领这个词就像魔法般的咒语一样，虽然如此，司法也有权对占领的性质及情形进行调查，并对面临险境的两个被告的个人权利进行裁决。"③

(三) 最高法院裁决哈米迪案之前的两个案例

1. 肯定法官的职责

---

① 参见《美国诉提伊德》，刑法案例编号：78-001A（美国康乃狄克州，1979 年 3 月 14 日），载《FRD》第 85 卷第 227 页（1979 年），重印于《国际法资料》第 19 卷第 179、188、191~192 页（1980 年）；赫伯特·斯特恩：《在柏林的裁决》，第 95~96 页（1984 年）。斯特恩法官是来自于新泽西的地区法官。提伊德案像托斯卡尼诺案一样，是一个低级联邦法院的审理案例，其承认，美国宪法在海外是用来约束政府部门针对外国人的行动，因为（与《雷德诉柯弗特案》，载《美国最高法院判例汇编》第 354 卷第 1、6、12、35 页注释 62（1957 年））中的基本原理一致，美国完全是一个宪法的创造物，并且因此，美国在国内或国外都不能采取与宪法不一致的行动。参见，波斯特：《反恐怖主义》第 1 卷第 18 页。关于这一个基本原理，亦参见《美国诉李》，载《美国最高法院判例汇编》第 106 卷第 196、219~221 页（1882 年）；《奥洛兹克案》，载《联邦判例汇编》第 201 卷第 106、112 页（得克萨斯西区法庭，1912 年）。

② 参见，斯特恩：第 371~372 页。

③ 《美国诉提伊德》，载《国际法资料》第 19 卷第 193 页注释 78。

在最高法院裁决哈米迪案之前，第 4 巡回法庭在哈米迪诉拉姆斯菲尔德案（哈米迪第一案）①中正确地强调了有意义的司法审查的重要性，并且谴责了下面这个有广泛影响力的观点，即如果是没有意义的司法审查，任何被声称是敌方战斗员的美国公民都会被莫名地不加指控、没有律师援助就被拘留。② 在发回重审时，地区法庭注意到，布什政府承认，他们对哈米迪身份的裁决是要受司法审查的，③ 并且补充道：虽然政府部门应该尊重军方对某个个人扣的帽子，但是，如果给某人扣的帽子却侵犯了此人个人自由的时候，法官有权力对此开展司法审查。司法审查的标准必须是，国防这个概念不能当作是一种目的，并以此来为政府实现国防目的的某些手段提供借口。国防这个术语中暗含某种理念，即捍卫那些美国与其他国家不同的价值观。④

---

① 《联邦判例汇编（第三系列）》第 296 卷第 278 页（第 4 巡回法庭，2002 年）。

② 同上，第 283 页。如果请求者是一个在阿富汗敌对行动中抓获的敌方战斗人员，那么政府当前对他的拘留就是合法的。随后，美国律师协会代表会建议，被美国以敌方战斗人员而拘留的美国公民和居民应该被给予机会对他们的身份进行司法审查，司法审查所遵从的标准要考虑到被拘人员的角色以及国家安全的需要。美国律师协会代表会：《建议修订报告》，第 109 页（2003 年 2 月 10 日）。

③ 《哈米迪诉拉姆斯菲尔德案》，载《联邦增刊（第二系列）》第 243 卷第 527、528 页（佛吉利亚洲东区法庭，2002 年）；修订版，载《联邦判例汇编（第三系列）》第 316 卷第 450 页（第 4 巡回法庭，2003 年）。

④ 同上，第 532 页，引用《美国诉洛贝尔案》，载《美国最高法院判例汇编》第 389 卷第 258、264 页（1967 年）。洛贝尔也申明，战争权力这个术语不能被援用来作为一个护身符以支持行使那些能够控制在自身范围内的权力。战争权也不能消除保卫基本自由的宪法上的限制。同上，第 263~264 页，引用《米利根案》，载《美国最高法院判例汇编（沃尔第四系列）》第 71 卷第 2、120~121 页（1866 年），并且引用《住房建设及贷款协会诉布拉斯德尔》，载《美国最高法院判例汇编》第 290 卷第 398、426 页（1934 年）。在其他情形下，对任意拘留的审查必须仔细考量事实和决定，或者必须对决定进行有意义的审查。参见，例如，《马诉阿什克罗夫特》，载《联邦判例汇编（第三系列）》第 257 卷第 1099 页（仔细地审查地区法庭的记录和裁决）；《纳加诉里诺》，载《联邦增刊（第二系列）》第 97 卷第 1329、1354 页（佛罗里达南区法庭，2000 年）（移民法官基于在相机案中提交的机密证据裁决上诉者对国家安全构成威胁，必须对该裁决进行有意义的审查）；《凯亚尔登诉里诺案》，载《联邦增刊（第二系列）》第 71 卷第 402、408~415 页（DNJ，1999 年）（外国人因被怀疑是恐怖主义者、或威胁国家安全而被拘留被授予人身保护令，因为被拒绝给予正当程序，当政府依赖在相机案中提交的被拘人员反驳的秘密证据、非保密的信息摘要以及未被确认的道听途说。这让他自己抗辩的机会虚无缥缈。同上，第 408 页。而且，正当程序的关切没有被满足，除非政府给被拘人员提供交叉询问宣誓者的机会，或者，至少，提交一份能保证证据的可信性的证人的誓词。同上，第 416 页）。

至于在一个有着权力制约并分立的宪政民主国家中重大的、利害攸关的政策问题，地区法庭补充道，法庭接受政府部门的裁决，认为其有充足的理由拘留某个人，这实际上是貌似在正式放弃最低限度的司法审查，法庭这样做就只不过像是充当一个橡皮图章一样。① 地区法庭补充道，在一个权利制约并分权的政府之中，法庭不能接受几乎没有或完全没有准则的拘留，也不支持政府部门基于稀少的事实而对某个人拘留的决定。② 的确，有些国际法适用于判定个人地位、权利、拘留的正当性，如果让政府部门去决定这些国际法的内容及适用，这必然违反三权分立原则，③ 并且从国际法的角度来看也是没有道理的。④

2. 职务上放弃提供有意义的司法审查的职责

帕迪拉诉布什案（帕迪拉一案）中，⑤ 地区法庭的裁决较少涉及司法职责。虽然地区法庭在帕迪拉一案中承认，一个美国国民被当作敌方战斗人员拘留，无论政府是基于什么事实将其作为非法战斗人员羁押，根据人身保护令，他都有权提出异议，⑥ 并且有权请律师帮他向法庭提交案宗，并让法庭裁决政府对他拘留的正当性。⑦ 哈米迪一案指出，至于政府部分随意划定有关人员的地位与权利，并且要求司法审查遵从政府部门的决定，该案的裁决实际上还是在最低限度上遵从了政府部门的决定，以至于意味着司法还是在功能上放弃了提供

---

① 《哈米迪案》，载《联邦增刊（第二系列）》第 243 卷第 535 页。

② 同上，第 536 页。

③ 这也会涉及法庭违反宪法吊销人身保护令。只有国会才有那个权力。参见，例如，《柏尔曼案》，载《美国最高法院判例汇编（科兰齐第 4 系列）》第 8 卷第 75、101 页（1807年）（马歇尔大法官）；《马里曼案》，载《联邦判例汇编（堪斯判例系列）》第 17 卷（马里兰州中区法庭，1861 年）（第 9487 号）；《本尼迪克特案》，载《联邦判例汇编（堪斯判例系列）》第 3 卷第 159 页（纽约北区法庭，1862 年）（第 1862 号）；波斯特，《反恐怖主义》第 1 卷，第 22 页及注释 53。认为联邦法官没有部分战争权力是不正确的。就像被引用的案例所表明的，在战争期间明显存在重要的司法权力和职责，尤其关于对战争权力实施的裁决。但是，参见，《纽曼诉布什案（帕迪拉二世）》，载《联邦增刊（第二系列）》第 233 卷第 564、607 页（纽约南区法庭，2002 年）。

④ 通常参见《美国诉阿尔斯托特（卡兹法官）》，载《控制委员会法在纽伦堡军事法庭对战犯的审理》第 3 卷，编号：10983-84（1951）；波斯特，《反恐怖主义》第 1 卷，第 28 页注释 81。

⑤ 《联邦增刊（第二系列）》第 233 卷第 564 页（纽约南区法庭，2002）。

⑥ 同上，第 570、599 页。

⑦ 同上，第 569、599~605 页。

有意义的司法审查的职责。① 帕迪拉一案中的法院认为，地区法庭仅仅需要审查总统是否有支持他的决定的证据。② 这对于人权法所要求的有意义的、独立的、公平的、有效的司法审查来说根本就是不够的。必须独立地调查在当时的情形下拘留是合理且必需的。而且，在战争时期，司法必须独立地调查拘留是绝对必需的。③

地区法庭在帕迪拉二案的复议中阐明了其证据标准，以规定要在更高程度上对政府部门的决定进行司法审查。地区法庭在帕迪拉二案中声明，不能随意地将政府部门的担忧当作测试，并且就在此基础上拒绝给与帕迪拉获得律师帮助的机会。④ 相反，即使根据某个证据标准法庭也不能证实帕迪拉不是被任意拘留的并且没有给他获取律师帮助的机会，⑤ 帕迪拉也有权利陈述事实，而且必须有获得律师帮助的机会，⑥ 法庭不能只是将注意力集中在政府部门所依赖的证据上，以裁决是否某个证据支持政府部门的决定，⑦ 因此，帕迪拉有权利提交与政府部门提交的相冲突的证据，并且有权利要求法庭考虑他提交的证据。⑧

完全不同的是，当帕迪拉二案回到第 4 巡回法庭的时候，审判小组裁决，即使是根据似乎更加有意义的"有意义的审查"标准，帕迪拉没有权利质疑政府部门提出的证据。⑨ 审判小组试图将帕迪拉二案与哈米迪二案区分开来，审判小组认为：如果请求人并不质疑他是在国外积极的战斗行动区域俘获的，并且政府有充分的理由认为他是非法战斗人员，那么请求者没有权利向法庭呈交事实来挑战政府的决定。⑩ 此外，帕迪拉二案的审判组认为，在国外的战斗行

---

① 关于司法检测，参见《哈米迪诉拉姆斯菲尔德案（哈米迪二案）》，载《联邦判例汇编（第三系列）》第 316 卷第 450、468 页（第 4 巡回法庭，2003）。

② 《联邦增刊（第二系列）》第 23 卷第 610 页。这是当局在哈米迪案中所遵循的标准，载《联邦增刊（第三系列）》第 296 卷第 283 页；前注 4。

③ 参见，前注 29。

④ 《帕迪拉诉拉姆斯菲尔德案（帕迪拉二案）》，载《联邦增刊（第二系列）》第 243 卷第 42、53 页（纽约南区法庭，2003）。

⑤ 同上。

⑥ 同上第 53~54 页。

⑦ 同上，第 54 页（引用政府的理由）。

⑧ 同上，第 56 页。

⑨ 参见，《哈米迪诉拉姆斯菲尔德案》，载《联邦判例汇编（第三系列）》第 316 卷第 450、476 页（第 4 巡回法庭，2003）。

⑩ 《帕迪拉二案》，载《联邦增刊（第二系列）》第 243 卷第 56 页。

动期间有确切证据而拘留一个公民，并且政府部门发现该公民与敌军结盟，那么，政府部门对该公民采取的措施都是终局性的、不可变更的。① 但是，即便这样，要求当事人完全放弃司法审查也是没有道理的。例如，在一个积极的战斗区域，政府部门认为某个记者对安全构成威胁而扣押该记者，该记者应该被允许去质疑政府部门的决定，尤其因为本文中很多案例都表明司法权力可以质疑政府部门在战争时期甚至是在积极的敌对行为区域中所做的决定。

当哈米迪案回到第4巡回法庭的时候，哈米迪二案的陪审团宣布：在其早些时候的裁决中，陪审团只是批准有限的且顺应政府来调查哈米迪的身份，② 陪审团要求地区法庭必须首先考虑最谨慎的程序，因为这样他们可以迅速地解决哈米迪案，③ 陪审团也要求地区法庭谨慎地开展对军事行动的审查。④ 巡回审判陪审团承认：米利根案⑤表明，拘留并不一定要受到司法审查，⑥ 包括军方裁定羁押某个在正在进行的敌对行动中的敌方战斗人员。⑦ 该陪审团也承认，请求者有权利要求政府提供政府所依赖的采取拘留的法律权力，以及支持行使那个权力所依赖的基本事实。⑧ 然而，当自由及其他合法权利可能受到直接威胁的时候，巡回审判陪审团认为：相比脆弱的最高法院的判例而言，这个时候就不应根据法律去制衡政府部门在战争时期的权力，反而应该推定⑨限制司法。并且，任何司法调查都必须受到限制，以避免妨碍军务。⑩ 然而，就是在法律及合法权利正在被侵害的时候，司法尤其应该保持活跃并扮演其独特的

---

① 同上，第57页。

② 《联邦判例汇编（第三系列）》第316卷第461页。应该注意的是，对调查和顺从调查的限制不一定是相同的，并且，有些限制会意味着部分放任、放弃司法职责。

③ 同上。

④ 同上，第462页。

⑤ 《米利根案》，载《美国最高法院判例汇编（沃尔第4系列）》第71卷第2页（1866年）。

⑥ 《哈米迪二案》，载《联邦判例汇编（第三系列）》第316卷第464页。

⑦ 《哈米迪二案》，载《联邦判例汇编（第三系列）》第316卷第471页。陪审团似乎强调，人身保护的请求及尊重涉及哈米迪最开始在战场、在积极战斗区、在战争场所的被扣押人员，但是，人身保护令请求的主焦点是关于持续羁押的恰当性。

⑧ 同上，第472页。

⑨ 《哈米迪二案》，载《联邦判例汇编（第三系列）》第316卷第462页，陪审团引述了案例——"奎林案"。

⑩ 《哈米迪二案》，载《联邦判例汇编（第三系列）》第316卷第473页。

角色,① 并且司法不能放弃其全部或部分权力②,以及其在我们民主国家中的历史角色。③ 就是在这样的情形下,司法部门应该确保其提供有意义的、独立的、公正的、有效的司法审查。即使司法部门担当着恰当的角色,在处理那些对国家安全构成威胁的人时,政府根据人权法应承担应尽的责任似乎也并不难,并且,如果根据情形拘留的确是合理必需的,政府也尽到了其义务。然而,要让一个法庭去证明,根据《日内瓦公约》对某些人的拘留是合法的,该法庭必须证明在当时的情形下,拘留是绝对必要的或必需的。

与政府在帕迪拉二案中所作的声明相联系的一个不祥之兆是:政府公开的声明,例如,在很多情形下,作为国民—审讯者之间的关系的一部分,对未经审判以及没有律师帮助的被拘人员的审讯在审讯程序开始之后会持续几个月甚至几年。④ 同样令人不安的是,政府部门认为:如果要从被拘人员那儿获得持续的情报,就得表明被拘人员有新的情报价值,那么被拘人员应该被拒绝给予律师帮助。⑤ 这种方法存在的问题是:国际法规定,被拘人员具有到法庭审查对他的拘留的正当性的权利,并且在武装冲突期间,对被拘人员拘留的持续时间只能是认为被拘人员的确对安全构成威胁的期间,而这取决于必要性的标准。政府部门声称:出于情报价值的考虑,那些人应该被拘留,即对政府部门裁决的司法审查必须是有效的、公正的,并且是有意义的。

对似乎是没有尽头的单独囚禁被拘人员,政府提出的部分理由令人担忧。这里暗指的微妙关系是为这种关系所造成的心理冲击所设计的,为了营造一种信赖的气氛,⑥ 并且让被拘人员感觉不会有法律援助,因此摧垮人的意志。⑦ 然而,习惯及基于条约的国际法要求——没有例外的——没有人应该遭受酷刑

---

① 同上,第464页。

② 同上,第463页。

③ 但是,参见,同上,第463~464页。杰拉德·纽曼教授也给出了关于在英格兰历史上人身保护令的管辖范围的相关见解。他提到,人身保护令用于确保那些扣押者解释扣押的理由,这样法庭可以裁决扣押是否合法,并且,根据1789年第一部司法法案,该法案的目的是要保证,法官为了调查扣押的原因而颁发人身保护令。参见杰拉德·纽曼:《在移民归化局诉圣希尔案之后的人身保护令中止条款》,载《哥伦比亚人权法评论》第33卷第555、563、569页等(2002年)。

④ 《帕迪拉二案》,载《联邦增刊(第二系列)》第243卷第49页(引用国防情报局局长洛厄尔·雅克比中将的声明)。

⑤ 同上,第50页。

⑥ 同上,第49页。

⑦ 同上,第50页。

或残酷的、不人道的、有辱人格的或羞辱性的对待。考虑到这些禁止，连续几个月的心理审讯会摧垮人的意志，并且让人感觉没有指望了，这是有悖于许多国际法的规定的。法庭应该警惕，确保这种违反国际法的行为不会发生，并且当这种违法行为发生的时候，受害者具有到法庭获得有效救济的权利。

四、最高法院在哈米迪案中的裁决

在哈米迪诉拉姆斯菲尔德案①中，最高法院多数意见认为：尽管根据2001年使用军事武力授权书，国会默示授权在所谓的有限的情形下拘留战斗人员，正当程序要求被美国作为敌方战斗人员扣押的公民应该被给与有意义的机会在中立的决策制定者面前争辩事实根据。②最高法院也指出：政府从来没有告知最高法院任何将人进行分类的完整标准，③并且，政府要求要么完全取消对单个人拘留的司法审查，或者即使有司法审查，也应顺从政府的决定。最高法院对此是拒绝接受的。④最高法院重申：公民必须收到关于对他的分类的事实依据的通知，以及在一个中立的决策制定者面前反驳政府的公平机会，并且那个被听证的通知和机会必须在有意义的时间内用一种有意义的方式给予。⑤最高法院提到，由被拘者的抓捕者所做的审讯，无论作为情报收集工具多么有效，在中立的决策制定者面前几乎不能构成宪法上合适的实情调查。⑥关于羁押的时间长短及目的，法庭强调：这明显是一个既定的战争法的原则，羁押的时间不能长于积极的敌对行为时间⑦，并且，为了审讯的目的而无限期地羁押是不为法律所允许的。⑧

最高法院宣称：关于我们这个宪政民主国家中的司法权力与职责，法庭执行他们自己确立已久的以及宪法授权的审查，解决提出来的申索，并不损害军

① 《美国最高法院判例汇编》第542卷第507页(2004年)。
② 同上，第509页。
③ 同上，第515页。
④ 同上，第527页。
⑤ 同上，第533页。
⑥ 同上，第537页。
⑦ 同上，第520页。
⑧ 同上。法庭也提到，长期存在的战争法原则让我们对此有所了解。同上，第521页。关于只是为了审讯的目的而无限期羁押的不适当性，亦参见前面的注释，以及参见约翰·尤：《其他手段的战争》第156页(2006年)(那些拥有有价值情报的人将会被继续扣押)。

方的核心角色。① 最高法院当时强调：我们必须拒绝政府的主张，即法院必须放弃对单个案件的核查。任何合理的三权分立的观点都不能同意这样的主张。我们早就清楚地表明：当说到公民权利时，战争状态不能成为总统的借口。②

在某种意义上，哈米迪案重申了一点，即在我们国家，没有人高于法律，战争法限制战争期间的任意羁押，并且政府部门对未加审判就对个人（至少美国国民）的羁押的决定必须接受有意义的司法审查。

五、人身保护令审查

（一）低级联邦法庭对人身保护令的审查③

布什政府试图拒绝给在关塔那摩湾的被拘人员人身保护令，因为国际法以及对人身保护令法规的恰当的解释应该是有用的。2002 年，加州的一个联邦地区法庭拒绝给在关塔那摩湾的被拘人员人身保护令的救济，部分是因为对法令的独特的解读。人身保护令的相关部分表明：人身保护令可以由最高法院、任何法官、地区法庭以及任何巡回审判法官给予其管辖权范围内因违反宪法、法律或美国签署的条约而被羁押的人，④ 这里所说的美国的法律包括习惯国际法。⑤ 加州的地区法庭似乎不肯接受管辖权这个词的通常意思，并且增加了国

---

① 同上，第 535 页，也引用《克里马特苏诉美国案》，载《美国最高法院判例汇编》第 323 卷第 214、233～234 页（1944 年）（马菲法官，持异义）；《斯特林诉康斯坦丁案》，载《美国最高法院判例汇编》第 287 卷第 378、401 页（1932 年）。

② 同上，第 535～536 页（原文中这是重点）。苏特尔大法官补充说：“在一个权力分立的政府中，无论是在和平还是战争时期（或介于和平和战争中间状态的时期），并不是由政府部门来最终决定什么是合理程度的有保证的自由。”同上，第 545 页（苏特尔法官，对部分观点持同意意见，对部分观点持不同意见，对裁决持同意意见）。斯卡利亚法官补充说：“没有暂停人身保护令，政府部门断言军事紧急情形，这一直不被认为构成充足的理由可以不用指控就去扣押人，并且我们的盎格鲁—撒克逊的分权制度所确保的核心自由一直是免受政府部门随意地无限期监禁。”同上，第 554～555 页（斯卡利亚法官，持不同意见）。

③ 根据《密歇根国际法杂志》的许可而复制。这一小节节选、修订自乔丹·波斯特的《反恐军事委员会：临时国防部程序规则》，载《密歇根国际法杂志》第 23 卷第 677、690～694 页（2002 年）。

④ 《美国法典》第 28 卷，第 2241（a）节。

⑤ 一般参见，波斯特：第 5～9、40～42、44～45 页等，以及众多引用的案例。关于条约，亦参见波斯特、凡·戴克、马龙：第 266～267 页（人身保护令法规因人身保护请求而执行条约）。

会不喜欢的一个词，那就是"地域性的"，这是作为对管辖权或权力的一个限制。① 地区法庭也特意将国会不喜欢的另一个词放到法规之中，即"主权"。② 这似乎是在试图违反三权分立的原则而从法律上修改联邦法律。

法律措辞根本不能支持这样一个不合常理的解读。的确，法规聚焦于法庭的管辖权，而不是地域、或美国的主权。并且，地区法庭似乎混淆了法规的含义与宪法的触及范围的问题。如前所述，通常是法规而不是宪法来处理违法问题。③

地区法庭声明：在关塔那摩的被拘人员在任何时候都是在美国的主权领土之外，并且没有哪个联邦法庭可以处理人身保护的请求，除非关塔那摩湾是在美国的主权之下。并且，法庭认为：地域管辖权与主权之间是有区别的。④ 当然，法规所规定的全是管辖权。法庭没有能够提及的是：主权是合法政府的一种权力形式，无论美国在哪里羁押一个人，美国都是在行使主权。⑤ 此外，关塔那摩湾是在美国的主权及某种地域管辖权之下：（1）根据与古巴的条约，该条约授予美国对该地区拥有完全的管辖权和控制（因为根据条约只有古巴才有完全的主权，并且，暗示的，美国也一定有某种基于条约的主权或主权

---

① 参见，《牧师联盟等诉布什》，载《联邦增刊（第二系列）》第 189 卷第 1036、1049～1050 页（加州中区法庭，2002 年）。

② 参见，同上。

③ 《美国法典》第 28 卷第 2241（c）（3）节。亦参见《西村·艾克尤诉美国案》，载《美国最高法院判例汇编》第 142 卷第 651、660 页（1892 年）（关于所谓的违反联邦法律而使用了人身保护令）；《马诉阿什克罗夫特案》，载《联邦判例汇编（第三系列）》第 257 卷第 1095、1095 页（第 9 巡回法庭，2001 年）（人身保护令声称，法规违反了《公民与政治权利国际公约》）；《比兹利诉约翰森》，载《联邦判例汇编（第三系列）》第 242 卷第 248、263～267 页（第 5 巡回法庭，2001 年）（基于人权条约的主张）；《科尔内霍—巴里托诉塞弗特》，载《联邦判例汇编（第三系列）》第 218 卷第 1004、1007 页（第 9 巡回法庭，2000 年）（认为对他们的羁押违反人权法的被拘人员可以提起人身保护的请求以反对被引渡）；《比哈里诉里诺》，载《联邦增刊（第二系列）》第 183 卷第 584、603～604 页（纽约东区法庭，2002 年）（根据国际法原则的人身保护令的救济请求）。另外一系列案例涉及人身保护令认为扣押违反了《维也纳领事关系公约》，1963 年 4 月 24 日，《联合国条约集》第 22 卷第 77 页，《联合国条约集》第 596 卷第 261 页。参见，例如，《布利德诉格里恩》，载《美国最高法院判例汇编》第 523 卷第 371、373～375 页（1998 年）。

④ 同上，《联邦增刊（第二系列）》第 189 卷第 1048 页。

⑤ 的确，最高主权由美国人民保有，但是，政府在国内或国外执行被委任的主权权力。参见，《美国宪法》前言、第九及第十修正案，第 329～331、333～335 页以及被引用的文献。

权力）；（2）作为占领国。① 地区法庭声明说：当管辖权和控制不等于主权的时候，地区法庭也是在误导人。条约承认美国有完全的管辖权与控制权，实际上美国拥有的不只是管辖权与控制权（在任何情形下，这也足够了，因为美国在关塔那摩湾对被拘人员行使的是完全的主权权力、管辖权以及控制权）。

在任何情形下，条约（例如，美国有完全的管辖权及控制权，并且完全行使这些权力）以及作为拥有管辖权与控制权的占领国的美国的法规都与管辖权这个法律措辞的意思一致。而且，说到在美国主权领土之外或在某个特定的地区法庭所在地的领土之外被美国或外国指控的人，在很长的历史时间内是允许使用人身保护令的。② 因此，法规不能就这么被狭义地解读去限制人身保护令适用于请求人人身所在的领土内，并且地区法庭也位于该领土内或者在美国的主权领土内的这种情形。的确，也存在域外管辖权，并且管辖权应该根据国际法来解释。③ 法规上措辞的使用关系到一个法庭的管辖权。

---

① 亦参见波斯特：《反恐怖主义》第 1 卷，第 25 页及注释 70。这样说不公平，根据条约古巴明显保有主权，因为条约明确地规定，古巴只是保有最终主权。《牧师联盟》，载《联邦增刊（第二系列）》第 189 卷第 1049 页。在条约之前，美国一直是古巴的占领国。

② 参见，例如，《海因斯案》，载《美国最高法院判例汇编》第 414 卷第 1327、1328～1329 页（1973 年）（授予对驻德国的美国军人的人身保护令的审查）；《格里希姆诉哈根》，载《美国最高法院判例汇编》第 361 卷第 278、278～279 页（1960 年）（人身保护令审查美军驻法国的文职雇员的定罪）；《麦克尔罗伊诉美国代格阿戈拉尔多》，载《美国最高法院判例汇编》第 361 卷第 281、282～283 页（1960 年）（相同）；《里德诉卡弗特》，载《美国最高法院判例汇编》第 353 卷第 1、4 页（1957 年）（颁发给美国在海外的军人的家属的人身保护令）；《美国代托斯诉夸尔斯》，载《美国最高法院判例汇编》第 350 卷第 11、13 页注释 3（1955 年）（关于美国军人的人身保护令）；《彭斯诉威尔森》，载《美国最高法院判例汇编》第 346 卷第 137、138 页（1953 年）；《山下案》中，载《美国最高法院判例汇编》第 327 卷第 1、4～6 页（1946 年）（被美国军事委员会宣告有罪的外国人）；《西村·艾克尤诉美国》，载《美国最高法院判例汇编》第 142 卷第 651、660 页（1892 年）（在日本船只上被阻止登陆的外国人）；《美国诉荣格·阿郎》，载《美国最高法院判例汇编》第 124 卷第 621、622～623、626 页（1888 年）（在旧金山港船上的外国人）；《金内尔诉华纳》，载《联邦增刊》第 356 卷第 779、780～781 页（德·霍，1973 年）（海军军人请求人在海外的美军航母上）；参见，例如，《布朗内尔诉汤姆·威顺》，载《美国最高法院判例汇编》第 352 卷第 180、183 页（1956 年）（发布人身保护令审查给被排除的、没有公民身份的外国人）；《陈诉卡洛儿》，载《联邦增刊》第 858 卷第 569、573 页（佛吉利亚东区法庭，1994 年）（同样）。

③ 参见，例如，波斯特，第 387～388 页。

而且，对联邦法规的解释也应该与国际法相一致，① 并且，如果联邦法规与国际法不可避免地发生冲突，国际法应优先适用，除非国会明确地表达撤销国际法的意图。在这种情形下，国际法规定了人身保护令的可获得性，并且国会也没有明确地表示要退出国际法。在因下面情形下产生的权利，即条约例外（保证条约的至高无上性）下、或战争权力、或战争法对联邦法规和条约之间不可避免的冲突的最后适用的规则的例外（保证在战争的情形下国际法的至高无上性）②，即使国会意图退出国际法，国际法也同样应优先适用。

即使有人身保护令保护，也不能保证法院就提出的请求作出的裁决是支持还是不支持请求人。例如，一个人可以不加审判就被合法地拘留，给予人身保护的审查仅仅能确保政府部门拘留请求人的决定是合法的。然而，司法部门考虑该请求就会让美国避免违反国际法，并且让法院保持司法独立，这对自由及宪法秩序来说是至关重要的。此外，政府部门无权暂停人身保护令。宪法上允许的暂停人身保护令必须由国会颁发。③ 因此，后来的《总统

---

① 参见，例如，《环球航空公司诉富兰克林造币厂》，载《美国最高法院判例汇编》第466卷第243、252页（1984年）；《麦克库洛奇诉洪都拉斯国有联合水手》，载《美国最高法院判例汇编》第372卷第10、21~22页（1963年）；《库克诉美国》，载《美国最高法院判例汇编》第288卷第102、120页（1993年）；《美国诉配恩》，载《美国最高法院判例汇编》第264卷第446、448页（1924年）；《周洪诉美国》，载《美国最高法院判例汇编》第112卷第536、539~540、549~550页（1884年）；《迷人的贝西》，载《美国最高法院判例汇编（科兰齐第2系列）》第6卷第64、117~118页（1804年）；《塔尔伯特诉希曼》，载《美国最高法院判例汇编（科兰齐第1系列）》第5卷第43页（1801年）；《美国诉巴解组织》，载《联邦增刊》第695卷第1456、1465、1468页（纽约南区法庭，1988年）；波斯特，第34、99、105、107~108、418页；波斯特、凡·戴克、马龙，第156~157、453~468页。

② 关于战争权力或战争法的例外，参见，例如，《美国诉麦金塔》，载《美国最高法院判例汇编》第283卷第605、622页（1931年）（宣言）（在战争的情形下，国际法强加对国会有约束力的限制）；《米勒诉美国》，载《美国最高法院判例汇编（沃尔第11系列）》第78卷第268、314~316页（1870年）（菲尔德法官，持不同意见）（在战争权力基础上的立法受制于国际法施加的限制。发动战争的权力是一种根据国际法发动战争的权力，并且不违反国际法。制定规则的权力受制于其所处的国际法内的情形。存在国际法施加的限制，并且，即使被写进了宪法，也一样对国会有约束力）；《美国代施吕特诉瓦特金斯》，载《联邦增刊》第67卷第556、564页（纽约南区法庭，1946年）（引用阿尔伯特·格拉丁，1798年）；《司法部长的意见》第11卷第297、299~300页（1865年）（国会不能废除战争法或授权违反战争法，政府部门也不能）；波斯特，第88、95、99、120页；参见《巴斯诉丁吉》，载《美国最高法院判例汇编（铎尔第四系列）》）第4卷第37、42页（1800年）（奇斯大法官）（战争的程度及战争行动要受国际法的限制和控制）。

③ 参见，例如，波斯特，《反恐怖主义》第1卷，第21~26页。

2001 军令》以及《2002 国防部规则》不可能服务于权力制衡与分立，也就是不合宪法的。

（二）最高法院在拉苏尔案中的裁决

在拉苏尔诉布什案中，① 最高法院裁定，美国在其行使完全的、排他性的管辖权，而不是完全主权的区域拘留外国人，人身保护令授予司法审查政府部门对该拘留的合法性。② 最高法庭提到，"二战"期间的艾森特拉格案中拒绝宪法规定的人身保护令是基于好几个因素的考量，这些因素使该案不同于以前的案例。该案包括这么一个事实，拉苏尔案中的请求者是在美国行使排他性的管辖权与控制权的领土内被拘留的。③ 在艾森特拉格案之后最高法院的裁决拓展了人身保护审查的法定权益，并且将适用于法律程序文件可触及的监护人那里。④ 最高法院提到，没有人质疑华盛顿特区地方法庭对请求人的监护人的管辖权，并且裁定，人身保护令授予地方法庭管辖权来听审有关羁押被拘人员在古巴关塔那摩湾羁押的合法性问题。⑤ 至于在执行《2006 军事委员会法案》之后，这种管辖权是否能存在，因为国会没有宪法上的权力去暂停人身保护令，

---

① 《美国最高法院判例汇编》第 542 卷第 466 页（2004 年）。

② 同上，第 475 页。

③ 同上，第 476 页。在其意见中，肯尼迪法官补充说："这里的情形在两个关键方面不同于艾森特拉格案，以至于其结论是，联邦法院愿意考虑上诉。首先，关塔那摩湾无论从哪个实际方面来看都是美国的领土，并且是一个远离任何战事的领土。法庭的意见很好地解释了美国控制关塔那摩湾的历史。在正式的意义上，美国租用该湾；1903 年的租用协议声明，古巴对该湾保留最终主权。出租该地用于装煤及作为军港，1903 年 2 月 23 日，《美国—古巴条约》第 3 条，载《条约集》，第 418 号。同时，这个租约不是普通的租约。其租期是无限期的，并由美国决定。重要的是美国长期对关塔那摩湾施加无异议和无限的控制。从实际的观点来看，关塔那摩湾无限期的租约产生了一个属于美国的地方，让美国对该湾给予暗含的保护。《艾森特拉格案》，第 777～778 页。第二个关键的事实是，在关塔那摩湾的被拘人员是被无限期扣押的，不享有任何法律程序去裁决他们的身份地位。在艾森特拉格案中，一个军事委员会审判并且宣判囚犯犯有违反战争法的罪行，并且判处他们有期徒刑。已经经历裁定他们身份地位的程序，他们不能再要求开庭审理来表明，他们不是敌国人，而是友好人士，《美国最高法院判例汇编》第 339 卷第 778 页。没有审判或其他诉讼程序的无限期的羁押呈现了完全不同的考量因素。这让朋友和敌人同样都可能一直被扣押着。《美国最高法院判例汇编》第 542 卷第 487～488 页（肯尼迪法官，持相同意见）。

④ 同上，第 478～79 页，引用《布拉登诉肯塔基第 30 司法巡回法庭》，载《美国最高法院判例汇编》第 410 卷第 484、494～495 页（1973 年）。

⑤ 同上，第 483 页。

除非是叛乱或有外敌入侵略时，相信其会继续存在。①

五、结语

当回应恐怖主义以及对国家安全的威胁时，法官不应该去扼杀自由及正当程序。否则，法官在某种程度上就会成为对人权及宪法权力发动恐怖袭击的共犯。毁灭美国的价值观、过度反应、削弱我们民主制度的根基，以及非法执法等都会助长恐怖主义的士气，并且最后都会比真正的恐怖主义袭击更具威胁性。致力于法治、人类尊严、民主政治的法官不能支持这样的结果。

我们的祖先知道，那些拥有政府权力的人的非法地过度反应是对人类尊严、人权、民主制度的威胁，法官及美国人民必须坚定地反对这种行为。② 正是时候检验最高法院的权威性了；同样的，也是时候检验法律的权威性了。当代热爱人权和民主自由的人士也必须表明他们的立场。

想捍卫自己的自由，就必须警惕敌人对其自由的压制。因为，如果一个人未做到这一点，他就创立了一个先例，这个先例最终也会触及自身。③

---

① 正如《美国宪法》第 1 条第 9 节第 2 款规定的："人身保护令的基本人权不能被暂停，除非在叛乱或侵略时期基于公共安全的考虑。"

② 波斯特：第 169~180、192、194、329~330、339~340 页等；乔丹·波斯特：《总统受国家的最高法律约束吗？——重新审视外交与国家安全事务》，载《HAST CONST. LQ》第 9 卷第 719、724、727 页注释 24、740~741、743、746~748、750~752 页（1982 年）；亦参见哈罗德·洪恩尤·克赫：《21 世纪美国人权政策》，载《圣路易斯大学法律学报》第 46 卷第 293、335 页（2002 年）（我们已经制定了如此严格而又详尽的国内法和国际法、机构及决策程序，以至于在这个时刻，这个体系只能被参照和遵守，而不容被忽视）。

③ 《托马斯·潘恩作品全集》第 2 卷第 588 页（皮·冯纳版，1945 年）。

东共体法院，外国仲裁裁决的执行和东共体一体化进程[*]

奥　鹏[**]　著

朱伟东　王　婷[***]　译

目　次

一、引言
二、《东共体条约》与仲裁裁决的执行
三、执行成员国裁决的国内机制以及与东共体法院司法管辖权的潜在联系
四、结语

一、引言

国际仲裁已经成为解决国际商事争议的主要方式之一。一个强有力且有效的执行机制是成员国依赖国际仲裁的原因之一，当裁决债权方(award-creditor)寻求执行仲裁裁决时，该机制给予其确定性支持以作出裁决的执行。上述行为

---

　　* Oppong, R. (2019). The East African Court of Justice, Enforcement of Foreign Arbitration Awards and the East African Community Integration Process. Journal of African Law， 63 (1)， 1-23.

　　** Richard Frimpong Oppong, LLB (Ghana), LLM (Cambridge), LLM (Harvard), PhD (University of British Columbia), Fellow of the Ghana Academy of Arts and Sciences. Associate professor, Faculty of Law.

　　*** 朱伟东，中国社会科学院西亚非洲研究所研究员，研究方向：非洲法、国际私法、国际仲裁；王婷，中国社会科学院研究生院 2017 级博士生，研究方向：非洲法、非洲国际关系。

的实现主要是通过 1958 年《承认和执行外国仲裁裁决公约》(《纽约公约》)①和 1965 年《解决国家与他国国民间投资争端公约》(ICSID 公约)。②

东共体的成员国有布隆迪、肯尼亚、卢旺达、南苏丹③、坦桑尼亚和乌干达。东共体至今仍未发展成为能够实施外国仲裁裁决的以共同体法为基础的机制(a community law based regime)。外国仲裁在这个视阈下可能包括非成员国仲裁、成员国仲裁或东共体法院仲裁。东共体对受理仲裁请求具有管辖权。东共体的所有成员国,除南苏丹外,均是《纽约公约》的成员国;东共体的所有成员国均是《华盛顿公约》的成员国④。除此之外,一些成员国还具备法律机制执行在《纽约公约》和《华盛顿公约》范围之外的外国裁决。

本文审查在东共体内执行外国仲裁裁决的法律机制,主要考察成员国和东共体法院作出的仲裁。但是,对于非成员国仲裁的探讨也同样重要。因为到目前为止,不管是从国家层面还是共同体层面来说,成员国都不具备专门机制执行非成员国的判决。文章分析根据经济一体化的要求是否应该加强现有的机制,如何加强现有的机制,包括是否需要统一成员国有关承认和执行外国仲裁裁决的法律。同时本文也考察是否需要一个以共同体法为基础的机制来执行外国仲裁裁决。本文并未将有关国内和国外仲裁在促进东共体经济一体化进程中所扮演的角色问题进行更广泛的延伸。⑤

二、《东共体条约》与仲裁裁决的执行⑥

(一)缺乏以共同体为基础的机制执行仲裁

经济一体化的目标就是促进在一个经济集团内的贸易和投资。东共体在 1999 年《东共体条约》⑦第 5 条中将经济一体化制定为目标之一。成员国通常

---

① 330 UN Treaty Series 38.

② 575 UN Treaty Series 159.

③ 南苏丹是东共体的最新成员,于 2016 年 4 月 15 日加《东共体条约》,并于 2016 年 8 月 15 日成为正式成员。

④ 本文不讨论在成员国执行 ICSID 仲裁裁决问题。

⑤ 详情看 K. Muigua "Building Legal Bridges: Fostering Eastern Africa Integration through Commercial Arbitration" (2015) 1 Alternative Dispute Resolution (CiArb, Kenya) 49.

⑥ 想了解这部分更详细的内容,参见 Oppong, *Legal Aspects of Economic Integration in Africa*, New York: Cambridge University Press, 1th edn, 2011, p. 186。

⑦ 2144 UN Treaty Series I-37437.

选择仲裁作为解决由跨境经济交易引起的争端的主要解决方式。因此，选择仲裁裁决的成员国担心的问题都是关于最终仲裁裁决的执行；确实，这是所有成员国进行任何争端解决所面临的实际情况。就像法官宾汉康登曾在法庭判决中说的那样，但也同样适用于仲裁裁决："就像多数原告已从他们的花费中明白，这是恢复有利判决的一件好事；对于寡廉鲜耻的被告而言却另当别论了。但是，一个不能执行的判决从最好的角度来说，它是无意义的；从最坏的角度而言，它是资源的附加损失。"①

下面将保留一个例外讨论，《东共体条约》没有关于仲裁和执行仲裁裁决的任何明示规定。东共体也并未存在任何倡议表明将组建或制定以共同体法为基础的机制以执行仲裁裁决。对比其他非洲和世界其他区域经济一体化条约可知，东共体在这个方面的做法并非一枝独秀。《东共体条约》或其他共同体法缺失对仲裁方式的明确表述并未否认在区域经济一体化视阈下建立强健的机制以执行外国仲裁裁决的重要性。随着经济一体化不断发展，区域贸易交易和商事交往不断加强，我们可以预知将会出现许多争端，争端当事方将更频繁地诉诸使用决定争端机制，包括仲裁。

在较大程度上，世界各地的区域经济共同体并未将执行仲裁裁决的区域机制优先化，主要是因为《纽约公约》的主导地位。除了美洲国家组织②和非洲商法协调组织外③，并无其他任何区域共同体采用区域机制执行仲裁裁决。事实上，美洲国家组织和非洲商法协调组织并不是恰当的区域经济共同体。在加勒比共同体内，成员国有望统一关于商事仲裁的法律④，但是对已实施《纽约公约》的成员国而言，它们应被认为在成员国立法上已规定了合适的程序以确保对仲裁裁决的承认和执行。⑤

在欧盟内，1958年《建立欧洲经济共同体条约》（EEC Treaty）第220条规定成员国"至于必要性而言，参与各方就确保各自成员的利益而进行协商……简化管理互相承认和执行司法判决和仲裁裁决的程序"。关于第220条，《欧

---

① Société Eram Shipping Company Limited v. Hong Kong and Shanghai Banking Corporation Limited［2003］UKHL 30，para 10.

② 例如，1975年《美洲国家国际商事仲裁公约》和1979年《美洲国家间关于外国判决与仲裁裁决的域外效力公约》。

③ OHADA Uniform Act on Arbitration 2017.

④ Revised Treaty of Chaguaramas establishing the Caribbean Community Including the CARICOM Single Market and Economy，art 74(2)(i).

⑤ Id，art 223(3).

共体条约》采用 1968 年《关于民商事裁判管辖权及判决执行的公约》(《布鲁塞尔公约》)。但是，在关于仲裁裁决方面该公约并未予以采用，因为在 1958 年已采用了《纽约公约》。《纽约公约》几乎是和 1958 年采用的《欧共体条约》时间一致。值得回顾的是，1961 年欧洲关于国际商事仲裁条约在联合国欧洲经济委员会的主办下予以缔结。虽然该条约不是欧盟的法律文件(instrument)，但条约的主要目标是促进"尽可能地发展欧洲贸易，通过清除可能阻碍实体或欧洲各国家法人间的国际商事仲裁组织和运营的困难"。① 因此，条约明确地承认了贸易和争端解决间的相互关系②。

　　另一个解释东共体为什么缺失倡议以组建或制定以共同体法为基础的机制的原因，是因为东共体内存在为数不多的有关东共体成员国就执行外国仲裁裁决的司法历史的案例，甚至有关其他成员国外国裁决的案例就更少了③。这一现象表明：东共体成员国国内法庭缺乏处理执行外国仲裁裁决案件的经验。确实，人们也很难获取成员国法庭在这一方面作出裁决的案件。

(二)执行东共体法院仲裁裁决

　　东共体法院是东共体的一个重要组成机构。东共体法院具有管辖权裁决由人员(共同体、共同体机构或个人)递交的案件。这些人员选择东共体法院作

---

　　① 1961 年《欧洲国际商事仲裁公约》，第 484 号联合国条约第 349 编，序言。本公约的缔结国主要是西欧和东欧国家。布基纳法索也于 1965 年批准了该公约。

　　② 关于公约的评论，请看 DT Hascher "European Convention on International Commercial Arbitration of 1961 Commentary" (2011) 36 Yearbook Commercial Arbitration 504。

　　③ 少数已公布的案例有：Glencore Grain Ltd. v. TSS Grain Millers Ltd. [2002] KLR 1 (执行英国仲裁裁决)；Tanzania National Roads Agency v. Kundan Singh Construction Limited Misc Civil Appln No. 171 of 2012 (High Court of Kenya, 2013) (执行瑞典仲裁裁决)；Anzania Electric Supply Company Limited v. Dowans Holdings SA (Costa Rica) Misc Civil Appln No. 8 of 2011 (High Court of Tanzania, 2011) (执行英国仲裁裁决)；Open Joint Stock Company Zarubezhstroy Technology v. Gibb Africa Limited Misc Appln No. 158 of 2016 (High Court of Kenya, 2017) (执行俄罗斯仲裁裁决)；Foxtrot Charlie Inc. v. Afrika Aviation Handlers Limited Civil Suit 557 of 2004 (High Court of Kenya, 2012) (执行瑞士仲裁裁决)；年份更早的案件，请看 Kassamali Gulamhusein & Co. (Kenya) Ltd. v. Kyrtatas Brother Ltd. [1968] EA 542 (肯尼亚执行英国仲裁裁决)；Agoritis Estates Ltd. v. WJ Tame Ltd. [1960] EA 384 (坦桑尼亚执行肯尼亚仲裁裁决)；Tanzania Cotton Marketing Board v. Cogecot Cotton Company SA [1997] TLR 164 (坦桑尼亚执行英国仲裁裁决)。

为仲裁争端的法庭。① 主持仲裁的法官以法庭的身份而不是个人的身份出席。被授予仲裁管辖权的是东共体法院，而不是个人法官。换句话说，当东共体法院裁决争端时，东共体法院作为超国家法庭，接受成员国双方的任命成为仲裁庭。东共体法院的管辖权覆盖国家间仲裁和商事仲裁。确实，《东共体条约》第 32 条特别规定了在"商事合同或协议"中的仲裁条款。该条规定：

"法庭应对以下问题具有审理和裁决的管辖权：（a）包含在合同或协议内载有仲裁条款，规定赋予共同体或其任何机构作为当事人的司法管辖权；或（b）成员国如果争端是根据有关伙伴国之间的一项特别协定提交给条约的，则该争端是由于伙伴国之间关于本条约的争端引起的；或者因当事人在商事合同、协议中约定的仲裁条款向法院行使管辖权而产生的。或者（c）成员国在商事合同或协议中表示将管辖权交予法庭。"

至今为止，只有一项关于援引东共体法院仲裁管辖权的判决。② 在 Nayebare Alice v. East Africa Law Society 案件中③，原告请求获得 48387 美元的补偿，这笔费用包括雇佣工资报酬、假期和遣返津贴、杂项费用和离职费用。除此之外，原告申诉"被告清楚地知道/或签署了必要表格［国家社保基金（NSSF）］使原告可以获得其国家社保基金存款"。这项仲裁诉求已得到受理。判决于 2014 年 3 月 9 日生效，仲裁庭裁决：原告有权获得 8534 美元的赔偿金，外加从 2014 年 3 月 9 日开始按坦桑尼亚汇率计算的利息，直到被告全额支付完赔偿金额；被告应在裁决后 7 天内将汇款 724.5 美元至国家社保基金作为对原告的捐款费用，时间为 2004 年 9 月至 12 月。④

虽然东共体法院仲裁管辖权只被援引了一次，但是这是东共体法院拥有的一个重要的管辖权。东共体法院仲裁管辖权为成员国双方解决在东共体内自由交易产生的争端提供了法庭场所。因此，个人能够积极地参与到东共体经济一

---

① EAC Treaty, art 32. EACJ Arbitration Rules 2012, available at: http://eacj.org//wp-content/uploads/2014/05/Arbitration-Rules-of-EACJ.pdf (last accessed 21 November 2018). E Ugirashebuja, JE Ruhangisa, T Ottervanger and A Cuyvers East African Community Law: Institutional, Substantive and Comparative EU Aspects (2017, Brill Academic Publishers), at 248-50.

② 对比 in Building Design Enterprise v. Common Market for Eastern and Southern Africa Appln No. 1 of 2002 (Comesa Court of Justice, 2002)，东南非共同市场法院是一个接受当事各方指定作为仲裁法庭的超国家法院。但是，成员国达成和解，仲裁程序停止了。

③ Arbitration Cause No. 1 of 2012.

④ 本案例摘要摘自东非共同体法，above at note 16 at 250.

体化进程中。对于在东共体内进行商业交易、寻求一个中立、快速和"一方控制"的争端解决法庭的人来说，东共体法院的仲裁管辖权可能同样有用。对于成员国而言，除了诉诸伦敦、华盛顿、日内瓦、海牙或巴黎等富裕的街道和办事处进行国际仲裁，他们也可以援引东共体法院仲裁管辖权解决与外国投资者和有业务往来的公司以及公司间的争端。①

基于这些原因，建议鼓励在东共体内进行交易的成员国利用东共体法院作为仲裁庭解决成员国间的商业争端。比起国外的仲裁机制，这种方式花费更少且更容易获取。需要承认的是，对于更愿意选择东共体法院而不是其他区域或国际仲裁机制的成员国而言，东共体法院将不得不进一步发展其在商事仲裁方面的能力，包括对东共体法院法官的培训以及提高必要的物质基础设施。从这个方面来说，同基加利国际仲裁中心等其他区域仲裁中心合作，并汲取经验将对东共体法院更有用。

关于东共体法院仲裁管辖权的重要问题是关于执行行使该项管辖权作出的裁决。特别令人感兴趣的是，在执行外国仲裁裁决方面所形成的原则在多大程度上可以扩展到东共体法院的裁决。虽然《东共体条约》对执行东共体法院仲裁方面未有规定，但是《2012 年东共体法院仲裁规则》第 36 条第 3 款规定，"仲裁裁决的执行应按照请求执行国的执行程序进行"。因此，需察看成员国国内法有关执行外国仲裁裁决的规定以审查东共体法院的仲裁裁决是否能够得到有效执行，特别要考虑经济一体化的大背景和东共体法院在东共体内的角色的地位。

正如下文讨论的一样，外国仲裁裁决的执行主要是由成员国国内法律规定的。② 如果一项裁决不符合根据成文法执行的规定，而成文法中有许多是根据互惠原则执行的③，则裁决可以根据普通法予以执行④，或者，如下文所讨论的，作为一项待判决执行。上述已提及，东共体所有成员，除了南苏丹，均

---

① Generally M Happold and R Radovic "ECOWAS Court of Justice as An Investment Tribunal" (2018) 19 Journal of World Investment & Trade 95.

② Kenya：Arbitration Act 1995, secs 36-37；Rwanda：Law on Arbitration and Conciliation in Commercial Matters 2008, secs 50-51；Tanzania：Arbitration Act 2002；Uganda：Arbitration and Conciliation Act, 2000, secs 39-47.

③ 除卢旺达外，东共体所有成员国均是《纽约公约》成员国，它们都已作出一项保留，即它们只将《纽约公约》适用于在另一个缔约国领土上承认和执行所作的裁决。

④ J Fawcett and JM Carruthers Cheshire, North & Fawcett Private International Law, London：Oxford University Press, 14th ed, 2008, pp. 652-654.

是《纽约公约》的成员国。在受到特定限制的情况下，根据《纽约公约》，仲裁裁决的执行应"根据裁决所依据的领土的议事规则"。① 对执行东共体法院的仲裁裁决同样重要的可能是 1985 年《联合国国际贸易法委员会国际商事仲裁示范法》(国际商事仲裁示范法)②，肯尼亚、卢旺达和乌干达已根据该法律颁布了国内法律。

执行外国仲裁裁决的一个长期存在的问题是，执行法院可以在多大程度上拒绝执行裁决。这种权利存在于非洲国家处理执行外国裁决的法律中。例如，例如，根据肯尼亚《1995 年仲裁法》第 35 条和第 36 条，法院可根据当事一方的申请或其本身的意愿，撤销或拒绝执行仲裁裁决。对于东共体法院作出的仲裁也不会例外。确实，无论东共体法院仲裁裁决是属于外国裁决还是属于国内裁决，国家法院都有管辖权撤销裁决。东共体法院仲裁裁决在东共体成员国的仲裁立法程序上并未享有优先地位。这是经济一体化背景下一个重要的问题，也是一个确保共同体——国家纵向关系的视角。撤销或拒绝执行东共体法院裁决，将会扰乱共同体和国家法院间的纵向关系。总的来说，这一做法将会破坏东共体仲裁司法管辖权的效用。

关于执行外国判决的国家法律通常将《纽约公约》和《国际商事仲裁示范法》中所载的不执行理由编成法典。《纽约公约》和《国际商事仲裁示范法》规定了不执行的理由，必须根据"作出裁决的国家的法律"或"根据进行仲裁的国家的法律"作出决定。③ 从关系视角和经济一体化背景来看，这一做法产生两个问题。第一，裁决可能不被承认，后果是在成员国内东共体法院的司法行为(仲裁裁决)无效。第二，因为成员国使用国内法而不是共同体法，东共体法院仲裁裁决将在成员国内无效。因援引不符合国内法规定而不执行东共体法院的裁决将破坏共同体——国家的纵向关系。让我们假设一下，举个例子，肯尼亚最高法院拒绝执行东共体法院裁决因为东共体法院没有适用坦桑尼亚法，坦桑尼亚法是合同双方的适用法律。这种定位将意味着肯尼亚法院给予成员国法优先地位，而不是由东共体法院裁决。至少，对于东共体法院裁决的适用问题上将会将肯尼亚法院放置在一个不公平的位置上，即肯尼亚法院要在支持东共体法院裁决和确保成员国法的正确适用上作出选择。

---

① New York Convention, art III.

② 24 International Legal Materials 1302.

③ UNCITRAL Model Law, art 36(a)(i)(iv)(v); New York Convention, art V(a)(d)(e).

不可否认，有人可以说，特别是在关于两个由东共体法院仲裁私人当事方的诉讼中，与共同体法或共同体利益无关，因此诉讼作出的裁决应被看成"其他外国仲裁裁决"。递交给东共体法院的许多重要的仲裁请求很大可能属于这一类。许多私人商业请求不可能涉及东共体法或者从这里获取利益。这种个案处理方法的困难在于决定由哪个机构（东共体法院或强制执行的国家法院）负责确定诉求是纯粹的私人商业诉求，还是涉及共同体法或利益的诉求。建议对东共体法院仲裁裁决的执行制度不得允许国家法院审查、撤销或拒绝执行这些裁决。如果东共体拥有一个强有力的执行机制，可以阻止国家法院对东共体法院仲裁裁决进行审查或是撤销的话，在东共体内进行交易的成员国更可能选择在东共体法院仲裁它们的争议。

类似于上述所提到的模式机制可以在《华盛顿公约》第53、54条中找到。《华盛顿公约》第54条第1款规定，每一缔约国都有义务承认根据《华盛顿公约》作出的裁决具有约束力，并在其领土内执行该裁决所规定的金钱义务，该裁决是该国法院的最终判决。《华盛顿公约》第53条第1款规定："仲裁裁决对双方均有约束力，除本公约规定以外，不受任何上诉或任何其他救济的约束。各方应遵守裁决的规定，但根据本公约的有关规定中止执行的情况除外。"该条约阻止了国家法院修改或撤销解决投资国际争端中心作出的裁决。换句话说，对解决投资国际争端中心作出的裁决没有任何额外的审查。《华盛顿公约》有自己独立的审查裁决的程序。解决投资国际争端中心的诉讼当事人不得向国家法院提起撤销或复审裁决的诉讼；《华盛顿公约》缔约国的法院有义务驳回任何此类行为。《华盛顿公约》的这种独特性质对解决投资争端国际中心裁决的最终确定至关重要。它与其他国际仲裁机构相比具有明显的优势。①

如上述所说，所有东共体成员国均是《华盛顿公约》缔约国。确实，一些成员国已经制定国内立法实施《华盛顿公约》。② 值得注意的是，与其他执行外国裁决的法规相比，实行《华盛顿公约》的任何法律都没有规定允许国家以

---

① CH Schreuer The ICSID Convention：A Commentary（New York：Cambridge University Press，2001），pp. 1082-1084.

② For example，Kenya：Investment Dispute Convention Act 1966；Uganda：Arbitration and Conciliation Act 2000，secs 45-47. For A Survey of the Statutes of African States Imple-menting the ICSID Convention，see *AA Asouzu International Commercial Arbitration and African States：Practice，Participation and Institutional Development*，New York：Cambridge University Press，2001，pp. 370-378.

任何理由拒绝执行裁决。根据《华盛顿公约》的规定，强制执行法院应中止强制执行程序，以便当事各方回到解决投资争端国际中心解决它们与裁决有关的分歧。

如果成员国愿意给予不是由他们所创建的，坐落在例如华盛顿这样遥远的地方的一个机制以优先地位的话，他们更愿意，或者至少不勉强给予东共体法院同样的优先地位，因为东共体法院是由成员国自己创建的机制，坐落在成员国门前，东共体法院的法官由成员国选择。在涉及个人和成员国的请求更是如此。国内法或与《华盛顿公约》第53条相媲美的东共体立法具有确保东共体法院的裁决不受国内法管辖的优势，这种受到国内法管辖的方式将破坏东共体法的有效性、可执行性或破坏纵向的共同体—国家关系。同时，东共体法院裁决的优先地位可能会提高个人选择东共体法院作为解决争端的法庭的机会。

这并不否认解决投资国际争端中心和它不同于东共体法院的执行机制有其独特的方面。例如，国际投资争端解决中心有内部的裁决审查机制，裁决的债务人往往是国家，国家可能对国家法院施加影响以撤销裁决，并且解决投资国际争端中心机制只处理国际投资争端。但是这些不同并不能否认上文所阐述的中心论点，即执行作为超国家的区域法院的东共体法院仲裁裁决应不受国内法院对其的审查，无论争议的性质如何或涉及的当事方如何。

三、执行成员国裁决的国内机制以及与东共体法院司法管辖权的潜在联系

（一）执行《纽约公约》裁决

在类似于东共体等区域经济共同体内，执行成员国裁决有利于促进跨境经济交易。这就产生了一个问题，即不执行成员国裁决何时会构成违反《东共体条约》或东共体法？换句话说，一个成员国法院决定不执行另一个成员国的裁决是否构成了违反《东共体条约》或东共体法？当然，如果一个国家法院的决定被认为是违反共同体法的规定，那么它可能受到条约的挑战。举个例子，在欧盟内，欧盟法院（EUCJ）已宣告各成员国可对其各自司法机构违反欧盟法律的行为承担责任。① 在《东共体条约》内并无任何免除成员国法院的裁决免受条约挑战的规定。相应的，包括有关成员国执行裁决的国内司法判决不应免受东共体法的审查。也就是说，目前在大多数情况下某个成员国法院决定不执行另一国家的仲裁裁决，则可能违反《东共体条约》或东共体法律。难以相信这

---

① Case C-224/01, Gerhard Köbler v. Republik österreich［2003］ECR I-10239.

个情况还是大多数。东共体法院很可能拒绝这类申请的管辖权，并坚持认为它对国家法院的决定不应上诉。①

国内更有可能面临诸多此类的挑战，即持有成员国裁决的原告可能面临着尝试在另一个成员国执行裁决的问题。② 这一挑战将会对东共体内的跨境商事交易带来威胁。但是，东共体内只有一个成员国不是《纽约公约》的成员国，这一事实让上述问题的解决看到曙光。《纽约公约》第 3 条规定："各缔约国应承认仲裁裁决具有约束力，并根据所依据的地区议事规则和下述条款规定的条件下执行仲裁裁决。对于承认或执行本公约适用的仲裁裁决，不得施加比承认或执行国内仲裁裁决多得多的繁重条件或更高的费用。"

这一规定表明国内法执行仲裁裁决的重要性，尤其是成员国的裁决。《纽约公约》已在其大多数缔约国的国家法律中得到执行。以坦桑尼亚为例，虽然《纽约公约》于 1965 年 1 月 1 日生效，但坦桑尼亚尚未在国内执行该公约。作为二元论国家，这意味着《纽约公约》在坦桑尼亚国内并未具有效力。确实如此，不像其他非洲国家制定了有关仲裁法律，2002 年坦桑尼亚仲裁法并未包含任何关于执行《纽约公约》成员国仲裁裁决的特殊规定。③《纽约公约》的不

---

① Hon Sitenda Sebalu v. The Secretary General of the East African Community, The Attorney General of the Republic of Uganda, Hon Sam K Njuba and the Electoral Commission of Uganda ref No. 1 of 2010 (EACJ, First Instance Division, 2011) 法院裁定的上诉法院规定的第 35 条规定，上诉管辖权是东共体内部上诉(从初审法院到上诉法院)。这样的法律上诉受限于法律，缺乏管辖权或程序性违规。东共体法院的上诉管辖权和国家法院的上诉无任何关系。请看 Mary Ariviza and Okotch Mondoh v. Attorney General of the Republic of Kenya and Secretary General of the East African Community ref No. 7 of 2010 (EACJ, First Instance Division, 2011)，法院认为，法院根据第 30 条第(1)款在行使其原有管辖权时可以查询的事项不包括司法决定，司法决定在行使上诉或复审管辖权时只能进行必要的查询或审查。

② F Kariuki "Challenges facing the recognition and enforcement of international arbitral awards within the East African Community" (2016) 4/1 Alternative Dispute Resolution (CiArb, Kenya) 71. Generally AA Asouzu "African states and the enforcement of arbi-tral awards: Some key issues" (1999) 15 Arbitration International 1; E Onyema "Enforcement of arbitral awards in sub-Sahara Africa" (2010) Arbitration International 115.

③ 坦桑尼亚执行仲裁机制的更多内容，请看 CJ Mashamba Alternative Dispute Resolution in Tanzania: Law and Practice (2014, Mkuki Na Nyota Publishers Ltd.) at 148-159; WB Kapinga and ES Ng'maryo "Registration and enforcement of arbitral awards in Tanzania" (2013) The European, Middle Eastern and African Review 94; R Rana "The Tanzania Arbitration Act: Meeting the challenges of today with yesterday's tools?" (2014) 2/1 Alternative Dispute Resolution (CiArb, Kenya) 229.

执行可能会对成员国国内执行仲裁裁决带来严重问题。

虽然坦桑尼亚尚未在国内执行《纽约公约》，1923 年《仲裁条款议定书》《日内瓦议定书》①和 1927 年《外国仲裁裁决执行公约》《日内瓦公约》②在坦桑尼亚确实具有法律效力，因为它们是由 2002 年《仲裁法》予以实施的。有意思的是，鉴于坦桑尼亚是《纽约公约》的成员国，根据《纽约公约》第 7 条第 2 款，《日内瓦公约》已在坦桑尼亚和其他缔约国之间"停止生效"。正如前坦桑尼亚大法官穆罕默德奥斯曼在下文所言，目前坦桑尼亚的仲裁法律框架带来了一些问题。他说："这不仅在法官和仲裁员间存在共识，且在法律界、商界和投资界都认为我们的仲裁法明显过时了。仲裁不再是友好的方式。它已经且将继续引起不必要的诉讼，干扰仲裁的基本原则和程序，甚至被一些当事方用来阻挠仲裁的基本目标——公平、公正地解决商事纠纷和其它纠纷，尊重仲裁协议当事人的自主权和自由选择。正如《仲裁法》第 17 条第 1 款规定，在法庭上提交的仲裁裁决可强制执行，就像法院的命令一样，我们经常遇到为了解除执行而提出的无理质疑。"③

坦桑尼亚立法面临的情况可能和布隆迪、肯尼亚、卢旺达和乌干达形成对比。上述提及的四个国家均是《纽约公约》的成员国，《纽约公约》在它们的国内法律制度中具有法律效力。肯尼亚和乌干达二者均是二元论国家，它们实施立法程序对承认和执行《纽约公约》成员国的外国仲裁裁决进行特别规定。例如，在 1995 年肯尼亚《仲裁法》第 35 条第 2 款中规定："国际仲裁裁决应被承认具有约束力，且根据《纽约公约》的规定或肯尼亚签署的有关仲裁裁决的其它条约规定予以执行。"同样的，在 2000 年乌干达《仲裁协调法》第 41 条规定："任何根据本部分可强制执行的《纽约公约》裁决，均应被视为对作出裁决的双方具有约束力。"

在关于执行外国仲裁裁决方面，人们担心一些实施《纽约公约》国家的立法超出了《纽约公约》的范围，包括可能拒绝承认和执行仲裁裁决的理由。这

---

① 27 League of Nations Treaty Series 157.

② 92 League of Nations Treaty Series 301.

③ 2016 年 7 约 21 日，尊敬的嘉宾：坦桑尼亚首席大法官穆罕默德·钱德·奥斯曼议员在坦桑尼亚仲裁员协会年会上的开幕词。请看 Generally sec 11(2) of Tanzania's recently enacted Natural Wealth and Resources (Permanent Sovereignty) Act, 2017, which provides that "disputes arising from extraction, exploitation or acquisition and use of natural wealth and resources shall be adjudicated by judicial bodies or other organs established in the United Republic and in accordance with laws of Tanzania"。

是特殊的，尽管加拿大等其他国家的判例表明拒绝《纽约公约》第 5 条所规定的承认和执行该裁决的理由并不充分。① 拒绝承认和执行仲裁的其他理由可以说是含糊不清的，且带有民族国家色彩。这可能潜在破坏了成员国仲裁裁决的执行。例如，在 1995 年肯尼亚《仲裁法》第 37 条第 1 款中规定，拒绝承认和执行仲裁裁决如果一方向高等法院提供证据证明……仲裁裁决的作出是受欺诈、贿赂、腐败或者不正当影响的。到目前为止，似乎还没有人提及这一抗辩理由。同样，根据 2002 年坦桑尼亚《仲裁法》，外国仲裁裁决的执行不得违反坦桑尼亚法律原则。②

成员国有关东共体仲裁法规和判例揭示了其各自执行外国仲裁裁决的法律制度的多样性来源。在经济一体化的背景下，这可能没有好处，特别是因为它涉及执行来自其他成员国的裁决。有关多样性的一个例子是缺乏对肯尼亚最高法院在关于执行外国仲裁裁决的上诉权。换句话说，肯尼亚高等法院对这个问题有最终决定权。③

当我们将注意力转向关于承认和执行成员国外国仲裁裁决的案例法时，国家在立法方面的趋势有所缓解。法院在决定是否执行外国仲裁裁决时，一直面临着如何平衡权力和缓解多方利益的问题。可以这么说，虽然现有的司法体系支持法院执行裁决，但在存在有立法理由不执行裁决时，法院在处理该问题上同样很敏感。

卡里湖在 2013 年关于卢旺达法律制度的文章中指出："在迄今执行外国仲裁裁决的少数案例中，法院通常表现出愿意执行外国仲裁裁决。"④法律强制执行(pro-enforcement)的立场可以在坦桑尼亚国家公路局诉昆丹建筑有限公司案例⑤中体现。在该案件中，肯尼亚最高法院声称，肯尼亚 1995 年仲裁法中第 37 条规定，法院可能有拒绝适用承认和执行仲裁裁决的唯一理由。在有管辖权的一些案件中，法院保留执行外国仲裁裁决的裁量权(residual discretion)，

---

① Yugraneft Corp v. Rexx Management Corp 2010 SCC 19，paras 1-34.

② 仲裁法，sec 30(1)(e) read together with art 1(e) of the 4th schedule.

③ Tanzania National Roads Agency v. Kundan Singh Construction Limited Civil Appeal No. 38 of 2013 (Kenya Court of Appeal，2014).

④ D Kayihura "Rwanda" in L Bosman (ed.) Arbitration in Africa: A Practitioner's Guide (2013，Kluwer Law International) 223 at 229，他指出："到目前为止，没有任何已知的裁决执行遭到卢旺达法院以任何理由予以拒绝。"

⑤ Above at note 15.

即便是在已确立一项法律或《纽约公约》抗辩事由的方面也是如此。① 但是，在肯尼亚有人认为："因此，法院不能完全忽视关于赞成保留承认自由裁量权的抗辩。这些理由被写入法律并凌驾于司法自由裁量权之上。"②在坦桑尼亚，最高法院已经在一起高度政治化的交易和诉讼中，对一家国有企业作出了有利于外国投资者的裁决。③ 法院拒绝审查已经提交法庭并由法院作出决定的法律和事实问题。④ 法院还认为，坦桑尼亚的公共政策确保了"争端和仲裁商业裁决的最终性"。⑤ 有意思的是，最高法院和上诉法院均驳回了这家国有企业在上诉期间暂缓执行裁决的申请。⑥

最近，奥拓法官在扎鲁贝兹特罗科技股份有限公司诉吉布非洲有限公司案件中表示："法院的职责应该是鼓励和支持国际仲裁。通过法院回避仲裁程序，应当在符合仲裁行为合理规定的特殊情况下作出。法院被允许干预的有限情况必须谨慎地援引和得到法院的批准。法院干预的证据必须足够令人信服，如有疑问，将继续进行仲裁后续程序。在《仲裁法》第35条和第37条所指范围内表明正当理由的责任不容易免除。《纽约公约》贯穿着一个强制执行的主题，这一主题也必须在国内得到转变。"⑦

这一声明为当事方就挑战执行裁决理论方面提供了确定性。也就是说，公共政策抗辩的适用引起人们的关注。拒绝承认和执行外国仲裁裁决的理由存在一些问题。⑧ 需要承认的是，这仍是一项未解决的抗辩，因为很难定义抗辩理

① Kanoria v. Guinness [2006] EWCA Civ 222, paras 24-26; China Nanhai Oil Joint Service Corporation Shenzhen Branch v. Gee Tai Holdings Limited (1995) 2 HKLR 215; J Hill, "The Exercise of Judicial Discretion in Relation to Applications to Enforce Arbitral Awards under the New York Convention 1958" (2015) 36 Oxford Journal of Legal Studies 304.

② Foxtrot Charlie, above at note 15, para 32.

③ Tanzania Electric Supply Company Limited v. Dowans Holdings SA (Costa Rica) misc. civil apply No. 8 of 2011 (High Court of Tanzania, 2011).

④ Ibid.

⑤ Ibid.

⑥ Tanzania Electric Supply Company Limited v. Dowans Holdings SA (Costa Rica) civil appln No. 142 of 2012 (Court of Appeal of Tanzania, 2013). The matter was amicably settled out of court and the full appeal was not heard.

⑦ Misc appln No. 158 of 2016 (High Court of Kenya, 2017), para 71.

⑧ N Mboce, "Enforcement of International Arbitral Awards: Public Policy Limitation" (2015) 3/1 Alternative Dispute Resolution (CiArb, Kenya) 101; J Mcdonald and A Gachie, "Reflections on Public Policy in International Commercial Arbitration: A Kenyan Perspective" (2016) 4/2 Alternative Dispute Resolution (CiArb, Kenya) 204.

论适用的范围。正如在伯利兹银行有限公司诉伯利兹司法部长案件中所看到的,"大约两百年前,鲍伦在理查森诉梅利什案中所说的,'公共政策'是一匹很任性的马。他警告说,一旦你骑上它,你永远不知道它会把你带到哪里。这一告诫尤其具有先见之明,因为公共政策的概念是流动的、开放的、可能包含各种各样的行为。它受时间和地点的制约。宗教和道德,以及寻求执行的国家的基本经济、社会、政治、法律或外交事务都可能合法地引起公共政策方面的担忧。无论是对实质性的担忧还是程序性担忧,如果这些担忧对执行国的政策而言是基础的,就可以成功地援引公共政策。"①

东共体法院在定义公共政策抗辩范围方面面临着难题。在坦桑尼亚国家公路局诉昆丹建筑有限公司案件中②,肯尼亚最高法院认为,根据斯德哥尔摩商会规则组成的仲裁法庭未能将坦桑尼亚法律适用于坦桑尼亚法律管辖的合同,这一事实使执行该裁决不符合肯尼亚的公共政策。这是一项引人注目的裁决,特别是考虑到仲裁所在地瑞典法院早些时候曾以类似的理由拒绝撤销裁决。③早些时候,肯尼亚法院驳回了搁置裁决的申请,理由是只有瑞典法院有管辖权作出这样的决定。④ 尽管被告成功使用公共政策作为抗辩理由对抗裁决的执行,有来自其他国家的比较法学和学术观点认为,之前执行仲裁裁决的法院寻求可能不审查裁决的价值。⑤ 更值得注意的是,当案件被上诉时,上诉法院因缺乏管辖权驳回了提出的上诉。⑥ 法院的理由是,根据1995年《仲裁法》第36条,只有最高法院具有决定承认和执行国际裁决的适用的管辖权,而对有关国际裁决的决定没有进一步的上诉权利。⑦

① [2013] CCJ 5 (AJ), para 21.
② Above at note 15.
③ KSC International Ltd. (previously Kundan Singh Construction Ltd.) v. Tanzania National Roads Agency, Svea Court of Appeal (Hovrätt), judgment of 3 May 2013, case No. T 3735-12, Unofficial English Translation available at:〈www. lcia. org/media/Download. aspx? MediaId=354〉(last accessed 21 November 2018).
④ Kundan Singh Construction Ltd. v. Tanzania National Roads Agency Misc Civil Cause 248/2012 (Kenya High Court, 2012).
⑤ Lord Collins (ed.) Dicey, Morris and Collins on the Conflict of Laws (2012, Sweet & Maxwell), para 16-137; Corporacion Transnacional de Inversiones, SA de CV v. STET International, SpA (1999) 45 Ontario Reports (3d) 183.
⑥ Tanzania National Roads Agency v. Kundan Singh Construction Limited Civil Appeal No. 38 of 2013 (Kenya Court of Appeal, 2014).
⑦ 对于国内的裁决有上诉的权利。

木塔瓦法官对公共政策有另一种扩展观点，在湖步舞查理有限公司诉非洲航空处理有限公司案中，他认为，仲裁裁决应经过"司法审查，以再次确认裁决符合肯尼亚成文法律，以及该国正义和公正的基本概念"①。他进一步推断："这种过滤……这不仅是一种'掩饰'，而且使法院有义务自问，如果把争端的同样事实提交法院裁决，仲裁法庭所达成的结论是否与法院的决定相一致。"②

基于法院对坦桑尼亚国家公路局和湖步舞查理有限公司的判决可知，肯尼亚法院正在不知不觉地恢复《日内瓦公约》第 1 条(e)，该条规定为了承认或执行外国裁决，它必须证明"这个仲裁裁决的承认或执行和该国的法治原则并不相反"。《纽约公约》取消了这一要求。

建议避免类似在坦桑尼亚国家公路局和湖步舞查理有限公司案件中所使用的公共政策。确实，正如奥拓法官在扎鲁贝兹特罗科技股份有限公司诉吉布非洲有限公司案件中所说："还应注意到，由于存在地方操纵以回避国际仲裁的风险，因此，在提出抵制承认或执行外国仲裁裁决时，必须以限制性的方式解释公共政策。它不能一概而论，而是一个寻求依靠它的一方必须表现出一项稳定和明确的公共政策，以便使失败方不致被视为仅仅在进行报复行动。"③

在此案中，被告认为执行俄罗斯的裁决将违反《肯尼亚共和国宪法》第 50 条④，从而违反公共政策，但此观点被法院驳回。被告声称它没有参加俄罗斯的诉讼程序的观点是错误的，因为它确实发起了这些诉讼程序。因此，被告的诉求有机会得到了裁决，事实上也得到了裁决。看来，被告在提起诉讼后撤销了代表其的律师的授权书，但该主张是由被告的母公司代其起诉的。

（二）将外国仲裁裁决视为外国判决执行

在肯尼亚和乌干达，通过使用执行外国判决法律机制执行外国仲裁裁

---

① Above at note 15 at 49.

② Ibid. 虽然法院似乎对公共政策采取了广泛的看法，但从判决中可以明显看出，在本案的部分裁决和最后裁决方面存在着重大的法律缺陷；法院以公共政策为由拒绝承认的结论得到了充分支持。

③ Misc Appln No. 158 of 2016（High Court of Kenya，2017），para 61.

④ 《肯尼亚共和国宪法》第 50 条第 1 款规定："每一个人都有权通过在法庭上举行公正和公开的听证会，或在得到另一个独立和公正的法庭或机构批准的情况下，通过适用法律来解决任何争端。"

决。① 这些裁决被看成外国判决。立法规定,根据作出裁决的国家的现行法律,该裁决必须与该国法院作出的判决(仲裁裁决——外国判决规定)具有同样的可执行性。1984 年《肯尼亚外国判决法(互惠执行)》第 3 条第 1 款第 f 项规定,法律适用于"根据仲裁程序作出的裁决,如果根据作出裁决国家的现行法律,该裁决与该国指定法院所作出的判决具有同样的可执行性"。同样,根据 1961 年《乌干达外国判决法(互惠执行)》第 8 条第 2 款将判决定义为"依照仲裁程序作出的判决,如果根据作出裁决的地方的现行法律,该裁决与该地法院作出的判决具有同样的可执行性"②。

这些已有的规定给执行其他成员国裁决另辟蹊径,至少在原则上是说得通的。其他非洲国家③存在仲裁裁决——外国判决条约规定,这些规定早于《纽约公约》。它们的设立似乎是为了建立一个执行外国判决的机制,类似于在英属殖民帝时期内执行外国判决的制度。尽管在许多方面,仲裁裁决有时令人不安地保留在"外国判决"的法律草案中,正如帕切特说的:"毫无疑问的是,在最后确定登记法律之前,有关裁决的法律标准必须要经过必要的修改。"④换句话说,登记外国仲裁裁决的适用应被视为是对执行外国判决的适用。

肯尼亚和乌干达两国均没有寻求适用外国判决的路径来执行外国仲裁裁决。确实,持有成员国一方仲裁的仲裁债权方不可能诉诸在肯尼亚或乌干达国内使用仲裁裁决——外国判决条款规定执行裁决。其中一个原因是,与《纽约公约》提供的机制相比,上述讨论的法律包含了广泛的抗辩事由和强制性的货币转换规则。这对仲裁债权人而言是不利的。例如,在肯尼亚国内寻找执行的裁决的债务方可能适用根据 1984 年《肯尼亚外国判决法(互惠执行)》第 10 条第 3 款的规定来搁置裁决的执行以达到该裁决的执行需要支付超过肯尼亚国际私法规则的货币限制的金额的程度。但是在《纽约公约》规定下,裁决债务人并不能适用这一理由进行抗辩。

同样,裁决债务人必须以当地货币转化并登记裁决。这是因为 1984 年《肯

---

① KW Patchett Recognition of Commercial Judgments and Awards in the Commonwealth (1984, Butterworths) at 210-235.

② 乌干达对执行在英国和爱尔兰作出的判决有不同的规约:sec 1 of the Reciprocal Enforcement of Judgments Act 1922 includes an equivalent provision to that in sec 8(2) of the Foreign Judgment (Reciprocal Enforcement) Act.

③ *Oppong Private International Law in Commonwealth Africa*, New York: Cambridge University Press, 2013, pp. 402-405.

④ Patchett Recognition of Commercial Judgments, above at note 60 at 210.

尼亚外国判决法(互惠执行)》规定，如果支付一笔款项的判决部分是通过以肯尼亚货币以外的货币支付而得到满足，根据条约第 3 条规定，已登记的判决被履行的程度，应当按照支付有关款项之日或者付款之日的现行汇率计算。但是，根据《纽约公约》或有关执行外国仲裁裁决的成员国法律，货币兑换并不是强制性的。

仲裁裁决——外国判决是在没有一个强有力的国际机制执行外国仲裁裁决的时候制定的。该机制被认为与英国殖民时期有关：它促进了在殖民地执行裁决。鉴于肯尼亚和乌干达是《纽约公约》的成员国，并随着《纽约公约》的通过和几乎全世界的接受以及殖民帝国的灭亡，这些规定已失去了其效用，应该予以废除。确实，在某些情况下(如上文提到的肯尼亚的例子)，在执行外国仲裁裁决时适用强制执行外国判决的法定制度可能造成国际义务的违反。因为应建议，如果不废除肯尼亚和乌干达的规定的情况下，这些规定应限于非《纽约公约》缔约国的国家的裁决。根据《纽约公约》第 3 条规定，可以认为将仲裁裁决——外国判决条款所创建的制度适用于成员国对《纽约公约》裁决的适用，会"带来明显更为繁重的条件……适用于承认或执行国内仲裁裁决"①。

虽然肯尼亚和乌干达均未适用外国判决路径执行外国仲裁裁决，但是乌干达最近的斯特林土木工程有限公司案例②反映了外国判决和外国仲裁裁决机制是如何相互影响的。在该案件中，斯特林土木工程有限公司根据欧洲发展基金规则在达累斯萨拉姆举行的仲裁中，成功地获得了针对坦桑尼亚政府的仲裁裁决。斯特林土木工程有限公司在英国女王法院商业法庭成功地获得了该裁决，并根据 1922 年乌干达《相互执行判决法》(第 21 章)寻求以外国法官的身份执行英国判决。乌干达高等法院拒绝了英国法官的申请。法院的理由是，它有权自行决定在案件的情况下，在乌干达执行判决是否公正和方便。法院声称："像坦桑尼亚这样拥有庞大经济和政府职能系统以及税基的政府，在没有正当理由的情况下，在另一个国家对外国判决进行不必要的强制执行，这既不方便也不公平。申诉方没有向本法院表明坦桑尼亚政府拒绝或没有支付其甚至有法律代表的仲裁裁决中所判的款额。同样值得怀疑的是，申诉方试图登记的是英国法，而不是坦桑尼亚法。在我看来，这似乎是企图破坏坦桑尼亚国家主权，这将导致执行中出现错误，在乌干达是一种不受欢迎的情况。"③

---

① New York Convention, art III.

② Misc cause no 0308 of 2016 (High Court of Uganda, 2017).

③ Id at 3.

法院驳回了"仲裁裁决一旦在大不列颠及北爱尔兰联合王国得到承认,即成为在英国作出的判决,因此实际上不再是坦桑尼亚作出的仲裁裁决"①的观点。法院建议,申诉方应遵循的适当程序是,即根据 2000 年《仲裁和调解法》寻求执行坦桑尼亚的裁决。

有趣的是,在本案中,有利于申诉方的仲裁裁决已经在坦桑尼亚对被告进行了登记。② 这是有关裁决的典型案例,该裁决"根据裁决制定地的现行法律,与该地方法院作出的判决一样,具有可执行性"。③ 因此,如果上文所述的执行外国判决的路径是申诉想要的,那么该裁决可以作为外国判决在乌干达执行。申请人无须前往英国登记该裁决,就可以在乌干达将其强制执行为外国判决。

执行外国仲裁裁决(包括成员国仲裁裁决)的国内机制讨论引发了一个问题:是否东共体应发展一个超国家的仲裁框架? 这样一个超国家的仲裁框架可能更有效,也有助于执行成员国和区域间及国家的商事交往。在东共体内这么一个超国家的仲裁机构设置下,东共体法院的管辖权将有所扩大。

正如上文所说,虽然非洲商法协调组织并不是一个恰当的区域经济共同体,但是它却在仲裁问题上采用了超国家设置,非洲商法协调组织共同司法和仲裁院(CCJA)的角色为东共体的发展提供了很好的参照。④ 在非洲商法协调组织仲裁框架的设置下,非洲商法协调组织的成员国要么和彼此进行商事交往,要么和外国进行商事交往,这些成员国可以选择两种不同的仲裁机制,但是这两种仲裁机制均随着 2018 年 3 月生效的部长委员会采用的文本而更新。⑤第一是 2017 年非洲商法协调组织共同司法和仲裁院的仲裁修订规则。这些规则和例如国际商会仲裁法院或伦敦仲裁法院(LCIA)等的国际仲裁机制的规则相似。第二是 2017 年仲裁统一法(Uniform Act),该法直接适用于非洲商法协调组织的各成员国。除了共同司法和仲裁院,仲裁法规定的成员可能组建临时仲裁或有机制管理的制度仲裁。在共同司法和仲裁院规定下,共同司法和仲裁

---

① Id at 4.

② Id at 2.

③ Reciprocal Enforcement of Judgments Act 1922, sec 1.

④ CM Dickerson, "The OHADA Common Court of Justice and Arbitration: Exogenous forces contributing to its influence" (2016) 79 Law and Contemporary Problems 62.

⑤ R Ziadé and C Fouchard "New OHADA arbitration text enters into force" (30 March 2018) Kluwer Arbitration Blog, available at: 〈http://arbitrationblog. kluwerarbitration. com/2018/03/30/new-ohada-arbitration-text-enters-into-force/〉(last accessed 6 November 2018).

院以传统机制仲裁员的身份运作(例如国际商会仲裁法院或伦敦仲裁法院)，同时也是一个超国家法庭，有权对裁决的有效性或对执行的质疑作出裁决。这种非洲发展的国际仲裁方法值得东共体考虑借鉴。

(三) 东共体法院的司法管辖权和东共体在成员国法院内执行裁决

这部分考察东共体法院司法管辖权和国家执行仲裁裁决机制间的潜在联系。在大多数情况下，对国家法院来说，执行仲裁裁决是一项挑战。但是，最近的一起案件表明，像东共体法院这样的地区法院卷入强制执行外国仲裁裁决的行为，这种前景并非很遥远。正如加勒比共同体的发展可知，如果从国家法院的决定将上诉裁决授予东共体法院，这一点将尤其如此：这是一项它目前不具有的法理上的权利。

2003 年，加勒比司法法院(CCJ)执行其上诉管辖权，审理了的有关伯利兹上诉法院裁决的上诉。伯利兹上诉法院拒绝执行国际商会仲裁法院或伦敦仲裁法院作出的仲裁裁决。① 加勒比司法法院支持伯利兹上诉法院不执行仲裁裁决的决定，理由是执行该仲裁裁决将与伯利兹的公共政策不相符。但是，在最近多数包括国际商会仲裁法院或伦敦仲裁法院作出的仲裁裁决案件中，加勒比司法法院批准了申诉人诉伯利兹政府公司执行裁决的申请。加勒比司法法院得出结论，虽然伯利兹上诉法院早期表明承认和执行仲裁裁决违反了公共政策因为仲裁裁决的交易都被冠以不合法的，没有议会的授权，并违反《伯利兹宪法》第 114 条规定。②

东共体法院在处理有关在成员国内执行外国仲裁裁决可采取的方式可以通过先行裁决程序。③《东共体条约》第 34 条规定，"任何关于解释和适用东共体条约或有关规则、指令、决策或共同体行为有效性的问题在各成员国法院或法庭被提及时，该国法院或法庭如果考虑到关于此问题的裁定对作出判决是必要的时候，该国法院或法庭应请求东共体法院就该问题作出先行裁决"。

考虑到该程序，东共体法院只能就是否运行它的管辖权上给予决定。④ 被

① BCB Holdings Limited and the Belize Bank Limited v. Attorney General of Belize [2013] CCJ 5 (AJ).

② Belize Bank Limited v. The Attorney General of Belize [2017] CCJ 18 (AJ).

③ 令人感兴趣的是，东非法院是否对仲裁庭作出的初步仲裁具有管辖权？

④ Reference for a Preliminary Ruling under Article 34 of the Treaty Made by the High Court of the Republic of Uganda in the Proceedings between the Attorney General of the Republic of Uganda and Tom Kyahurwenda Case Stated No. 1 of 2014 (EACJ, Appellate Division, 2015).

告可能会援引执行仲裁裁决将与执行法院的公共政策不相符因为裁决的诸多方面违反了东共体法。在该问题上的一个对比案件是欧盟法院就经济思维时间中国有限公司诉贝纳通国际案件的裁决。① 在该案件中，荷兰最高法院作出先行裁决，欧盟法院裁决：《建立欧洲经济共同体条约》第 85 条规定可能被认为是证明国家法院拒绝承认和执行根据《纽约公约》第 v 条第 2 款 b 项的仲裁裁决的公共政策规定。②

四 、结 语

该文审查了东共体内执行外国仲裁裁决的法律机制，尤其关注执行成员国仲裁和东共体法院仲裁。已知当前主要执行成员国仲裁裁决的机制是《纽约公约》。东共体内只有一个成员国不是《纽约公约》的成员国。东共体目前仍未发展基于超国家共同体法机制执行外国仲裁裁决。因为《纽约公约》的实效性，在未来这种情况也不太可能有所改变。换句话说，在东共体内统一执行仲裁裁决的法律主要是通过《纽约公约》予以实现。事实上，正如笔者之前所说："国际法和意在统一法律的国际机制可以通过非洲区域经济共同体补充完善区域机制。一个更便捷的路径实现该目标是批准相关的国际条约，尽管这些国际条约覆盖的领域有限。在一些案例中，通过采用区域经济组织成员国缔结的国际条约作为统一的方法，则不需要额外的区域文件。国际条约的统一性、国际性和中立性，它们已经积累的司法体系使它们能更好地在区域内被使用。除了关于发展区域法律文书的成本外，采用国际法律文书也克服了法律传统多样性带来的在协调区域法律文书方面的挑战。"③

关于适用公共政策抗辩方面仍存在许多有争议的裁决，但是总的来说，法

---

① Case C-126/97, judgment of 1 June 1999 [2000] 5 CMLR 816.

② Case C-536/13, Gazprom OAO v. Republic of Lithuania, which also involved a preliminary reference resulting from an action to enforce an arbitral award in an EU member state. 欧盟法院裁决：2000 年 12 月 22 日颁布的 44/2001 号理事会条例有关民商事的管辖权和判决的承认和执行必须解释为不阻碍成员国法院的承认和执行，或拒绝承认和执行仲裁裁决禁止一方带来某些索赔法院的成员国之前，由于监管不承认和执行的管理，在一个成员国，仲裁庭在另一成员国作出的仲裁裁决。

③ Oppong "Legal Harmonisation in African Regional Economic Communities: Progress, Inertia or Regress" in J Döveling, H Majamba, RF Oppong and U Wanitzek (eds.) Harmonisation of Laws in the East African Community: The State of Affairs with Comparative Insights from the European Union and Other Regional Economic Communities (2018, LawAfrica), p. 129.

院还是表现出支持仲裁裁决的立场。对东共体内的跨境交易和争议解决来说是件好事。本文建议东共体应考虑发展建立一个以超国家共同体为基础的仲裁机制。这么做的话，东共体可以从非洲商法协调组织汲取灵感。以超国家共同体为基础的仲裁机制可以包含《纽约公约》的相关方面和仲裁的国际最佳实践，同时也考虑了区域经济一体化的背景。

《中国诉美国反补贴措施案(DS437)专家组报告》选译*

欧福永　宋东华**　译

7. 10　美国商务部对"不利可得事实"的利用是否与《SCM 协定》第 12.7 条不一致

7. 10. 1　导读

7.284　现在,专家组转向中国提出的有关美国商务部在 13 项调查中的 42 个实例中利用"不利可得事实"的指控,即压力管、管线管、柠檬酸、草坪修整器、石油专用管材、钢丝绳、镁砖、无缝钢管、高质量打印用铜版纸、钻杆、铝型材、钢瓶和太阳能板。①

7.285　在受中国异议的 15 项调查中,美国商务部裁决有关各方不合作,并根据有关补贴投入物和其他类型补贴的不利可得事实,对财政资助、利益和补贴专向性作出了 48 项肯定性裁决。

7.286　中国声称,美国商务部利用所谓的"不利可得事实"来支持其在 48 个实例中的财政资助、利益和补贴专向性裁决与《SCM 协定》第 12.7 条不一

＊ 本文系湖南省教育厅重点项目:中国诉美国反补贴措施案(DS437)研究(15A118)的成果。DS437 案的相关资料可参见 https://www.wto.org/english/tratop_e/dispu_e/cases_e/ds437_e.htm。

＊＊ 欧福永,湖南师范大学法学院教授,博士生导师;宋东华,法律硕士,深圳市中级人民法院书记员助理。

① 见报告第 7.1 段。见表格 CHI-2;中国第一份书面报告,第 146 段和脚注 136。专家组回忆其裁决:美国在风电塔和不锈钢水槽案中的初步裁决不属于专家组的职权范围。因此,根据表格 CHI-125,中国提出的、属于专家组职权范围的实例的数量是 42 个而不是 48 个。

340

致，因为美国商务部没有依赖于记录中的可获得事实。此外，由于与第 12.7 条不一致，中国声称美国的行为与《SCM 协定》第 10 条和第 32.1 条与《关贸总协定》第 6.3 条不一致。

7.10.2 相关规定

7.287 本项诉求涉及《SCM 协定》第 12.7 条，其内容如下：

12.7 如任何利害关系成员或利害关系方不允许利用或未在合理时间内提供必要的信息，或严重妨碍调查，则初步和最终裁定，无论是肯定的或还是否定的，均可在可获得的事实基础上作出。

7.10.3 中方论点

7.288 中方声称，美国商务部在 15 项调查的 48 个实例中利用"不利可得事实"对财政资助、利益和补贴专向性作出的裁决与《SCM 协定》第 12.7 条不一致，因为美国商务部并不依赖记录中的可获得事实。①

7.289 为了支持其主张，中国在表格 CHI-125 中提供了它认为是之前在表格 CHI-2 中确定的裁决的相关摘录。中国认为这些摘录与其诉求相关，因为它们是美国商务部裁决的一部分，其中美国商务部适用中国认为在利用可获得事实方面不正确的法律标准。② 中国提供了一些具体实例的讨论来支持其关于三个被异议的调查的诉求，即管线管、石油专用管材和高质量打印用铜版纸。③ 这些例子旨在证明美国商务部普遍利用"不利可得事实"。④

7.290 中国认为，美国商务部的裁决缺乏事实基础。一旦美国商务部裁决利害关系方不予合作，它就宣布对于有争议问题的最终法律结论，而不依赖记录在案的任何事实。相反，美国商务部要么假定其调查的最终结论，要么根据其他调查中得到的证据或结论作出结论。⑤

7.291 中国特别反对美国商务部适用"不利可得事实"。根据中国的说法，这个术语是用词不当，因为美国商务部不依赖于记录中的不利或其他可获得事实。美国商务部称之为"不利可得事实"，事实上更准确的描述是不利推

---

① 表格 CHI-2；中国第一份书面报告，第 146 段和脚注 136。
② 中国对专家组第 7 个问题的答复，第 24 段。
③ 中国第一份书面报告，第 147-153 段；在专家组第一次会议上的开场陈述，第 70-72，76 段。
④ 中国第一份书面报告，第 152 段。
⑤ 中国第一份书面报告，第 128-156 段。

论的使用。①

7. 292 中国提出，利用可获得事实与作出不利推论有根本的不同。利用可获得事实允许调查机构在面对不完整的信息时利用记录中的事实作出裁决。而不利推论如果获得批准，则推论将为调查机构提供一种工具来达到不利于被告方利益的结果以惩罚不合作的行为。② 中国指出，专家组在中国—取向电工钢案的裁决中认为，不利推论的作出与第 12.7 条规定的可获得事实机制的目的背道而驰。③

7. 293 此外，中国认为，美国商务部所谓的"不利推断"实际上相当于"假设"。中国将假设定义为"认为理所当然而非有实际根据的结论"。④ 中方辩称，在所讨论的 48 个实例中，如果美国商务部依赖于"不利推断"，那么很显然，美国商务部的裁决不是根据记录上的事实得出的推断，而是以另一种方式表明美国商务部的裁决是基于"假设"。⑤ 针对美国对"推理"的定义，即"从其他已证明或承认的事实或事实状态推断出寻求成立的事实或命题的推理过程"，⑥ 中国回应，这个定义和在受到异议的裁决中不利推论的商业利用没有关系。⑦ 中国接着指出，参照一个被异议的利用可获得事实的裁决，"在上面的例子中非常明显，商业的"推断"就是"假设"。⑧ 此外，中国指出，美国商务部经常互换使用"假设"和"推断"这两个术语。⑨

7. 294 中国承认调查机构对可获得事实的利用有可能不利于不合作方的利益。但是，中国强调，调查机构仍必须利用可获得的事实。⑩

7. 295 针对美国关于中国未能提出初步证据的观点，中国认为，根据美国商务部提供的(或者说缺乏)理由，第 12.7 条的要求与中国已发现的 48 个"不利可得事实"实例之间的不相容性是显而易见的。⑪ 实际上，当美国商务

---

① 中国第一份书面报告，第 145 段。
② 中国第一份书面报告，第 139 段。
③ 中国第一份书面报告，第 141 段和 142 段，引用美国—取向电工钢案，专家组报告第 7. 302 段。
④ 中国第二份书面报告，第 177 段。
⑤ 中国第二份书面报告，第 177 段。
⑥ 美国第一份书面报告，第 333 段，引用《布莱克法律词典》(1991)，第 536 页。
⑦ 中国在第一次会议上的开场陈述，第 72 段。
⑧ 中国在第一次会议上的开场陈述，第 72 段。
⑨ 中国在第一次会议上的开场陈述，第 72 段。
⑩ 中国对于专家组第 74 个问题的回应，第 184-185 段。
⑪ 中国第二份书面报告，第 178 段。

部表示它在不利地"假设"或"推断"有争议的法律结论，而没有基于记录中提及的任何事实时，显然那些裁决并非基于可获得事实。① 此外，中国认为美国商务部在有争议的 48 个实例中采取了一致的模式。②

7.296　中国进一步指出，调查记录中存在某一特定事实不足以满足第 12.7 条的要求。③ 中国认为，作为调查机构，美国商务部有义务对记录中的证据如何支持其适用第 12.7 条规定的可获得事实提供合理和充分的解释。根据上诉机构对美国—动态随机存取存储器反补贴调查案的裁决，④ 中国认为调查机构必须提供合理和充分的解释：（i）记录中的证据如何支持他们的事实调查结果；以及（ii）这些事实调查结果如何支持了整个补贴裁决。这种解释应该从公布的裁决本身中就可以辨别出来。⑤ 根据中国的说法，附件 USA-94 仅证实了被异议的美国商务部裁决与第 12.7 条不一致性。⑥

7.10.4　美方观点

7.297　美方主要辩称，中国未能提出初步证据，以支持其提出的 48 项涉嫌违反《SCM 协定》第 12.7 条的行为。相反，中国的主张基于广泛和不准确的概括。特别是表格 CHI-125 未能推进中国的观点，因为它只包含摘录文本，脱离背景而且仅仅描述了美国商务部对每项裁决的结论。表格 CHI-125 未能解释中国如何或为何将这些摘录视为支持美国商务部在调查中未根据记录中的可获得事实作出裁决。⑦

7.298　此外，美国拒绝接受中国认为美国商务部在可获得事实裁决中遵循"一致模式"的说法。因为美国商务部可获得事实的裁决是针对具体的案例，并且依赖于特定调查中的全部证据，每项裁决的事实和情况都是独特的。美国进一步指出，中国没有对美国商务部可获得事实裁决的一般适用性方面提出异议。在此种情况下，中国应该证明，在可获得事实的 48 次单独适用中，每一次都与第 12.7 条不一致。特别是中国应该证明调查记录不支持美国商务部作

---

① 中国在第一次会议上的开场陈述，第 78 段。
② 中国在第一次会议上的开场陈述，第 70 段。
③ 中国对于专家组第 103 个问题的回应，第 53 段。
④ 上诉机构报告，美国—动态随机存取存储器反补贴调查案，第 316 段。
⑤ 中国第二份书面报告，第 175-191 段。
⑥ 中国对于专家组第 103 个问题的回应，第 50 段。
⑦ 美国第二份书面报告，第 145、146 段。

出的任何一个裁决。①

7.299 此外，美国辩称，在诉讼过程中，中国试图重新调整其立场，声称美国商务部未能对其可获得事实的裁决提供"合理和充分的解释"。在美国看来，这是《SCM 协定》第 22 条规定的事项，而不是第 12.7 条。此外，与中国的主张相反，美国商务部并不需要引证构成可获得事实裁决的基础的每一个事实。《SCM 协定》中不存在此类义务，任何专家组或上诉机构报告均未阐述此类义务。②

7.300 就事实而言，美国认为中国错误地描述了美国商务部利用可获得事实的方式，特别是利用"不利可得事实"的方式。在每一个实例中，美国商务部在从其他方面可获得的事实中进行选择而利用不利的推论时，是根据其条件并基于可获得事实。③

7.301 利用"推断"或"假设"术语仅仅反映了这样一个事实，即由于缺乏合作，除了申请中提供的证据之外，记录中通常很少有事实性信息可供美国商务部利用来作出裁决。美国商务部利用这一有限的事实基础作出推断，以作出其裁决。由于缺乏合作，因此无法获得可能是有待确定问题的更直接证据的必要信息，因此需要"推论"将依赖的事实与裁决中的结论联系起来。④

7.302 为支持其主张，美国提供了美国商务部针对四项可获得事实裁决的具体案例的讨论，即高质量打印用铜版纸、镁砖、管线管和石油专用管材。⑤ 此外，美国提交了附件 USA-94，根据美国的说法，它提供了相关问题的完整讨论和每项裁决的决策备忘录和/或初步裁决。

7.303 最后，在法律论证方面，美国认为围绕利益相关方未能合作的事实构成了调查机构面前的全部证据的一部分，在这种情况下，可能的推论也许更合理或合乎逻辑。事实上，一方当事人越不合作，就越容易得出合理的推论。但是，考虑到所有情况，某一推论是否合理，只能根据个案情况来确定。⑥

---

① 美国第二份书面报告，第 143、144 段。
② 美国就中国对专家组第 103、104 个问题回复的评论，第 51 段。
③ 美国第二份书面报告，第 145 段。
④ 美国第二份书面报告，第 146 段。
⑤ 美国第一份书面报告，第 290 和 291 段，第 334-337 段；第二份书面报告，第 145 段；对专家组第 77 个问题的回复，第 134-136 段；美国在专家组第二次会议上的开场陈述，第 65 段。
⑥ 美国对专家组第 80 个问题的回复，第 141 段。

7. 10. 5 第三方主要观点

7. 304 加拿大同意美国的观点,即在一利害关系方不合作的情况下,调查机构可以选择其他可获得的事实,利用不利于该方利益的推断。如果利害关系人提供的事实不存在,调查机构可获得的下一组事实可能是申请人可合理获得并提供的事实。①

7. 305 欧洲联盟注意到一项原则,即世界贸易组织法律允许调查机构向有关各方提出适当的问题,并在未得到答复的情况下作出推断。在推断中,不允许机构找出两种不同但同样可能的推断,然后选择最不利于特定方利益的推断,仅仅因为它是最不利的。相反,调查机构必须得出最符合已经证明的事实的推断,这可能包括考虑相关利益方的行为。②

7. 306 印度认为第 12. 7 条限制调查成员仅仅适用那些最合适或最适当的事实。此外,该条款施加调查成员一项积极的义务,即在对所有可获得证据进行评估性的比较评价后,得到这一最合适或最适当的信息。禁止调查成员以惩罚性方式利用可获得事实标准,以便对非合作方作出不利的推断。特别地,印度认为美国无视可能导致更好结果的二手资料,只选择那些导致最不利结果的次要事实。事实上,根据印度的说法,美国的做法排除了考虑二手资料可能带来更好结果的可能性。③

7. 10. 6 专家组评估

7. 307 根据目前的诉求,中国的异议具体关注的是美国商务部是否根据事实作出了 42 个“不利可得事实”的裁决。因此,专家组面临的问题是,中国是否已经确立在被异议的 42 项不利可得事实裁决中,美国商务部违反《SCM 协定》第 12. 7 条规定,未能基于事实作出裁决。

7. 308 第 12. 7 条是必不可少的工具条款,即使有关方不合作,它也允许调查机构通过用可获得事实替换缺失的信息以便调查能够进行。正如上诉机构所述,“第 12. 7 条旨在确保利害关系方未能提供必要信息不会妨碍机构的调查。因此,该条款仅允许为了作出准确的补贴或损害裁决,而利用记录的事实

---

① 加拿大的第三方陈述,第 30-42 段。
② 欧盟的第三方陈述,第 57-65 段。
③ 印度的第三方陈述,第 16-21 段。

替换可能缺失的信息"。①

7.309 我们认为，第12.7条的条文明确要求任何裁决的作出要基于可获得事实。在此前的争议中专家组进一步证实了这一点。②

7.310 我们注意到，上诉机构已经解释说根据适用的审查标准，专家组应根据记录中包含的信息和调查机构在其公布报告中的解释，审查调查机构的裁决是否"合理和充分"。③

7.311 应用这一审查标准，本专家组的任务是考虑美国商务部是否对"不利可得事实"的裁决提供了充分的解释，以评估美国商务部是否根据事实作出这些裁决。因此，为了专家组对根据第12.7条提出的诉求进行评估的目的，其解释的程度需要足以让专家组评估美国商务部是否根据事实作出了其不利事实裁决。但是，我们认为，第12.7条条文中没有任何程序性要求，以便调查机构明确引用据以作出可获得事实裁决的每一事实。美国商务部是否"详细披露了所有事实问题的调查结果和结论"或"关于事实问题的所有相关信息"是一个单独的问题，涉及《SCM 协定》第22条，并且不在本专家组的职权范围内。

7.312 如前面第7.289段所述，中国认为在有争议的"不利可得事实"裁决中，美国商务部采用同一个法律标准。④ 为支持其实例，中国基本上指向了中国在表格 CHI-2 中引用并在表格 CHI-125 中提供的被异议的"不利可得事实"裁决的结论。中国争辩说，它只提供了对每项调查的事实的一些参考资料，因为这些参考资料是证明美国商务部对其关于利用可获得事实的裁决采用了不正确的法律标准所必需的。⑤

7.313 中国采取的立场是，从这些裁决结论的表面上来看，这些裁决与第12.7条的不一致是显而易见的，特别是从结论中使用的术语来看。根据中国的说法，在美国商务部提供的理由（或者说缺乏理由）方面，第12.7条的要求与中国已经确定的"不利可得事实"的实例之间的不相容性是明显的。实际上，中国认为基于"假设"和毫无根据的"推论"的尤其是"不利"推论的裁决，

---

① 上述机构报告，墨西哥—大米反倾销措施案，第293段。

② 专家组报告，欧共体—动态随机存取存储器芯片的反补贴调查案，第7.61段；中国—取向电工钢案，第7.296段。

③ 上诉机构报告，美国—动态随机存取存储器反补贴调查案，第186-188段；美国—第六软木案（第21.5条——加拿大），第93段。

④ 中国对专家组第4个问题的回复，第19段。

⑤ 中国对专家组第4个问题的回复，第19段。

在表面上看来与第12.7条不一致。①

7.314 我们不同意中国的立场。实际上,我们认为中国提出的支持其主张的证据,在很大程度上与裁决结论中使用的术语有关,不足以证明42个被异议的"不利可得事实"裁决中的每一个都缺乏事实基础。

7.315 我们从一开始就观察到,中国对美国商务部在"同样"的基础上利用"不利事实"没有异议。相反,中国的诉求是在"适用"的基础上,针对42个被异议的不利事实裁决中的每一个。

7.316 此外,从专家组对附件USA-94②的审查,以及中国作为附件提供的完整问题和决定备忘录以及初步裁定中可以清楚地看出,我们注意到美国商务部的"不利可得事实"的裁决远远超出了中国在表格CHI-2中的引用和表格CHI-125中提供的结论。被异议的"不利可得事实"的裁决是在各种不同的事实情况下作出的。

7.317 至关重要的是,与中国所声称的相反,我们并不认为从中国提供的证据从表面来看在42项被异议的"不利可得事实"的裁决中应用了同一法律标准。③ 我们特别注意到,中国有异议的42个实例中有一个并未适用"不利可得事实"。④

7.318 更具体地说,中国严重依赖的裁决结论中使用的术语并不像中国所暗示的那样同质化。首先,并非中国有异议的所有"不利可得事实"的裁决的结论都提到"假设"、"不利推论"或"类似术语"。⑤ 在一个受异议的草坪修整器例子中,美国商务部表示它"正在作出不利的决定",即中国政府是热轧钢的主要供应商。⑥ 在42个被异议的可获得事实裁决中的另外6个中,美国

---

① 中国第二份书面报告,第178段。

② 我们注意到附件USA-94不包括美国商务部作出的关于公共机构的裁决;见美国第二份书面报告,脚注255。

③ 中国对专家组第7个问题的回复,第24段。

④ 钻杆案,表格CHI-80,第10页,表格CHI-125指定的实例33;关于中国政府未能提供有关中国绿管生产和消费所要求信息,我们发现中国政府尽最大努力回应了美国商务部的信息请求。与其对钢轮的回应不同,中国政府提供了有关获取绿管信息所付出努力的详细信息。因此,美国商务部必须依赖"可获得事实"来作出有关中国绿管业的裁决。参见该法令第776(a)(1)条。由于该记录没有关于中国绿管生产和消费的任何信息,我们发现在计算DP Master在调查期间从国有企业购买绿管时获得的利益时使用外部基准是必要的。

⑤ 中国第二份书面报告,第177段。

⑥ 草坪修整器案,表格CHI-31,第15页,表格CHI-125指定的实例11。(增加了重点)

商务部没有提及"假设"、"不利推论"或"类似术语"，而是仅提及利用了可获得的不利事实。①

7.319　其次，在某些"不利可得事实"的裁决中，确实在以下某一表述的背景下使用了"不利推论"一词："从其他可获得的事实中选择，我们采用了不利的推论"；② "我们从其他可用的事实中选择了不利的推论"；③ "我们从其他可用的事实中选择了一种不利的推论"；④ 以及"我们在选择可获得事实时采用了不利的推论"。⑤

7.320　例如，我们认为，从"我们在选择可获得事实时采用了一种不利的推论"这一说法看上去并不明显，⑥ 即有关的决定不是以事实为依据的。从表面上看，这一说法暗示的恰恰相反。中国试图通过陈述而不参考美国商务部进行的分析来说明术语的这种变化，"尽管美国商务部一再声称它正在利用可获得的事实，但'事实'在其分析中显然不存在"。⑦

7.321　在这方面，我们注意到中国依赖专家组对中国—取向电工钢案的调查结果，特别是其中关于"不利推论"的部分。该专家组指出，"可获得事实的利用应与不利推论的利用区分开来"。⑧ 该专家组进一步解释说，"不合作会触发可获得事实的利用，不合作不能证明不利推论的合理性。不合作也不能证明裁决是没有任何事实基础的"。⑨ 在发表这些声明时，专家组似乎回应了中国的一个观点，即"调查机构可能从未合作中得出某些显然是不利的推论"。⑩ 此外，在中国—取向电工钢案中，实际上有证据表明所得出的推论与记录的证据相悖。⑪

---

① 钢丝绳案，表格 CHI-52，第 13 页，表格 CHI-125 指定的实例 17-19；钻杆案，表格 CHI-80，第 10 页，表格 CHI-125 指定的实例 33；太阳能板案，表格 CHI-105，第 17451、17445 页，表格 CHI-125 指定的实例 39 和 42。

② 压力管案，表格 CHI-12，第 42 页，表格 CHI-125 指定的实例 2。（增加了重点）

③ 管线管案，表格 CHI-19，第 6 页，表格 CHI-125 指定的实例 5 和 6。（增加了重点）

④ 柠檬酸案，表格 CHI-24，第 8 页，表格 CHI-125 指定的实例 9。（增加了重点）

⑤ 钢瓶案，表格 CHI-99，第 10 页，表格 CHI-125 指定的实例 38。（增加了重点）

⑥ 钢筒案，表格 CHI-99，第 10 页。

⑦ 中国在第一次会议上的开场陈述，第 71 段。

⑧ 中国—取向电工钢案专家组报告，第 7.302 段。

⑨ 中国—取向电工钢案专家组报告，第 7.302 段。

⑩ 中国—取向电工钢案专家组报告，第 7.301 段。（增加了重点）

⑪ 中国—取向电工钢案专家组报告，第 7.303 段。

7.322　第三，虽然我们同意中国关于"假设"和"不利推论"有不同含义的观点，但我们并不认为中国已经确立在被异议的裁决中每次提及的"不利推论"实际上等同于"假设"。①

7.323　由于在 42 项被异议的"不利可得事实"裁决中利用同一法律标准②并不完全明显，因此中国未能说明每项受异议的调查的具体事实对其诉求来说是有问题的。至关重要的是，与中国所声称的相反，从中国提供的证据表面上来看，美国商务部对"不利可获得事实"的适用等同于 42 个被异议的"不利可得事实"裁决缺乏事实基础这一点并不明显。

7.324　尽管如此，我们观察到某些"不利可得事实"裁决的结论中使用的语言可能引起关注。例如，在钻杆调查的一个裁决中，美国商务部表示"由于该记录没有关于中国绿管生产和消费的任何信息，我们发现在计算 DP Master 在调查期间从国有企业购买绿管时获得的利益时使用外部基准是必要的"③。在被异议的铝型材裁决中，美国商务部提及"那些我们缺乏必要信息且中国政府未能合作的计划"。④ 虽然我们认为这些陈述可能引起关注，但中国未能讨论或甚至认可这些陈述的含义。

7.325　然而，鉴于上述所有情况，专家组认为，中国尚未证明美国商务部不依赖于记录中可获得的事实的行为不符合美国根据《SCM 协定》第 12.7 条承担的义务。

---

①　见这份报告第 7.293 段，
②　中国对专家组第 7 个问题的回复，第 24 段。
③　钻杆案，表格 CHI-80，第 10 页，表格 CHI-125 指定的实例 33。（增加了重点）
④　铝型材案，表格 CHI-87，第 16 页，表格 CHI-125 指定的实例 34。（增加了重点）

《中国诉美国反补贴措施案（DS437）上诉机构报告》选译[*]

欧福永　宋东华[**]　译

4.4　《SCM 协定》第 12.7 条：可获得事实

4.4.1　引言

4.174　中国要求上诉机构对中国根据《SCM 协定》第 12.7 条提出的诉求进行审查。中国辩称，专家组的行为与其根据《关于争议解决规则与程序的谅解》（以下简称 DSU）第 11 条所承担的义务不一致，导致其得出了中国未能确立美国商务部没有依赖记录在案的可获得事实而违反美国根据《SCM 协定》第

---

 * 本文系湖南省教育厅重点项目：中国诉美国反补贴措施案（DS437）研究（15A118）的成果。2012 年 5 月 25 日，我国就美国对华 22 类产品反补贴调查中的错误做法，在 WTO 争议解决机制下向美国提起磋商请求，启动争议解决程序。本案涉及工业品、新能源产品、化工产品、农产品等 22 类产品，累计涉案金额 72.86 亿美元。美方在对涉案产品的反补贴调查中，在公共机构、补贴专向性、补贴利益计算、"可获得事实"的适用和"认定中国出口限制措施构成补贴"等方面与 WTO 规则不符，继续沿用之前已被 WTO 专家组和上述机构否定的错误做法。由于磋商未果，我国请求设立专家组，2014 年 7 月专家组裁决公布；随后中美双方对专家组裁决提出了交叉上诉，2014 年 12 月上诉机构裁决公布。2018 年 3 月 21 日，WTO 公布了本案的执行之诉专家组报告，裁决美方全部 11 项涉案反补贴措施违反世贸规则。2019 年 7 月 16 日，WTO 公布了本案的执行之诉上诉机构报告，裁决美方涉案 11 起反补贴措施违反世贸规则。这也意味着，这场始于 2012 年中美之间的"补贴案"迎来终局。本案的相关资料可参见 https：//www.wto.org/english/tratop_e/dispu_e/cases_e/ds437_e.htm。

 ** 欧福永，湖南师范大学法学院教授，博士生导师；宋东华，法律硕士，深圳市中级人民法院书记员助理。

12.7 条所承担的义务。① 特别地，据中国称，专家组未能就美国商务部公布的裁定中每一项被异议的、为美国商务部的结论提供事实依据的"不利"可得事实②是否存在合理和充分的解释进行审查。因此，中国要求我们推翻专家组关于中国没有证明美国商务部在 42 个被异议的实例中违反美国根据《SCM 协定》第 12.7 条所承担的义务的结论。③ 中国还要求我们完成法律分析，裁决美国商务部在如下 13 起反补贴税调查的 42 个被异议的实例中，不依靠记录在案的有关事实而违反美国根据《SCM 协定》第 12.7 条所承担的义务：压力管、管线管、柠檬酸、草坪修整器、石油专用管材、钢丝绳、镁砖、无缝钢管、高质量打印用铜版纸、钻杆、铝型材、钢瓶和太阳能板。④

4.175　作为回应，美国辩称，专家组按照 DSU 第 11 条的要求，对中国的诉求进行了客观评估，并恰当地评估了美国商务部是否实际应用了"可获得"事实申请中的事实。⑤ 鉴于在特定案件中适用的审查标准也取决于争议中所涉具体协定的实质性规定的功能，⑥ 以及提出的具体诉求⑦，美国提出，专家组正确地裁决，美国商务部应用了美国商务部行政记录中可获得的事实。⑧ 美国进一步坚持认为，专家组审议了提交给它的所有证据，并确保其事实调查结果在该证据中有适当的依据。⑨ 根据美国的说法，专家组正确地选择了审查"完整争议点和裁决备忘录与初步裁定"，以及附件 USA-94 中引用的事实，而

① 专家组报告，第 7.325 段。
② 中国在听证会上解释说，它在美国商务部使用的意义上使用"不利可得事实"一词。另见中国向专家组提交的第一份书面材料，第 143-145 段。
③ 专家组报告，第 7.325 段和第 8.1.vii 段。
④ 参见本报告第 5 页中美国商务部的调查表。
⑤ 美国被上诉人的陈述，第 158 段(参考中国向专家组提交的第一份书面文件，第 145、155 段；以及向专家组提交的第二份书面文件，第 177 段)。
⑥ 美国被上诉人的陈述，第 164 段(引用上诉机构报告，美国—第六软木案(第 21.5 条——加拿大)，第 95 段，反过来参考上诉机构报告，美国—动态随机存取存储器反补贴调查案，第 184 段)。
⑦ 美国被上诉人的陈述，第 164 段(引用上诉机构报告，美国—第六软木案(第 21.5 条——加拿大)，第 93 段)。(美国加下划线)
⑧ 美国被上诉人的陈述，第 166 段。根据美国的陈述，美国商务部在其决定中解释说，它依赖于"可获得事实"，包括在从"可获得事实"中选择时依赖"不利推论"。美国坚持认为，如专家组附件 USA-94 至 USA-133 所示，记录中有与适用"可获得事实"的裁定相关的事实。(同上)
⑨ 美国被上诉人的陈述，第 173 段(引用上诉机构报告，巴西—翻新轮胎案，第 185 段)。

不仅仅是中国在其提交的陈述和附件中引用的摘录。① 此外，美国认为，中国未能就专家组评估的客观性找出具体的错误，也未能解释为什么任何所谓的错误会导致 DSU 第 11 条规定的法律错误。

4.176　关于《SCM 协定》第 12.7 条的含义，专家组认为，"该条款是一个基本工具，允许当局在有关各方不予合作的情况下，以现有事实取代缺失的信息，开展调查"。② 引用美国诉墨西哥对进口美大米征收反倾销税案的上诉机构报告，专家组回顾，第 12.7 条的目的是确保在利害关系方不提供必要的信息时不妨碍机构的调查，并允许仅为替换可能缺失的信息而使用记录在案的事实，以达到准确的补贴或损害的确定。③

4.177　关于适用的审查标准，专家组提到美国—动态随机存取存储器反补贴调查案和美国—第六软木反补贴调查案（第 21.5 条——加拿大）的上诉机构报告，并回顾说："专家组应根据记录中包含的信息以及当局在其公布的报告中给出的解释，审查调查当局作出的决定是否有'合理和充分的'理由。"④ 因此，专家组将其任务描述为"考虑美国商务部是否对异议的不利可得事实提供充分合理的解释，以评估美国商务部是否根据事实作出这些决定"。⑤ 专家组认为，为了评估中国根据第 12.7 条提出的诉求："所要求的解释程度足以评估美国商务部是否根据事实对其不利事实作出判断。"⑥专家组认为："第 12.7 条条文本身并未要求调查当局明确引用其据以作出可获得事实裁决的每一事实。"⑦

4.178　在阐明了专家组在此案中的做法之后，我们回顾上诉机构在墨西哥—大米反倾销措施案以及美国—碳钢（印度）案中指出，为了达到准确的补

---

①　美国被上诉人的陈述，第 182 段（引用专家组报告，第 7.316 段）。

②　专家组报告，第 7.308 段。

③　专家组报告，第 7.308 段（引用美国诉墨西哥对进口美大米征收反倾销税案的上诉机构报告，第 293 段）。

④　专家组报告，第 7.310 段（参考上诉机构报告，美国—动态随机存取存储器反补贴调查案，第 186~188 段，美国—第六软木案（第 21.5 条——加拿大）案，第 93 段）。

⑤　专家组报告，第 7.311 段。

⑥　专家组报告，第 7.311 段。双方同意专家组的这一声明。（中国上诉人的陈述，第 190、220 段；美国被上诉人的陈述，第 165 段）

⑦　专家组报告，第 7.311 段。专家组认为："美国商务部是否已'充分详细地'披露了所有事实问题的调查结果和结论或'关于事实问题的所有相关信息'是一个涉及《SCM 协定》第 22 条的单独问题，不在本专家组的职权范围内。"（同上）

贴或损害裁决，第12.7条"允许使用记录在案的事实仅用于替换可能丢失的信息"。① 因此，上诉机构解释说："在缺失的'必要信息'和根据第12.7条作出裁决所依据的特定的'可获得事实'之间必须有联系。"②"合理地替换利害关系人未能提供的信息，以便作出准确的裁定。"③上诉机构进一步解释说，"可获得的事实"是指调查机关掌握的事实及其书面记录。④ 由于根据第12.7条作出的决定是基于"可获得的事实"作出的，"它们不能以非事实的假设或推测为依据"⑤。此外，在推理和评估哪些可获得的事实可以合理地取代缺失的信息时，调查当局必须考虑到记录中所有经证实的事实。⑥

4.179 上诉机构解释说，确定"缺失的'必要信息的合理替代'涉及调查当局的推理和评估过程"。⑦ 如果调查机构有几个可供选择的事实，"它似乎很自然地表明，推理和评估的过程将涉及一定程度的比较"，以便作出准确的决定。⑧ 对所需"可获得的事实"及其可能采取的评估形式取决于特定案件的具体情况，包括记录中的证据的性质、质量和数量以及要作出的具体决定。⑨ 鉴于已公布的报告中提供的解释和分析必须足以让专家组评估调查机关使用的"可获得事实"如何以及为何"合理"替代缺失的"必要信息"，所需的解释和分析的性质和范围必然会因裁决不同而不同。⑩

---

① 上诉机构报告，美国—碳钢案(印度)，第4.416段(引用上诉机构报告，墨西哥—对大米的反倾销措施案，第293段)。
② 上诉机构报告，美国—碳钢案(印度)，第4.416段。
③ 上诉机构报告，美国—碳钢(印度)，第4.416段(引用上诉机构报告，墨西哥—对大米的反倾销措施，第294段)。(在美国碳钢(印度)案中被重点强调)
④ 上诉机构报告，美国—碳钢案(印度)，第4.417段。
⑤ 上诉机构报告，美国—碳钢案案(印度)，第4.417段(参考专家小组报告，中国—取向电工钢案，第7.302段)(略去了附加了脚注的文本)。在这方面，我们注意到，《SCM协定》第12.6条允许调查当局在其他成员的领土上和在公司内进行调查，但条件是符合该条款规定的有关条件。
⑥ 上诉机构报告，美国—碳钢案(印度)，第4.419段(引用上诉机构报告，墨西哥—对大米的反倾销措施案，第294段)。
⑦ 上诉机构报告，美国—碳钢案(印度)，第4.424段。
⑧ 上诉机构报告，美国—碳钢案(印度)，第4.431段和4.435段。上诉机构还指出，根据第12.7条作出的裁定不能仅根据程序情况作出，例如不合作，也不应利用第12.7条故意选择不利事实来惩罚不合作的缔约方。(同上，第4.419段及第4.422段)
⑨ 上诉机构报告，美国—碳钢案(印度)，第4.421段。
⑩ 上诉机构报告，美国—碳钢案(印度)，第4.421段。

4.4.2 专家组的行为是否与 DSU 第 11 条不一致

4.180 关于中国上诉的范围，我们注意到中国没有对专家组对《SCM 协定》第 12.7 条的解释提出上诉。① 对专家组所确定的审查标准或"分析框架"也没有提出异议。② 相反，中国辩称，专家组进行的"粗略分析"不符合专家组根据 DSU 第 11 条所承担的义务。③ 特别是，中国指责专家组未能审查美国商务部使用"不利"事实的 42 个实例中的每一个，以确定美国商务部是否披露了其结论如何得到记录中的事实的支持。据中方称，专家组仅对"不利"可得事实进行了有限的引用，并"有选择地使用"了少数几个不赞同中方对具体"不利"可得事实进行定性的例子，以便驳回中国根据《SCM 协定》第 12.7 条提出的所有诉求。④ 中国进一步辩称，专家组对中国诉求的分析与对中国异议的每一个实例所要求的"深入"审查没有任何关系。⑤ 最后，中国声称，专家组的行为与 DSU 第 11 条不一致，其依据是美国在附件 USA-94 中提供的事后证据，以便为美国商务部的裁定辩护。⑥ 在这方面，中国强调，没有迹象表明美国商务部在任何被异议的裁决中实际上依赖于美国向专家组提交的证据。⑦

4.181 尽管中国对审查标准和专家组确定的"分析框架"提出上诉，但中国认为，在审查"调查当局所作裁决结果的事实根据"时，专家组需要审查调查当局作出结论的理由是否"合理和充分"。⑧ 参照美国—第六软木案(第 21.5 条——加拿大)的上诉机构报告，中国认为："调查当局的决定是否充分，部分取决于所作的解释是否披露了调查机关如何处理事实记录中的证据，以及是否有积极的证据支持调查当局所作的推断和得出的结论。"⑨因此，中国提出，只有通过审查调查机关公布的解释，专家组才能确定调查机关是否正确地利用

---

① 中国上诉人的陈述，第 189 段。

② 中国上诉人的陈述，第 221 段。另见第 190 和 220 段。

③ 中国上诉人的陈述，第 191 段。

④ 中国上诉人的陈述，第 222 段。

⑤ 中国上诉人的陈述，第 222 段。

⑥ 中国上诉人的陈述，第 228、229 段(参考专家组报告，第 7.316 段)。

⑦ 中国上诉人的陈述，第 229 段。

⑧ 中国上诉人的陈述，第 202 段(引用上诉机构报告，美国—第六软木案(第 21.5 条——加拿大)，第 93 段(原文有重点))。

⑨ 中国上诉人的陈述，第 202 段(引用上诉机构报告，美国—第六软木案(第 21.5 条——加拿大)，第 93 段)。

了"可获得"的事实。①

4.182 我们同意中国的看法,即在审查"调查当局所作调查结果的事实根据"时,要求专家组审查调查机关的结论是否"合理和充分"。然而,我们记得上诉机构在美国—动态随机存取存储器反补贴调查案和美国—第六个软木案反补贴调查案(第21.5条——加拿大)中解释说:"在特定案件中适用的审查标准也取决于争议中所涉具体协定的实质性规定的功能。"②上诉机构进一步解释说:"这将不可避免地取决于案件的事实和情况以及提出的具体要求。"③因此,专家组适用的审查标准部分取决于争议所涉协定的具体规定(在本案中,即《SCM协定》第12.7条)以及上诉人提出的具体诉求。在本案中,为了符合《SCM协定》第12.7条的要求,要求美国商务部提供充分的解释,以证明它参与了对所收到的各种事实的推理和评估过程,从而确定哪些可获得的事实可以合理地替代所缺失的"必要"信息。虽然所提供的解释和分析必须足以证明调查当局使用的"可获得事实"是"缺失的"必要信息的"合理"替代品,但所需解释和分析的性质和程度必然因裁决不同而不同。④

4.183 在上诉的口头听证会上,中国澄清说,美国商务部没有证明其"不利"可得事实裁决实际上是基于其面前记录的事实。中国解释说,如果有争议的裁决根本不是基于记录中的事实,那么这些事实是否最佳或最恰当和适合的事实的问题甚至都不会出现。中国的澄清与专家组的声明是一致的,即专家组的任务是"考虑美国商务部是否对异议的不利事实裁决提供了充分的解释,以评估美国商务部的裁决是否基于事实"。⑤

4.184 考虑到这些因素,我们进一步注意到,中国在其成立专家组请求中指出,根据第12.7条提出的"适用异议"产生于美国商务部利用来支持中国成立专家组的请求附录1确定的调查和裁决中的财政资助、专项性和利益的裁决的每一个可获得事实,包括"不利"事实。⑥专家组认为,与中国根据第12.7条提出的诉求有关的"有争议的具体措施"是专家组请求附录1中列出的

① 中国上诉人的陈述,第208段(引用美国向专家组提交的首次书面文件,第326段;并参考专家组报告,第7.309段)。(中国增加了重点)
② 上诉机构报告,美国—第六软木案(第21.5条——加拿大),第95段(参考上诉机构报告,美国—动态随机存取存储器反补贴调查案,第184段)。
③ 上诉机构报告,美国—第六软木案(第21.5条——加拿大),第93段。
④ 上诉机构报告,美国—碳钢案(印度),第4.421段。
⑤ 专家组报告,第7.311段。
⑥ 中国成立专家组的请求,脚注10。

19 项最终和 3 项初步反补贴税裁定。① 关于这些措施，专家组认为："成立专家组的请求明确表示，所有可获得事实的'实例'都将受到异议。"②随后，中国在其首次书面陈述中，将其根据第 12.7 条提出的诉求限于使用美国商务部提供的"不利"可得事实的情况。正如专家组所指出的那样，"中国面临的问题是，美国商务部是否根据事实作出了 42 项'不利可获得事实'的裁决"。③ 此外，中国根据第 12.7 条提出的诉求是基于事实的"适用"提出的，涉及 42 项有异议的不利可获得事实裁决中的每一项。④

4.185 中国声称，在美国商务部利用的 42 个使用"不利可得"事实的实例中，美国商务部要么"假定"其调查的最终法律结论，要么"基于不同调查得出的证据或结论"，而不依赖记录中的事实。⑤ 中国还认为，"调查记录上仅存在某一特定事实不足以满足第 12.7 条的要求"，相反，"美国商务部作为调查机关有义务对调查结果作出合理和充分的解释，解释记录中的证据如何支持其适用第 12.7 条规定的事实"。⑥

4.186 美国在上诉时辩称，专家组当前的问题不是美国商务部诉诸可获得事实是否合理，或者是否依赖于最适当的事实。⑦ 相反，根据美国的说法，中国的诉求提出了"更基本的"问题，即美国商务部是否依赖于"任何事实"。⑧ 因此，专家组无须评估美国商务部的"不利的"可得事实裁定是否"合理和充分的"。⑨

4.187 虽然中国提出的异议集中在美国商务部的"不利"可得事实裁决是否完全基于记录中的事实，但并不能由此得出专家组不需要仔细审查美国商务

---

① 初步裁决，第 4.2 段。

② 初步裁决，第 4.5 段。

③ 专家组报告，第 7.307 段。（原文有重点）中国最初对美国商务部利用"不利"可获得事实的 48 个实例提出异议；然而，专家组发现，美国商务部在"风电塔"和"钢水槽"调查中的初步裁定超出了其职权范围。因此，受到中国异议并属于专家组职权范围内的实例数目减少到 42 起。（同上，脚注 357 至第 7.284 段）

④ 专家组报告，第 7.315 段。

⑤ 专家组报告，第 7.290 段（参考中国向专家组提交的第一份书面文件，第 128~156 段）。

⑥ 专家组报告，第 7.296 段（参考中国对专家组第 103 号问题的答复，第 53 段）。

⑦ 美国被上诉人的陈述，第 163 段。

⑧ 美国被上诉人的陈述，第 163 段。（原文有重点）

⑨ 美国被上诉人的陈述，第 163 段（参考上诉机构报告，美国—第六软木案（第 21.5 条——加拿大）和美国—动态随机存取存储器的反补贴调查案。

部为支持其可获得事实裁决而提供的分析和解释。如上所述,专家组指出,根据适用的审查标准,专家组应审查调查当局的决定是否"合理和充分",① 并根据这一审查标准,专家组在本案中的任务是"考虑美国商务部是否对所异议的不利可得事实裁决提供了充分的解释,以评估美国商务部是否根据事实作出了这些裁决"。② 美国不同意专家组的这些声明。似乎与美国提出的建议相反,专家组面前的问题不是记录是否有任何事实可以支持美国商务部的"不利"可得事实裁决;相反,正如专家组明确指出的,问题在于美国商务部是否根据事实作出了 42 项"不利"可得事实裁决。③ 后一个问题需要对美国商务部提供的解释和分析进行评估,以此作为其"不利"可得事实裁决的依据。因此,我们不同意美国的观点,即专家组无须审查美国商务部是否对其"不利"可得事实裁决提供了"合理和充分"的解释,以便评估中国根据第 12.7 条提出的诉求。如上所述,裁决中的解释应当足以使专家组能够评估调查当局采用的可获得事实如何以及为什么能够合理地替代缺失的信息。

4.188 正如我们所看到的,中国根据 DSU 第 11 条提出的主张主要依赖于三个论据。首先,中国辩称,专家组未能审查和解决受中国异议的 42 个实例。其次,中国声称,在它所审查的实例中,专家组的分析没有达到第 11 条要求的"客观评估"。最后,中国认为,专家组的行为不符合第 11 条,因为它依赖的是美国事后提供的、支持美国商务部裁决的记录在案的证据证明的实例。在讨论中国的诉求之前,我们记得专家组需要根据 DSU 第 11 条规定的审查标准评估可获得事实裁决与《SCM 协定》第 12.7 条的一致性。④ DSU 第 11 条要求专家组对其面前的事项进行"客观评估"。上诉机构表示,就 DSU 第 11 条而言,专家组面前的"事项"与 DSU 第 7 条所述的"提交给 DSB 的事项"相同,并包括"有争议的措施"(以及申诉成员提出的诉求)。⑤ 上诉机构进一步解释说,根据 DSU 第 11 条,专家组在审查调查机关的行为时,必须注意不要

---

① 专家组报告,第 7.310 段(参考上诉机构报告,美国—动态随机存取存储器的反补贴调查案,第 186~188 段;美国—第六软木案(第 21.5 条——加拿大),第 93 段)。

② 专家组报告,第 7.311 段。(增加了重点)

③ 专家组报告,第 7.307 段。

④ 上诉机构报告,美国—第六软木案(第 21.5 条——加拿大),第 91 段(参考了上诉机构报告,美国—第二铅和铋案,第 51 段)

⑤ 上诉机构报告,加拿大—小麦出口和粮食进口案,第 176 段。(原文有重点)

承担起最初审理事实的作用，也不能被动地接受主管当局的结论。①

4.189　虽然在特定案件中适用的审查标准的确切轮廓与所涉协议的实质性条款的功能以及所提出的具体诉求有关，但 DSU 第 11 条尤其要求，专家组应审查调查当局的推理是否连贯和内部一致，并对调查机关提供的解释进行"深入审查"。② 在《SCM 协定》第 12.7 条背景下，由专家组进行这种"深入审查"，尤其要求评估调查机构公布的报告是否充分披露了其推理和评估过程的解释，以便专家组能够评估该机构如何从可获得事实中选择合理替代缺失信息的事实。在我们看来，中国在本案中的主张与美国商务部的推理和评估过程及其与第 12.7 条要求的一致性无关；相反，他们关注的是，美国商务部是否参与了对缺失信息进行合理替换的推理和评估过程。

4.190　关于中国支持其根据第 11 条提出的诉求的第一个论据，我们认为，专家组没有审查中国关于其所异议的 42 个实例的论点和证据，而是将其分析限于美国商务部使用"不利"可得事实的一些情况。例如，专家组指出："中国提出异议的 42 个实例中，有一起没有适用不利可得事实。"③同样，根据 42 个受异议实例中的某些例子，专家组发现，裁决结论中使用的术语与中国所说的不具有同质性。④ 专家组补充说，在某些"不利"可得事实裁决中，"不利的推断"一语被用于表述中，但并未明确显示有关的裁决不是基于事实。⑤ 根据其分析，专家组发现，从中国提供的证据表面来看，对 42 项异议的不利可得事实的裁决，没有明显地适用相同的一个法律标准。⑥ 专家组解释说，虽然在 42 项有异议的不利可得事实实例中，是否适用同一法律标准并不完全清楚，但是中国未能处理每一项被异议调查的具体事实，这对其主张是个问题。⑦ 专家组的这些陈述表明，专家组的分析主要是为了确定中国是否已经成功地证实，在 42 起使用"不利"可得事实的实例中，美国商务部采用了相同的

---

①　上诉机构报告，美国—第六软木案（第 21.5 条——加拿大），第 93 段（引用上诉机构报告，美国—羊肉案，第 106 段。（原文有重点）

②　上诉机构报告，美国—第六软木案（第 21.5 条——加拿大），第 93 段。

③　专家组报告，第 7.317 段［参考 2011 年钻杆问题和裁决备忘录（专家组附件 CHI-80），第 10 页，中国在专家组附件 CHI-125 中指定为实例 33］。

④　专家组报告，第 7.318 段。（增加了重点）

⑤　专家组报告，第 7.319 段和第 7.320 段。

⑥　专家组报告，第 7.317 段（参考中国对小组问题 7 的答复，第 24 段）。

⑦　专家组报告，第 7.323 段（参考中国对小组问题 7 的答复，第 24 段）。（增加了重点）

"法律标准"。然而，很明显，中国的主张是在"适用"的基础上提出的，而且专家组并没有处理受到中国异议的、美国商务部使用"不利"可得事实的每一个例子。

4.191　然而，我们注意到，正如中国在其上诉提交的材料中所指出的那样，中国将与初步裁定有关的所有相关问题和决定备忘录及通知全部列入了专家组记录。① 中国还向专家组提供了一张表格（CHI-2），其中列出了备忘录中的页面，根据中国的说法，美国商务部在该页面讨论了每个受到异议的"不利"可得事实的利用情况。此外，中国还提供了另一份表格（CHI-125），列出了美国商务部的问题和决定备忘录的相关摘录，以及与初步裁定有关的通知，证明美国商务部"一贯地利用"其不合作的调查结果来达成"有关的法律结论，而不提及记录上的事实"。② 中国还提供了"一些针对具体案例的讨论，以支持其对其中三项受到异议的调查的诉求，即管线管、石油专用管材和高质量打印用铜版纸"。③ 针对中国的指控，美国向专家组提供了一些证据（从 USA-94 至 USA-133），确定了"有关调查记录中可获得的事实"，根据美国的说法，显然与因有关当事方不合作而缺少必要资料的裁决有关。④

4.192　根据双方提供的主张和证据，专家组需要仔细审查中国所异议的"不利"可得事实的利用情况，以便适当处理中国根据《SCM 协定》第 12.7 条提出的诉求。

4.193　作为支持其根据 DSU 第 11 条提出的诉求的进一步论据，中国提出，关于专家组在其报告中未讨论的"不利"可得事实的情况，专家组的分析不是根据 DSU 第 11 条要求进行"深入审查"。⑤ 相反，根据中国的说法，专家组只是接受了美国商务部利用"可获得事实"这一术语，而没有询问美国商务部是否"实际利用"了可获得事实。⑥ 就这点而言，美国认为，专家组裁决中国提出的证据不足以支持其诉求，而且在这样做时，专家组考虑了双方提出的

---

① 中国上诉人的陈述，第 231 段。
② 中国上诉人的陈述，第 231 段（引用中国对专家组第 73 号问题的答复，第 181 段；并参考专家组附件 Chi-125，其中包括来自美国商务部"不利可得事实"调查结果的相关摘录的表格）。
③ 专家组报告，第 7.289 段（参考中国向专家组提交的第一份书面文件，第 147~153 段；以及第一次小组会议的开场陈述，第 70~72、76 段）。
④ 美国被上诉人的陈述，第 189 段。（脚注省略）
⑤ 中国上诉人的陈述，第 222 段。
⑥ 中国上诉人的陈述，第 227 段。（原文有重点）

所有主张和论据，并且其评估符合甚至超过了 DUS 第 11 条的要求。① 美国进一步辩称，专家组进一步考虑了中国的所有论据，只是发现事实并不支持中国对美国商务部裁决的描述。

4.194 专家组关注到美国商务部在其"不利"可得事实裁决中所使用的语言，得出的结论是"中国重度依赖的裁决结论中使用的术语并不像中国所建议的那样同质化"。② 专家组指出，并非所有中国异议的"不利"可得事实裁决结论都是"假设"、"不利推论"或类似术语。③ 因此，在一个实例中，专家组注意到，美国商务部表示它正在作出"不利结论"，④ 而在另外 6 起实例中，美国商务部仅提到"适用不利可得事实"。⑤ 专家组还注意到：

7.319 其次，使用"不利推论"一词的某些"不利"可得事实裁决在以下某一表述的背景下使用它："in selecting from among the facts otherwise available, we have employed adverse inferences；"[402] "we have employed adverse inferences in selecting from among the facts otherwise available"；[403] " we have employed an adverse inference in selecting from among the facts otherwise available"；[404] and "we have applied an adverse inference in our choice of the facts available"。[405]⑥

7.320 我们不认为"我们在选择可获得事实时采用了不利的推论"这一说法在表面上是明显的，例如，有关的决定并非基于事实。[406] 从表面上看，这一说法恰恰相反。中国试图阐述这些术语上的变化，在没有提及美国商务部进行的分析的情况下指出，"尽管美国商务部一再声称它正在利用可获得事实，但'事实'显然没有出现在其分析中"。[407]

［原始脚注］

① 美国被上诉人的陈述，第 175 段。
② 专家组报告，第 7.318 段。
③ 专家组报告，第 7.318 段。
④ 专家组报告，第 7.318 段(引用 2009 年草坪修剪器问题和裁决备忘录(专家组附件 CHI-31)，第 15 页，专家组附件 CHI-125 中指定为实例 11)。(专家组增加了重点)
⑤ 专家组报告，第 7.318 段(参考了 2010 年"钢丝绳问题和裁决备忘录"(专家组附件 CHI-52)，第 13 页，指定为表 CHI-125 中的实例 17-19；2011 年钻杆问题和裁决备忘录(专家组附件 CH-80)，第 10 页，指定为表 CHI-125 中的实例 33；以及 2012 年太阳能电池板初步肯定性反补贴裁决(专家组附件 CH-105)，第 17451 页和第 17445 页，指定为表 CHI-125 中的案例 39、42)。
⑥ 原文有重点。

[402]压力管，表 CHI-12，第 42 页，被指定为表 CHI-125 中的实例 2。
(增加了重点)

[403]管线管，附表 CHI-19，第 6 页，被指定为表 CHI-125 中的实例 5 和实例 6。(增加了重点)

[404]柠檬酸，表 CHI-24，第 8 页，被指定为表 Chi-125 中的实例 9。(增加了重点)

[405]钢瓶，图 CHI-99，第 10 页，指定为表 Chi-125 中的第 38 号实例。(增加了重点)

[406]钢瓶，表 CHI-99，第 10 页。

[407]中国在专家小组第一次会议上的开场陈述，第 71 段。

4.195 基于上述情况，在我们看来，专家组在很大程度上侧重于美国商务部在其裁决中采用的措辞，而不是根据《SCM 协定》第 12.7 条要求的美国商务部承担的义务是否与美国的义务不一致，这与专家组在其报告中讨论的利用"不利"可得事实的事例有关。在对美国商务部使用的术语的分析中，专家组似乎暗示，它正在对中国在第二份书面文件中的论据作出回应，其中，中国"严重依赖"美国商务部使用的术语。① 但是，我们认为中国在专家组面前的论据不限于美国商务部使用的术语。例如，在其第二份书面意见书第 177 段中，中国表示，美国商务部"反复依赖'假设'、'不利推断'和类似的术语，以便得出特定的结论"。② 然而，中国进一步解释说："在所涉及的 48 个实例中，美国商务部都没有找到记录中单一的可获得'事实'，以证明其得出的结论。"③

4.196 但是，专家组并没有评估美国商务部"对受到异议的不利可获得事实裁决是否提供了足够的解释，④ 以评估美国商务部是否根据事实作出这些裁决"，而是将重点放在美国商务部在其裁决中使用的语言和表述。例如，专家组指出，"例如，专家组说，我们在选择可获得事实时采用了一种不利的推论，这种陈述在表面上并不明显"……并表示"有关的决定并非基于事实"⑤。

---

① 专家组报告，第 7.318 段。
② 中国向专家组提交的第二份书面材料，第 177 段。
③ 中国向专家组提交的第二份书面材料，第 177 段。
④ 专家组报告，第 7.311 段。
⑤ 专家组报告，第 7.320 段[引用 2012 年钢气瓶问题和裁决备忘录(专家组附件 CHI-99)，第 10 页]。(增加了重点)

但是，专家组没有严格审查美国商务部的裁决和备忘录中的此类陈述，以评估美国商务部是否遵守了第 12.7 条规定的义务。专家组还表示，它并未认为中国"已经证实在受异议的裁决中每次提及'不利推论'实际上等同于'假设'"。①专家组被要求评估美国商务部在相关调查中的分析是否足以证明其"不利"可得事实裁决是根据第 12.7 条所要求的可获得事实作出的。专家组似乎完全依赖美国商务部关于适用可获得事实的裁决中的语言来驳回中国的诉求，而不是进行这种分析。

4.197 关于中国的论据，即专家组依赖于美国事后提供的证据的行为也与 DSU 第 11 条不一致，我们注意到，根据其对附件 USA-94（列出据美国所说"与适用'可获得事实'的裁决有关"的记录中的可获得事实，② 以及美国确定的美国商务部文件的相关摘录）的审查和关于中国作为附件提供的初步裁定的全套问题和裁决备忘录以及通知，专家组指出，"美国商务部的不利可得事实裁决远远超出了中国引用的结论"，并且是在各种不同的事实情景下作出的。③专家组在提到"各种不同的事实情景"时没有具体说明其含义，也不清楚，如果有的话，专家组是否依赖于美国在附件 USA-94 中提供的记录中的事实。因此，我们认为专家组对附件 USA-94 的讨论是其分析粗略性的又一个例子。

4.198 基于上述原因，我们发现专家组在评估中国根据《SCM 协定》第 12.7 条提出的诉求时，其行为与 DSU 第 11 条规定的义务不一致。因此，我们推翻了专家组报告第 7.325 段和第 8.1.vii 段中的调查结果，即中国没有证明因美国商务部没有依赖于记录中的可获得事实，其行为与《SCM 协定》第 12.7 条规定的美国承担的义务不一致。

4.4.3 法律分析的完成

4.199 我们是否应当这样裁决：专家组关于中国没有证明美国商务部没有依赖记录中的事实，因而与美国根据《SCM 协定》第 12.7 条的规定需承担的义务不一致的裁决是错误的；中国要求我们完成法律分析，并裁决：在中国异议的适用"不利"可得事实的 42 个实例中，美国商务部没有根据《SCM 协定》第 12.7 条的规定履行义务。④ 根据《SCM 协定》第 12.7 条推翻了专家组的调查结

---

① 专家组报告，第 7.322 段。（增加了重点）
② 美国被上诉人的陈述，第 166 段。
③ 专家组报告，第 7.316 段。
④ 中国上诉人的陈述，第 238~241 段。

果，我们现在转而考虑是否可以按照中国的要求完成法律分析。

4.200　上诉机构在一些争议中完成了法律分析，以促进迅速有效地解决争议。① 但是，上诉机构只有在专家组的事实调查结果和专家组记录中无可争议的事实为其提供足够的基础时才这样做。② 因此，如果专家组报告中的事实调查结果不充分或专家组记录中缺乏无可争议的事实，上诉机构则未完成法律分析。③ 此外，因为涉及的法律问题十分复杂，没有对专家组面前的问题进行全面探讨，因此，考虑到双方的正当程序权利因素，上诉机构也拒绝完成法律分析。④ 因为上诉机构需要处理"专家组根本没有审查过"的诉求，⑤ 或者争议的解决不需要完成法律分析时，上诉机构也拒绝完成法律分析。⑥

4.201　关于摆在我们面前的案件，中国辩称："从调查机关的裁决表面上来看，在调查机关遵守 WTO 的协定条款的情况是明显的，而且事实上必须是明显的情况下，由于这些裁决在记录中提供了足够多的无争议的事实，这允许上诉机构完成法律分析。"⑦中方认为，本案就是这种情况，鉴于美国商务部没有在任何一个实例中就其"不利"可得事实结论作出"合理和充分"的解释，而且美国采取的立场是美国商务部不需要在其裁定中"明确引用"事实。⑧ 在阐述上诉机构能够并且应该完成本案的法律分析之后，中国就 42 个被异议的案件中的每一个实例提出证明，美国商务部没有提供"足以评估它是否基于事

---

①　见上诉机构报告，澳大利亚—鲑鱼案，第 117、118 段；美国—小麦麸质案，第 80-92 段；加拿大—飞机案(第 21.5 条——巴西)，第 43-52 段。

②　见上诉机构报告，澳大利亚—鲑鱼案，第 209、210、241、255 段；韩国—乳业案，第 91、102 段；加拿大—汽车案，第 133、144 段；韩国—关于牛肉的各种措施案，第 128 段；欧共体—石棉案，第 79 段；和欧共体—糖出口补贴案，第 337 段。

③　见上诉机构报告，美国—第 211 节拨款法案，第 343 段；欧共体—石棉案，第 78、81 段。

④　见上诉机构报告，加拿大—可再生能源/上网电价方案，第 5.224 段；欧共体——糖出口补贴案，第 339 段和脚注 537。

⑤　上诉机构报告，欧共体—石棉案，第 79 段。

⑥　例如，在美国钢铁保障措施中，上诉机构指出，它已经支持专家组的结论，即所讨论的措施与《1994 年关贸总协定》和《保障措施协定》的若干条款不一致。因此，它不认为这是"必要的……"为了完成分析并确定美国国际贸易委员会的报告是否提供了合理和充分的解释，说明在《保障措施协定》第 2.1 条的含义范围内，锡轧制品和不锈钢丝的进口量有所增加。(上诉机构报告，美国钢铁安全保障措施案，第 431 段)

⑦　中国上诉人的陈述，第 241 段。(原文有重点)

⑧　中国上诉人的陈述，第 241 段。

实作出了不利可得事实裁决的解释"①。

4.202 相反,美国认为,我们应该拒绝中国完成法律分析的请求,因为中国没有在专家组面前就美国商务部使用"不利"可得事实的每一实例提出论据,从而剥夺了专家组作为每个被异议的实例的"事实审裁者"的角色"。② 美国还指出,在我们同意中国完成法律分析请求的情况下,我们将不得不审查,不仅是中国所确定的美国商务部裁决的有限摘录,而且还包括美国在附件 USA-94 号、USA-95 号至 USA-133 号中引用和再现的证据。③ 根据美国的说法,为了完成法律分析,因此,我们必须评估使用"不利"可得事实的 42 个受异议实例中的每一个,包括当事方没有在专家组面前充分阐释的问题,例如某些证据的证明价值、特定事实的相关性,以及可能合理地从全部证据的分析中得出的推论。④

4.203 最后,美国指出,美国商务部关于每个有争议调查的全部行政记录没有提交专家组,并且美国在回应中国声称美国商务部不以记录事实为依据的 42 个受到异议的实例中,专家组只是通过指出美国商务部的一些但不是全部的事实来反驳中国有限的主张。⑤ 据美国称,由于缺乏完整的调查记录和中国根据第 12.7 条提出的诉求重点转移,我们没有足够的证据来评估美国商务部的"不利"可得事实裁决是否"合理和充分"。⑥

4.204 关于中国的论据,我们注意到,在上诉时,中国逐案讨论为什么认为美国商务部在 42 个被异议的实例中的每个实例都与第 12.7 条不一致。⑦ 然而,在专家组面前,中国并未就这些实例中的每一个进行详细论证。相反,它提出了一些关于美国商务部使用"不利"可得事实的一般性论点,包括作为例子讨论的美国商务部在石油专用管材和管线管调查中的两个实例,并且提交了附件 CHI-2,其中提供了对美国商务部一部分"不利"可得事实裁决的引用,

---

① 中国上诉人的陈述,第 242 段(引用专家组报告,第 7.311 段)。

② 美国被上诉人的陈述,第 205、206 段。

③ 美国被上诉人的陈述,第 208 段。

④ 美国被上诉人的陈述,第 209、210 段(参考上诉机构报告,美国—动态随机存取存储器的反补贴调查案,第 197 段)。

⑤ 美国被上诉人的陈述,第 212 段。

⑥ 美国被上诉人的陈述,第 211~213 段。

⑦ 中国提出异议并在上诉人陈述中讨论的 42 个实例涉及以下 13 项调查:压力管、管线管、柠檬酸、草坪修整器、石油专用管材、钢丝绳、镁砖、无缝钢管、高质量打印用铜版纸、钻杆、铝型材、钢瓶和太阳能板。(中国上诉人的陈述,第 244~440 段)

在其看来应该讨论相关事实。①

4.205 与此同时，我们不同意美国的观点，即为了反驳中国根据《SCM协定》第12.7条提出的诉求，而要求做的一切就是指出美国商务部记录的一些证据支持了美国商务部的"不利"可得事实裁决。② 专家组讨论的问题不在于记录上是否有任何事实支持美国商务部的裁决，而是"美国商务部是否对被异议的不利可得事实裁决提供了充分的解释，以评估美国商务部的裁决是否基于事实"③。

4.206 我们注意到，中国要求我们完成对专家组面前的13项调查中的所有42个实例的法律分析。在这方面，我们记得，对所需"可获得事实"的评估及其可能采取的形式取决于特定案件的具体情况，包括记录的证据的性质、质量和数量以及要作出的具体裁决。④ 此外，尽管已发表的报告中提供的解释和分析必须足以让专家组评估调查机关使用的"可获得事实"如何以及为何是"合理"替代缺失的"必要信息"，所需的解释和分析的程度必然会因裁决不同而不同。⑤

4.207 我们还注意到，中国要求我们完成法律分析的42个实例，包括美国商务部依靠"不利"可得事实支持其公共机构、利益、专向性和出口限制裁决的几个例子。然而，对于中国根据《SCM协定》第1.1(a)(1)条提出的诉求，专家组裁决，在中国异议的12项反补贴税调查中，当美国商务部裁决国有企业是公共机构仅基于这些企业（多数资产）为中国政府拥有或以其他方式予以控制时，美国的行为与《SCM协定》第1.1(a)(1)条不一致。⑥ 专家组还发现，美国商务部在这些调查中作出专向性裁决时，其行为不符合美国根据《SCM协定》第2.1(c)条所承担的义务。⑦ 美国在上诉时没有对这些调查结果提出异议。美国也没有对专家组的如下调查结果提出异议，即美国商务部针对某些出口限制展开了两项反补贴税调查（即镁砖和无缝钢管），这与《SCM协定》第

---

① 中国向专家组提交的第一份书面文件，第143-156段；专家组附件CHI-2，包括中国"不利"可得事实诉求的引文表。另见中国上诉人的陈述，第245段。

② 美国被上诉人的陈述，第212段。

③ 专家组报告，第7.311段。（增加了重点）

④ 上诉机构报告，美国—碳钢案（印度），第4.421段。

⑤ 上诉机构报告，美国—碳钢案（印度），第4.421段。

⑥ 专家组报告，第7.75段。

⑦ 专家组报告，第8.1.v段。

的协定》①(以下简称《统一专利法院协定》)。《统一专利法院协定》规定了协定的生效时间,即不得早于《布鲁塞尔条例 I》(修订本)②生效之日起第四个月第一天。

(2)2012 年 10 月 15 日,比利时,卢森堡和荷兰签订了《修订议定书》,修改了 1965 年 3 月 31 日比利时、荷兰、卢森堡三国签订的《关于比荷卢法院创建及法规制定的条约》(《比荷卢法院条约》)。该《修订议定书》将属于《布鲁塞尔条例 I》(修订本)适用范围内的某些事项的管辖权移交给比荷卢法院。

(3)有必要通过修订条例的方式来调整《布鲁塞尔条例 I》(修订本)与《统一专利法院协定》和《比荷卢法院条约》之间的关系。

(4)统一专利法院和比荷卢法院应被视为《布鲁塞尔条例 I》(修订本)中所规定的法院,以确保在当被告既受《布鲁塞尔条例 I》(修订本)约束又位于这两个法院的成员国境内时,该被告被起诉的法律确定性和可预测性。

(5)对《布鲁塞尔条例 I》(修订本)的修订是关于统一专利法院的规定的修订,旨在确立该法院的国际管辖权,但不影响该法院内部程序的分配,也不影响《统一专利法院协定》中有关管辖权行使的安排,包括该协定中关于过渡期间专属管辖权的安排。

(6)作为几个成员国的共同法院,统一专利法院和比荷卢法院无法像成员国的法院那样,根据国内法律对不定居于成员国境内的被告行使管辖权。为使这两个法院能够对上述被告行使管辖权,《布鲁塞尔条例 I》(修订本)据此规定,当上述被告的事由属于统一专利法院和比荷卢法院的有关管辖范围时,该两个法院也能对定居于第三国的被告行使管辖权。现行的《布鲁塞尔条例 I》(修订本)的管辖权规则确保了适用条例的诉讼程序与成员国领土之间的密切联系。因此,将这些规则扩大到所有被告而不考虑他们的居住地是适当的。统一专利法院和比荷卢法院(以下简称"共同法院")在适用《布鲁塞尔条例 I》(修订本)的管辖权规定时,应限于已经将管辖权赋予了共同法院的事项。

(7)共同法院根据附属管辖权规则,能够审理与第三国被告之间有关欧洲专利侵权在欧盟境内或境外产生损害结果的诉讼。如果被告的财产位于共同法院的任一成员国境内以及所涉争议与该成员国有充分联系,则该附属管辖权应当行使,例如原告定居在那里,或者有关争议的证据在那里。在确定共同法院

---

① OJ C 175，20.6.2013，p. 1.

② 《欧洲议会和欧盟理事会 2012 年 12 月 12 日关于民商事案件管辖权和判决承认与执行的第 1215/2012 号(欧盟)条例》(修订本)。

管辖权时应考虑被告财产的价值，其价值不应是微不足道的，至少能够在共同法院成员国中部分地执行判决。

（8）《布鲁塞尔条例 I》（修订本）有关中止诉讼的规定在于防止平行诉讼和矛盾的判决的产生，规定适用于向共同法院和《统一专利法院协定》成员国的法院同时提起诉讼的情况下（《比荷卢法院条约》此时不适用）。

（9）《布鲁塞尔条例 I》（修订本）有关中止诉讼的规定也同样适用于《统一专利法院协定》的过渡期间，当特定几类争端一方面起诉到统一专利法院，另一方面又起诉到《统一专利法院协定》成员国的法院。

（10）统一专利法院或比荷卢法院作出的判决应根据《布鲁塞尔条例 I》（修订本）在非《统一专利法院协定》及非《比荷卢法院条约》缔约国的其他欧盟国家中予以承认和执行。

（11）根据《布鲁塞尔条例 I》（修订本），在非《统一专利法院协定》及非《比荷卢法院条约》缔约国的一个成员国法院作出的判决应在另一个成员国得到承认与执行。

（12）据此，对《布鲁塞尔条例 I》（修订本）进行相应地修改。

（13）既然本条例的目标不能在成员国层面上充分实现，而由于其规模和效果，在联盟层面上能够更好地实现，联盟可能会采用《欧洲联盟条约》第 5 条所述的辅助性原则。根据该第 5 条所规定的均衡原则，本条例的制定不超出实现这一目标的范围。

（14）根据《议定书》（第 21 号）第 3 条和第 4a 条第 1 款，从英国和爱尔兰在自由、安全与正义方面的立场，作为《欧盟条约》和《欧盟运行条约》的附件，这些成员国已表达他们希望采纳和应用本条例的意愿。

（15）根据《议定书》（第 22 号）第 1 条和第 2 条，作为《欧洲联盟条约》和《欧盟运行条约》的附件，丹麦并没有通过本条例，也不受本条例的约束，但不影响丹麦根据 2005 年 10 月 19 日《欧共体与丹麦之间签订的关于民商事案件的管辖、承认和执行协议》第 3 条，提出对《布鲁塞尔条例 I》（修订本）进行相应修正的可能性。

特制定本条例：

第 1 条

在《布鲁塞尔条例 I》（修订本）第七章中，插入以下条款：

第 71a 条

1. 根据本条例的目的，当共同法院依据设立文件对本条例有关事项行使管辖权时，第 2 段所规定的几个成员国间的共同法院应被当作本条例所述的成员国法院。

2. 根据本条例的目的，下述法院被称作共同法院：

（a）由 2013 年 2 月 19 日签署的《统一专利法院协定》设立的统一专利法院；

（b）根据 1965 年 3 月 31 日《关于比荷卢法院创建及法规制定的条约》设立的比荷卢法院。

第 71b 条

共同法院的管辖权确定如下：

（1）共同法院在本条例下，根据设立共同法院的文件所规定的具有管辖权的事项；

（2）被告不定居于某一成员国，而本条例未授予管辖权。第二章应当适用而不用考虑被告人的居住地。

即使第三国法院对该事项拥有管辖权，当事人也可向共同法院提出包括保护性措施在内的临时申请；

（3）当共同法院可以对涉及被告属于第 2 点所指情况下的关于欧盟专利侵权的损害结果发生欧盟境内的案件行使管辖权，该法院也可以对损害结果发生在欧盟境外的案件行使管辖权。

只有被告的财产位于设立共同法院的缔约国内，而且该争端与该缔约国有充分联系，才能确定这种管辖权。

第 71c 条

1. 第 29 条至第 32 条适用于同时向共同法院和非共同法院缔约国的法院提起的诉讼。

2. 第 29 条至第 32 条适用于，在《统一专利法院协定》第 83 条所指的过渡期间，向统一专利法院和《统一专利法院协定》缔约国的法院同时提起诉讼的情况。

第 71d 条

条例将适用于下列判决的承认与执行：

1. 共同法院判决在共同法院非缔约国国内的承认与执行；
2. 其他成员国的判决在共同法院缔约国国内的承认与执行。

但是，共同法院判决在成立文件缔约国之间承认与执行的，应适用该文件所规定的判决承认与执行规则，而非本条例。

第 2 条

本条例自刊登于《欧盟官方公报》之日起生效。

从 2015 年 1 月 10 日起施行。

本条例的作为整体具有约束力，并根据欧盟条约在成员国国内直接适用。

2014 年 5 月 15 日，订立于布鲁塞尔。

欧盟议会　　　　　　　　　　　　欧盟理事会

议长　　　　　　　　　　　　　　主席

M. Schulz　　　　　　　　　　　D. Kourkoulas